나사렛 예수

역사적 예수의 생애와 비전

최재덕 지음

한국성서학연구소
KOREA INSTITUTE OF BIBLICAL STUDIES

나사렛 예수―역사적 예수의 생애와 비전 / 최재덕 지음
Jesus of Nazareth: the Life of the Historical Jesus and His Vision

Copyright ⓒ 2019 최재덕
Publishing House Korea Institute of Biblical Studies
Seoul, Korea

ISBN   978-89-86015-78-2 93230

　이 도서의 국립중앙도서관 출판예정도서목록(CIP)은 서지정보유통지원시스템 홈페이지(http://seoji.nl.go.kr)와 국가자료공동목록시스템(http://www.nl.go.kr/kolisnet)에서 이용하실 수 있습니다(CIP제어번호: CIP2010003543).

　이 책은 저작권법에 따라 보호를 받는 저작물이므로 무단 전재와 무단 복제를 금지하며, 이 책의 내용의 전부 또는 일부를 이용하려면 반드시 저작권자와 도서출판 한국성서학의 서면 동의를 받아야 합니다.

이 책을 나의 박사학위 논문 지도교수이셨던
에딘버러 대학 신학부 신약학과
존 코크레인 오닐(John Cochrane O'Neill)
교수님께 헌정합니다.

목차

머리말

약어표

1장 _ 예수의 연대기 및 이와 관련된 사항 ... 1
  I. 서론 ... 1
  II. 본론 ... 2
    1. 예수의 탄생시기 ... 2
    2. 예수의 출생지 ... 5
    3. 예수의 성장지 ... 9
    4. 예수의 직업 ... 10
    5. 예수의 가족관계 ... 13
    6. 예수가 받은 교육 ... 15
    7. 예수의 외국어 능력 ... 17
    8. 예수 공생애의 특징 ... 19
    9. 예수와 독신 ... 19
    10. 예수와 세포리스(Sepphoris)와의 관계 ... 22
    11. 예수의 공생애 기간 ... 22
    12. 예수가 죽임을 당한 시기 ... 24
  III. 결론 ... 25

2장_ 예수 시험기사의 진정성과 이의 신학적 함의 | 29

I. 서론 | 29

II. 본론 | 30
   1. 예수 시험기사의 내용적 성격과 구조 | 30
   2. 예수 시험기사의 진정성 판단 | 36
   3. 예수 시험기사의 진정성에 대한 심층적 고찰 | 39
   4. 예수 시험기사의 신학적 함의 | 50

III. 결론 | 53

3장_ 예수의 제자 선택과 이들의 역할 | 59

I. 서론 : 제자됨의 의미 | 59

II. 본론 | 62
   1. 단계적 제자 선택 | 62
   2. 예수의 제자는 몇 명이었나? | 63
   3. 다양한 부류의 제자들 | 76
   4. 열두 제자의 역할 | 78

III. 결론 | 82

4장_ 예수와 하나님의 나라 | 87

I. 서론 | 87

II. 본론 | 88
   1. 구약성서에 나타난 하나님의 나라 | 88
   2. 신구약 중간 문헌에 나타난 하나님의 나라 | 89
   3. 신약성서에 나타난 하나님의 나라 | 97

III. 결론 | 116

5장 _ 예수가 죄인들을 가까이 한 이유 | 121
I. 서론 | 121
II. 본론 | 122
  1. '죄인들'의 정의(定義) | 122
  2. '땅의 백성들'(암하아레츠)은 '죄인'이었는가? | 126
  3. 예수시대의 죄인들에 대한 유대교의 태도 | 130
  4. 예수는 왜 죄인들과 어울렸는가? | 132
  5. 비유, 예수가 죄인들과 교제에서 이들을 변화시키기 위해 사용한 언어 표현 방식 | 143
  6. 예수와 죄인들의 교제가 당시 유대사회에 끼친 영향 | 146
III. 결론 | 146

6장 _ 예수와 이스라엘의 회복 | 149
I. 서론 | 149
II. 본론 | 154
  1. 역사적 예수가 무력을 사용하여 이스라엘의 회복을 의도했다는 주장 | 154
  2. 역사적 예수는 무력을 배제한 새로운 방식으로 이스라엘의 회복을 의도했다는 주장 | 161
III. 결론 | 184

7장 _ 예수의 율법에 대한 태도 | 191

I. 서론 ──────────────────────────── 191
II. 본론 ──────────────────────────── 192
  1. 예수는 아버지 장례를 치르려 한 제자의 의도를 거부함으로 율법을 부정했는가? ──── 198
  2. 예수는 이혼을 금지함으로 율법을 범했는가? ──── 202
  3. 안식일에 병자를 고침으로 율법을 범했는가? ──── 207
  4. 손 씻기와 음식규정에 관한 단화는 율법을 어긴 경우가 되는가? ──── 209
  5. 예수의 성전사건은 반 율법적인 사건인가? ──── 215
  6. 예수는 소위 '반제'로 율법에 반대한 것인가? ──── 218
  7. 안식일에 밀 이삭을 잘라먹은 이야기는 율법에 반대하는 경우를 뜻하는가? ──── 220
III. 결론 ──────────────────────────── 222

8장 _ 고난에 대한 예수의 시각 ──── 227

I. 서론 ──────────────────────────── 227
II. 본론 ──────────────────────────── 229
  1. 공관복음서에 공통적으로 나타나는 예수의 고난 ──── 231
  2. 누가복음과 마태복음 공통자료(Q)에 나타난 예수의 고난 ──── 235
  3. 원시교회가 강조한 그리스도를 위한 고난 ──── 249
III. 결론 ──────────────────────────── 251

9장 _ 예수를 대상으로 한 산헤드린 회집의 역사성 ──── 255

I. 서론 ──────────────────────────── 255
II. 본론 ──────────────────────────── 256

    1. "산헤드린"에 대한 정의 | ———————————— 256
    2. 산헤드린은 실제로 소집되어 예수를 심문했는가? | ——— 259
  III. 결론 | ———————————————————————— 288

10장_ 부활에 대한 연구자들의 주장과 이에 대한 고찰 | —— 293
  I. 서론 | ———————————————————————— 293
  II. 본론 | ———————————————————————— 294
    1. 죽음 이후 영혼의 상태에 대한 주장들 | ————————— 294
    2. 현대 역사적 예수 연구자들의 부활에 대한 주장들 | ——— 302
  III. 결론 | ———————————————————————— 326

* 보론 | ———————————————————————— 331

1장_ 최근 역사적 예수 연구의 동향 | ————————————— 333
  I. 서론 | ———————————————————————— 333
  II. 80년 이후 역사적 예수 연구에 중요한 학자들의 주요 논지와 이에 대한 비판 | ———————————————————————— 334
    1. 로버트 펑크(Robert W. Funk) | ——————————————— 334
    2. 존 크로산(John D. Crossan) | ——————————————— 337
    3. 마커스 보그(Marcus Borg) | ———————————————— 339
    4. 에드 피 샌더스(Ed P. Sanders) | —————————————— 341
    5. 톰 라이트(N.T. Wright) | ————————————————— 342
    6. 존 마이어(John P. Meier) | ————————————————— 344
    7. 게르트 타이센(Gerd Theissen) | ——————————————— 346
  III. 결론 | ———————————————————————— 348

2장 _ 예수 말씀의 진정성 판단기준 I | 351
  I. 서론 | 351
  II. 본론 | 356
   1. 비유사성의 기준(The criterion of dissimilarity) | 359
   2. 평가 | 363
  III. 결론 | 370

3장 _ 예수 말씀의 진정성을 판단하는 다양한 기준들 II | 373
  I. 서론 | 373
  II. 본론 | 374
   1. 예수 말씀의 진정성(The Authenticity of Jesus' Sayings)의 의미 | 375
   2. 진정성 판단 기준(The Criteria for Authenticity) | 376
  III. 결론 | 410

참고문헌 | 415

성구색인 | 432

머리말

 이 책은 그동안 계속되어온 나의 역사적 예수에 대한 연구결과를 묶은 것이다. 나는 이 책에서 나사렛 예수의 생애에 나타난 열 개의 중요한 국면을 학문적으로 조명함으로 ‘역사적 예수의 삶과 비전’을 알아보고자 노력하였다. 비전(vision)이라는 단어를 택한 이유는 예수가 바랐던 바, 즉 예수의 의도, 희망, 이상, 염원이라는 포괄적인 의미를 담고 있다고 보았기 때문이다. 이런 제목으로 예수의 탄생과 성장, 세례와 시험 받음, 제자 선택과 이들의 역할, 하나님의 나라와의 관계, 죄인들을 가까이 한 이유, 이스라엘의 회복에 대한 입장, 고난에 대한 시각, 율법에 대한 태도, 산헤드린 재판의 역사성, 인간의 죽음과 예수 부활의 사실성과 같은 역사적 예수의 삶의 주요 국면들을 연구하여 역사적 예수의 삶과 그의 이상을 최대한 객관적으로 파악하고자 노력하였다.
 1장, "역사적 예수의 연대기 및 이와 관련된 사항"에서는 하나님의 아들이었지만 동시에 한 사람의 인간이었던 예수의 태어남에서부터 십자가 죽임을 당할 때까지의 과정이 어떠하였는가? 하는 질문에 대한 답을 찾고자 하였다. 출생 시기와 장소, 성장과 직업, 가족관계, 받은 교육, 결혼여부, 공생애와 같은 기본적이지만 궁금한 사항들이 이에 해당한다.
 2장, "예수 시험기사의 진정성과 이의 신학적 함의"에서는 예수 공생애의 초기에 있었던 이 중요한 사건의 역사성과 그 의미를 찾고자 하였다. 이 기사에서는 특히 예수와 사탄과의 대결이 첨예하게 그려지고 있다. 3장, "예수의 제자선택과 이들의 역할"에서는 역사적 예수의 제자선택은 사실인가? 그들을 어떤 방식으로 택했는가? 그리고 예수는 그들의 역할을 통해 무엇을 이루려 하였는가? 하는 오늘날의 기독교에서도 자주 제기되는 질문에 대한 답을 찾았다.

4장, "역사적 예수와 하나님의 나라"에서는 '하나님의 나라'란 무엇인가? 누가 그 나라의 백성이 되는가? 이미 도래하였는가 아니면 임박했는가? 하는 기본적이지만 핵심적인 질문에 대한 해답을 제시하였고 이 용어의 의미가 구약시대에서부터 중간기 그리고 신약시대에 이르는 과정에서 어떻게 변천되는지를 살펴보았다. 5장, "역사적 예수가 죄인들을 가까이 한 이유"에서는 예수시대의 '죄인'과 '땅의 백성'이 구체적으로 어떤 사람들을 가리켰는지를 알아본 뒤, 예수가 어떤 목적으로 이들과 어울렸는지를 탐구하였다. 6장, "역사적 예수와 이스라엘의 회복" 부분에서는 역사적 예수도 구약의 예언자들이 그랬듯이 이스라엘이 식민지 상황에서 벗어나 하나님의 뜻을 이루는 온전히 독립된 나라가 되기를 간절히 바랐는지의 여부를 집중적으로 살펴보았다.

7장, "역사적 예수의 율법에 대한 태도"에서는 예수가 율법의 권위를 전적으로 인정하며 율법을 옹호하는 입장을 취했는지 아니면 율법에 반대하는 태도를 취했는지를 고찰하였으며, 8장, "고난에 대한 역사적 예수의 시각"에서는 예수의 고난에 대한 태도를 파악하고, 고난으로 점철된 공생애에서 하나님의 나라를 위해 능동적으로 고난을 받았는지, 그리고 자신을 따르는 제자들에게 이웃과 공동체를 위해 꼭 필요한 고난에는 동참할 것을 요청했는지의 여부를 질문하였다.

9장, "역사적 예수를 대상으로 한 산헤드린 회집의 역사성"에서는 복음서에 기록되어 있는 역사적 예수에 대한 재판이 역사적 사실이라는 주장과 그 반대라는 주장의 논지를 면밀하게 검토하였다. 그리고 10장, "역사적 예수의 부활에 대한 연구자들의 주장들과 이에 대한 고찰"에서는 인간의 죽음이후의 상태에 대한 주장들을 면밀히 검토하여 영혼멸절과 영혼불멸이라는 상반된 입장 중에 어느 것이 옳은지 그리고 기독교의 입장은 무엇인지 확인하였다. 또한 그러한 사상적 흐름이 역사적 예수를 연구하는 주요학자들의 예수 부활에 대한 주장에 어떤 영향을 끼쳤는지 확인하고 그 주장의 적절성 여부를 비판적으로 고찰하였다.

또한 보론 부분에서는 역사적 예수 연구의 최근 동향을 소개하는 글과 역사적 예수 연구에 꼭 필요한 방법론적 도구인 예수 말씀의 진정성 판단에 대한 두 개의 글을 추가하였다.

독자들에게는 이 책 뒷부분에 있는 보론의 첫 부분인 "최근 역사적 예수 연구의 동향"을 먼저 읽을 것을 권한다. 왜냐하면 이 부분을 통해 역사적 예수를 연구하는 주요학자들에 대해 개괄적으로 이해한 뒤 본론부분을 읽으면 훨씬 이해가 잘 될 것이기 때문이다.

오늘날에는 역사적 예수에 대한 모든 사실들을 알 수는 없지만 역사적 예수의 생애와 활동의 주요국면은 개괄적으로 그릴 수 있다는 데 학자들의 공감대가 이루어져 있으며 여러 연구자들이 이러한 서술방식을 그들의 저서에서 채택하고 있다. 한국 신약학계에서도 최근에 이르기까지 역사적 예수에 대한 학문적인 연구서들이

다수 출간되었으나 번역서가 아닌 우리나라 학자에 의한 것으로는 역사적 예수의 생애를 중심으로 접근하는 최초의 학문적인 노작인 안병무 교수의 『갈릴래아의 예수』(1990)에 이어 김명수 교수의 『역사적 예수의 생애』(2004)가 출판된 바 있다. 본인의 책도 우리나라에서의 역사적 예수에 대한 연구와 발전에 크고 작은 도움이 되길 바란다.

위에서 밝힌 바와 같이 이 책에 실린 글들은 필자가 그동안 여러 학술지와 일부 책에 발표한 것들을 수정 및 보완한 것이며 그 자세한 내용은 다음과 같다. 제1장 "역사적 예수의 연대기 및 이와 관련된 사항에 대한 연구," 『장신논총』 3 (2011), 제2장 "예수 시험기사(마 4:1-11; 눅 4:1-13)의 진정성과 이의 신학적 함의에 관한 연구," 『장신논단』 49-4 (2017), 제3장 "예수의 제자선택과 이들의 역할," 『신약논단』 10-3 (2003), 제4장 "역사적 예수가 죄인들을 가까이 한 이유에 대한 연구," 『교회와 신학』 79 (2014), 제5장 "성서적 신학의 주제로서 하나님의 나라," 『성종현 교수 퇴임기념논문집: 성서적 신학의 관점에서 바라본 신약신학의 주제』(한국성서학연구소, 2012), 제6장 "역사적 예수와 이스라엘의 회복," 『신약논단』 17/3 (2010), 제7장 "역사적 예수의 율법에 대한 태도," 『교회와 신학』 80 (2015), 제8장 "고난에 대한 역사적 예수의 시각," 『신약논단』 13/3 (2005), 제9장 "역사적 예수를 대상으로 한 산헤드린 회집의 역사성에 관한 연구," 『교회와 신학』 81 (2016), 제10장 "예수의 부활에 대한 역사적 예수 연구자들의 주장들과 이에 대한 고찰," 『선교와 신학』 47 (2019)이다. 그리고 보론에 실린 글들은 다음과 같다. "최근 역사적 예수 연구의 동향," 『성서마당』 94 (2010), "공관복음에 나타나는 예수 로기아의 진정성 판단 기준에 관한 연구,"『신약논단』 12/3 (1997), "다양한 진정성 판단기준에 관한 기본적인 연구,"『장신논총』 2 (2009).

뒤돌아보면 역사적 예수에 대한 연구는 마치 운명처럼 나의 필생의 연구주제가 되었다. 기독교 가정에서 태어나 주일학교 시절부터 교회에 출석했고 예배와 성경교육이 시행되는 기독교 중고등학교를 졸업하고 대학시절에 이르기까지 신앙생활을 하는 동안 많은 질문을 던지면서 주로 신앙의 지성적인 측면에 관심을 가졌었는데 군복무 시절에 예수님을 나의 생명의 진리로 뜨겁게 받아들인 뒤 오직 전도자가 되겠다는 마음으로 신학교의 문을 두드리게 되었다. 그런 가운데서도 나의 마음속에서는 하나님의 아들로서의 모습과 함께 인간으로서의 예수님의 모습에 대한 관심이 늘 지속되었던 것 같다.

장로회신학대학교 신대원과 대학원 신약학 석사과정을 마친 뒤 1986년 10월부터 1991년 2월까지 영국 스코틀랜드의 에딘버러 대학 신학부에서 오닐(J.C. O'Neill)교수의 지도를 받아 역사적 예수의 생애와 사상을 연구하였는데 특히 연구에 착수하기 일 년 전인 1985년에 출판되어 세계 신약학계의 큰 주목을 받고 있었던 에드 샌더스(E.P. Sanders) 교수의 『예수와 유대교』(Jesus and Judaism)에서 주장하는 바의 옳고 그름을 판단하는 논문으로 완성되었다. 이 논문은 나중에 『회개에 대한 예수의 가르침』(Jesus' Teaching on Repentance, Global Publications: State University of New York [SUNY] at Binghamton, 2000)이라는 제목의 책으로 출판되었다. 박사과정 동안 "역사적 예수 연구"라는 학문분야에 눈을 뜨고 연구에 매진하였으며 영미와 독일의 신학계에서도 이 분야에 급속한 연구가 이루어져 신약학의 한 분야로서 굳게 자리매김 하는 것을 보았다. 그 이후 많은 책들이 출판되는 가운데 역사적 예수 연구에 대한 불트만의 회의적인 입장이 케제만이나 보른캄과 같은 그의 제자들에 의해 부정되면서 문자 그대로 역사적 예수 연구의 르네상스가 이루어지는 것을 목도하고 있다. 예수는 구원자로서 기독교신앙의 핵심이지만 오늘에 사는 기독교인들은 삶의 순간마다 이 경우에 "예수라면 어떻게 할까" 하는 질문을 하게 되기 때문에 역사적 예수에 대해서도 충분히 알아야 한다고 생각한다.

사실 이 책의 집필은 오래전에 시작되었다. 2002년 한국성서학연구소의 제 20회 성서신학마당에서 "열 가지 주체를 통해 알아보는 예수의 생애"라는 제목으로 10회에 걸친 강의를 하였는데 그 내용만으로는 책을 낼 수 있을 정도로 만족한 수준이 되지 못했다. 그래서 시간적인 여유를 가지고 신학대학원과 대학원에서 여러 번에 걸쳐 관련 과목의 강의를 하면서 심층적인 연구를 하여 신약논단과 장신논단, 교회와 신학, 선교와 신학과 같은 학술지에 기고하였는데 이번에 그 모두를 모아 단행본으로 출간하게 되었다. 이 기회에 이 주제에 대한 강의를 처음 맡겨주셨던 김지철 교수님께 새삼 감사를 드린다. 또한 이후 연구소의 소장을 맡으셔서 교회를 위한 성서학의 발전과 연구에 꼭 필요한 소식지와 다수의 서적들을 출판하시며 많은 수고를 하시는 가운데 이 책이 출판될 수 있도록 배려해 주신 현 소장이신 장흥길 교수님께 특별히 감사드린다. 아울러 이 책의 출판을 위해서 참으로 많은 수고를 해 주신 장성민 박사님께도 감사의 말씀을 드린다.

무엇보다 격동의 시기를 거치면서도 교회와 가정을 위해 최선을 다하시며 신앙을 삶으로 보여주신 부모님께 감사드리며 이 책을 바친다. 또한 원고정리와 검토를 위해 수고하며 성원해 준 아내 이창희 목사에게 따뜻한 감사의 말을 전하며, 성구 색인 작업등 다양한 수고를 해준 최경주 조교에게도 감사한다. 그 동안 역사적 예수 연구와 관련된 과목을 수강하면서 나에게 격려와 질문을 해 준 모든 학생들은 모두 이 책의 완성에 크고 작은 기여를 하였다. 그들을 늘 기억할 것이다. 이 책의 출판은 늘 부족한 사람을 온전히 인도해 주시는 하나님의 특별하신 은총이 있었기에 가능하였다. 이러한 고백에는 특별한 의미가 담겨 있다!

봄이 오는 2019년 2월 말
오랜 숙제를 푸는 기쁨 속에서
저자

약어표

AB	Anchor Bible
ABD	*Anchor Bible Dictionary*
ATR	*Anglican Theological Review*
AYB	Anchor Yale Bible
BBR	*Bulletin for Biblical Research*
BECNT	Baker Exegetical Commentary on the New Testament
BS	*Bibliotheca sacra*
CBQ	*Catholic Biblical Quarterly*
EDNT	*Exegetical Dictionary of the New Testament*
GTJ	*Grace Theological Journal*
ICC	International Critical Commentary
JBL	*Journal of Biblical Literature*
JETS	*Journal of the Evangelical Theological Society*
JSNT	*Journal for the Study of the New Testament*
JSNTSup	Journal for the Study of the New Testament Supplement Series
JTS	*The Journal of Theological Studies*
LCL	Loeb Classical Library
NICNT	The New International Commentary on the New Testament
NIGTC	The New International Greek Testament Commentary
NovT	*Novum Testamentum*
SBL	Society of Biblical Literature
TB	*Tyndale Bulletin*

TDNT	*Theological Dictionary of the New Testament*
WBC	Word Biblical Commentary
WUNT	Wissenschaftliche Untersuchungen zum Neuen Testament
ZNW	*Zeitschrift für die neutestamentliche Wissenschaft*

주제별 연구

1. 연대기
2. 시험 기사
3. 제자 선택
4. 하나님의 나라
5. 죄인들을 가까이 한 이유
6. 이스라엘의 회복
7. 율법에 대한 태도
8. 고난에 대한 시각
9. 산헤드린 회집의 역사성
10. 부활

1. 예수의 연대기 및 이와 관련된 사항

I. 서론

역사적 예수의 출생, 성장, 죽음 등 기본적인 사항에 대한 정확한 지식을 얻는 것은 의외로 쉽지 않은데 이에 관해 정보가 성경 이외의 문헌에는 약간만 언급되어 있어서 주로 성경의 복음서에 의존해야 하기 때문이다. 그럼에도 불구하고 지난 수 십 년간 계속된 학자들의 연구를 통해 그 윤곽을 상당부분 파악할 수 있게 되었다. 이는 요세푸스와 교부문헌, 또한 외경과 위경 그리고 탈무드와 여러 랍비문헌 및 쿰란문서에 대한 연구에 힘입은 바 크다. 그런데 그 연구결과가 상당히 달라서 이를 종합적으로 이해하는 것이 필요하다. 이 연구는 최근까지 이루어진 역사적 예수의 기본적인 사항 즉 예수의 출생 시기, 출생지, 성장지, 성장지 주변 상황, 가족관계, 직업, 교육, 외국어능력, 공적사역, 결혼여부, 공생애기간, 죽임을 당한 시기에 관한 여러 학설들을 소개하고 비판적으로 검토하여 가장 설득력 있는 지식을 얻는데 그 목적이 있다.

II. 본론

1. 예수의 탄생시기[1)]

예수는 언제 태어났는가? 로마제국의 황제였던 아우구스투스의 통치기간인 주전 27년에서 주후 14년 사이의 어떤 시점에 태어난 것은 확실하다(눅 2:1). 그런데 마태복음과 누가복음의 기록이 서로 달라서 탄생시기를 정확하게 파악하는 것이 어렵다. 마태복음에 따르면 헤롯대왕이 죽은 주전 4년[2)]으로 보게 되는데, 누가복음에 따르면 퀴리니우스(구레뇨)가 시리아의 총독으로 부임하여 호적등록을 실시한 때인 주후 6년 이후로 보게 된다(마 2:1; 눅 2:2).[3)] 따라서 두 관점 사이에는 10년의 간격이 생긴다.[4)] 퀴리누스는 주후 6-7년

---

1) 기독교인들은 복음서에 나타나 있는 예수 탄생 기사 및 이후 이어지는 기사에 익숙하다. 그러나 학자들은 메시아 탄생이야기는 분명 예수 이후에 형성된 것이며 예수가 나사렛 출신이며 그곳에서 성장했다는 것 외에는 예수에 관한 역사적 사실이 거의 없다고까지 주장한다. 김진호, 『예수역사학』 (서울: 다산글방, 2000), 107. 그럼에도 불구하고 이 주제에 대해 상당부분을 알 수 있다는 것이 현재의 학문적인 주소이다. 타이센은 복음서에 나와 있는 예수의 연대기가 신학적으로 영향을 받았기 때문에 충분히 신뢰할 수는 없다고 하면서 다른 자료를 활용하여 보다 정확한 사실에 이르고자 노력한다. G. Theissen/손성현 역, 『역사적 예수』 (서울: 다산글방, 2001), 233.
2) Theissen, 『역사적 예수』, 234, 237. 타이센도 주전 4년 봄 이전으로 추정한다.
3) Raymond E. Brown, *The Birth of the Messiah: A Commentary on the Infancy Narratives in Matthew and Luke*. Complete and unabridged (Garden City: Image, 1977). 513. 이후 *Birth*로 표기한다. 요세푸스에 따르면 퀴리누스는 주후 6-7년에야 시리아 총독이 되었다.
4) 이러한 시간적 차이를 설명하기 위해 주전 9-6년에 시작된 호적등록이 퀴리누스 때에 완료되었다는 것을 뜻한다는 주장도 제기된 바 있다고 브라운은 소개한다(Brown, *Birth*, 547-55). E. Stauffer, "Die Dauer des

헤롯 아켈라오가 축출되어 유대지역이 시리아의 행정구역으로 편입되었을 때 이 지역 내의 부를 측정하기 위해 로마식 호적등록을 시행했다(『유대전쟁사』, 2.117-118; 『유대고대사』, 17.355; 18.1-3).5)
이런 차이로 인해 타이센은 누가가 그의 복음서에 예수탄생에 관해 기록할 때에 실제로는 주후 6년 이후에 실시된 호적등록이 예수 탄생 시점에 시행된 것으로 앞당겨 기록했을 가능성이 있다고 주장한다.6) 이는 상당히 설득력이 있는 주장이며 예수 사건을

Census Augusti--Neuen Beitraege zum lukankischen Schatzungsbericht," in *Studien zum Neuen Testament und zur Patristik* (Festschrift E. Klostermann (Berlin: Akademie, 1961), 9-34. 스타우퍼는 호적하는데 14년이 걸리는 것이 예외적인 일이 아니라고 한다. 그 예로 "Gaul" 지역에서의 호적이 40년 걸렸다는 것을 언급한다. 그러나 브라운은 다음과 같이 주장한다(Brown, *Birth*, 554). 첫째로 헤롯대왕이 통치하는 상황에서 Sentius Saturnis의 감독 하에 로마제국이 유대지역에 호적조사를 실시했다고 보기가 어렵고, 둘째로 그 호적조사의 결과를 퀴리누스가 "평가"(ἀποτι-μησίς)했다는 의미로 누가복음 기자가 2장 2절을 기록했다는 주장은 받아들이기가 어렵다. 왜냐하면 요세푸스가 이 단어를 '호적한다'는 의미로도 사용하고 '평가한다'는 의미로도 사용하기 때문에 스타우퍼의 주장을 수용하기 어렵기 때문이다. 그 외에도 예수가 주전 7-6년에 태어난 것으로 보는 학자도 있는데 이는 헤롯이 두 살 이하는 다 죽이라고 하였기에 실제 탄생시기에 2년을 더해서 만들어진 주장이다. J.P. Meier, *The Marginal Jesus*, vol. I (New York: Doubleday, 1991), 316-52.

5) 정확히 설명하면 "유대인들의 자산을 평가하고 아켈라오의 토지를 몰수하기 위해서 갔다."

6) 타이센, 『역사적 예수』, 234-35. A.N. Sherwin-White, *Roman Society and Roman Law in the New Testament* (Grand Rapids: Baker Book House, 1963), 166-67. 화이트는 누가가 마태의 기록을 수정했을 가능성을 주장한다. 브라운은 사도행전 5장 36절이 누가의 연대 기록에 있어 부정확한 또 하나의 예라고 지적한다(*Birth*, 554-555). 누가는 그 본문에서 가말리엘이 드다의 반란을 언급하고 있는데 이는 그의 연설이 있은 시점에서 10년이 지난 뒤에 일어난 사건을 언급하고 있기 때문이다. 요세푸스에 의하면 드다의 반란은 주후 44-46년에 일어났다(『유대고대사』, 20,5.1).

세속 역사에 밀착시켜서 설명하려는 경향을 보이는 누가였기에 그렇게 했을 가능성이 높다.

그럼에도 불구하고 예수 사건을 세속 역사와 연결시켜 정확히 기록했다는 누가복음 기자의 선언을 중시한다는 측면에서 누가의 예수 탄생 기록이 사실일 가능성을 확인해 보는 작업이 필요하다 (눅 1:1-3).

일부 학자들은 로마황제 아우구스투스가 온 로마제국에 호적령을 내렸다는 누가복음 2장 1절의 기록은 사실이 아니라고 주장하면서 누가복음에 나오는 요셉과 마리아가 호적을 하러 베들레헴에 갔다는 점을 부정한다.[7] 물론 로마 제국 전 지역에서 호적할 것을 명하는 영을 공포한 사실은 없다. 그러나 여러 지역의 총독들로 하여금 그 지역에서의 호적조사를 자율적으로 할 것을 명했다는 뜻으로 누가복음 2장 1절을 이해할 수 있기에 이 구절의 의미는 여전히 유효하다.[8] 헤롯대왕의 재임 시에 로마제국이 영을 내려 유대나라에 호적조사를 했을 가능성은 희박하다. 왜냐하면 그가 로마에 충성하는 유대 통치자였기에 최소한 통치의 자율권을 부여했을 것이기 때문이다. 요세푸스는 주전 7년쯤에 헤롯대왕의 지시로 유대인들이 로마황제에게 충성을 맹세했다고 기록하고 있다(『유대고대사』, 17.2.4). 그러나 그 맹세가 로마의 징세와 인구조사를 뜻한다는 증거는 없다.[9] 분명한 것은 주후 6-7년에 퀴리누스의 감독 하에 실

---

7) 아우구스투스가 로마제국의 황제로 재위 중인 주전 28년과 8년, 주후 13-14년에 로마시민의 인구를 세 번에 걸쳐 조사한 바 있다. Brown, *Birth*, 549.

8) Brown, *Birth*, 549.

9) Brown, *Birth*, 551. 만일 이 때 인구조사를 했다면 이는 예수의 부모의 베들레헴행과 관련이 있을 수 있다.

시된 인구조사가 갈릴리에서는 실시되지 않았을 것이라는 점이다. 왜냐하면 그 당시 갈릴리는 퀴리누스가 아니라 헤롯 안티파스에 의해 직접 통치되고 있었기 때문이다.10)

퀴리누스가 주후 6년 이전에 시리아 총독이었고 그래서 혹시 또 다른 호적조사를 시행했을 가능성이 없는가? 우선 요세푸스는 그러한 가능성을 언급하지 않는다(『유대고대사』 17.13.5; 18.1.1-2). 또한 주전 6년을 전후해서 실제로 호적조사를 실행했을 가능성을 유추할 수 있는 다양한 문헌적 증거는 있지만 구체적이고 정확하지 않기 때문에 실제로 그런 일이 있었다고 보기는 어렵다.11) 그러므로 주후 6년의 호적조사는 퀴리누스가 총독으로 재임할 때 첫 번째로 시행된 것이고 그것이 후에 열혈당 운동으로 발전된 갈릴리 유다의 반란을 촉발한 것임이 분명해진다(행 5:37).

결론적으로 마태복음 기자가 누가복음을 알지 못하고 있었고 두 복음서의 탄생기사가 매우 다르기 때문에 현재로서는 마태복음의 기록과 같이 헤롯대왕의 통치 말기인 주전 4년에 태어났다는 주장이 가장 설득력 있다.12)

2. 예수의 출생지

전통적으로 교회와 기독교인들은 예수가 베들레헴에서 탄생했다

---

10) 인구조사를 한 것도 아켈라오가 축출되어 로마의 직접통치로 바뀌었기 때문이었다. Brown, *Birth*, 550.
11) Brown, *Birth*, 551-52. 브라운은 호적조사와 관련된 여러 문서들을 자세히 조사한 뒤 결론을 내린다.
12) 타이센, 『역사적 예수』, 237.

고 믿어왔고, 따라서 예수 그리스도의 탄생을 기념하는 예배와 행사에서도 이를 당연시 했다. 그런데 수 십 년 전부터 상당수의 신약학자들은 예수가 베들레헴이 아니라 나사렛에서 태어났다는 주장을 펼쳐왔다.13) 이들은 메시아 탄생 이야기는 예수 이후의 상황 즉 원시교회에서 만들어진 것이라고 주장한다.14) 나아가 역사적 예수는 원래 나사렛에서 태어났으며 그곳에서 성장했다는 것 외에는 예수에 관한 역사적 사실은 거의 없다고까지 주장한다. 따라서 베들레헴에서 태어났다는 마태복음(2:1, 5-6, 8, 16)과 누가복음(2:4, 15)의 기록은 사실이 아니며 이는 메시아가 베들레헴에서 태어난다는 구약예언에 짜 맞춘 것이라고 주장한다(미 5:2).15) 그 말은 마태복음과 누가복음 저자가 앞부분에서 예수가 메시아임을 이미 선언해 놓고 있기에(마 1:16; 눅 1:32-33) 거기에 맞추느라 베들레헴에서 출생한 것으로 기록했을 가능성이 있다는 것이다. 즉 마태복음 2장에서 동방박사들이 "유대인의 왕이 어디 계시뇨?"라는 질문에 메시아가 태어날 곳은 베들레헴이라고 답하는 식으로 설명하는 방식을 취했으며, 누가복음 2장에서는 호적하라는 칙령으로 인해 다윗 자손인 요셉이 마리아와 함께 다윗의 동네인 베들레헴으로 갔으며 그렇기 때문에 거기서 태어난 것처럼 기록했다는 것이다(눅 2:4).

---

13) 타이센, 『역사적 예수』, 249. K. Burger, *Jesus als Davidssohn* (Goettingen: Vandenhoeck, 1970), 104. 베르거는 나사렛에서 태어났다는 학문적인 공감대가 학자들 간에 형성되어있다고 주장한다. 가버나움에서 태어났다고 주장하는 학자도 있다. J. S. Kennard, "Was Capernaum the Home of Jesus," *JBL* 65(1946), 131-41.
14) 타이센, 『역사적 예수』, 237. "많은 성서 주석가들은 마태복음 2장의 배후에서 역사적인 요소를 찾아내려는 시도를 어리석은 것이라고 본다." 김진호, 『예수역사학』, 107. Burger, *Jesus*, 104.
15) Bart Ehrman/강주헌 역, 『예수 왜곡의 역사』 (서울: 청림, 2009), 57, 60.

그렇게 본다면 메시아가 베들레헴에 태어났다는 것은 "역사화 된 신학적 표현"(a historicized theolegumenon)[16]이라고 주장한다.

그러나 그 주장을 절대적인 것으로 받아들일 수 없게 만드는 다음과 같은 여러 이유들이 있다는 점에 유의할 필요가 있다.

첫째로, 두 복음서는 모두 예수가 일찍부터 나사렛에서 성장했지만 태어난 곳은 베들레헴이라고 기록했다는 점이다. 오늘날 가장 권위 있는 공관복음서 형성이론으로 인정받고 있는 두 자료 설에 의하면 마태복음과 누가복음 기자는 서로 상대편을 모른 채 기록하였다. 그럼에도 불구하고 두 복음서가 똑같이 베들레헴 탄생으로 보도하고 있는 것은 결코 우연일 수 없다. 더욱이 두 복음서가 동방박사들의 경배와 탄생 소식을 목자들에게 고지하는 것과 같이 예수 탄생에 대해 아주 다른 전승들을 사용하여 보도하기 때문에 이 공통적인 요소는 간과할 수 없는 중요성을 갖는다.[17]

둘째로, "나사렛 예수가 메시아"라는 전승이, "예수가 메시아니까 베들레헴에서 태어나는 것으로 기록해야 했다"는 전승보다 먼저 형성되어 있었다는 점이다(막 1:24; 16:6; 눅 24:19; 행 2:22; 10:38; 22: 8; 26: 9). 즉 원시교회가 나사렛 예수가 메시아라는 것을 받아들이고 있었기에 굳이 예수가 베들레헴에서 태어나야 한다는 전승을 만들어낼 필요가 없었을 것이기 때문이다.[18]

셋째로, 예수의 나사렛 탄생을 주장하는 학자들은 요한복음 1장 46절(요 1:45; 19:19; "…나사렛에서 무슨 선한 것이 날 수 있느냐"

---

16) Brown, *Birth*, 513. 브라운이 사용한 표현이다.
17) 마태와 누가의 예수탄생기록은 베들레헴에서 탄생했다는 것과 마리아가 동정녀라는 점에서만 일치한다.
18) Brown, *Birth*, 514.

[ἐκ Ναζαρὲτ δύναταί τι ἀγαθὸν εἶναι;])을 예수가 나사렛에서 태어났다는 주장을 지지하는 증거로 내세울 수도 있을 것이다. 그러나 여기서 "날 수 있느냐"는 것은 그곳에서 태어난다는 것을 뜻하는 것이 아니라 그런 마을에서 무슨 선한 것이 나올 수 있겠느냐는 식으로 깔보는 표현으로 해석하는 것이 옳다. 이는 예루살렘 중심적인 사고에서 나온 표현이다. 또한 마가복음에는 여러 번에 걸쳐 "나사렛 예수"(ὁ Ναζαρος)(막 1:24; 10:47; 14:67; 16:6)라고 언급되어 있고 나사렛을 "고향"(ὁ πατρίς)(막 6:1, 4; 눅 4:23)으로 설명하고 있어서 그런 심증을 굳히려 하지만, 그렇게만 볼 수 없는 이유도 존재한다. 누가복음 기자는 나사렛을 "예수가 자라난 곳"(οὗ ἦν τεθραμμένος)이라고도 설명하고 있기 때문이다(눅 4:16). 즉 성장한 곳과 태어난 곳을 구분하고 있다는 인상을 준다.

넷째로, 모든 유대인들이 메시아는 꼭 베들레헴에 태어나야 한다고 생각하지 않았다는 것이다. 베들레헴에서 태어나는 것이 메시아가 되는 필요충분조건이 아니었다. 은둔 메시아(Messiah Incognito) 사상에 의하면 메시아는 결정적인 시점에 가서야 극적으로 나타날 수도 있기 때문이다(참조, 요 7:27).[19] 즉 구약에 예언된 대로 메시아는 꼭 베들레헴에서 태어나야 한다는 강박관념에 사로잡혀 있어서 베들레헴에 태어난 것으로 기록하려 했던 것은 아니라는 것이다. 역사적 예수가 베들레헴 아닌 다른 곳에서 태어났어도 거리낌 없이 그렇게 기록할 수도 있었지만 베들레헴에서 태어난 것이 사실이기에 그렇게 기록했을 가능성은 여전히 남아 있다.[20]

다섯째로, 당시 유대인들은 그들이 당시에 거주하고 있던 곳이

---

19) Brown, *Birth*, 514.
20) Brown, *Birth*, 514.

아니라 자신이 속한 부족이 혈통적인 면에서 중요하게 여기는 도시로 가서 호적을 했을 가능성이 있다.[21] 또한 타이센은 호적등록을 하러 모든 사람이 "자기의 고향"으로 갈 필요도 없었고, 여자들이 거기까지 갈 필요가 없었던 것은 부친이나 남편이 그들을 대표할 수 있었다고 주장한다. 그래서 베들레헴으로 갔다고 하는 것은 예수가 다윗동네에서 탄생했다는 것을 설명하기 위한 설명이라고 주장한다.[22] 에만도 아우구스투스가 제국 전체의 시민에게 고향으로 돌아가 호적을 하라고 명했다는 증거가 없다고 한다.[23] 그러나 로마제국으로서는 부족과 조상과의 관계가 매우 중시되는 유대지역에서만큼은 혈통적으로 중시하는 곳에 가서 호적하게 하는 정책을 펼쳤을 가능성이 있다.[24]

이 모든 점들을 고려할 때 예수의 탄생지는 보다 결정적인 반대 이유가 제시되지 않는 한 베들레헴으로 보는 것이 적절하다고 판단된다.

3. 예수의 성장지

어디서 태어났느냐 하는 것보다 중요한 것이 어디서 성장했느냐 하는 점이다. 왜냐하면 사람들은 그들이 성장한 삶의 환경에서 많은 영향을 받기 때문이다. 예수는 갈릴리 나사렛에서 성장했으므로

---

21) 그렇게 하면 각 부족별 인구를 정확히 파악할 수 있었을 것이다. 예루살렘은 지도상으로 베냐민 지파의 중심도시로 나온다.
22) 타이센, 『역사적 예수』, 235. n. 8.
23) Ehrman, 『예수 왜곡의 역사』, 57.
24) Brown, *Birth*, 549.

갈릴리의 환경에서 가장 큰 영향을 받았다고 할 수 있다. 이는 예수가 농업과 어업이 왕성하게 이루어지는 지역에 거주하는 서민들의 삶을 지켜보면서 성장했다는 것을 뜻한다. 갈릴리 사람들의 삶, 그들의 희로애락, 그들의 어려움을 목도한 것이 그의 가치관이나 삶의 철학의 형성에 큰 영향을 주었을 것이다. 그러나 "갈릴리 사람"이란 결코 불명예스러운 표현이 아니었다.[25]

갈릴리는 또한 여러 차례에 걸친 독립운동이 진행되었던 곳이기에 유대 민족주의가 강한 곳이었다. 이곳은 이스라엘의 빵바구니라고 불리는 이스르엘 골짜기 등 비옥한 농토가 있는 곳이라 농산물의 경작이 중요했고 이에 종사하는 많은 소작인들은 지나친 세금 부과나 소작료 요구 때문에, 부를 독점하려는 통치자 및 지주들과 긴장상태에 있었다. 따라서 "너희 중에 누구든지 크고자 하는 자는 너희를 섬기는 자가 되고 너희 중에 으뜸이 되고자 하는 자는 너희 종이 되어야 하리라"는 예수의 말씀은 바로 갈릴리의 서민들의 정서를 담고 있다고 볼 수 있다(마 20:27-28). "목자 없는 양"이란 표현에도 그런 의미가 내포되어 있다고 볼 수 있다(마 9:36). 이러한 요소들이 예수로 하여금 백성을 진정으로 위하는 지도자와 지도자 상에 대한 깊은 관심을 갖게 만들었을 것이다.

4. 예수의 직업

예수의 직업은 목수였다. 이 점을 부인할 수 없다. 왜냐하면 역

---

[25] 안병무,『갈릴래아의 예수』(천안: 한국신학연구소, 1990), 19. 안병무는 불명예스런 표현이었다고 주장한다.

사적 예수가 실제로 목수가 아니었다면 원시교회로서는 예수를 이 직업을 가졌던 존재로 설명하지는 않았을 것이기 때문이다.26) 마가복음 6장 3절에 따르면 예수의 직업은 분명히 목수다: "이 사람이 마리아의 아들 목수가 아니냐 야고보와 요셉과 유다와 시몬의 형제가 아니냐 그 누이들이 우리와 함께 여기 있지 아니하냐 하고 예수를 배척한지라." 마태복음 13장 55절에도 예수가 목수의 아들이라고 기록되어 있다. "이는 그 목수의 아들이 아니냐 그 어머니는 마리아, 그 형제들은 야고보, 요셉, 시몬, 유다라 하지 않느냐." 안병무는 마태가 예수를 목수라고 하지 않고 그의 아버지가 목수였다고 함으로 그 직업의 불명예성을 노출했으며 마침내 누가복음에서는 예수의 직업을 불문에 부치고 있다고 주장한다.27) 그러나 이는 결코 예수의 불명예성을 노출하는 표현이라고 볼 수 없다. 또한 예수의 직업이 누가복음에 언급되지 않은 이유를 꼭 안병무가 생각하는 이유로 추론해 갈 필요가 없기 때문이다. 누가복음 기자는 예수의 직업에 대해 언급할 필요를 느끼지 않았던 것으로 보이기 때문이다.

예수는 나사렛 동네에서 목수로 잘 알려져 있었을 가능성이 높다. 왜냐하면 "목수"라는 말 앞에 정관사가 붙어있기 때문이다. 즉 우리말로 "그 목수"라는 의미를 갖기 때문이다.28) 마태는 그의 아

---

26) 예수의 직업이 실제로는 목수가 아니었고 원시교회가 이를 가상적으로 정할 수 있었다면 목수가 아닌 직업을 택했을 가능성이 높다.
27) 안병무, 『갈릴래아의 예수』, 20-21. Stauffer는 마가복음 6장 3절을 불명예성을 노출하는 표현이라는 주장을 펼쳤지만, Brown은 근거가 없다고 주장한다(Birth, 540). E. Stauffer, *Jerusalem und Rom* (Bern: Francke, 1957), 118.
28) 요아킴 그닐카/편집부 역, 『마가복음』, vol. I (국제성서주석; 서울: 한

버지 요셉이 목수였다고 하는데(마 13:55) 그것은 예수가 보통의 서민이 하는 일을 했다는 것을 의미한다. 결코 안정된 생활을 영위하는 중산층도 아니었겠지만, 그렇다고 "하찮은 집안에 하찮은 직업을 가진 사람"29)도 아니었다. 안병무가 이런 주장을 하는 이유는 사람들이 "목수"에게서 지혜를 구하지 않았기 때문이라고 한다. 집회서 38장 24-39절에 나타나는 대로 목수(ὁ τέκτων)는 지혜의 이상을 가르치는 율법학자(ὁ γραμματεύς)와 엄격히 구별되며 따라서 "사람들이 목수에게서 지혜를 구하지 않았기 때문"이라는 것이다.30)

그러나 이 구절에서 말하고자 하는 바는 다른 데 있다. 농부, 도장을 새기는 사람, 대장장이, 옹기장이 등 일상생활에 필요한 물건들을 만들어 내는 사람들, 즉 주야로 일하는 사람들은 자기 일에 몰두해야하기에 지혜를 얻는데 몰두하는 학자와는 상대적으로 다르다는 점을 말하는 것이다. 교양과 판단력에서 있어서는 학자들이 앞설 수밖에 없는 것이 사실이다. 즉 어느 한 측면에 있어 상대적인 우위를 말해줄 뿐이다. 유대문화에서는 목수의 하는 일을 하찮은 일이라고 말하지 않았다. 오히려 34절에서는 "이들 때문에 이 세상은 날로 새롭게 되고 지탱이 된다"고 찬사를 보내고 있기 때문이다. 나아가 이들이 밤을 새워 자기 일에 정성을 들이고 열중하는 것을 찬양하고 있다. 언제나 그렇지만 직공과 기술자는 공동체의

국신학연구소, 1991), 295.
29) 안병무, 『갈릴래아의 예수』, 21.
30) "그들은 재판관 자리에 앉지도 않으며 법률을 잘 알지도 못한다. 그들은 교양이나 판단력은 출중하지 못하고 격언을 만드는 사람들 축에 끼지도 못하지만, 그들 때문에 이 세상은 날로 새롭게 되고 지탱이 된다. 그리고 그들은 오직 자기들의 하는 일이 잘 되기를 빌 뿐이다." (집회서 38:33-34: 공동번역 성서).

삶에 있어 없어서는 안 될 귀중한 존재들이다. 예수 당시의 유대인들의 직업을 분류한 예레미야스도 목수를 죄인으로 분류하지 않았다.31) 농업과 어업이 주요 산업이고 대부분의 사람들이 이에 종사하였을 갈릴리에서 사람들의 삶의 문제를 해결해주었을 목수직은 건실한 직업으로 인식되었을 것이다. 우리는 자칫 우리시대의 직업관으로 고대의 직업을 폄하하는 잘못을 범하지 않도록 조심할 필요가 있다. 직업관은 시대와 환경에 따라 변하기 때문이다.

예수는 자긍심을 가지고 목수직을 수행했다고 볼 수 있는데 그런 점들이 예수의 말씀들에 나타나기 때문이다. 예로 "한날 괴로움은 그날에 족하다"(마 6:34)는 말씀은 공생애 이전의 예수의 삶의 정서를 간접적으로 드러내주는 것으로 보이기 때문이다. 예수는 노동의 중요성을 알고 기쁨을 누릴 줄 아는 목수였다. 그는 당시의 보통 사람들처럼 자기 일에 몰두할 줄 알았고 그것은 후에 하나님의 나라와 공적사역에 몰두하는 모습으로 나타났다.

5. 예수의 가족관계

마가복음 6장 3절에는 나사렛에 사는 유대인들이 "이 사람은 목수로 마리아의 아들이 아니며, 야고보와 요셉과 유다와 시몬의 형이 아닌가? 또 그의 누이들은 다 우리와 같이 여기 살고 있지 않은가?"라고 묻는 장면이 나온다. 아버지의 이름이 아닌 어머니의 이름을 들어 예수를 지칭하고 있지만, 이 구절은 결코 그의 집안이

---

31) 요하킴 예레미야스/번역실 역, 『예수시대의 예루살렘』(서울: 한국신학연구소, 1988), 383.

대수롭지 않다는 구체적인 표현이 아니라고 생각한다.32) 잘 아는 동네사람인 목수 예수가 놀라운 일을 행한데 대한 나사렛 주민들의 놀람을 표현한다고 보는 것이 보다 설득력이 있다. 이스라엘을 다스리는 지배층에 비해서 목수의 집안은 상대적으로 영향력이 약하다고 할 수 있지만, 그렇다고 예수의 가문을 대수롭지 않은 직업을 가진 하찮은 집안으로 제한해서 볼 필요는 없다. 예수는 가난하고 소외된 사람들의 친구였던 것은 분명하다. 그렇지만 예수를 그가 살았던 지역에서 조차 하찮게 여겨진 가정의 사람으로 보려는 시각은 구체적인 증거보다는 이 구절에 대한 주관적인 느낌에 기인한 것으로 보인다.

복음서에 의하면 예수는 12살 되던 해의 유월절에 부모와 함께 예루살렘 성전에 올라갔으며 30살에 공적인 삶을 살기 시작했다.33) 그런데 공적인 삶을 시작한 뒤에는 아버지 요셉에 대한 언급이 나오지 않기에 그 사이에 요셉이 사망하고 예수가 실제적인 가장의 역할을 했을 것으로 추측하게 된다.

공적사역에 나섰기 때문에 예수는 가족들과 헤어져 지내는 어려움을 겪어야만 했던 것으로 보인다. 마가복음 3장 31-35절과 이의 병행구(마 12:46-50; 눅 8:19-21)에는 예수의 어머니와 동생들이 예수를 찾는 사건이 나오는데 이는 원시교회가 만들어냈을 가능성이 희박하기에 실제로 벌어졌던 일이었을 가능성이 높다. 왜냐하면 예수를 주(Lord)로 믿고 경외했던 원시교회로서는 "예수가 귀신들렸다"는 불경스러운 느낌을 주는 표현을 만들어내는 것을 매우 주저했

---

32) 안병무, 『갈릴래아의 예수』, 21. 안병무는 그렇게 주장한다.
33) 누가복음 2장 41-42절에 의하면 예수는 12살 되었던 유월절에 부모와 함께 예루살렘으로 갔다.

을 것이기 때문이다. 예수가 귀신을 쫓아내자 귀신의 힘을 빌어 귀신을 쫓아낸다는 음해성 유언비어가 퍼졌고 이를 접한 어머니 마리아와 예수의 형제자매들이 예수를 데리고 고향으로 돌아가 집안 명예의 실추를 막으려고 했을 가능성이 높기 때문이다.34) 그것은 피를 나눈 가족으로서는 자연스러운 반응이었을 것이다. 그러나 일단 공생애에 나선 예수는 온갖 종류의 악담과 비방에도 굴하지 않고 보다 넓은 가족개념을 설파하면서 하나님께서 맡기신 일을 감당해 나갔던 것으로 보인다.

6. 예수가 받은 교육

예수는 보통 유대인 소년들처럼 회당교육만을 받은 것으로 보인다. 복음서에는 사람들이 예수를 '랍비'라고 부르는 장면이 많이 나타나지만 '율법사'라는 뜻이 아니라 '선생'이라는 존경의 뜻에서 그렇게 부른 것으로 판단된다. 유대인 소년들은 보통 6세에서 12, 13세가 되기까지는 회당교육을 받았으며,35) 이후 랍비가 되고자 할 경우에는 이를 전담하는 교법사(敎法師)에게 가서 따로 특별교육을 받았다.36) 예수가 12살쯤에 성전에 올라간 일화는 예수가 기본적인

---

34) 예수의 형제와 자매들이 어머니인 마리아에게서 태어났다는 주장이 새삼스러운 것은 가톨릭에서는 이들이 다른 여성에게서 태어난 사촌이라는 주장을 펼치기 때문이다. 그러나 가톨릭의 대표적 예수 연구자인 마이어는 이들이 예수의 친동생이라는 점을 분명하게 주장한다. Meier, *The Marginal Jesus*, vol. I., 318-31.
35) M. Borg, *Jesus A New Vision* (San Francisco: Harper and Row Publishers, 1987), 39-40.
36) 이러한 특별 교육을 받은 사람이 바로 사도 바울이다(행 22:3).

율법교육을 마치고 성인으로 인정받는 의식을 치르기 위해 상경했던 상황을 기록했을 가능성이 높다(눅 2:42-51).

예수는 율법사가 되는 교육을 받지 않았지만 율법에 대한 해석에 있어서 탁월한 능력을 보여주었던 것으로 판단된다. 마가복음 1장 21-22절과 마가복음 6장 2절에 나오는 유대인들의 반응은 보통의 유대인들과 같은 정도의 율법 교육만을 받은 예수가 율법사를 압도하는 가르침을 베풀었기 때문에 나타났던 반응이었다고 볼 수 있다.

"안식일이 되어 회당에서 가르치시니 많은 사람이 듣고 놀라 가로되 이 사람이 어디서 이런 것을 얻었느뇨 이 사람의 받은 지혜와 그 손으로 이루어지는 이런 권능이 어찌됨이뇨"(막 6:2).

"저희가 가버나움에 들어가니라 예수께서 곧 안식일에 회당에 들어가 가르치시매, 뭇 사람이 그의 교훈에 놀라니 이는 그 가르치시는 것이 권세 있는 자와 같고 서기관들과 같지 아니함일러라" (막 1:21-22).

이렇게 율법을 놀랍도록 새롭게 해석하는 능력은 예수가 회당교육을 통해서 구약성서의 많은 부분을 공부하고 암기했으며 또한 목수라는 생업을 꾸려가면서도 규칙적으로 또는 틈틈이 시간을 내어 구약성서를 깊이 읽고 묵상하면서 그 의미를 새롭게 그리고 깊이 깨달으려고 노력하고, 또한 그 지역의 사람들이 삶 속에서 겪는 여러 문제들에 대한 답을 성서에서 찾는 훈련을 끊임없이 하는 가운데 체득한 것으로 보인다.[37] 마치 한 손에는 성서를 한 손에는 신

---

[37] 예수와 같이 제사장이 아닌 일반인들이 두루마리나 여러 방식으로 제작되어 있던 유대성경을 어느 정도 접할 수 있었을 지를 알아볼 필요

문을 듣고 오늘을 해석해 가는 교역자들의 모습을 연상케 한다. 이렇게 예수가 그의 삶 속에서 행한 신학적 통찰이 그의 성경해석과 하나님의 나라를 위한 활동에 큰 영향을 끼친 것으로 추측할 수 있다.

7. 예수의 외국어 능력

역사적 예수가 모국어인 아람어 이외의 외국어를 어느 정도 이해하고 구사했는가 하는 점에 대해 그동안 다양한 주장들이 제기된 바 있다. 이는 예수 당시 유대지역의 유대인들이 어떤 언어를 사용했는가 하는 사실과 밀접한 관련이 있다. 우선 예수는 당시 유대지역에서 광범위하게 사용되었던 아람어에 능통했을 것이다. 성서에 나오는 여러 아람어 표현들이 이의 증거가 된다(마 5:22; 27:46; 막 5:41; 7:11, 34; 14:36; 15:34; 롬 8:15; 갈 4:6; 고전 16:22). 또한 예수는 유대인이었고 유대교에 대한 관심이 지대했기에 유대교의 경전을 기록한 히브리어에 익숙했을 것이다.[38]

논란이 많은 것은 예수의 헬라어 사용 여부다. 지중해 지역의 헬라화가 급속히 진행되어 유대지역에서도 헬라어가 의사소통을 위한 주요 언어로 사용되었기 때문에 예수도 어떤 경우에는 헬라어로 말했을 가능성이 있다는 주장에서부터 이 언어에 능통했다는 주장

---

38) 미쉬나 히브리어가 주후 1세기의 언어였고 따라서 예수도 이를 사용했을 가능성이 있다는 주장이 있다. S. Porter, "Jesus and the Use of Greek in Galilee," in *Studying the Historical Jesus*, ed. by B. Chilton & C. Evans (Leiden: E. J. Brill, 1994), 126-27.

까지 제기된 바 있다.39) "이방인의 갈릴리"(마 4:15)라는 호칭은 데가볼리를 비롯하여 갈릴리 변방에 살고 있던 외국인들이 헬라어를 사용했을 가능성을 말해 주며 따라서 그들과 의사소통을 해야 했던 유대인들도 그랬을 가능성이 있다. 예수가 성장한 나사렛도 사통발달의 도시였기 때문에 더더욱 그랬을 가능성이 있다.40)

또한 예수가 헬라어를 말했을 가능성이 있는 구절들을 복음서 안에서 찾을 수 있기 때문이다. 예로 통역자가 없었던 것으로 여겨지는 거라사 지역에서 예수가 말을 했을 경우가 이에 해당될 수 있다(막 5:1-20; 마 8:28-34; 눅 8:26-39). 수로보니게 여인과 대화했을 때(막 7:26), 가버나움의 백부장과 만났을 때(마 8:5-13; 눅 7:2-10), 빌라도와 대화했을 때도 헬라어로 짧게 말했을 가능성이 있다(막 15:2-5; 마 27:11-14; 눅 23:2-3).41)

그럼에도 불구하고 예수가 헬라어로 학교교육이나 특별교육을 받았다고 보지 않는 이상 유대인으로서는 외국어였던 이 언어에 능통했다고 보기는 어렵다. 로마제국의 언어였던 라틴어의 해독능력에 있어서는 더더욱 그렇다. 따라서 아람어와 히브리어에 능통했던 예수가 헬라어도 약간은 알아들을 수 있었고 또한 꼭 필요한 경우에는 이 언어로 간단히 자신의 의사를 표명했을 가능성은 있

---

39) Porter, "Jesus and the Use of Greek in Galilee," 129, 123-54.
40) 그러나 예수가 살았던 갈릴리 농촌과 그곳의 주민들은 쉽사리 외래문화에 물들지 않았다는 점은 이런 주장을 수용하는 것을 거부하게 한다. (안병무, 『갈릴래아의 예수』, 94). 푀르스터는 갈릴리 농촌은 헬레니즘의 물결에 쉽게 동화되지 않았다고 주장한다. 베르너 푀르스터/문희석 역, 『신구약중간사』 (서울: 컨콜디아사, 1997),186. 예수를 따르는 갈릴리 사람들이 헬라문화에 물들지 않은 사람들이었다면 더더욱 그렇다(188).
41) Porter, "Jesus and the Use of Greek in Galilee," 149-52.

다고 보는 것이 옳을 것이다.

8. 예수 공생애의 특징

　예수의 공생애와 관련하여 주목할 점은 성서에 나타나는 많은 지도자들과 마찬가지로 예수도 서른 살 쯤에 공적인 활동을 시작했다는 것이다. 다윗도 서른 살에 왕이 되었고(삼하 5:4), 요셉(창 41:46), 에스겔(겔 1:1)도 그랬다. 그리고 공생애는 복음서에 의하면 1년, 요한복음에 의하면 3년 정도의 기간이 되는데 그 이유는 예루살렘에 계신 언급이 그렇게 나오기 때문이다(요 2:13; 5:1; 12:12-13). 특이한 것은 다른 종교의 지도자들과 비교해 볼 때 예수의 공생애 기간이 매우 짧다는 것이다. 석가는 득도하고 40년 이상, 공자도 학문에 기본을 세운 뒤 40년 이상, 마호멧이 20년 이상 활동한 것에 비하면 예수의 삶은 전광석화와 같았다. 그러나 그 짧은 삶은 하나님의 뜻을 이루기 위한 치열한 삶이었음을 말해준다.

9. 예수와 독신

　예수는 독신상태로 하나님의 나라 선포에 나섰으며, 이에 전념하느라 십자가에서 처형당할 때까지 독신을 유지한 것으로 보인다. 하나님의 나라를 위해서 스스로 택한 독신의 삶이었다(마 19:11-12).[42] "하나님의 나라를 위하여 스스로 고자가 되는 것"에 대한 말

---

42) Meier, *The Marginal Jesus*, vol. I., 316-52.

씀은 역사적 예수의 말씀일 가능성이 높다. 왜냐하면 당시 유대문화에서는 20세를 전후해서 결혼하는 것이 일반적이었기에 특별한 이유가 없는 한 일생동안 독신의 삶을 사는 것은 상상할 수 없는 일이었고, 또한 원시교회에서도 결혼을 금하지 않았기 때문이다.[43] 또한 예수는 결혼은 하나님과 사람들 앞에서 하는 신성한 약속이기에 이혼할 수 없다는 생각을 견지했고, 나아가 당시의 가부장적 사고로 인해 여성에게 횡포를 부리는 것이 잘못임을 지적하면서, 결혼한 후에는 아내에 대해 충실해야한다는 생각을 가지고 있었기에 그렇게 한 것으로 보인다(막 10:4-9).

예수가 결혼했다는 주장은 오늘날까지도 간헐적으로 제기되고 있는 것이 사실이다. 한 예로 영화 "예수의 마지막 유혹"(The Last Temptation of Jesus)에서도 십자가에 달린 예수가 사탄의 유혹을 받아 결혼할 뻔 했던 가능성이 가상적으로 전개되지만 영화를 정확히 보면 예수는 결국 그 유혹을 뿌리치고 독신으로 죽임을 당하게 되는 것을 알 수 있다.

또한 최근에는 댄 브라운이 예수가 막달라 마리아와 결혼해 후손을 두었고 교황청이 이 엄청난 비밀을 지키려는 조직을 말살해 침묵을 지키려 했다는 내용의 소설을 발표해 선풍적인 인기를 끌기도 했다.[44] 브라운은 예수에게는 막달라 마리아라는 동반자가 있었는데 교단의 남성우위론자들이 그녀를 역사에서 지워버렸으며, 주후 325년 소집된 니케아공회가 신약 사복음서이외의 다른 복음서

---

43) Meier, *The Marginal Jesus*, vol. I., 316-52.
44) D. Brown/이창식, 양선아 역, 『다빈치 코드』 2권 (서울: 대교베텔스만, 2003), 46-52. 브라운은 성혈, 성배 등 역사적 사실성이 없는 주장을 마치 사실인양 전개한다.

들 즉 예수의 인간적인 측면들을 부각시켜 기록한 책들을 배척했다고 주장한 바 있다.45) 그러나 이는 근거가 없는 주장이다. 주후 325년 니케아공회가 소집되기 훨씬 전부터 기독교도들은 예수를 신적 존재로 인식하고 있었고, 니케아 공회는 예수와 하나님의 관계를 정립했을 뿐이며, 이미 당시에 사복음서를 정통적인 것으로 인정하고 있었다. 따라서 교단의 음모로 사복음서가 채택되었다는 것은 근거가 없다.46) 뿐만 아니라 현재의 사복음서외에 있었던 여러 복음서들 중에서 사복음서가 가장 실제 역사에 근접했던 책이었다는 점이 수세기에 걸친 학자들의 연구에 의해 입증되었기 때문에 더더욱 그렇다. 또한 신약에 채택되지 못한 여러 복음서들은 너무나 신비적이었기에 채택되지 않은 것이지 예수를 인간적으로 그려서 그렇게 한 것이 아니기 때문이다. 복음서에는 예수가 만나는 여인들에 대한 기사가 많이 나오지만, 예수 자신은 그들을 동역자로 삼았지 아내처럼 동거하지 않았다. 또한 예수는 남성 제자들과 같이 이동하면서 생활했기에 혼자서만 아내와 동거하는 삶을 살기도 어려웠을 것이기에 더욱 그렇다. 이와 같이 예수의 결혼설은 몇몇 사람들의 상상력에서 나온 것이며 그런 주장을 뒷받침할만한 문헌적인 근거는 발견되지 않았다.

---

45) Bart, D. Ehrman/이병열 역,『예수는 결혼하지 않았다』(서울: 안그라픽스, 2005). 86, 95. Brown,『다빈치 코드』1권, 348-63.

46) Bart, D. Ehrman, *The Truth and Fiction in the Vinci Code* (Oxford Univ. Press, 2004), 185-190. 어만은 대중은 다빈치 코드 소설 같은 것을 통해 역사를 인식할 수도 있기 때문에 댄 브라운이 인류역사에 있어서 매우 중요한 부분을 심각하게 왜곡했다고 비판한다.

10. 예수와 세포리스(Sepphoris)와의 관계

최근 학자들은 예수와 나사렛 그리고 세포리스와의 관련성에 많은 관심을 가지고 이를 여러 가지 측면에서 조명하고 강조하고 있다. 왜냐하면 세포리스가 당시 헤롯왕의 정치적 야심을 채우기 위해 건설되었고 그의 권력을 지탱해주는 군사도시였다고 보기 때문이다. 나사렛에서 5-6킬로 밖에 안 되는 거리에 있었기에 예수도 그곳에 관한 소문을 듣고 또한 한두 번 방문했을 가능성은 추측해 볼 수 있다. 안티파스는 주후 6년에 세포리스를 새로운 도시로 건설하기 위해 강제로 대규모의 노동력을 투입했다(『유대고대사』 18. 2.1). 이 과정에서 많은 사람들이 희생되었고 이로 인해 많은 사람들이 통치자에 대한 강한 분노를 품게 되었을 것을 가정한다.[47] 이런 지도자들의 강압적인 통치를 의식했기 때문에 예수로서는 참 지도자상을 더욱 힘주어 가르쳤을 것이다(마 9:36; 20:22-27). 예수 당시의 목수는 목재만을 다루는 것이 아니라 암석과 금속도 다루고 있었기에 목수인 예수도 세포리스 건설에 동원되었을 가능성이 있다.[48] 반대로 예수가 헤롯 권력과의 직접적인 충돌에 휘말리지 않기 위해 이곳을 의도적으로 피했을 가능성도 있다.[49]

11. 예수의 공생애 기간

---

47) 김진호, 『예수역사학』, 103. 안병무는 세포리스를 "저항자의 도시"라고 칭한다. 안병무, 『갈릴래아의 예수』, 54.
48) 안병무, 『갈릴래아의 예수』, 20-21. 타이센은 그것은 아직 가정일 뿐이라고 주장한다. 타이센, 『역사적 예수』, 250.
49) 타이센, 『역사적 예수』, 276. 타이센은 Freyne의 주장을 재인용한다.

1. 역사적 예수의 연대기 및 이와 관련된 사항 | 23

역사적 예수의 활동기간을 추론하는데 도움이 되는 가장 구체적인 근거는 "디베료 황제가 통치한 지 열 다섯 해 곧 본디오가 유대의 총독으로" 있었을 때 하나님의 말씀이 세례요한에게 임했다고 하는 누가복음 3장 1절이 된다. 왜냐하면 세례요한에게 세례를 받은 후 예수가 그의 공생애를 시작하기 때문이다. 그런데 그 "십오 년 째 되던 해"라는 언급은 모호하다. 왜냐하면 티베리오는 주후 12년 10월부터 처음 3년간은 아우구스투스 황제와 공동으로 통치했기 때문이다. 어쨌든 통치를 시작한 때에 15년을 더하면 27년 10월부터 28년 10월이 되는데, 28년 8월에서 29년 8월을 누가가 생각했을 것이라는 주장이 가장 설득력이 있다.50) 그리고 누가복음 3장 23절은 예수가 "대략" 서른 살에 가르침을 시작했다고 언급하기 때문에, 위 아래로 몇 년간의 여지를 둬야 한다.51)

성전과 관련해서도 예수의 활동시기를 측정할 수 있다. 즉 요세푸스에 의하면 헤롯이 18살이 되던 해, 즉 주전 20-19년에 성전건축이 시작되었다고 한다(『유대고대사』 15.380). 그런데 요한복음 2장 20절은 성전건축이 46년간 이루어졌다고 한다. 그렇다면 요한복음 2장 13-17절에 기록된 성전사건은 주후 27년이나 28년의 봄에 일어난 것이 된다.52)

이 모든 것을 종합해서 판단해 보면 예수가 공적인 활동을 시작한 것은 26년에서 29년 사이가 되며 공관복음서의 기록을 존중해 1년간 활동했다고 본다면 27년에서 30년 사이에 활동했다고 할 수

---

50) 타이센, 『역사적 예수』, 238-39. 아우구스투스와의 공동 지배 기간을 포함하면 26-27년이 된다.
51) 타이센, 『역사적 예수』, 239.
52) 타이센, 『역사적 예수』, 238-39.

있다.53)

12. 예수가 죽임을 당한 시기

예수가 금요일에 십자가에 달려 처형당한 날짜에 대해서 마가복음 15장 42절은 "예비일 곧 안식일 전날", 마태복음 27장 62절은 "그 이튿날은 예비일 다음 날", 누가복음 23장 54절은 "예비일", 요한복음 19장 31절은 "이날은 예비일이라"이라고 기록하고 있다. 그러나 그날이 요한복음에 기록된 것처럼 "유월절 준비일"(니산월 14일, 19:31)인지 공관복음에 기록된 것처럼 유월절 축제 첫날(니산월 15일, 막 15:6; 마 27:15)인지에 대해서는 논란이 있다.54) 이 두 기록을 조화시키는 것은 불가능하다. 분명한 것은 유월절 전후해서 처형당했다는 점이다. 예수는 유월절축제기간 즉 니산월 14일부터 15일로 넘어가는 밤 시간에 최후의 만찬이라 불리는 유월절 만찬의 시간을 가졌던 것으로 보인다. 유대인들의 관습에 의하면 유월절 만찬 중에 유월절 식사의 특별한 요소에 대해서 설명하는 순서가 꼭 있었으며, 예수는 이 때 자신의 죽음을 뜻하는 떡과 잔의 의미에 대해 설명한 것으로 보인다.55)

예수의 사망의 연대기적인 틀은 빌라도 총독 재임기간인 26년에서 36년 사이가 된다(유대고대사, 18.35.80). 예수의 등장은 26-29년이며 활동기간을 1년에서 3년으로 잡으면 27년과 30년이 된다. 니

---

53) 타이쎈, 『역사적 예수』, 238-39.
54) 타이쎈, 『역사적 예수』, 239.
55) J. Jeremias, The Eucharistic Words of Jesus, trans. by N. Perrin (London: SCM Press, 1974), 36.

산월 15일이 금요일이었기에 27년일 가능성이 높다.56) 니산월 14일이 유월절 준비일로 금요일이었던 30년과 33년의 정황은 요한복음의 연대기와 일치한다. 많은 주석가들은 요한복음의 연대기에 더 비중을 둔다. 그러므로 예수는 30년에 십자가에 처형당했을 가능성이 제일 높다.57)

III. 결론

지금까지 진행된 역사적 예수의 탄생과 성장에 대한 연구의 결과를 검토하여 얻은 결과는 다음과 같다.

예수의 탄생을 퀴리누스의 호적명령과 연관시켜 설명하는 누가 본문으로 인해 이를 설명하려는 다양한 주장들이 제기되어 왔지만 주전 4년 즉 헤롯대왕이 죽었을 때 태어났을 가능성이 제일 높다.

예수의 탄생지가 베들레헴이라는 전통적인 설명은 예수를 메시아로 그리려는 의도에서 나온 것이며 그래서 실제는 나사렛이라는 주장이 강력하게 제기되어 왔으나 그 주장으로도 명확하게 설명되지 않는 부분이 있어 베들레헴 설은 여전히 유효하다.

예수가 성장한 곳은 성경에 기록된 대로 나사렛이 분명하며 갈릴리 사람들의 서민적이고 또한 민족주의적인 태도는 예수의 사상 형성에 많은 영향을 끼쳤다. 예수는 일찍 세상을 떠난 아버지 요셉의 가업을 이어받았고 자긍심을 가지고 목수로 생활했다. 이는 농부 어부 등 당시의 여러 직업들 중의 하나였다. 따라서 일부 학자

---

56) 타이센, 『역사적 예수』, 240-43.
57) 타이센, 『역사적 예수』, 243.

들이 주장하는 것과 같은 하찮은 직업은 아니었으며 하찮은 집안을 의미한 것은 더욱 아니다. 그 당시 목수는 나무만이 아니라 돌과 철도 다뤘기 때문에 예수가 그 당시 갈릴리의 지배자였던 헤롯안티파스가 유대인들을 강제로 동원해 새로운 수도로 중점적으로 건설하고 있던 세포리스에서 일했을 가능성이 없지 않지만 억압적인 구조를 혐오했던 예수가 이를 의도적으로 기피했을 가능성도 있다.

예수는 보통의 유대인 소년들처럼 회당교육까지만 받았지만 당시의 정치와 종교 등 사회전반에 대한 예리한 관찰 및 구약성경을 명확하게 이해하려는 꾸준한 노력으로 인해 공생애로 나섰을 때는 율법사들보다 율법을 더 명쾌하게 해석한다는 칭찬을 받았다.

예수는 아람어와 히브리어에 익숙했으며 헬라어도 조금은 이해할 수 있었을 가능성이 있다.

예수는 병을 고치고 귀신을 쫓아내면서 하나님의 나라의 임박한 도래를 선포하는 일에 전념하기 위해 끝까지 독신상태를 유지하며 공적인 활동을 했으며 약 1년간 집중적으로 활동하다가 주후 30년경 로마에 의해 십자가형에 의해 죽임을 당함으로 그 삶을 마쳤다. 그러나 이후 부활함으로 메시아로 분명히 인식되었다.

참고문헌

김진호. 『예수역사학』. 서울: 다산글방. 2000.

1. 역사적 예수의 연대기 및 이와 관련된 사항

안병무. 『갈릴래아의 예수』. 천안: 한국신학연구소, 1990.

Borg, M. *Jesus A New Vision*. San Francisco: Harper and Row Publishers, 1987.

Brown, D./이창식, 양선아 역. 『다빈치 코드』 1권. 서울: 대교베텔스만, 2003.

Brown, R.E. *The Birth of the Messiah: A Commentary on the Infancy Narratives in Matthew and Luke*. Complete and unabridged, Garden City: Image, 1977.

Burger, C. *Jesus als Davidssohn*. Goettingen: Vandenhoeck, 1970.

Ehrman, B.D. *The Truth and Fiction in the Vinci Code*. Oxford Univ. Press, 2004.

_____./이병열 역. 『예수는 결혼하지 않았다』. 서울: 안그라픽스, 2005.

_____./강주헌 역. 『예수 왜곡의 역사』. 서울: 청림, 2009.

Foerster, W./문희석 역. 『신구약중간사』. 서울: 컨콜디아사, 1997.

Gnilka, J./번역실 역. 『마가복음』, vol. I. 국제성서주석. 서울: 한국신학연구소, 1991.

Jeremias, J. *The Eucharistic Words of Jesus*. Trans. by N. Perrin. London: SCM Press, 1974.

_____./번역실 역. 『예수시대의 예루살렘』. 서울: 한국신학연구소, 1988.

Kennard, J.S. "Was Capernaum the Home of Jesus." *JBL* 65(1946): 131-41.

Meier, J.P. *The Marginal Jesus*, vol. I. New York: Doubleday, 1991.

Porter, S. "Jesus and the Use of Greek in Galilee." in B. Chilton & C. Evans, ed. *Studying the Historical Jesus*. Leiden: E. J. Brill, 1994, 126-27.

Sherwin-White, A.N. *Roman Society and Roman Law in the New Testament*. Grand Rapids: Baker Book House, 1963.

Stauffer, E. *Jerusalem und Rom*. Bern: Francke, 1957.

_____. "Die Dauer des Census Augusti-Neuen Beitraege zum lukankischen Schatzungsbericht," in *Studien zum Neuen Testament und zur Patristik* (Festschrift E. Klostermann). Berlin: Akademie, 1961.

Theissen. G./손성현 역. 『역사적 예수』. 서울: 다산글방, 1997.

2. 예수 시험기사(마 4:1-11; 눅 4:1-13)의 진정성과 이의 신학적 함의*

I. 서론

역사적 예수는 공생애로 나서기 전에 시험을 받았는가?[1] 마가복음에 따르면 예수는 세례를 받은 뒤 곧 이어 성령에 이끌리어 광야에서 시험을 받았다(1:12-13). 마가본문에는 그 시험의 구체적인 내용이 나타나 있지 않으나 마태복음 4장 1-11절과 병행구인 누가복음 4장 1-13절에는 보다 자세한 내용이 기록되어 있다. 그러면 마태복음과 누가복음의 공통본문에 기록된 세 가지 종류의 시험은 역사적인 사실인가? 아니면 예수가 받은 시험의 내용에 대한 원시 교회의 신학적인 구성인가? 만일 신학적인 구성이라면 왜 본문에 나타나는 것과 같은 세 가지 시험, 즉 돌로 떡을 만들라는 시험(2-4절), 성전에서 뛰어내리라는 시험(5-7절), 마귀에게 경배하면 천하만국과 그 영광을 준다는 시험(8-11절)으로 구성했는가? 그리고 왜 누

---

1) 역사적 예수의 실제의 삶에 있어서도 수세사건 바로 뒤에 시험사건이 있었던 것으로 보인다. 왜냐하면 세 복음서 모두에서 수세기사와 시험기사를 하나로 묶어서 설명하고 있고, 또한 두 번에 걸쳐 성령의 인도하심을 증거하고 있기 때문이다.

가 본문에서는 시험내용 중에서 두 번째와 세 번째의 순서가 바뀌었는가? 이런 점에서 본문에 나오는 세 가지 시험의 전승 형성 과정을 보다 자세히 연구하는 것이 필요하며, 이를 통해 시험기사의 역사성과 신학적인 함의를 보다 분명히 이해하게 될 것이다.

본 장의 목적은 이러한 점들을 규명하는 것이며, 이를 위해 신약성서에 나오는 예수의 시험기사와 관련되는 구절들의 역사성을 판단하고, 본문을 구성하는 전승들에 대한 전승사적인 연구를 구약성서 및 다른 문헌들과 관련하여 진행할 것이다.

II. 본론

1. 예수 시험기사의 내용적 성격과 구조

가. 예수 시험기사의 내용적 성격

논의를 시작하기 전에 분명히 할 점은 이 기사의 핵심주제가 '유혹'인가 아니면 '시험'인가 하는 점이다. 전자는 '죄를 짓도록 유혹하는 것'을 뜻하며, 후자는 '믿음이나 자세를 알아보는 것이나 사명에 대한 응답이나 수용을 보여주는 것'을 뜻한다. 본문은 후자에 관한 것이라고 판단할 수 있다. 왜냐하면 본문에 사용된 헬라어 동사 πειρασμός나 πειράζω가 시험(testing), 시련(ordeal), 시도(trial) 등을 의미하기 때문에 그렇다.[2] 더욱이 공관복음서에서 πειράζω라는 단어는 유대지도자들이 예수를 시험할 목적으로 어려운 질문을 던지

---

2) 신약성서에서 πειρασμός가 죄의 유혹을 의미하는 경우는 오직 한 군데뿐이다(딤전 6:9).

는 맥락에서 사용된다(예: 마 16:1; 19:3; 22:34-35).3) 이는 이 동사가 유혹보다는 하나님과 예수의 관계를 떼어 놓으려는 시험의 의미로 사용되었음을 보여준다.4) 본문은 예수가 마귀5)의 시험을 이김으로 구약에 나오는 인물들처럼 자신의 신앙을 증명했음을 강조한다.6) 따라서 예수는 죄지을 가능성 때문에 유혹받는 것이 아니라 자신의 사명에 대한 응답이나 수용여부로 유혹을 받기에 시험기사로 보는 것이 적절하다고 판단된다.7)

나. 예수 시험기사의 구조

예수의 시험기사는 짧은 본문인 마가본문과 보다 길게 구성된 마태복음과 누가복음의 공통본문(Q) 둘로 대별할 수 있다. 이 본문들 간의 관계를 명확하게 정의하는 것은 쉽지 않으나 두 본문이 서로 관계가 없는 다른 본문이라는 주장과,8) 서로 관계가 있으며

---

3) W.D. Davies and D.C. Allison Jr., *The Gospel According to Saint Matthew* I(I-VII) (Edinburgh: T. & T. Clark, 1988), 356. '시험자'로서의 악마나 마귀와 관련된 본문으로 고린도전서 7장 5절과 요한계시록 2장 10절이 있다. 즉 "페이라조는 선이나 악에 대한 테스트(마 16:1; 19:3; 22:18), 또는 심지어 실패를 바라고 하는 테스트를 상징하게 되었다(마 4:1; 고전 7:5; 계 2:10)." 이런 구절들이 구약적 배경을 가지고 있는 것도 사실이다. G.H. Twelvetree, "예수시험," 『복음서 사전』. ed. by J. Green, S. Mcknight, H. Marshall (서울: 요단출판사, 2009), 789.
4) 예수는 각각의 경우에 구약성경을 인용하여 대답한다.
5) 그리스어 원문에도 마가복음에는 예수가 사탄에 의해, 마태와 누가공통본문에는 예수가 '마귀'에 의해 시험을 받는 것으로 표기되어 있다. 사탄은 마귀를 히브리어로 표기한 것이다. 본 연구에서는 특별한 이유가 없는 한 마귀로 표기한다.
6) J. Jeremias/정충하 역. 『신약신학 I』 (서울: 크리스챤다이제스트, 2009), 119. 예레미야스는 다음 본문을 언급한다(롬 4:18; 사 42:1이하).
7) Jeremias, 『신약신학 I』, 119.

마가본문을 확장한 것이 Q본문이라는 주장9)으로 대별할 수 있다.

우선 두 본문이 서로 관계가 없는 다른 본문이라는 주장부터 살펴보자. 첫째로, 가장 중요한 이유는 마가본문은 '천사들의 수종'과 '들짐승들과 함께 있음'과 같은 신비한 암시만을 제시하는 간결한 내용으로 예수가 금식하는 것을 설명하지 않은데 반해 Q본문은 금식하는 예수를 설명하면서 시험의 성격을 설명하기 때문이다.10) 특히 예수와 짐승이 함께 있는 것은 아담-그리스도 주제의 낙원 모티브로서 Q본문의 하나님의 자녀로서 이스라엘이 시험받는, 이스라엘-그리스도의 출애굽 모티브와는 다르다는 것이다.11) 둘째로, 마가복음과 누가복음에서는 40일 동안 시험을 받는 것으로 기술되어 있으나, 마태복음에는 40일 뒤에 시험을 받는 것으로 기술되어 있기

---

8) D.C. Allison, "Behind the Temptations of Jesus Q 4:1-13 and Mark 1:12-13," in *Authenticating the Activities of Jesus*, ed. by B. Chilton and C.A. Evans (Leiden: Brill Academic Publishers, Inc., 2002), 195-213.
9) 던은 Q본문은 마가복음기사를 확장시켜 특정한 세 가지 시험기사를 덧붙였다고 보는 것이 합리적인 설명이라고 주장한다. J.D.G. Dunn/차정식 역, 『예수와 기독교의 기원(상)』 (서울: 새물결플러스, 2010), 517.
10) Jeremias, 『신약신학 I』, 111. 예레미야스는 두 본문이 현저하게 다르다고 주장한다.
11) R. Guelich/김철 역, 『마가복음(상)』 (WBC; 서울: 솔로몬, 2001), 110. 짐승들과 같이 있었다는 표현은 해석하기 어려우나 낙원의 평화를 의미할 수 있다고 본다(예수=새 아담). 슈바이쩌도 예수가 광야의 공포를 극복하고 낙원을 회복한 것으로 해석한다. E. Schweizer, *The Gospel According to Mark*, trans. by D.H. Madvig (Atlanta: John Knox Press, 1970), 43. 왕인성은 이와 반대되는 주장을 펼친다. "마가복음 시험기사(막 1:12-13)의 '들짐승'에 관한 해석적 고찰," 『신약논단』 24/3 (2017), 407. R. Bauckham, "Jesus and the Wild Animals (Mark 1:13): A Christological Image for an Ecological Age," in *Jesus of Nazareth: Lord and Christ*. ed. by Joel B. Green and Max Turner (Grand Rapids: William B. Eerdmans, 1994), 8-10, 13-21. 보캄도 이 구절에는 위험의 의미가 들어있다고 주장한다.

때문이다. 셋째로, 마가본문과 달리, 마태본문과 누가본문은 성경의 증거본문들을 사용하여 서로 논쟁을 벌이는 서기관들의 모습을 연상케 하는 형태의 긴 시험기사로 이루어져 있기 때문이다. 이러한 논리가 상당히 타당하기 때문에 마가본문과 Q본문은 각각 독립된 본문이라는 주장이 설득력이 있다.

위와 반대로 두 본문이 서로 관계가 있다는 주장을 살펴보자. 서로 관계가 있다는 주장 중에서 첫 번째는 우선 마가복음 1장 12-13절이 보다 충실하게 보존된 Q본문을 축약한 것이라는 주장이다.[12] 그러나 이 가설은 다음과 같은 결정적인 문제점으로 인해 받아들일 수 없다.[13] 즉 마가본문과 Q본문의 순서, 강조점, 양 본문에 공통으로 나오는 세부적인 사항들의 차이점을 충분히 설명하지 못한다. 마가복음 기자가 Q본문을 알고 있었다면, 마가본문처럼 예수가 광야에 머무는 내내 시험을 받은 것이 아니라(막 1:13),[14] Q본문에 기록된 것처럼 40일이 지난 마지막에 시험을 받는 것으로 기록했을 것이기 때문이다(마 4:2; 눅 4:2). 또한 마가본문처럼 천사의 수종을 받는 것이 아니라, Q본문처럼 이를 거부하는 것으로 기록했을 것이기 때문이다(마 4:6-7; 눅 4:9-12). 더욱이 마가본문 기자가 Q본문에 기록된 예수의 광야에서의 시험의 근본적인 전제사항인 금

---

12) J. Lambrecht, "Mark 1.1-15: Markan Redaction of Q?" *NTS* 38(1992) 376-78. 이에 대한 반론은 J.B. Gibson, *The Temptations of Jesus in Early Christianity* (Sheffield; Sheffield Academic Press, 1995), 38-40.
13) 깁슨은 이 가설을 논리적으로 무력화시켰다. Gibson, *The Temptations of Jesus in Early Christianity*, 39.
14) Gibson, *The Temptations of Jesus in Early Christianity*, 39. "광야에서 사십일을 계시면서 마귀에게 시험을 받으시며 들짐승과 함께 계시니…"(개역개정). 여기서 마가본문의 동사의 시제는 어떤 상황이나 동작이 계속되고 있음을 표현하는 미완료이다.

식을 왜 언급하지 않았는지 설명할 수 없으며, 나아가 왜 예수와 마귀와의 세 번에 걸친 논쟁을 기록하지 않았는지를 설명할 수 없다.15) 따라서 마가복음 1장 12-13절이 보다 충실하게 보존된 Q본문을 축약한 것이라는 주장은 설득력이 없다.

두 번째는 마가본문이 확장된 것이 Q본문이라는 주장이다.16) 짧은 형태의 마가본문이 시험의 구체적인 내용을 서술하는 보다 긴 형태의 Q본문으로 확장되었다는 이 주장은 일면 설득력이 있는 것 같이 보이지만 답하기 어려운 문제에 봉착하게 된다. '왜냐하면 일반적으로 Q본문이 마가본문보다 먼저 존재했다고 보기 때문이다. Q본문은 전승된 시기를 주후 50년대로 보고 있음에 반해 마가본문은 주후 70년대에 기록된 것으로 보기 때문이다. 더욱이 마가본문에는 예수가 40일의 시험기간 동안 금식했음이 언급되지 않는 반면에 Q본문에는 그 점이 언급되기 때문이다(마 4:2; 눅 4:1-2). 또한 마가복음은 예수가 광야에서 들짐승들과 같이 있었고 천사들이 그에게 수종들었다고 하는데 반해 Q본문에는 그러한 환경이 언급되고 있지 않기 때문이다.17) 이렇게 마가본문과 Q본문은 내용에 있어

---

15) Gibson, *The Temptations of Jesus in Early Christianity*, 40. 더욱이 마가복음에는 예수가 악마와의 대결에서 승리하는 기사가 여러 번 나온다(막 3:22-32; 마 12:22-32; 눅 11:14-23).
16) R.E. Brown, *New Testament Essays* (Garden City: Doubleday, 1968), 263-64. W. Wilkens, "Die Versuchung Jesu nach Matthaeus," *NTS* 28 (1982), 479-89. 빌켄스는 마태본문이 마가 본문에 근거해서 구성되었으며, 누가본문은 마태본문에 근거해서 구성되었다고 주장한다. 그러나 앨리슨은 두 본문을 비교해보면 마태본문이 누가본문보다 원형에 가깝다고 할 수 없는 경우가 있음을 밝힌다(눅 4:2, 3, 4, 7). 따라서 두 본문의 공통자료를 전제하는 것이 옳다고 주장한다. Allison, *The Gospel according to Saint Matthew*, vol. I, 350.
17) 앨리슨은 날짐승과 천사들에 관한 언급이 신학적인 목적으로 삽입되었

2. 예수 시험기사의 진정성과 이의 신학적 함의

상당한 차이가 있기 때문에 마가본문을 확장한 것이 Q본문이라는 주장은 받아들이기 어렵다.18)

세 번째는 마가본문과 Q본문의 중간쯤에 해당하는 원 시험기사 (Ur-temptation text)가 있었고 이것이 양 본문의 공통적인 내용을 담고 있었다는 가설이다.19) 그렇게 되면 마태본문과 누가본문은 이 기사를 상당히 자율적으로 변경한 것으로 볼 수 있다.20) 구약성경에 따르면 사십 일간에 걸쳐 하나님의 계시를 받기 위해 산위에 머물거나 금식한 인물은 모세와 엘리야뿐이다(출 24:12-18; 왕상 19:4-8). 이들이 머물렀던 장소는 시내산과 광야이지만 모세와는 달리 엘리야의 경우 두 번에 걸쳐 천사의 도움을 받는다. 엘리야와 같이 예수도 천사들의 수종을 받았다는 점에서 일치한다. 또한 이 주장은 원 시험기사가 예수를 '새로운 이스라엘'이나 '마지막 아담

으며, 이런 비밀스런 내러티브는 마가본문이 첫 번째 사람 아담에 관한 유대 전승에서 온 것이라고 주장하는데 그 이유는 아담이 낙원에서 날짐승들과 함께 평화롭게 지냈다는 유대전승이 있기 때문이라고 주장한다(*Adam and Eve* 13:3-15:3, 21:1-3; 22:1-2; 33:1-3; *Apoc. Mos.* 29:1-6, 14; *Apoc. Sed.* 5:2).

18) 물론 마가본문의 내용을 의도적으로 변경하면서 Q본문으로 확장했을 가능성은 여전히 있다.

19) Allison, "Behind the Temptation of Jesus," 202. K. Kertelge, *Markusevangelium* (Wuerzburg: Echter Verlag, 1994), 20-21. 케르텔게도 마가본문과 Q본문은 별도의 전승이라고 주장한다. 이 원 시험기사(Ur-temp- tation text)가 마태특수자료(Mts)와 누가특수자료(Lks) 각각에서 왔다고 할 수도 있을 것이나 그 형태는 현재의 원문의 내용과는 다르다고 전제하고 있다.

20) Davies and Allison, *The Gospel of Matthew* I, 350-51. 그리고 앨리슨은 예수의 시험기사는 처음부터 예수의 수세기사와 묶여져 있었다고 주장한다. B.H. Streeter, *The Four Gospels: A Study of Origins; Treating of the Manuscript Tradition, Sources, Authorship & Dates* (London: Macmillan, 1950), 291.

이 아니라 엘리야와 같은 한 사람의 종말적인 예언자로 설명할 수 있는 가능성을 시사한다.[21] 따라서 예수의 시험기사에 관한 마가본문과 Q본문은 원 시험 기사를 변경한 것이라는 주장이 가장 설득력이 있으며 본 연구는 이에 근거해서 진행한다.

2. 예수 시험기사의 진정성 판단

우선 예수가 마귀를 몰아내었음을 증거하거나 예수가 시험을 받았음을 인정하는 신약본문들이 본문의 역사적 진정성을 지지하는 강력한 내적 증거가 된다. "사람이 먼저 강한 자를 결박하지 않고는 그 강한 자의 집에 들어가 세간을 강탈하지 못하리니 결박한 후에야 그 집을 강탈하리라"(막 3:27).[22] 또한 예수는 베드로에게 "마귀야 내 뒤로 물러가라"고 날카롭게 비난한다(막 8:33).[23] 그리고 히브리서 기자는 예수가 시험받았음을 확실한 사실로 상정한다.

---

21) Allison, "Behind the Temptation of Jesus," 202. 예수 전승에는 예수를 엘리야와 같은 인물로 보는 여러 일화가 있다(막 6:15, 8:28; 눅 4:25-26; 눅 7:11-17; 비교, 왕상 17:17-24).
22) 예레미야스도 시험기사가 강한 자를 묶어야 했던 실제적인 사건일 수 있다고 주장한다. Jeremias, 『신약신학 I』, 118. 앨리슨은 C.J. Cadoux가 이 단화가 예수가 세례 후 받은 시험에서의 승리를 가리킨다고 주장하나 이 단화가 그것을 증명할 구체적인 기억을 담고 있다는 근거가 없다. Allison, "Behind the Temptation of Jesus," 206.
23) 이 말씀은 진정성이 있는 말씀으로 여길 수 있다. 왜냐하면 역사적 예수가 베드로를 마귀로 비판한 말씀이 역사적인 사실이 아니었다면 원시교회로서는 그들의 지도자인 베드로가 모욕을 당하는 이 장면을 굳이 구성하려 하지 않았을 것이기 때문이다. 예레미야스도 같은 주장을 펼친다. 『신약신학 I』, 117.

"그가 시험을 받아 고난을 당하셨은즉 시험 받는 자들을 능히 도우실 수 있느니라"(히 2:18). "모든 일에 우리와 한결같이 시험을 받은 자로되 죄는 없으시니라"(히 4:15). "예수께서 마귀가 하늘로서 부터 번개같이 떨어지는 것을 내가 보았노라"의 경우 마귀를 떨어뜨린 존재가 하나님인지 아니면 예수인지는 분명치 않으나 확실한 점은 예수가 마귀의 추락을 목격하고 있다는 것이다(눅 10:18).24)

가. 마가복음에 나타난 예수 시험기사의 역사성

마가복음 1장 12-13절은 그 근원이 역사적 예수의 공적사역에 이르는 것으로 여겨지기 때문에 천사들이 예수에게 수종을 들었다는 점을 제외한 나머지 부분은 역사성이 있는 것으로 받아들일 수 있다.25) 이 기사는 적어도 예수가 그의 공적사역 전반에 걸쳐 제자들에게 남긴 인상이 이야기 형식 속에 극적으로 재현된 것이라고 볼 수 있다.26) 그리고 "예수께서 들짐승과 함께 있었다"는 진술은 예

---

24) 마커스는 누가복음 10장 18절이 시험이 아니라 수세장면에 일어난 일이라고 주장한 바 있다. J. Marcus, "Jesus' Baptismal Vision," NTS 41 (1995), 512-21. 이 구절의 진정성은 확정되지 않았다.
25) 귤리히는 마가복음 1장 12-13절이 그 근원이 예수의 공생애 사역에까지 확장되어지는 것으로 보이는 시험기사에 대한 초대교회의 해석을 뜻한다고 주장한다. Guelich, 『마가복음 (하)』, 108. 귤리히는 듀퐁을 인용한다. J. Dupont, Die Versuchung Jesu in der Wueste (SBS 37; Stuttgart: Katholische Bibelwerk, 1960), 104-26.
26) 던, 『예수 그리스도의 기원(상)』, 519. 테일러는 이 단화에 들짐승들이나 천사들과 같이 있다는 언급과 같은 상상적인 요소가 들어있지만 근본적으로는 예수가 시험받았다는 기본적인 생각이 그의 메시아 됨과 연결된 점에서 역사적인 사실이라고 주장한다. V. Taylor, The Gospel According to St. Mark (London: Macmillan and Co. 1952), 163. 그러나 그닐카는 이 전승이 광야에 머물렀던 예수에 대한 역사적 기억(Erinnerung)을 담고 있다는 주장은 확신을 가지고 받아들일 수 없다고 주장

수가 들짐승과 함께 생활했다는 뜻이 아니라, 들짐승이 있는 광야의 위협 속에 계셨다는 뜻으로도 해석할 수 있기에 꼭 그 역사성을 의심할 필요는 없다.27)

나. 마태본문과 누가본문에 나타난 예수 시험기사의 역사성

여러 학자들이 이 기사의 역사성에 대해서는 명쾌한 판단을 내리지 못하고 양면적인 판단을 내리고 있다. 즉 원시교회가 이를 만들어 냈을 가능성도 있지만 역사적 전승으로 볼 수도 있다는 것이다.28) 이 시험기사의 진정성에 관해서는 크게 다음과 같은 세 가지 입장으로 설명할 수 있다.

첫째, 역사적 예수가 실제로 시험받으면서 경험하고 말씀한 내용을 기록한 것이라는 주장이다.29) 그런데 이 주장을 지지하는 현대 학자들은 소수에 불과하다.

둘째, 위의 주장과는 다르게 Q본문이 문자 그대로는 아니라 하더라도 역사적 예수의 경험을 상당부분 담고 있는 소위 역사적 핵심(historical core)을 가진 말씀으로 보는 것이다. 상당수의 학자들이 이 주장에 동의한다.30)

한다. J. Gnilka, *Das Evangelium nach Markus* (Neukirchen-Vluyn: Neukirchener Verlag, 2010), 58.
27) 왕인성, "마가복음 시험기사(막 1:12-13)의 '들짐승'에 관한 해석적 고찰," 『신약논단』 24/(2017), 407. 왕인성은 '들짐승'이 예수에게 적대적인 환경을 암시하는 전조적 기능을 하는 것으로 판단한다.
28) D. Hagner/채천석 역, 『마태복음 I』 (WBC; 서울: 솔로몬, 1999), 174.
29) A.H. McNeile, *The Gospel According to Matthew* (London: Mcmillan & Co., 1949), 37. Jeremias, 『신약신학 I』, 117.
30) J. Nolland/김경진 역, 『누가복음 I』 (WBC; 서울: 솔로몬, 2003), 373; Hagner, 『마태복음 I』, 174.

셋째, 위와 두 입장과 대조되는 관점으로 원시교회가 자신들의 공동체의 삶의 자리에서 이를 표현하는 것이 필요해서 본문을 구성한 것으로 보는 것이다.31)

이러한 주장들 중에서 무엇이 가장 설득력 있는 주장인지를 심층적으로 논의하는 것이 필요하다.

3. 예수 시험기사의 진정성에 대한 심층적 고찰

가. 시험기사가 마귀와의 실제적인 싸움을 기록한 것이라는 주장

역사적 예수는 공생애에 나서기 전, 앞으로 전개될 하나님의 나라 사역을 위해 특별히 기도했으며 때때로 금식했을 가능성이 높다.32) 또한 카리스마적인 인물인 예수는 마귀가 하늘에서 번갯불처럼 떨어지는 것을 보는 식으로 일종의 소명체험을 했을 것으로 추론 된다(참고, 눅 10:18).33) 왜냐하면 예수의 공적사역 자체가 마귀

---

31) R. Bultmann/허혁 역, 『공관복음전승사』 (서울: 대한기독교서회, 1970), 317-19; L.H. Twelvetree, 『복음서 사전』 (서울: 요단출판사, 2009), 791. "시험 이야기기가 예수의 생애에서 기원했다고 단정해서 말하기는 어렵다."

32) 시험기사가 역사적 사실이라고 한다면 역사적 예수는 금식을 했는가? 마태본문과 누가본문의 공통본문에는 40일간 금식한 것으로 설명되지만 마가본문에는 이 점이 분명하게 언급되지 않아 판단하기가 쉽지 않으나 때때로 금식을 한 것으로 판단한다. 왜냐하면 13절에 언급된 천사들이 '수종든다'는 표현의 헬라어 동사 διακονέω는 '주어서 먹게 하다'는 뜻으로 이는 예수에게 음식을 공급한다는 것을 뜻하기 때문이다 (막 1:31; 눅 12: 37; 요 12:2 참조). 시험기간 동안 예수가 때때로 굶주렸기에 천사들이 음식을 공급한 것이며 이는 엘리야 기사를 연상케 한다(참조, 왕상 19:5-8). Davies & Allison, *Matthew* I, 357.

와의 싸움에서 승리를 거두는 것이었기에 예수도 이를 경험하고 입증하기 원했을 것이기 때문이다.34) 또한 시험이야기에서 보여 준 예수의 마귀에 대한 태도는 그의 삶과 사역의 전체적인 성격과 부합된다.35)

역사적 예수가 그의 공생애 중 마귀와의 영적 대결에서 마귀를 압승하는 경험을 했을 가능성은 높지만 그 경험이 본 시험기사와 같은 내용과 방식으로 진행되었는지를 판단하는 것은 쉽지 않다. 그러나 시험기사가 그 시험사건의 역사적인 핵심을 담고 있다고 보는 것이 논리적으로 적절하다.36) 즉 본 기사의 내용 전체가 역사적인 사실은 아니지만 시험사건의 기원은 역사적 예수에게 있으며, 지금과는 다른 형태로 전승되었다고 볼 수 있다.37)

주목할 만한 역사적 예수 연구자인 샌더스도 예수가 그의 사역

---

33) G. Theissen/손성현 역, 『역사적 예수』(서울: 다산글방, 1989), 313. 타이센은 예수가 다른 많은 예언자들처럼 일종의 소명 체험을 했을 수도 있다고 주장하면서, 예로 누가복음 10장 18절에 그 체험의 모습이 반영되었을 수도 있다고 주장한다. 그럼에도 불구하고 타이센은 예수의 시험사건을 거론하지 않는다.
34) 예레미야스는 시험기사가 강한 자를 묶어야 했던 실제적인 사건일 수도 있다고 주장한다. Jeremias, 『신약신학 I』, 118.
35) 놀랜드는 시험이라는 주제가 분명히 시험을 사탄과 결부시켰던 예수에게로 소급될 수 있다고 주장한다. 『누가복음 I』, 373.
36) 금식과 영적 경험의 관계에 대해서는 언급한 문헌적 증거들도 이러한 주장을 뒷받침한다. 환상 경험의 서막으로서의 금식과 관련해서는 다음과 같은 문헌적 증거가 있다(단 10:3; 『제4에스라서』 5:20; 2 Bar. 20:5-6; y. Ter. 8.10.46b; Eccl. Rab. on 9.10.).
37) J. Fitzmyer, The Gospel According to Luke I-IX (AB; Garden City: Doubleday Co., 1981), 510. 피츠마이어는 이 기사가 교회의 갈등상황에서 나온 것이 아니라고 주장한다. 같은 맥락에서 헤어는 이 기사가 역사적 핵심을 담고 있다고 주장한다. D.R.A. Hare, Matthew (Louisville: John Knox Press, 1993), 23.

을 시작하기 전에 실제로 금식과 기도를 했으며 시험을 받았다고 생각하는 것이 사리에 맞다고 주장한다.38) 그리고 마태복음과 누가복음의 시험기사는 사실에 근거한 '신화적'(mythological) 노작들이라고 주장한다.39) 여기서 신화적인 방식으로 기록되었다는 것은 없는 사실을 있는 사실처럼 기록했다는 것이 아니라 마치 그리스의 저자들이 신화라는 문학적인 양식을 빌어서 기록하듯이 사실을 기록했다는 뜻이다. 던 또한 샌더스의 주장에 주목하면서 이에 동의하며,40) 앨리슨도 이러한 주장을 재인용한다.41)

예수가 호젓한 장소로 가서 기도나 다른 일을 하는 습관이 있었다는 점도 시험기사의 사실성을 증거하는 중요한 근거가 된다(막 1:35//눅 4:42; 막 1:45//눅 5:16; 막 6:32//마 14:13; 눅 6:12; 참고, 요 6:15; 11:54). 따라서 예수가 공적사역을 시작할 즈음에 어떤 형태로든 광야에 홀로 있었고 그 때 마귀의 시험을 받았다는 것을 의심할 만한 구체적인 근거는 없다.42)

그럼에도 불구하고 예수가 받은 시험 기사(마 4:1-11; 눅 4:1-13)의 모든 내용이 예수가 전한 이야기거나 예수와의 의사소통의 내용을 기록한 것이 아니라 예수에 대한 이야기라는 사실을 진지하게 받

---

38) E.P. Sanders, *The Historical Figure of Jesus* (London: Penguin, 1993), 117. 던도 예수가 자신의 선교 시작에 즈음하여 사막에서 기도와 성찰을 위해 얼마간 시간을 보냈으리라는 것은 매우 그럴 법한 일이라고 판단한다. Dunn, 『예수와 기독교의 기원(상)』, 516.
39) Sanders, *The Historical Figure of Jesus*, 117.
40) Dunn, 『예수와 기독교의 기원(상)』, 517-18.
41) Allison, "Behind the Temptations of Jesus," 203.
42) Nolland, 『누가복음 I』, 373. 이 '광야'라는 장소는 악한 영들의 소굴이었으며, 공동체 영역 밖에 존재하는 위험한 지역으로 인식되었다. U. Luz, *Matthew 1-7* (Minneapolis: Augsburg Fortress, 1989), 354.

아들일 필요가 있다.43) 그러므로 이 시험기사 전체가 역사적 예수에게로 소급되며 예수가 "그의 제자들을 가르치기 위한 하나의 비유적인 내러티브의 형태의 말씀"이라는 주장은 본문에 들어있는 부활이후의 상황을 암시하는 기독론적인 내용 때문에 그렇게 받아들이기는 어렵다.44) 더욱이 본문은 그 근원이 예수의 사역에까지 소급되는 것으로 보이는 시험기사에 대한 원시교회의 해석을 뜻한다는 주장도 개진되고 있기 때문이다.45) 결국 이러한 주장들이 강조하는 점은 이 기사에는 역사적 예수가 실제로 받은 시험내용을 기록한 부분도 있지만, 원시교회가 그 시험내용을 설명한 부분도 있다는 것이다. 즉 본문의 상당부분이 역사적 핵심(historical core)을 담고 있지만 원시교회가 추가한 부분도 있다는 것이 된다.

나. 예수 시험기사가 예수의 환상적 체험이라는 주장

예수도 유대교의 영성가들 중에 한 사람으로 광야에서 일종의 환상체험인 영적 체험을 했다는 주장이다.46) 역사적 예수는 악과

---

43) Dunn, 『예수와 기독교의 기원(상)』, 517.
44) Allison, "Behind the Temptations of Jesus," 204. 여기서 앨리슨이 주장하는 기독론적인 내용이라는 것은 "네가 만일 하나님의 아들이거든…" (3, 6, 7절)과 같은 부분을 가리키는 것을 보인다. 그러나 마귀가 시험하기 위해 어떠한 표현을 사용해서 예수에게 말을 걸었을 상황에서는 아주 적절한 부름의 표현이다. 따라서 이 표현이 절대적으로 원시교회에 의해 만들어진 것으로 볼 필요는 없다.
45) Guelich, 『마가복음(상)』, 108. 귤리히는 Dupont, *Versuchung*, 104-26을 인용한다.
46) M. Borg/구자명 역, 『미팅 지저스』 (서울: 홍성사, 1995), 78-79. 보그는 특히 시험사건이 세례 받은 사건과 연결된 것은 세례 받은 후 광야 시험에 돌입하는 것은 다른 문화권에서도 보도되는 내용과 놀라울 정도로 비슷하다고 주장한다.

싸웠을 가능성이 많으며 시험기사가 이의 가능성을 입증해 준다고 하면서 시험기사와 같은 이야기를 낳았던 어떤 것이 예수의 정신적, 감정적, 영적 역사의 일부로서 분명히 일어났을 것이라고 말하는 것이 옳다는 주장이다.47) 즉 예수 시험기사를 정신적이고 영적인 차원의 주관적인 경험으로 설명하는 것이다. 이 경우 진정한 원수와의 싸움은 예수의 공생애가 시작되었던 바로 그 때의 사적이고 은밀한 싸움으로서 시작되었다고 본다.48)

환상체험설이라는 점에서 같지만 약간 다른 성격의 주장도 있다. 이런 주관적 경험이 기록된 이유는 예수가 자신의 가상적 체험들을 시련과 시험에 관해 제자들에게 가르치는 상황에서 말씀했을 가능성이 높기 때문이라는 추론이다.49) 즉 이 경험은 주관적인 경험이지만 실제로 있었던 경험이 전승으로 전해졌다는 것이다.

예로 두 번째와 세 번째 시험기사에서 예수가 마귀와 함께 영의 세계를 여행하는데 이를 근거로 "주의 영이 나를 하늘과 땅 사이로 들어 올려 나를 하나님의 이상 가운데 예루살렘으로 이끌어 가셨다"는 내용의 에스겔 8장 3절, 11장 1-2절의 경험과 유사하다는 주장이 제기된다(참조, 왕하 2:11-12, 16, 행 8:39-40).50)

그러나 영적상태에서 어떤 존재가 다른 존재를 어떤 곳으로 데

---

47) N.T. Wright/박문재 역,『예수와 하나님의 승리』(서울: 크리스챤 다이제스트, 2004), 697-701.
48) Wright,『예수와 하나님의 승리』, 697-701.
49) Twelvetree, "예수시험," 791. 따라서 시험기사는 역사적 예수의 사역 초기에서 기원했다고 주장한다.
50) M. Borg/김기석 역,『예수 새로 보기』(서울: 한국신학연구소, 1997), 67. 보그는 마이켈스의 저서에 '거룩한 성과 높은 산으로 간 예수의 여행은 에스겔의 여행과 똑같은 범주에 속한다'는 언급이 있다고 밝힌다.
J.R. Michaels, *Servant and Son* (Atlanta: John Knox, 1981), 50.

리고 간다는 점에서는 일견 설득력이 있을지 모르나 다음과 같은 이유 때문에 결정적인 주장이 되지 못한다. 즉 에스겔서의 경우 처음부터 끝까지 에스겔의 환상경험을 기록하고 있지만 본문의 경우 예수의 수세기사 뒤에 이어지는 구체적이고 가시적인 사건을 기록하고 있기 때문이다. 또한 높은 성전이나 높은 산 위로 예수를 데려가는 방법에 있어 "주의 영이 나를 들어 올리셨다"는 에스겔서와 같은 언급이 없기 때문이다.

또한 시험 기사의 다음과 같은 요소들, 즉 '광야'와 '예루살렘의 성전'이라는 실제 장소를 언급하고 있다는 점, 그리고 상징성을 띤다고 하더라도 40주야(참고, 창 7:12; 출 34:28; 신 9:18; 삿 13:1; 왕상 19:8; 시 95:10)라는 실제적인 시간을 언급하기 때문에 예수의 시험기사를 순전히 주관적인 상상 혹은 내적인 경험으로 보기 어렵다.[51]

주관적 환상설과 관련된 또 다른 주장은 예수가 받은 두 번째와 세 번째 시험이 예수의 주관적인 환상 경험에 관한 기록이라고 판단하게 만든다는 것이다.[52] 즉 시험 장소가 '광야'에서 갑자기 '거룩한 성'으로 순간 이동되며, 특히 '성전 꼭대기'(5절)및 '지극히 높은 산'(8절)으로 이동되는데 이는 이 시험들이 예수의 주관적인 체험이었음을 시사한다는 것이다. 더욱이 제 아무리 높은 산에 올라간다 하더라도 '천하만국과 그 영광'(8절)을 한눈에 내려다 볼 수는 없다는 점에서 세 번째 시험은 일종의 환상적인 경험이라고 볼 수 있

---

51) R.H. Stein/황영철 역, 『메시아 예수: 예수의 생애연구』 (서울: 한국기독학생회출판부, 2001), 121.
52) 본고에서는 특별히 언급하지 않는 한 마태복음에 기록된 순서대로 세 가지 시험의 순서를 논한다.

다는 것이다.53)

시험의 세 가지 에피소드에서 순간적으로 다른 장면으로 바뀌는 것은 사실이다. 그러나 그것은 세 가지 시험의 에피소드를 순차적으로 연결해서 기록했음을 보여주기 때문이며 장면의 바뀜을 곧 환상으로 해석할 필요는 없다. 또한 천하만국과 그 영광을 볼 수 있는 높은 산은 하나의 가상적인 산이며 마귀가 세계를 지켜보는 곳을 뜻하며 마귀와 예수의 대결이 이루어지는 곳을 가리킬 뿐이다. 예를 들어 롯이 벧엘에서 눈을 들어 요단지역을 바라본 즉 소알까지 온 땅에 물이 넉넉했다는 언급은 가시적인 거리보다는 기록자의 지리적 지식에 치중한 신학적인 진술인 것이다(창 14:3, 10-15). 그리고 천하만국을 바라볼 수 있는 높은 산을 볼 수 없기에 세상에 존재하지 않는다는 주장에 앞서 마귀 자체도 보이지 않는 존재라는 점을 유념할 필요가 있다.

시험기사가 예수의 환상적 체험이라는 주장에 대해서는 다음과 같은 강력한 반론이 제기될 수 있다. 즉 역사적 예수의 모습을 상론할 때 그의 자기 이해나 혹은 자의식을 질문해서는 안 되는 이유는 그것이 전승된 본문에 근거하여 답변될 수 있는 것이 아니거나 기껏해야 아주 제한적으로만 답변될 수 있기 때문이며, 더구나 심리학적 고찰로써 연구되고 논증되더라도 거의 도움이 되지 않는다는 것이다.54) 더욱이 본문이 역사적 경험을 문자적으로 보도한

---

53) Stein, 『메시아 예수: 예수의 생애연구』, 121. Origen은 세상의 모든 왕국을 단번에 볼 수 있는 지점은 없다는 점을 이미 지적한 바 있다(*De Prin.* 4.3.1.). 그럼에도 불구하고 스타인은 그 시험이 현실적으로 마귀에게서 왔고 예수는 실제로 시험을 받았다고 주장한다.
54) F. Hahn/김문경 외 역, 『신약성서신학I』 (서울: 대한기독교서회, 2007), 110.

것이 아니며 부활 이후의 기독론과 관계가 있다는 점에서 볼 때 이 내용 모두가 영적 환상 경험이라고 보기 어렵다.55) 따라서 역사적 예수가 제자들에게 시험에 대해 가르치는 상황에서 자신이 시험받은 경험을 전했을 가능성은 여전히 남아 있고 특히 마귀라는 영적 존재와의 싸움이라는 점에서 그 내용에는 환상적인 내용이 포함될 수 있었음을 진지하게 고려할 필요가 있다.

다. 예수 시험기사가 원시교회에 의해서 구성되었다는 주장

Q의 시험기사는 이차적인 구성이라는 주장이다. 보다 자세하게 설명한다면 이 단락이 신명기에 기초한 하가다적인 미드라쉬의 형태라는 주장이다.56) 이렇게 주장하는 학자들은 Q본문이 예수 자신의 경험을 사실적으로 묘사하는 것이 아니며, 환상을 보도하는 것도 아니며, 실제적으로 일어난 일(real occurrences)을 신화적인 언어로 표현하고자 한 것도 아니라고 주장한다.57) 불트만은 마태본문의 세 번째 시험기사는 어떠한 신화적인 또는 전기적인 전승에서 온 것이라고 주장한다.58) 루츠도 이 Q본문이 마가의 시험기사에 직접적으로 의존하지 않으며 시간적으로는 상대적으로 후기의 시점에 생성되었다고 보며 따라서 이 기사는 원시교회가 구성한 것이라고 주장한다.59)

---

55) Allison, "Behind the Temptations of Jesus," 204.
56) Davies and Allison, *Matthew* I. 353.
57) Luz, *Matthew* I, 184.
58) 불트만은 두 시험과 적절하게 어울리지 않는 세 번째 시험은 아마도 어떠한 신화적인 또는 전기적인 전승에서 왔을 것이라고 주장한다. 또한 불트만은 세 번째 시험의 내용은 메시아에게는 있을 수 없는 시험이라고 주장한다. Bultmann, 『공관복음전승사』, 317.

그러나 불트만이 말하는 전기적인 전승이 역사적 사실을 담지 할 수 있을 가능성을 여전히 상정해야 한다. 또한 이 세 가지 시험 모두 예수가 정치적인 메시아로 나타날 것을 요구하는 것이며 원시교회에서는 잠시도 자신들을 정치적인 목적을 가진 운동으로 생각하지 않았기 때문에 이는 역사적 예수의 상황에서 나온 것이라고 주장할 수 있다.60) 예수가 시험을 받은 이야기는 후대의 그리스도인들이 자신들이 겪은 시험에 비추어 만들어내었을 가능성이 거의 없는데, 그 이유는 예수의 시험기사에서의 시험은 예수의 아들됨이 그 중심내용이며, 예수의 하나님에 대한 순종과 믿음 그리고 하나님과 관련된 그의 책임들에 대한 내적 갈등을 보여준다. 그런데 예수가 하나님께 철저히 순종했다는 것을 분명히 인식하고 있었던 원시교회로서는 예수가 그 점에서 흔들릴 수 있는 상황에 처하는 내용의 말씀을 만들어내지는 않았을 것이기 때문이다(히 5:7-9).61) 또한 이 말씀이 유대교에서 나왔을 가능성은 없는데, 그 이유는 예수 당시 유대인들로서는 메시아가 고난을 받았다는 것은 상상도 할 수 없었을 것이기 때문이다.

라. 예수 시험기사가 원시교회에 의해서 수정, 확장되었다는 주장

Q의 시험기사가 이차적으로 구성된 부분을 포함하고 있다는 주장은 상당 부분 설득력이 있다. 즉 이 단락이 원시교회가 만든 전승이며 전형적인 하가다적인 미드라쉬(Haggadic Midrash)에 속하는

---

59) Luz, *Matthew* I, 184.
60) Jeremias, 『신약신학 I』, 115.
61) Twelvetree, "예수시험," 791.

것으로 판단한다.62) 그러나 분명하게 다른 점이 있다. 앨리슨은 예수가 세례를 받은 것은 역사적 사실로 여겨지지만 신화적인 동기에 의해서 채색되었다고 볼 수 있는데, 마찬가지로 예수가 시험을 받은 것은 역사적 사실로 여겨지나 이를 하가다적인 미드라쉬라는 방식으로 설명했다고 보는 것이 적절하다고 주장한다.63) 즉 이 기사는 원시교회가 예수를 회상하는 과정에서 나왔으며 이 점에서 중요한 것은 역사적 예수가 하나님의 아들이라는 신앙과 마귀는 이미 예수의 사역을 통해 그의 위치에서 쫓겨났다는 확신 속에서

---

62) Davies and Allison, *Matthew* I, 353, 원시교회가 정교하게 만들어낸 신명기에 기초한 하가다 미드라쉬로 본다(Gerhardsson, *Testing*, passim; van Iersel, *Der Sohn*, 170). A. Meyer가 정확하게 지적했듯이, 이미 불트만은 이를 서기관적인 하가다(scribal Haggadah)라고 주장한 바 있다(『공관복음전승사』, 316). 그러나 놀랜드는 이 부분이 하가다적인 미드라쉬를 닮았지만 이것이 예수의 시험기사의 비역사성을 입증하지는 않는다고 주장한다(『누가복음 I』, 373). 이 장면에 70인역의 구약본문들이 인용된다는 것은 이 전승이 팔레스틴에서 기원되었음을 보여줄 뿐이다. Twelvetree, "예수시험," 791.

63) Davies and Allison, *Matthew* I, 204. L. Lyke, "Haggadah," *Dictionary of the Bible*. ed. by D.N. Freedman (Grand Rapids: Wm. Eeerdmann Publishing Co., 2000), 539. 미드라쉬 하가다는 미드라쉬와 하가다를 합쳐서 만든 유대 해석학 용어인데, 미드라쉬는 유대 랍비문헌의 주요한 해석방법으로서 주석, 해석이라는 뜻이며 할라카와 하가다로 구분된다. 하가다는 미드라쉬의 한 형태로서 주로 의식적(ritual), 윤리적 그리고 시민법과 관련된 해석방법인 할라카를 제외한 다른 모든 형태의 성서해석법을 가리킨다. 일반적으로 하가다는 할라카와 달리 구속력을 갖거나 권위적이지 않으며, 구약성서 문헌이나 유대전승 전반에 걸친 세세한 내용의 종교적인 중요성을 강조하는 장점을 가진 해석방법으로 이해할 수 있다. 또한 하가다는 랍비문헌에서 거의 모든 종류의 비율법적인 본문을 가리킬 수 있어서, 그 결과 성서적 주석, 유명한 랍비에 관한 이야기들이나 꼭 성서적 해석이 필요치 않은 가공의 문헌을 뜻하기도 한다.

원래 본문이 부분적으로 변경되었다는 것이다.64)

여기서 예수의 시험기사의 이차적 특성을 주장하는 결정적인 이유들 중의 하나는 '하나님의 아들'이라는 칭호의 사용에서 찾을 수 있다. 마태본문의 첫 번째와 두 번째 시험기사에 의하면 마귀는 예수에게 "네가 하나님의 아들이라면…"이라고 하는데, 이는 역사적 예수의 삶의 자리가 아니라 아닌 원시교회의 상황에서 차용된 용어라는 것이다. 예수의 아들 됨과 관련한 시험을 강조한 것은 예수가 하나님의 아들이라는 확신이 예수의 제자들의 공통된 신앙으로 명확하게 형태를 잡았을 때 비로소 시험이야기로 구성되었음을 암시하기 때문이라고 보는 것이다.65) 즉 예수를 '하나님의 아들'로 공표하는 음성은 실제로 들려진 것이 아니라 부활이후 원시교회가 예수에 대한 신앙을 예수의 공생애의 삶에 반영한 것이라는 주장이다.66) 마태복음 기자는 예수가 사단에게 시험을 받은 이야기를 이 인용구들을 중심으로 펼쳐 나가면서 그가 익히 알고 있었던 랍비적인 해석방법을 적용함으로써, 이 단락의 핵심적인 내용들 즉 '하나님의 아들'이라는 예수의 정체성', '아버지께 대한 예수의 한결같은 순종과 신뢰', '메시아로서 예수에게 부여된 사명의 성격,' 그리고 '예수의 삶 속에서 재현된 이스라엘의 체험'을 신학적으로 강조한다.67) 그래서 예수가 광야에서 보낸 40일과 이스라엘이 광야에서 보낸 40년 사이의 평행관계를 부각시키려는 차원에서 Q이야기

---

64) Luz, *Matthew* I, 184.
65) Luz, *Matthew* I, 160. Dunn, 『역사적 예수의 기원(상)』, 581.
66) Theissen, 『역사적 예수』, 313. 타이센은 시험기사에 나오는 '하나님의 아들' 개념이 세례기사에도 나오는데 그렇게 연결시킨 것은 예수가 하나님의 아들임을 주장하려는 변증론적 경향에서 왔다고 주장한다.
67) Hagner, 『마태복음 I』, 173.

가 형성되었을 가능성을 피하기 어렵다고 주장한다.68)

4. 예수 시험기사의 신학적 함의

구약성서에 의하면 이스라엘은 광야에서 성령의 임재를 경험했으며 또한 성령의 인도를 받았다(느 9:19-20; 참조, 사 63:7-10). 마귀가 예수에게 돌로 떡을 만들라고 요구하는 첫 번째 시험의 신학적 의미는 신명기 8장 2-5절에 언급된바 '하나님의 아들' 이스라엘이 출애굽 이후에 광야에서 '시험을 당했는데' 그러한 역사가 재현되고 있음을 뜻한다는 것이다.69) 즉 하나님께서 광야에서 만나를 내린 기적을 되풀이하라는 시험이다(출 16:13-21; 요세푸스 『유대전쟁사』, 20.8.6; 『유대고대사』, 7.11.1). 이스라엘은 그 때의 시험에서 실패했지만 예수는 승리함으로서 예수가 '하나님의 아들'임을 증명하며 이스라엘도 예수를 그런 분으로 받아들일 것을 촉구한다. 예수는 이스라엘의 예언자로서 구약의 위대한 인물들처럼 신앙을 시련으로 증명한다. 즉 믿음의 시험이라는 주제의 종교적인 중요성을 강조하는 성서적인 본문으로 해석한다. 따라서 예수에게 돌로 떡을 만들라는 시험은 만나를 내리는 권세를 가지신 하나님의 권위에 도전하라는 시험이기에 예수는 그것을 거부하여 오히려 자신이 하나님께 순종하는 존재임을 분명히 한다.

이 기사를 현재의 위치에 기록한 복음서 기자 또는 이 기사의 이전 전승의 구성자는 이 기사를 통해 예수가 하나님께 철저히 순

---

68) Dunn, 『예수와 기독교의 기원(상)』, 518.
69) Luz, *Matthew* I, 354.

종하는 것을 강조한다. 이 말씀의 맥락을 이루는 신명기 8장 2절의 말씀이 하나님께서 이스라엘의 백성이 하나님의 명령을 지키는지를 보시려고 시험하신다는 것을 강조한다는 점이 중요하다. 이런 점에서 예수는 양식보다 중요한 하나님의 말씀에 순종한 모습을 보인 것이다. 광야에 있었던 이스라엘은 불평하고 다른 음식을 원함으로 이 시험에서 실패했으나(신 2:7; 느 9:21; 시 23:1; 78:18-22) 예수는 순종함으로 마귀의 시험을 물리쳤다. 이런 의도에서 구약성경의 말씀이 인용된 것이다.

두 번째 시험에서 마귀는 예수에게 뛰어내림으로 자신이 메시아임을 증명하라고 시험한다(마 4:5-7; 눅 4:9-12). 이 시험의 의미는 "하나님에 대한 순종에 근거하지 않은 이적을 하나님께 요구하는 것은 마귀적이라는 것이다."70) 이는 결코 마술적인 행위나 요행을 바라는 자세로 하나님을 부릴 수 있다는 만용적인 태도를 견지할 수 있음을 뜻하지 않는다. 구약성서에는 하나님께서 자신을 온전히 신뢰하는 자들을 지키신다는 말씀이 있을 뿐이며, 성전에서 뛰어내리면 하나님께서 자신을 땅에 안착하게 한다는 말씀은 나오지 않는다(출 19:4-5; 신 28:1-14; 32:10-11; 시 36:7-9; 91).

마태복음 4장 6-7절에 인용된 시편 91편 11-12절의 말씀도 하나님께서는 자신의 뜻을 온전히 이루기 위하여 천사들을 보내사 면밀히 지키신다는 뜻이지, 결코 성전 위에서 일방적으로 뛰어내린 뒤 자신을 안전하게 지면에 내리게 하라고 하나님께 명령하라는 뜻이 아니다. 그러기에 예수는 하나님을 시험하지 말라고 답한 것이다. 하나님의 아들임을 자랑하거나 뻐기지 말고 오히려 하나님의

---

70) Bultmann, 『공관복음전승사』, 317.

뜻을 이루려고 애쓰는 하나님의 아들의 모습을 보이는 것이 옳다는 점에서 이 역시 예수의 순종을 강조한다.

마태복음과 누가복음에서 두 번째와 세 번째 시험 순서가 상이한 것은 각 복음서의 신학적 목적에 부합하도록 했기 때문이다. 마태복음에서는 산이 중요한 장소이고, 누가복음에서는 예루살렘 성전이 중요한 장소이다.71)

그러면 예수를 높은 산으로 데려가 천하만국과 영광을 보이며 자신에게 엎드려 경배하면 이 모든 것을 주겠다는 세 번째 시험의 의미는 무엇인가? 첫 번째나 두 번째 시험과는 달리 이 시험기사는 "네가 하나님의 아들이거든…"이라는 말로 시작되지 않는데, 이 기사의 내용에 마귀가 예수에게 정치적인 메시아가 될 것을 요구하고 있기 때문이다. 이는 하나님의 명에 따라 하나님의 나라를 선포하고 마귀의 세력을 무력화시키는 길에 나서는 예수의 행보를 정치적 메시아가 되게 만들어 주겠다고 유혹하여 그 행보를 결정적으로 막기 위한 시험이었을 것이다.72) 마귀로서는 예수를 자기 쪽으로 이끌어 들이는 것이 하나님을 이길 수 있는 최후의 비책이었을 것이기 때문이다. 그러므로 예수는 "마귀야 물러가라 기록되었으되 주 너의 하나님께 경배하고 다만 그를 섬기라 하였느니라"는 선언으로 하나님께 대한 철저한 순종을 확인하였고 마귀에게 결정적인 패배를 안겼다(마 4:10; 참조, 눅 4:8).

---

71) Stein, 『메시아 예수』, 122.
72) 실제로 공관복음서에는 마귀가 예수의 공생애 초기부터 상당기간 예수의 활동에 당황하면서 이를 저지하려는 모습이 그려져 있다(막 1:24; 5:7).

위에서 상세하게 논한 바와 같이 역사적 예수가 시험을 받았다는 것은 역사적 사실로 인정할 수 있다. 다만 그 시험의 구체적인 내용에 대해서는 다양한 주장이 제기되어 왔다. 주목할 점은 예수가 시험을 받았다면 이는 예수의 하나님에 대한 믿음을 시험받았을 것이고 그렇다면 시험의 구체적인 내용은 현재의 마태복음과 누가복음에 공히 나오는 본문에 기록된 세 가지 시험과 비슷한 것이었을 가능성이 높다. 왜냐하면 금식으로 인해 극도로 주린 시점에서는 음식을 가지고 하나님에 대한 믿음을 시험하는 것이 가장 강력했을 것이기 때문이다. 또한 마귀로서는 예수와 하나님의 밀접한 관계를 단절시키는 가장 효과적인 방법이 예수에게 천하 영광을 주는 대신 자신에게 복종케 하려는 것이었을 것이기 때문이다.

III. 결론

역사적 예수는 그의 공적사역을 시작하기 전에 마귀의 시험을 받았는데 마귀는 처음부터 예수의 활동을 좌절시키거나 예수를 자신에게 복종시키려 했기 때문이다. 예수가 마귀를 몰아내었음을 증거하거나 예수가 시험을 받았음을 증거하는 신약본문들이 본문의 역사적 진정성을 지지하는 내적 증거가 된다(막 3:27; 8:33; 히 2:18; 4:15).

예수는 공적사역을 시작할 즈음에 광야에 있었고 마귀의 시험을 받았다는 것을 의심할 만한 구체적인 근거는 없다. 역사적 예수가 제자들에게 시험에 대해 가르치는 상황에서 자신이 시험받은 경험을 전했을 가능성이 있고 특히 마귀라는 영적 존재와의 싸움이라는 점에서 시험기사에는 환상적인 것처럼 보일 수 있는 내용들이 포함될 수 있었다.

보다 일찍 기록된 마가본문과, 보다 후에 기록된 마태복음과 누가복음의 공통본문(Q)은 예수가 마귀에 의해 시험을 받았음을 증거한다(막 1:12-13; 마 4:1-11; 눅 4:1-13). 그러나 두 본문이 상호간에 영향을 주었다고 보기 보다는 원래부터 독립적인 전승으로 존재했다고 보는 것이 설득력이 있어 보인다.

Q본문의 경우 원 시험기사(ur-temptation story)의 형태로 전승된 뒤 후에 현 본문의 형태로 변경되었다고 보는 주장이 가장 설득력이 있다고 판단된다. Q의 시험기사가 이차적으로 구성된 부분을 포함하고 있다는 설명은 예수가 시험을 받은 것을 하가다적인 미드라쉬라는 방식으로 설명했다는 주장에서도 여전히 유효하다. 즉 시험 사건의 기원은 역사적 예수에게 있으며 Q본문의 상당부분이 '역사적인 핵심'(historical core)을 담고 있지만 원시교회가 추가한 부분도 있다는 점을 인식하는 것이 필요하다. 이는 마가복음 본문에서도 마찬가지이다. 원시교회는 예수를 회상하는 과정에서 역사적 예수가 하나님의 아들이라는 신앙과 예수의 사역을 통해 마귀는 이미 쫓겨났다는 확신 속에서 일부 내용을 변경하였을 것이다.

예수는 Q시험기사에 기록된 세 가지 종류의 시험을 받았을 가능성이 높으며 원시교회가 예수의 시험 전승을 재해석한 부분을 제외한 부분은 역사적 사실이라고 보는 것이 논리적으로 타당하다.[73] 즉 예수가 시험을 받았다면 시험의 구체적인 내용은 현재의 마태복음과 누가복음에 공히 나오는 세 가지 시험과 비슷한 것이었을

---

73) 필자의 판단으로는 그러한 가능성이 높은 본문은 시편 91편 11-12절을 인용한 부분이다.

가능성이 높다.

그리고 세 가지 시험기사는 역사적 예수는 어떠한 상황에서도 하나님께 철저히 순종하는 모범을 보였다는 점을 공통적으로 강조한다. 첫 번째 시험은 이의 맥락을 이루는 신명기 8장 2절의 말씀이 하나님께서 이스라엘 백성이 하나님의 명령을 지키는지를 아시려고 시험하신다는 것을 강조한다는 점이 중요하며, 이런 점에서 예수는 양식보다 중요한 하나님의 말씀에 순종하는 모습을 보였다.

두 번째 시험의 의미는 하나님에 대한 순종에 근거하지 않은 이적을 하나님께 요구하는 것은 마귀적이라는 것이다. 인용된 시편 91편 11-12절의 말씀은 하나님께서는 자신의 뜻을 온전히 이루기 위하여 천사들을 보내사 면밀히 지키신다는 뜻이지, 결코 성전 위에서 일방적으로 뛰어내린 뒤 자신을 안전하게 지면에 내리게 하라고 하나님께 명령하라는 의미가 아니다.

세 번째 시험의 의도는 하나님의 명에 따라 하나님의 나라를 선포하고 마귀의 세력을 무력화시키는 길에 나서는 예수에게 세상 왕국과 그 영광을 주겠다고 유혹하여 그 행보를 결정적으로 막으려는 것이었으나, 예수는 하나님께 대한 철저한 순종을 선언함으로 마귀에게 결정적인 패배를 안겼다.

참고문헌

왕인성, "마가복음 시험기사(막 1:12-13)의 '들짐승'에 관한 해석적 고찰." 『신약논단』 24/3(2017): 383-413.

Allison, D.C. "Behind the Temptations of Jesus Q 4:1-13 and Mark 1:12-13." In

Authenticating the Activities of Jesus. Edited by B. Chilton and C.A. Evans. 195-213. Leiden: Brill Academic Publishers, Inc., 2002.

Attridge, H. "예수에게 들려온 음성, 신약성서에 나타난 시편사용." 『장신논단』 20 (2003): 561-75.

Bauckham, R. "Jesus and the Wild Animals (Mark 1:13): A Christological Image for an Ecological Age." In *Jesus of Nazareth: Lord and Christ.* Edited by Joel B. Green and Max Turner. Grand Rapids: William B. Eerdmans, 1994, 3-21.

Best, E. *The Temptation and the Passion. The Markan Soteriology.* Cambridge: Cambridge Uni. Press, 1990.

Borg, M./김기석 역. 『예수 새로 보기』. 천안: 한국신학연구소, 1997.

_____./구자명 역. 『미팅 지저스』. 서울: 홍성사, 1995.

Brown R.E. *New Testament Essays.* Garden City: Doubleday, 1968.

Dahl, N.A. *The Crucified Messiah and Other Essays.* Minneapolis: Augsburg, 1974.

Bultmann, R./허혁 역. 『공관복음전승사』. 서울: 대한기독교서회, 1970.

Davies, W.D. and Allison Jr., D.C. *The Gospel According to Saint Matthew* I(I-VII). Edinburgh: T. & T. Clark, 1988.

Dunn, J.D.G./차정식 역. 『예수와 기독교의 기원 (상)』. 서울: 새물결플러스, 2010.

Dupont, J. *Die Versuchung Jesu in der Wueste.* SBS 37. Stuttgart: Katholische Bibelwerk, 1960.

Fitzmyer, J. *The Gospel According to Luke I-IX.* AB. Garden City: New York, 1981.

Gibson, J.B. *The Temptations of Jesus in Early Christianity.* Sheffield: Sheffield Academic Press, 1995.

Gnilka, J. *Das Evangelium nach Markus.* Neukirchen-Vluyn: Neukirchener Verlag, 2010.

Guelich, R./김철 역, 『마가복음(상)』. WBC. 서울: 솔로몬, 2001.

Hagner, D./채천석 역. 『마태복음 I』. WBC. 서울: 솔로몬, 1999.

Hahn, F./김문경 외 역. 『신약성서신학 I』. 서울: 대한기독교서회, 2007.

Hare, D.R.A. *Matthew*. Louisville: John Knox Press, 1993.

Jeremias, J./정충하 역. 『신약신학』. 서울: 크리스챤다이제스트, 2009.

Kertelge, K. *Markusevangelium*. Wuerzburg: Echter Verlag, 1994.

Kloppenborg, J. *The Formation of Q*. Philadelphia: Fortress Press, 1987.

Lambrecht, J. "Mark 1.1-15: Markan Redaction of Q?" *NTS* 38(1992): 376-78.

Luz, U. *Matthew 1-7*. Minneapolis: Augsburg Fortress, 1989.

Lyke, L. "Haggadah." in *Dictionary of the Bible*. Edited by Freedman, D.N. Grand Rapids: Wm. Eeerdmann Publishing Co., 2000.

Marcus, J. "Jesus' Baptismal Vision." *NTS* 41 (1995): 512-21.

McNeile, A.H. *The Gospel According to Matthew*. London: Mcmillan & Co., 1949.

Mauser, U.W. *Christ in the Wilderness*. London: SCM Press, 1963.

Michaels, J.R. *Servant and Son*. Atlanta: John Knox, 1981.

Nolland, J./김경진 역. 『누가복음 I』. WBC. 서울: 솔로몬, 2003.

Pokorny, P. "The Temptation Stories and Their Intention." *NTS* 20(1974): 115-127.

Sanders, E.P. *The Historical Figure of Jesus*. London: Penguin, 1993.

Schweizer, E./번역실 역. 『마태복음』. 서울: 대한기독교서회, 1986.

_____. *The Gospel according to Mark*. Trans. by D.H. Madvig. Atlanta: John Knox Press, 1970.

Streeter, B.H. *The Four Gospels: A Study of Origins; Treating of the Manuscript Tradition, Sources, Aauthorship & Dates*. London: Macmillan, 1950.

Stein R.H./황영철 역. 『메시아 예수: 예수의 생애연구』. 서울: 한국기독학생회출판부, 2001.

Swanston, H. "The Temptation of Jesus, in the light of Deuteronomy." *Interpretation* 14(1960): 300-309.

Taylor, V. *The Gospel According to St. Mark*. London: Macmillan and Co., 1952.

Theissen G./손성현 역. 『역사적 예수』. 서울: 다산글방, 1989.

Twelvetree, G.H. "예수시험," 『복음서 사전』. Edited by J. Green, S. Mcknight, H. Marshall, 서울: 요단출판사, 2009.

Walker, W.O. "The Quest for the Historical Jesus: A Discussion of Methodology." *Anglican Theological Review* 51(1969): 38-50.

Wilkens, W. "Die Versuchung Jesu nach Matthaeus." *NTS* 28 (1982): 479-89.

Wright, N.T./박문재 역. 『예수와 하나님의 승리』. 서울: 크리스챤다이제스트, 2004.

3. 예수의 제자 선택과 이들의 역할

I. 서론: 제자됨의 의미

역사적 예수의 공생애 사역의 특징 중의 하나는 예수 자신이 직접 제자들을 불러 그들과 함께 활동했다는 점이다. 당시 유대교의 일반적인 관습은 제자들이 랍비를 찾아가 문하생이 되는 것이었기에 이와는 아주 달랐다. 마가복음 1장 16절과 2장 14절 그리고 누가복음 5장 1절은 이런 맥락을 잘 보여준다. 제자를 부르는 권세가 전적으로 예수에게 있었기에 제자가 되기를 원하는 청을 해도 거부되는가 하면(마 8:19-22// 눅 9:59- 62), 전혀 생각지 않고 있는 상태에서 부름을 받기도 한다(막 1:16- 18, 19-20; 2:13-14). 이렇게 제자 선택이 전적으로 예수에게 달려있었기에 공관복음서 기자들은 제자들의 준비나 결단에 대해 별로 언급하지 않는다.[1]

이러한 일방적인 부름과 결단의 예를 구약성서에서도 찾을 수 있다. 열왕기상 19장 19-21절에는 예언자 엘리야가 엘리사를 불렀을 때의 모습이 잘 나타나 있다. 엘리사는 자신의 생업에 몰두하고 있었다. 그는 12쌍의 황소를 앞세우고 밭을 갈고 있었는데 엘리야가

---

1) 권터 보른캄/강한균 역, 『나사렛 예수』 (서울: 대한기독교서회, 1973), 148.

자신의 겉옷을 걸쳐주자 제자로 따르라는 명령인줄 알고 그리할 것을 약속한 뒤 달려가 부모에게 입 맞추고 한 쌍의 황소를 구워 사람들에게 베푸는 송별모임을 가진 뒤 곧 엘리야를 철저히 따른다. 이 구절을 마태복음 8장 22절과 이의 병행구절인 누가복음 9장 60절 및 마가복음 2장 14절과 비교해 보면 예수가 상대적으로 훨씬 강한 요구를 한 것이 드러난다. 엘리야가 주도적으로 그의 제자를 직접 부른 것처럼 예수도 자신의 제자들을 그리하지만 제자로서 나아가기 위해 부모에게 송별인사를 하는 것은 허락하지 않는다.

예수는 공생애 초기에 제자를 선택한 것으로 보이는데, 이는 예수의 사역에 있어서 제자들의 역할이 매우 중요했다는 것을 말해준다. 예수를 둘러 싼 다양한 제자군이 있었지만 특히 12명을 택했는데 이는 이스라엘 백성 열 두 지파를 상징하며 예수가 이스라엘 민족 전체에 관련된 사역을 펼쳐가려는 분명한 의도가 있었음을 보여준다(막 3:14; 6:7; 눅 9:1).

제자(disciple)란 어떤 사람인가? 우리말 사전에 따르면 "스승으로부터 가르침을 받는 사람, 문도(門徒)[2]"라고 설명되어 있다. 더 나아가 기독교에서는 "예수의 가르침을 받아 그의 뒤를 따른 사람들, 이 중에서 특히 선택을 받아 스승과 생활을 같이하고, 신의 나라를 위하여 훈련을 받고, 전도에 파견된 사람들이 열두 제자"[3]라고 설명하고 있다. 좀 더 엄밀한 정의를 내려 본다면 제자란 스승의 가르침과 행위를 따르는 사람들이다. 그러나 예수의 제자들은 그런 정도의 학습적 목적을 훨씬 넘는 특별한 헌신을 했다는 점에서 특별하다. 예수의 제자가 된다는 것은 문자 그대로 예수의 뜻에 함께

---

2) 이희승, 『국어대사전』 (서울: 민중서관, 1998), 3423.
3) 이희승, 『국어대사전』, 3423.

하는 것은 물론 그의 부르심과 파송에 응하고 권능에 동참하겠다고 선언하는 것,[4] 즉 예수와 하나가 되어 그와 운명을 같이하고 불확실한 미래를 향해 나아가겠다고 결단하는 것을 뜻한다.[5] 그들에게는 순종만이 요구되었고, 일반적으로 한 번 제자가 되면 뒤돌아갈 수 없었다. 예수는 제자들을 선택한 뒤 이들과 함께 여러 곳으로 다니며 활동했고 제자들에게 특별한 임무를 부여해 여러 곳으로 보내기도 했기에(마 10:1-12; 막 6:7-13; 눅 10:2-12; 9:1-6)[6] 때로는 그들의 가족에 대한 책임을 보류하게 했다. 늘 그러했는지는 확실치 않지만 그들의 부모의 장례에 참석할 자유도 없었고 심지어 그들에게는 작별인사를 할 시간도 허락되지 않았다(마 8:19-22// 눅 9:58-62). 이렇게 그들은 직업, 가정 등 기존의 관계를 포기하고(막 1:17-20; 10: 21, 28; 눅 14:25-33), 때로는 재산까지 나눠주라는 요청을 받고(막 10:17-22; 마 19:16-22; 27-29), 곤고함과 적대자들을 감내하는 결단을 해야 했다. 좀 더 강하게 표현하면 예수와 함께 죽을 각오까지 해야 했다. "무릇 내게 오는 자가 자기 부모와 처자와 형제와 자매와 및 자기 목숨까지 미워하지 아니하면 능히 나의 제자가 되지 못하고 누구든지 자기 십자가를 지고 나를 좇지 않는 자도 능히 나의 제자가 되지 못하리라"(눅 14:26-27)는 말씀은 이런 전적포기와 헌신의 요구를 잘 보여준다.

예수는 그의 제자들과 함께 하나님의 나라의 도래를 선포하고

---

4) 게르트 타이센/손성현 역, 『역사적 예수』(서울: 다산글방, 2001), 318.
5) 보른캄도 그 점을 강조한다. 『나사렛예수』, 146-48.
6) 이 구절의 진정성에 대해서는 다음 책을 보라. J.D. Choi, *Jesus Teaching on Repentance* (Binghamton, State University of New York; Global Publications, 2000), 117-29.

그의 삶을 통하여 하나님의 나라가 어떤 것인지를 유대인들에게 직접 보여주려 했다. 이스라엘 공동체를 위한 일을 하려했던 그와 뜻을 같이 하는 동지를 필히 확보해야 했다. 하나님께서 역사를 주도하시지만 많은 경우 사람들을 통해서 이를 이루셨기 때문이다.

II. 본론

1. 단계적 제자 선택

예수의 제자선택 단계, 즉 예수가 여러 번에 걸쳐 소수의 인원을 선택해서 최종적으로 12명을 구성했는지 아니면 단번에 12명의 제자를 선택했는지는 확실치 않다. 그러나 복음서에는 전자의 방법을 택했다는 심증을 갖게 하는 증거들이 나타난다. 베드로와 안드레를 택하고(막 1:16-18// 마 4:18-20; 눅 5:1-11) 이어서 야고보와 요한을 택한(막 1:19-20// 마 4:21-22) 것으로 되어 있다.[7] 그 외 나머지 제자들도 이렇게 두 사람씩 택했는지는 복음서에 언급되어 있지 않아 알 수 없으나 이미 나타난 증거로 볼 때 몇 차례에 걸쳐 소수의 인원을 선택했던 것을 추론할 수 있다.[8] 예수가 이러한 단계적

---

7) 역사적 진정성과는 별도로 빌립과 나다나엘의 선택도 이러한 단계를 설명하는 흔적으로 볼 수 있을 것이다(요 1:43-51).

8) Sanders도 어떤 시점에서는 12명이 아닐 수도 있었다고 주장한다. E.P. Sanders, *Jesus and Judaism* (London: SCM, 1985), 106; "What seems virtually certain is that the conception of 'the twelve' go back to Jesus himself (though his closest companions at any given moment may not have consisted precisely of twelve men). His use of the conception 'twelve' points towards his understanding of this own mission." E.P. Sanders, *The Historical Figure of Jesus* (N.Y. : Penguin Book, 1993) 112-22.

선택을 한 이유는 자신이 제자들의 삶을 직접 관찰하는 등 여러 면을 고려하는 것을 원했기 때문일 것이다.

2. 예수의 제자는 몇 명이었나?

공관복음서에는 "제자"(μαθητής)라는 단어가 여러 번 나오는데 이 모든 경우 역사적 예수가 택한 "열두 제자"를 가리키지는 않는다. 복음서에서 이 단어는 12제자를 가리키기도 하지만(마 10:1; 11:1) 또한 그들을 제외한 일반적인 제자들 그리고 원시교회의 교인들도 가리키는 경우가 있기 때문이다. 예를 들어 마가복음 2장 13-15절에 나오는 레위는 마가의 12제자 명부에는 나오지 않는다. 따라서 역사적 예수의 12제자만을 가리키는 적절한 표현은 "열둘"(δώδεκα)이라고 할 수 있다.9) 이들은 나중에 원시교회에 의해 "사도"(ἀπόστολος)로도 불렸다(눅 6:13).10)

그러나 이를 부정하는 주장이 제기되어 현재는 예수의 공생애 당시 12제자가 존재했다고 보는 주장11)과 존재하지 않았다고 보는 주장12)이 서로 대립되어 있다. 후자에 속하는 학자들은 12명은 이

---

9) J.P. Meier의 착안점이다. *The Marginal Jew*, vol.2 (New York: Doubleday, 2001), 126-27.
10) 사도(apostle)는 특별한 경우에만 쓰였으며 예수 자신은 사용하지 않은 것으로 보인다(예: 막 6:30).
11) Bornkamm, 『나사렛예수』, 152. M. Hengel, *The Charismatic Leader and His Followers* (London: T. & T. Clark, 1981), 68, 72. 참고로 다음과 같은 학자들도 이에 속한다. Kümmel, Schnackenburg, Gnilka, Brown, Fitzmyer, Best.
12) 참고로 다음과 같은 학자들이 이에 속한다. Wellhausen, Vielhauer, Schulz,

스라엘 12지파를 뜻하는 상징적인 숫자일 뿐이며 예수 제자의 실제적인 숫자가 아니라고 하면서 다음과 같은 이유를 든다.

1) 첫째로 12제자의 이름이 일정하지 않고 몇몇 이름은 복음서에 다르게 기록되었기 때문이다. 제자들의 이름을 기록한 다음의 세 병행구를 비교해 보면 차이가 나타난다. 누가복음과 사도행전에는 다대오 대신 '야고보의 아들' 유다가 나타난다.

마가복음 3장 13-19절(12명)
베드로(시몬), 안드레, 야고보와 요한(세베대의 아들들), 빌립, 바돌로매, 마태, 도마, 야고보(알패오의 아들), 다대오, 시몬(가나나인), 가룟유다

마태복음 10장 1-4절(12명)
베드로(시몬), 안드레, 야고보와 요한(세베대의 아들들), 빌립, 바돌로매, 마태, 도마, 야고보(알패오의 아들), 다대오, 시몬(가나안인), 가룟유다

누가복음 6장 12-16절(12명)
베드로(시몬), 안드레, 야고보와 요한(세베대의 아들들), 빌립, 바돌로매, 마태, 도마, 야고보(알패오의 아들), 유다(야고보의 아들), 시몬(셀롯), 가룟유다

사도행전 1장 13절(11명)
베드로(시몬), 안드레, 야고보와 요한(세배대의 아들들), 빌립, 바돌로매, 마태, 도마, 야고보(알패오의 아들), 유다(야고보의 아들), 시몬(셀롯인)[13]

Conzelmann.
13) 사도행전 기자는 죽은 가룟유다를 포함시키지 않았다.

즉 '다대오'와 '야고보의 아들 유다'라는 서로 다른 이름이 나타난다. 이런 이유로 제자가 분명히 12명이었다면 어찌 이런 차이가 생길 수 있느냐고 의문을 제기한다. 12명의 이름에 대한 교회의 기억이 완벽하지 않았다는 것이고 그것은 곧 12명의 존재가 뚜렷하지 않았음을 반증해주며 따라서 예수의 12명 제자설은 의심스럽다고 주장한다.14)

2) 1)에 대해 다음과 같이 반론할 수 있다. 몇 가지 가능성을 추론할 수 있는데 우선 두 명의 제자들의 이름이 다르게 기록된 두 개의 독립전승이 복음서 기자들에게 주어졌을 가능성이다. 또 다른 가능성으로 마태복음 기자나 누가복음 기자가 마가의 원문을 새롭게 편집했을 수 있다. 즉 마태본문의 제자명단은 마태복음 기자가 나름대로 편집한 것이고 사도행전의 제자명부는 마가본문과 누가본문의 명부를 합친 것으로 보는 것이다.15) 이 과정에 대해서는 다음과 같은 추론이 가능하다.

(1) 마태복음 기자가 마가본문의 기록 순서를 약간 바꾼 것은 편집적 관점 때문이었을 수 있다. 가지런히 정리하기를 좋아하기 때문에 베드로의 형제 안드레를 형의 이름 바로 아래로 옮겼을 것이다.

(2) 마태복음 기자는 9장 9절에서 마가복음 2장 14절에 나오는

---

14) 그러나 만일 원시교회가 역사적 예수의 제자들의 수가 몇 명인지 정확히 몰랐고, 12명의 제자들이 존재했던 것으로 만들어냈다면 그렇게 다른 이름을 가진 것으로 상이하게 명부를 만들지 않았을 것이다.

15) Meier, *A Marginal Jew*, vol.2, 131, 134.

세리 레위를 마태로 바꿨을 것이다. 그렇게 함으로 예수가 직접 부른 것으로 그려진 사람들을 모두 12제자에 포함시키려 했을 것이다. 여기서 한 가지 질문이 생기는데 "왜 하필 마태에게 세리란 칭호를 부쳤을까?" 하는 점이다. 아마도 제자들의 이름 뒤에 설명이 붙지 않은 네 명중의 한 사람에게 붙이는 것이 적절하다고 생각해서 그 마지막 사람 마태에게 붙였을 가능성이 있고,16) 또한 마태복음서의 저자가 자신을 세리와 동일시하려는 의도에서 그리 했을 수도 있다.

또 다른 가능성들이 있을 수 있다. 즉 예수의 제자가 분명히 12명이었다 하더라도 그 중 몇 사람의 이름이 다르게 기록될 수 있다. 예를 들어 야고보의 아들 유다를 다대오라고 불렀을 수도 있다. 예수의 제자가 중도에 교체되었을 가능성도 있다.17) 즉 예수의 제자 중에서 한 사람이 1-3년간 일하다가 스스로 원해서 떠나갔던지, 질병으로 인해 교체되었을 가능성이 있으며 12이라는 숫자는 이스라엘 전체를 상징하고 이스라엘의 종말적 희망을 구체적으로 표현하는 용어이기에 결원이 발생했을 경우 보충되었을 가능성이 있다.18) 그러므로 명단에 서로 다른 이름이 포함되어 있지만 12명의 이름을 담고 있는 전승의 권위를 의심할 필요는 없는 것으로 보인

---

16) Meier, *A Marginal Jew*, vol. 2, 132.
17) Meier는 예수의 12제자 중 한 명이 제자직의 어려움, 가족문제 등으로 중간에 떠나서 다른 사람으로 대치되었을 가능성이 있다고 주장한다(*A Marginal Jew*, vol. 2. 131, 141 n. 33). 그런 흔적으로 "떠나게 하옵소서" (마 8:20//눅 9:32)라는 구절을 제시할 수 있다고 한다. Meier는 제자들의 명부에 관한 전승은 2세기에 걸친 전승으로는 놀라운 정도로 정확한 것이라고 주장한다. D.L. Freedmann (ed), *Dictionary of the Bible* (Grand Rapids: Eeerdman, 2000), 348에서도 같은 가능성을 언급하고 있다.
18) Meier, *A Marginal Jew*, vol. 2, 131.

다.19) 제자들의 명부전승을 자세히 살펴보면 같은 이름이라도 다른 격(case)으로 기록한 것이 나타난다. 예로 다대오를 마가복음에서는 대격으로 기록했지만 마태복음에서는 주격으로 했다. 이는 이 전승이 문서전승보다는 구전전승으로 전달되었을 가능성을 시사해준다.

3) 위에 설명한 명단의 불일치를 이유로 12제자의 존재 자체를 부정하는 주장이 제기된 바 있다. 12제자는 없었고 부활 이후 원시교회가 이 개념을 만들어 냈다고 하면서 다음과 같은 이유를 들고 있다.20) a) 고린도전서 15장 5절에 따르면 12명이 부활하신 예수를 보았다고 한다. b) 그러나 복음서는 가룟유다를 제외한 11명만 그리한 것으로 전한다(마 28:16; 눅 24:9,33; 행 1:26;). a)와 b)가 모순된다. 따라서 애초부터 12명은 없었다고 주장한다.21)

---

19) J.P. Meier, "The Circle of the Twelve: Did It Exist during Jesus' Public Ministry?" *JBL* 116(1997), 625-72. Meier는 12명의 제자가 예수의 공생애 기간 동안에 실제로 존재했었다고 결론을 내린다(672). 그 이유로서 "다중출현의 기준(막, 눅, 요, Q, 바울이전 전승)과 the argument of embarrassment 및 the argument for the general flow of the NT traditions about Twelve를 든다.
20) P. Vielhauer, "Gottesreich und Menschensohn in der Verkuendigung Jesu," in *Aufsaetze zum Neuen Testament* (Muenchen: Chr. Kaiser Verlag, 1965), 68-71. Vielhauer는 Wellhausen의 주장을 따른다. Wellhausen, *Einleitung in die drei ersten Evangelien* (Berlin: Druck und Verlag von Georg Reimer, 1911), 140.
21) Vielhauer는 예수는 그의 제자 중 한 사람에 의해서 넘겨졌다는 것은 의심할 필요가 없다고 한다(*Aufsaetze*, 70). 그래서 유다 이야기를 창조하기 위해 구약전승을 사용한 것, 그리고 그로 하여금 예수를 넘긴 것으로 기록한 것은 원시교회였다고 한다. 즉 유다나 "12"는 예수의 고난과 죽음의 이야기로 삽입되었다고 주장한다. 그러나 원시교회는 유다가 예수를 팔아 넘겼다는 전승을 만들어내지 않았을 것이기에 이런 주장은 설득력이 없다. 로마 당국은 밀고자나 협조자 없이 직접 예수

필하우어의 이 주장은 상당히 예리하지만 설득력이 약하다. 부활 이전 예수의 공생애 당시 제자가 12명이 아니었고 따라서 그런 개념이 존재하지 않았는데[22] 부활 이후 원시교회가 새삼스럽게 12명 제자개념을 들고 나오지는 않았을 것이기 때문이다. 중요한 것은 "12"(the Twelve)는 특별한 무리를 가리키는 단어가 되었고 고정된 형식이나 고정된 호칭이 되어 가룟유다가 배신한 후에도 계속해서 그렇게 쓰였다는 것이다. 예로 사도 바울은 고린도전서 15장 5절에 있는 대로 베드로를 언급한 뒤 "12"를 하나의 고정된 개념으로 사용하고 있다는 것이다. 이렇게 "12"는 좀 더 오래되고 투박한 표현의 신조 같은 전승에서 나온다.[23] 반면에 "11"은 복음서 전승의 이차 단계에서 형성되었다.[24] '열한 제자'(마 28:16), '열한 사도들'(행 1:26), '열하나'(눅 24: 9, 33)는 다 그런 의도에서 나온 것이다. 이렇게 복음서 기자들은 예수의 제자들을 언급할 때 그 차이점을 정확히 알고 있으면서 때로는 12제자로 때로는 11제자로 분명히 구분해서 기록했다는 사실에 주목할 필요가 있다. 한 마디로 신조처럼 굳어진 형태인 신조형태(a creedal formula)와 담화(narrative)체로 기술한 제자들에 관한 기록을 잘못 구분하면 혼동이 야기되므로, 두 전승의 "삶의 자리"가 다른 것을 간과하지 말아야 한다.[25]

를 체포할 수 있었다.
22) 크로산도 예수 사역 기간 동안에 12명의 제자 집단이 존재하지 않았다고 주장한다. J.D. 크로산/김준우 역, 『역사적 예수』 (서울: 한국기독교연구소, 2000), 534. 크로산은 12명보다 많은 제자들의 수를 가정하고 있는 것으로 보인다.
23) Meier, A Marginal Jew, vol. 2, 662.
24) Meier, A Marginal Jew, vol. 2, 140.
25) 이런 명확한 구분은 마이어의 공헌이다. Meier, A Marginal Jew, vol. 2, 140.

"12"이라는 전승의 사실성을 지지하는 또 다른 증거 중의 하나는 이 표현이 여러 복음서 전승인 마가, 마태, 누가, 요한복음과,[26] Q뿐만 아니라 바울서신에 걸친 다양한 문헌에 나타날 뿐 아니라 다양한 문학양식(multiple forms)인 "담화"(narrative)(막 6:7; 14:17), "어록말씀"(Sayings)(마 19:28//눅 22:30), 신조형태(고전 15:3-5)의 다양한 문학형태(form)로 기록되어 있다는 사실에 유의할 필요가 있다. 그러므로 b)는 사실이며 a)는 예수의 제자는 12명이라는 의식이 각인되어 있었기 때문에 나온 결과라고 할 수 있다.

4) 필하우어의 주장은 12이라는 숫자가 갖는 중요한 의미를 충분히 인식하지 못한데서 온 것으로 보인다. 예수가 제자를 선택했다면 그 숫자는 필히 12명이었을 것이고 그래서 실제로 그렇게 되었다는 것이 보다 설득력이 있다. 필하우어의 주장의 핵심은 "12제자"라는 개념이 원시교회가 형성된 후에 생겨나 역사적 예수의 상황으로 역투(逆投, retroject)되었다고 하는데 그렇게 역투시켜야만 했던 이유가 있었는가? 원시교회가 갑자기 12지파를 대표할 12명의 중요성을 깨닫고 그렇게 했을 특별한 이유가 없는 것으로 보인다. 그들은 어떤 특정한 사람들에게 특권을 부여할 생각을 갖지 않을 정도로 '믿는 사람이면 동등하다는 의식을 가지고 있었다. 그리고 오히려 원시교회에서 보다는 역사적 예수의 상황에서 12명이라는 용어가 중요성을 갖는다. 또한 "12"은 원시교회에서 갑자기 떠오른 개념이 아니라 구약시대로부터 이스라엘을 상징하는 중요한 개념이기에 원시교회보다는 예수시대에 적합한 개념이다.

---

26) 요한복음은 12명의 명부를 기록하지 않지만 베드로가 12 중의 하나라고 설명한다(6:71).

구약성서에도 이스라엘 전체를 뜻하는 12지파를 회복할 것을 예언하는 구절들이 나온다(미 2:12; 사 11:10-16; 렘 31:1; 겔 20:27-44; 겔 34; 벤시라 36.8[33:10]; 제2마카비서 1:24-29; 2:17-18; 1QM 2:1-3; 1QM 3:13-14, 5:1-2). 예수의 하나님 나라 선포와 그에 따른 활동의 일차적 목표는 무엇보다 이스라엘을 회복하는 것이었고 또한 예수가 12을 선택했기에 이런 움직임을 지켜보는 유대인들은 예수가 이스라엘을 회복하려는 의도를 갖고 있음을 알아차렸을 것이다. "오실 그이가 당신이오니이까 우리가 다른 이를 기다리오리까" 하는 세례요한의 질문과 "주께서 이스라엘 나라를 회복하심이 이 때니이까" 하는 기대에 가득 찬 질문도 그런 인식에서 제기되었을 것이다(마 11:3; 눅 7:19; 행 1:6). 결국 "12"는 예수가 로마제국으로부터 이스라엘의 주권을 회복시키려는 의도를 가지고 있음을 시사한다.27)

이렇게 예수 연구에서 필히 전제할 사항은 역사적 예수는 이스라엘 12지파 전체를 위해서 일했고, 이스라엘이 온전한 하나님의 나라가 되기를 간절히 바라며 일했다는 것이다.28) 따라서 그런 목적에 맞도록 12명의 제자를 선택했고 장차 그들이 이스라엘 지파들을 통치하고 판단하는 자리에 서기를 바랐다. 그런 증거가 마태복음 19장 28절과 누가복음 22장 30절에 나온다.29)

---

27) "회복할 때가 이 때니이까?"(행 1:6)라는 질문도 그 점을 암시한다.
28) Meier도 "12"와 이스라엘의 독립회복은 밀접한 관계가 있다고 주장한다. *A Marginal Jew*, vol. 2, 148-54. Sanders도 그 점을 강조한다(Tobit 13; Sir 36:1-17). *Jesus and Judaism*, 95-106.
29) 이 구절의 진정성에 대한 논의는 최재덕, "A Study on the Authenticity of Matt 19:28//Lk 22:28-30," 『서울여대 인문사회과학논총』 제9집 (서울: 서울여자대학교 인문과학연구소, 1994), 53-59.

3. 예수의 제자 선택과 이들의 역할 | 71

마태복음 19장 28절 하반절
나를 좇는 너희도 열두 보좌에 앉아, 이스라엘 열두 지파를 심판하리라.

누가복음 22장 30절
너희로 내 나라에 있어 내 상에서 먹고 마시며, 또는 보좌에 앉아 이스라엘 열두 지파를 다스리게 하려 하노라.

이 구절이 진정성이 있는 예수 말씀일 수 있는 가장 중요한 이유는 원시교회로서는 12명 제자가 이스라엘을 심판한다는 말씀을 만들어냈을 가능성이 없기 때문이다. 왜냐하면 이미 가룟유다의 배반을 겪은 그들로서는 예수가 가룟유다에게도 중대한 특권을 부여하는 말씀을 만들어 냈을 리가 없기 때문이다.

원시교회가 이런 표현을 만들어냈을 가능성이 없는 두 번째 이유는 천사들을 심판하는 권세를 가진 자신들이 12지파를 심판하는 권한을 12제자에게만 부여하는 말씀을 만들어 내지 않았을 것이기 때문이다.

우리가 천사를 판단할 것을 너희가 알지 못하느냐? 그러하거든 하물며 세상 일이랴(고전 6:3).

이 구절의 진정성을 지지하는 세 번째 이유는 예수 당시나 그 전후시기의 어떤 문헌에도 12명이 이스라엘을 심판한다는 내용이 나타나지 않기 때문이다.30) 즉 이런 내용이 유대교 문헌에서 나오지 않으며 또한 초기 기독교 문헌에도 나오지 않으므로 예수 말씀의 진정성을 결정하는 비유사성의 원칙(The Criterion of Dissimilarity)

---
30) Meier, *A Marginal Jew*, vol. 2, 137.

을 통과한다.31) 그러므로 오직 역사적 예수만이 12제자들에게 이와 같은 권위를 부여하는 말씀을 했다고 보는 것이 가장 설득력 있다.

위의 두 본문을 비교하면 차이가 나타나는데 누가의 본문의 '옥좌 앞에 12가 없는 것은 누가복음 기자의 의도적인 생략일 수 있다. 즉 반복을 싫어하는 누가복음 기자가 생략했거나 예수를 배반한 가룟유다를 의식해서 생략했을 가능성이 있다.32)

이렇게 역사적 예수의 제자가 12명이었다는 주장은 타당한 논리적 근거를 확보하고 있다. 물론 원시교회의 초기와 달리 후기로 가면 12제자의 역할과 위치가 급격히 약화되는 것은 사실이다. 성서에는 그 이유가 상세하게 설명되어 있지는 않지만 다음과 같은 추론이 가능하다. 즉 초기에는 맛디아를 보완했지만 야고보가 헤롯

---

31) Vielhauer는 "12"이라는 표현이 마태복음 19장 28절과 누가복음 22장 30절에만 나오는 것으로 보아 역사적 예수에게 12제자가 존재했다는 것이 불확실하다고 주장한다(Aufsaetze, 69). 그러나 Q에서는 "12"라는 표현만 희귀한 것이 아니라 "제자"란 표현 자체가 희귀하고 실제로는 없다는 Meier의 주장에 주의할 필요가 있다(A Marginal Jew, vol. 2, 138). 필하우어는 제자가 선생보다 높지 못하다(마 10:24//눅 6:40)는 말씀과 요한이 제자들을 보내 예수의 존재에 대해 물음(마 11:2-3//눅 7:19)도 실제로 "제자"에 대한 직접적인 언급이 아니라고 주장한다. 왜냐하면 첫 번째 경우는 딱히 예수의 제자가 아니라 일반적인 제자도에 대해 언급하고, 두 번째는 예수의 제자가 아닌 세례요한의 제자를 뜻하기 때문이다. 그러나 마태복음 19장 28절은 직접적으로 예수의 제자들을 언급하고 있는 매우 중요한 구절이며 역사적 예수의 말씀을 담고 있다고 보는 것이 옳다.

32) Meier는 반복을 기피하는 누가복음 기자가 12를 뺐다고 주장한다(A Marginal Jew, vol. 2, 135). 12 중에서 가룟유다로 인해 결손이 생겼고 가룟유다가 이스라엘 백성을 통치하거나 심판하는 것은 있을 수 없다고 생각했을 것이기 때문이며 본문의 청중이 사도들임을 앞에서 분명히 했고 (22:14) 그 맥락도 최후의 만찬이기에 명백하게 12제자라는 언급을 하지 않기를 원했을 것이기 때문이라고 주장한다.

아그리파 1세에 의해 순교당하는 사건(A.D. 44년)이후 더 이상 결손 인원을 보완하려하지 않았을 것이기 때문이다(행 1:22-26; 12:1-2). 또 하나의 이유는 급속한 이방선교로 인해 12사도의 중요성이 약화되었기 때문일 것이다.

가룟유다가 존재했고 그가 예수를 유대당국에 넘겼다는 복음서의 증언도 12제자들이 존재했으며 유다가 그 중의 하나였다는 사실을 증거한다. 12과 11를 말하는 전승이 따로 있었으며 그것은 한 명 가룟유다가 배반한 것을 말하므로 12이 있었음을 증거한다. 만일 아무도 예수를 넘기지 않았다면 초기교회로서는 그런 제자가 스승을 배반하는 당황스러운 기사를 만들어 낼 필요가 없었을 것이기 때문이다. 더욱이 유다의 배신을 증거하는 전승이 복음서마다 나타난다는 사실도 12제자가 존재했음을 신뢰하게 만든다(막 14:10, 20, 43).

5) 그러나 매우 명백한 것으로 보이는 이 주장을 부정하는 2개의 논지가 제기 된 바 있다. 첫 번째 논지는 크로산이 주장한 것으로 가룟유다는 실제로 존재했고 또한 그가 예수를 배반했지만 12은 만들어진 개념으로 역사적 예수의 삶의 자리로 역투되었다는 것이다.[33] 크로산은 가룟유다가 실제로 예수를 따른 제자였으며 또한 예수를 넘겨준 제자였다는 주장을 일관되게 펴왔다. 그가 전제하는 것은 역사적 예수에게는 12은 아니지만 몇 명의 제자가 있었고 그 중 한 명이 가룟유다라는 것이다. 이 주장은 예수가 이스라엘 백성의 미래적 회복에는 관심이 없고 다만 평등을 주장하는 한 사람의

---

33) J.D. Crossan, *Who killed Jesus?* (San Francisco: Harper, 1995), 75; Meier, *A Marginal Jew*, vol.2, 145.

견유철학자(a cynic philosopher)였다는 그의 일관된 논지에 잘 맞아들어간다. 그러나 이 주장은 적어도 ·역사적 예수에게 제자가 있었다는 사실을 확인해줌으로 12제자설을 상당부분 지원하고 있다, 여기서 질문이 생긴다. 그러한 제자들이 존재했다면 과연 몇 명이었을 것이라고 보는 것이 가장 논리적인가? 성서가 12명이라고 증언하고 있고 그 외 다른 숫자는 나타나고 있지 않다는 점에서 증명의 부담(the burden of proof)은 오히려 크로산이 지게 된다.

두 번째 주장은 실제로 역사적 예수의 제자인 유다가 배반한 것이 아니라 원시교회가 메시아를 넘겨주는 구약의 예언(시 41:9)을 사용하여 가룟유다에 관한 이야기를 만들었다는 것이다.[34] 즉 가룟유다의 배반에 관한 전승도 "12"의 그것처럼 예수의 고난과 죽음이야기의 일부로 만들어졌다는 것이다. 그러나 이 두 개의 주장은 서로 모순된다. 왜냐하면 "12제자"(the twelve)의 존재에 관한 전승을 만들어내면서 또한 동시에 거기서 한 사람을 빼는 전승도 만들어내는 격이 되기 때문이다.[35]

또 다른 모순이 있다. 이 주장의 논리를 따르면 예수는 존재했었고 그가 십자가에 처형되었지만 아무도 그를 넘겨주지 않았다는 논리가 된다. 그러면 예수 혼자 일으킨 어떤 행동에 의해서 그렇게 되었다는 가정이 성립되고 또 그럴 가능성이 전혀 없는 것은 아니다. 하지만 자신들이 역사적 예수와 같이 있었다고 주장하는 베드로나 야고보와 같은 원시교회 지도자들의 주장과 이를 엄연한 사실로 기록한 바울의 증언을 거짓으로 만들어버리는 결과를 가져오게 된다. 따라서 실제로 가룟유다의 배반이 먼저 있었고 후에 이를

---

34) Meier, *A Marginal Jew*, vol.2, 144.
35) Meier, *A Marginal Jew*, vol.2, 144.

예기된 사건으로 해석하는 과정에서 구약예언을 인용한 것으로 보는 것이 보다 훨씬 타당성이 높다. 이상에서 논한 바와 같이 가룟 유다가 예수를 배반한 것은 사실이 아니라는 것을 부정하기 어렵다.

12제자가 존재했다는 사실에 관한 매우 중요한 증거는 바울이 "12"(twelve)라는 표현을 사용한 것이다. 바울은 역사적 예수의 제자들인 베드로, 야고보, 요한을 만난 것으로 증언한다(갈 2:9-14). 또한 이들도 포함시켜서 하는 말인지는 불확실하지만 "유명한 이들"이라고 표현된 제자들에 대한 섭섭함도 표현했다(갈 2:6). 따라서 역사적 예수의 제자들 전체 숫자에 대해서 잘 알고 있었을 것이 분명하다. 초기 전승인 고린도전서 15장 5절에서 사도 바울은 부활하신 예수가 "게바에게 보이시고 후에 열두 제자에게 보이셨다"고 기록했다. 그는 3절에서 "내가 받은 것을 먼저 너희에게 전하였노니"라는 구절을 통해 바울 이전부터 존재한 신앙전승(pre-Pauline formula of faith)을 재인용하고 있음을 밝히고 있다. 바울은 이 전승이 자신이 알고 있는 예수 제자의 전체수와 일치하기에 주저하지 않고 변경 없이 사용했을 것이다. 가룟유다가 죽어서 11명인데도 12이라고 쓴 것은 바울 자신이 예수의 제자가 12명이라는 전승을 잘 알고 있었고 따라서 그의 뇌리에 제자는 12명이라는 의식이 잠재해 있었기 때문이었을 것이다.36) 분명한 것은 바울로서는 존재하지 않았던 "12"이라는 표현을 만들어내지는 않았다는 것이다.

---

36) J.P. Meier, "The Circle of the Twelve: Did It Exist during Jesus' Public Ministry," *JBL* 116(1997), 658.

3. 다양한 부류의 제자들

예수의 제자들은 어떤 사람들로 구성되어 있었을까? 예수의 주장과 행동에 뜻을 같이 하는 사람들이 많았지만 그들 모두가 예수를 따르지는 않았다. 예수 자신도 만난 모든 사람들에게 자기를 따르라고 하지 않았다. 따르라고 명한 사람 이외에는 자기가 있는 자리에서 생업에 충실하면서 부름에 합당한 삶을 살고 그 곳에서 하나님의 나라의 도래에 따른 역할을 하고 이에 동참하기를 바랐던 것으로 보인다. 모든 사람이 다 제자로 나설 수도 없었고 그렇게 할 필요도 없었을 것이기 때문이다.37) 이들을 "정주제자"라고 칭하여 예수와 동행한 "유랑제자"와 구분할 수 있다.38) 분명한 것은 열두 명 이외의 사람들이 예수를 따랐다는 점이다. 이렇게 예수를 추종하는 제자들을 12제자와 그들처럼 알려져 있지는 않지만 예수와 뜻을 같이 한 추종자들과 생업의 자리에 머물러 있으면서 뜻을 같이 한 동조자들로 세밀하게 분류할 수 있다.39)

예수의 사역에 동참한 제자들 중에 특징적인 부류는 여성제자들이다.40) 예수가 십자가에 달릴 때 멀리서 바라본 막달라 마리아,

---

37) "우리를 반대하지 않는 사람은 우리를 지지하는 사람이다"라는 말씀은 그런 의미를 지닌다(막 9:40)고 보른캄은 주장한다(『나사렛예수』, 149). 헹엘도 예수는 모두를 향해 가르치고 그들을 불렀지만 모두가 그를 따른 것은 아니라고 주장한다. *The Charismatic Leader and his Followers*, 62.
38) 김경진, 『제자도와 청지기도』 (서울: 솔로몬, 1996), 141-154.
39) Sanders, *The historical Figure of Jesus*, 123-27.
40) Meier는 신약성서에서 '제자들'을 가리키는 남성명사(헬라어)는 여성을 포함할 수 있다고 주장한다. 왜냐하면 "부모"를 가리키는 복수명사(헬라어)와 같은 것은 여성을 포함하기 때문이라고 한다(*A Marginal Jew*, vol. 2, 74). 그러나 이 논지가 설득력이 없는 것은 여성제자를 뜻하는 단어(헬라어)가 사도행전 9장 36절에 나오기 때문이다. Meier는 예수

작은 야고보, 요세의 어머니 마리아, 살로메를 "갈릴리에 계실 때 따르며 섬기던 자"라고 하며 또 이외에도 "예수를 섬기며 갈릴리에서부터 따라온 많은 여자가 거기 있어…"(막 15:41; 마 27:55; 눅 23:49)라고 설명하는데 이런 가능성을 뒷받침해준다.41) 이 중에서 "야고보와 요셉의 어머니"(마 27:56)는 역사적 예수의 어머니를, 세베대의 아들들의 어머니는 예수의 제자인 야고보와 요한의 어머니를 가리킨다고 할 수 있다. 이 구절이 역사적 사실을 기술하고 있다고 본다면 예수의 여성제자는 최소 2명 이상이 된다. 진정성은 의심받고 있지만 누가복음 10장 17절에 언급된 '70인'은 열 두 제자들 이외에 예수의 사역에 동참한 사람들이 더 있었고 그 중 상당수는 여성이었을 가능성을 시사한다.42)

갈릴리에서부터 예루살렘까지 좇아 섬겼다는 것은 그 중간에 다소간의 변동이 있을 수 있지만 예수의 초기사역부터 마지막 십자가 사건까지 제자로서 온전히 동참했다는 뜻이 된다. 이것은 여성제자들이 남성제자들과 같이 예수사역의 핵심적인 부분을 담당했다

당시 그리고 랍비 문헌에서 '제자'와 '제자들'을 가리키는 단어 disciples는 오직 남성을 나타내는 단어인 히브리어 talmid, talmidm 아람어 talmida, talmidayya로 존재했기에, 예수의 제자들 중에는 여성제자들도 있었지만 이들을 표현할 적절한 명사가 없었다고 주장한다(*A Marginal Jew*, vol. 2, 78).

41) 이 두 구절을 비교하면 다른 이름이 나타난다. 막달라 마리아는 양쪽에 공히 나타난다. "요세"의 어머니는 "요셉"을 잘못 기록한 것이라 할지라도 "살로메"가 아닌 "세베대의 아들들의 어머니"는 전혀 다른 이름이다. 마태복음 기자와 마가복음 기자에게 전해진 전승이 달랐을까? 아니면 신학적인 편집의도 때문일까? 살로메는 신약에서 이곳 마가복음에만 두 번 나오는 이름일 뿐이다. 따라서 어떤 여성제자들의 이름은 다르게 전승되었다고 생각할 수 있다.

42) 이 구절 중 70명의 역사성은 의문시되고 있다.

는 뜻이다. 여기서 특기할 점은 역사적 예수가 여성 추종자들이 열두 제자와 함께 움직이도록 허용했다는 것이다. 이것은 당시로서는 매우 파격적인 일로 예수로서는 부담을 감수해야 했을 것이다. 남성 중심적 사고가 지배적인 사회에서 또한 자신과 상당수 남성제자들이 미혼인 상태에서 상당수의 여성 제자들과 같이 적절한 거리를 두고 여행을 하면서 다른 사람들의 시선을 의식하지 않는 용기 있는 결단을 해야 했을 것이기 때문이다.

주목할 것은 당시의 남성일변도의 상황 속에서도 역사적 예수는 남자와 여자, 여자와 남자가 평등하다는 의식을 갖고 있었다는 것이다. 남성 중심적 사고가 지배적인 사회였고 랍비들도 남자만을 학생으로 받았던[43] 사회로서는 가히 파격적인 일이었고 여성이 하나님의 나라에서 해방 받아야 할 우선적인 대상이었기에 그들을 위해 일할 여성 지도자들을 세웠던 것으로 볼 수 있다.

4. 열두 제자의 역할

예수는 공생애 사역 초기에 열두 제자를 불렀던 것으로 보이는데 그들에게 맡길 분명한 임무를 의식하고 있었기 때문일 것이다. 그러면 예수는 이들에게 어떤 역할을 맡겼는가?

첫째로 예수와 같이 임박한 하나님의 나라의 도래를 선포하였다. 그 점이 마태복음 10장 5-7절과 누가복음 9장 2-3절에 기록되어 있다. "예수께서 이 열둘을 내어 보내시며 명하여 가라사대... 가면서 전파하여 말하되 천국이 가까왔다 하고 병든 자를 고치며 죽은 자

---

43) Theissen, 『역사적 예수』, 317.

3. 예수의 제자 선택과 이들의 역할 | 79

를 살리며 문둥이를 깨끗하게 하며 귀신을 쫓아내되 너희가 거저 받았으니 거저 주어라." 제자들은 예수의 최대관심사인 하나님의 나라를 유대인들에게 선포하여 그들의 변화를 촉구했으며 또한 하나님의 나라 운동에 동참할 사람들을 불러내는 역할을 했다.

"사람을 낚는 어부"

이 특이한 표현은 예수가 그의 제자들에게 무엇을 기대하고 있었는지를 잘 보여준다. 한 마디로 사람을 얻는 역할이였는데 어떤 분명한 대의와 목표를 세우고 이에 동조하는 사람들을 모은 뒤 목표하는 바를 이루려는 집단이 추구하는 것이다. 예수 당시 유대인 랍비들은 자신들의 가르침을 제자들에게 전수하여 그들이 속한 공동체에서 율법을 바로 해석하기를 바랐을 뿐이다. 즉 자기를 닮은 율법사를 기르려 한 것이다. 그러나 예수의 제자선택에는 보다 분명하고 특별한 목적이 있었다.

문제는 '사람을 낚는 어부'라는 표현이 예수에게서 왔는가? 즉 진정성이 있는가? 하는 점이다. 두 가지 근거를 제시할 수 있다. 첫째로 이 독특한 표현은 본문 외에서는 대부분 부정적인 의미로 사용되었다.[44] 예로 예언자 예레미야는 야훼의 심판의 날이 올 때, 그가 보내실 어부와 사냥꾼들에 관한 비유에서 이 표현을 사용하고 있다(렘 16:16-17; 겔 47:8, 10).

여호와께서 가라사대 보라 내가 많은 **어부**를 불러다가 그들을 낚게 하

---

[44] 이미 보른캄이 그 점을 지적했으며 Meier는 이 사실을 좀 더 광범위한 문헌에서 확인하였다. *A Marginal Jew*, vol.2, 페이지 수.

며 그 후에 많은 포수를 불러다가 그들을 모든 산과 모든 작은 산과 암혈에서 사냥하게 하리니 이는 내 눈이 그들의 행위를 감찰하므로 그들이 내 얼굴 앞에서 숨김을 얻지 못하며 그들의 죄악이 내 목전에서 은폐되지 못함이라(렘 16:16-17).

그가 내게 이르시되 이 물이 동방으로 향하여 흘러 아라바로 내려가서 바다에 이르리니 이 흘러내리는 물로 그 바다의 물이 소성함을 얻을찌라 … 또 이 강가에 **어부**가 설 것이니 엔게디에서부터 에네글라임까지 그물 치는 곳이 될 것이라 그 고기가 각기 종류를 따라 큰 바다의 고기 같이 심히 많으려니와(겔 47:8, 10).

위에서 보는 바와 같이 어떤 사람을 잡아 가둔다든지 납치한다든지 낚아채는 것 같은 부정적인 인상 때문에 "난폭한 말"이라고 표현하였다.45) 그런데 예수는 특이하게도 이를 긍정적인 의미의 "구원의 말"로 사용한 것이다. 이렇게 유대교에서도 예를 찾을 수 없고 초기교회에서도 찾을 수 없는 표현이기에 진정성이 있는 표현으로 볼 수 있다.46)

둘째로 예수와 함께 질병을 치유하고 귀신을 쫓아내었다. 이는 제자들의 중요한 역할로서 유대백성들을 질병과 귀신들림의 고통으로부터 해방시켜주는 역할을 한 것이다(막 3:13-15; 마 10:1; 눅 9:1-2). 이들에게는 이런 임무를 수행할 수 있는 능력이 부여되었다.

열두 제자를 부르사 둘씩 둘씩 보내시며 더러운 귀신을 제어하는 권세

---

45) 보른캄, 『나사렛 예수』, 151.
46) Meier, *A Marginal Jew*, vol. 2, 159-61.

를 주시고(막 6:7).

예수께서 그 열두 제자를 부르사 더러운 귀신을 쫓아내며 모든 병과 모든 약한 것을 고치는 권능을 주시니라(마 10:1).

예수께서 열두 제자를 불러 모으사 모든 귀신을 제어하며 병을 고치는 능력과 권세를 주시고 하나님의 나라를 전파하며 앓는 자를 고치게 하려고 내어 보내시며(눅 9:1-2).

유대교에는 랍비와 제자 간에 엄격한 구분이 있었다(참고, 마 10:24). 따라서 스승만의 특별한 능력을 아낌없이 제자들에게 부여하는 것에 신중을 기하는 경향이 있었다. 그러나 이들과 달리 예수는 제자들에게 치유와 축사의 능력과 같은 파격적인 권세를 부여한다. 즉 카리스마적 권세를 전수시킨 것이다.[47] 또한 하나님의 나라의 도래의 선포와 치유 및 축사행위를 동시에 하는 것은 예수와 그의 제자들의 사역의 독특한 점이다. 당시 유대나라의 카리스마적 존재들 중에서 이 두 가지 일을 동시에 수행한 사람은 문헌상 예수 이외에는 나타나지 않는다. 예수는 치유와 축사행위를 통해 사람들의 관심을 이끌어낸 뒤 하나님의 나라를 선포하는 전략을 효과적으로 구사했을 가능성이 높다.

셋째로 제자들은 예수사역의 증인 역할을 했다. 제자들이 예수와 함께 있도록 한데에는 보다 깊은 뜻이 있었던 것으로 보인다. 이는 당시의 제자교육방식과 다른 독특한 것이었다.[48]

---

[47] Theissen도 이 점을 지적하고 있다. 『역사적 예수』, 316.
[48] 당시 랍비들이 일반적으로 취한 방법은 학생들이 자기 집에 거하면서

이에 열둘을 세우셨으니 이는 자기와 함께 있게 하시고 또 보내사 전도도 하며 귀신을 내어쫓는 권세도 있게 하려 하심이러라(막 3:14-15).

예수와 함께 먹고 마시고 잠을 자는 공동생활을 하면서 예수가 뜻하는 바가 무엇인지 분명하게 깨닫고 그의 가치관과 사고방식과 생활습관까지 배우게 한 것이다. 무엇보다 그가 하는 일들을 가까이에서 지켜봄으로 많은 것을 깨닫게 하려는 것이었다. 사람은 사람으로부터 가장 많은 것을 배운다는 점에서 예수의 교육은 인격과 인격이 만나 변화되는 생생한 교육이었다. 즉 소극적인 면에서는 예수가 하시는 선포, 가르침, 축사, 치유를 목격하면서 그 모든 일의 증인이 되는 것이며, 적극적인 면에서는 어떻게 그런 일을 해 나가는지를 배우게 하여 장차 예수의 사역을 이어 나가는 지도자로 훈련시키고 준비시킨 것이다. 이들은 참여와 실패를 통해서 그 모든 것을 겪었기에 부활사건 이후에 원시교회의 지도자로서의 역할을 원만히 감당할 수 있었을 것이다.

III. 결론

본 장은 19세기 초부터 제기되었고 최근에 와서 다시 새롭게 논의가 진행되고 있는 문제인 역사적 예수의 12명 제자의 존재와 구성과 역할에 초점을 맞춰 진행되었으며 다음과 같은 사실을 확인하였다. 예수는 하나님의 나라를 선포하고 제자들과 함께 치유와

매일 일정한 시간에 선생이 있는 곳으로 오게 하는 것이었다. 또한 선생의 근엄함과 우월함을 되도록이면 모든 면에서 보여주려 하였다.

3. 예수의 제자 선택과 이들의 역할

축사의 사역을 하려고 했기에 이 중요한 과업을 수행할 제자들을 자신이 직접 찾아가서 불렀다. 이는 제자가 스승을 찾아가는 당시의 관행과는 파격적으로 달랐다. 예수의 제자가 된다는 것은 당시 유대사회의 일반적인 생각처럼 단순히 한 스승의 제자가 되는 것이 아니라 스승의 부름에 즉각적으로 응답하고 그와 운명을 같이 하는 진지한 결단을 내려야함을 뜻했으며 따라서 이들은 하나님의 나라를 위한 사역을 위해 개인적인 소망과 자유를 자발적으로 포기하는 희생도 각오해야 했다. 반면에 이들은 예수에게서 위임받은 치유와 축사의 능력으로 질병과 귀신들림으로 고생하는 동족들을 해방시키는 기쁨과 보람을 누릴 수 있었다.

예수의 제자층은 예수와 함께 생활하며 활동했던 12명의 남성제자들과 2명 이상의 여성제자들, 생업을 유지하면서 예수의 선포와 주장에 뜻을 같이 한 '정착제자'라고 칭할 수 있는 동조자들, 문헌적 증거가 분명치 않지만 일시적으로 함께 여행하기도 했지만 대체적으로는 거리를 두고 자유롭게 존재했던 자유 제자군이라 칭할 수 있는 추종자들로 나눌 수 있다. 이 중 12제자의 경우 두 명 혹은 그 이상의 소수인원을 여러 번에 걸쳐 택하는 단계적 제자선택의 방법을 통해 선택한 것으로 보인다. 그것은 예수가 그만큼 정성을 들여 세심한 선택을 했음을 말해준다.

특기할 것은 예수와 함께 여행하는 제자들 중에는 12명의 남성제자들 이외에 소수의 여성제자들도 있었다는 점이다. 이는 여성들도 하나님의 나라의 도래에 걸맞은 활동에 참여할 수 있고 또한 지도자로서의 역할을 충분히 감당할 수 있음을 당시의 남성중심적인 유대사회에 보여줌으로 궁극적으로는 여성에 대한 인식의 전환을 가져오려는 의도가 담긴 배려였다고 할 수 있다. 이런 파격적인 배려 때문에 생겨날 수 있는 오해와 비방은 하나님의 나라를 위해 일하는 자가 받을 수 있는 고난이라고 여기며 극복할 수 있었을 것이다.

12제자의 12은 매우 중요한 의미를 갖는 숫자로서 이스라엘의 12지파를 상징하며 예수가 종말론적인 예언자로서 이스라엘 전체를 위한 사역, 즉 이스라엘의 회복을 의도하고 있었음을 보여 준다. 여러 복음서에 있는 12명 제자명부가 부분적으로 다르고 또한 가룟유다의 죽음 이후 11명이 되었기에 양자를 명확히 구분해서 기술해야 하는데 양 전승이 혼재되어있어 혼란을 초래할 수 있다. 그럼에도 불구하고 예수의 제자는 12명이었으며 불명확성은 전승을 해석하는 관점의 차이에서 온 것임을 밝혔다. 12제자의 역할은 예수와 함께 임박한 하나님의 나라를 외치고 동시에 성령의 능력으로 치유와 축사의 이적을 행하며 '사람을 낚는 어부'로서 그들의 활동을 이해하고 이에 동참하는 사람들을 얻는 것이었다. 이들이 예수의 삶과 사역을 바로 옆에서 목격한 경험은 이후 원시교회의 성립과 발전과정에서 절대적으로 필요한 지도력으로 활용된다.

참고문헌

김경진. 『제자도와 청지기도』. 서울: 솔로몬, 1996.

보른캄, G./강한표 역. 『나사렛 예수』. 서울: 대한기독교서회, 1973.
이희승. 『국어대사전』, 수정판. 서울: 민중서관, 1998.
최재덕, "A Study on the Authenticity of Matt 19:28//Lk 22:28-30." 『서울여대 인문사회과학논총』 제9집. 서울: 서울여자대학교 인문과학연구소, 1994, 53-59.
타이센, G./손성현 역. 『역사적 예수』. 서울: 다산글방, 2001.
크로산, J.D./김준우 역. 『역사적 예수』. 서울: 한국기독교연구소, 2000.
Choi, J.D. *Jesus Teaching on Repentance*. Binghamton, State University of New York: Global Publications, 2000.
Crossan, J.D. *Who killed Jesus?* San Francisco: Harper, 1995.
Freedmann, D.L. ed. *Dictionary of the Bible*. Grand Rapids: Eeerdman, 2000.
Hengel, M. *The Charismatic Leader and His Followers*. London: T. & T. Clark, 1981.
Meier, J.P. *The Marginal Jew*, vol.2. New York: Doubleday, 2001.
_____. "The Circle of the Twelve: Did It Exist during Jesus' Public Ministry?" *JBL* 116(1997): 625-72.
Sanders, E.P. *Jesus and Judaism*. London: SCM, 1985.
_____. *The Historical Figure of Jesus*. N.Y.: Penguin Book, 1993.
Vielhauer, P. "Gottesreich und Menschensohn in der Verkuendigung Jesu." in *Aufsaetze zum Neuen Testament*. Muenchen: Chr. Kaiser Verlag, 1965, 68-71.
Wellhausen. *Einleitung in die drei ersten Evangelien*. Berlin: Druck und Verlag von Georg Reimer, 1911.

4. 예수와 하나님의 나라

I. 서론

'하나님의 나라'(The Kingdom of God; ἡ βασιλεία τοῦ θεοῦ)는 신약성서를 올바로 이해하는데 꼭 필요한 개념이며 따라서 정확히 알아야 할 필요가 있다. 특히 공관복음서의 핵심적인 주제어인데 그 출현빈도와 중요성 때문에 그렇다. 공관복음서에 비해서는 출현빈도가 낮지만 바울서신과 일반서신 등 다른 책에도 폭넓게 나오기 때문에 잘 이해할 필요가 있다.

'하나님의 나라'는 '하늘나라'(The Kingdom of Heaven; ἡ βασιλεία τῶν οὐρανῶν), '하나님 나라,' '나라'(ἡ βασιλεία 마 6:10)로도 표현하는데 모두 '하나님의 나라'를 뜻한다.[1] 같은 의미의 단어를 다양하게 표현한 것이다. 이 점을 정확히 아는 것이 중요하다. 여기서 '하늘'은 '하늘들(heavens)' 즉 복수로 표현되어 있는데 단순히 초월적인 영역을 가리키는 것이 아니라 하나님의 이름을 직접 부르기를 꺼려하는 경건한 유대인들이 신적인 이름인 야웨를 언급하거나 기록하는 것을 피하기 위한 하나의 우회적인 표현이다.[2]

---

1) G. Dalman, *The Words of Jesus* (Edinburgh: T. & T. Clark, 1902), 92-94.
2) 성종현,『신약총론』, 477. G. Bromiley 편역,『킷텔단권원어사전』, 127.

'하나님의 나라'는 무엇보다 '하나님의 통치'를 뜻한다. 즉 '하나님의 왕적통치'(The Reign of God) 혹은 '하나님이 왕의 주권을 가지고 다스리시는 나라'를 가리킨다(The Kingly rule). 따라서 이를 '왕국'으로 이해하기보다는 '왕의 통치,' '왕의 지배,' '왕의 주권'으로 이해해야 한다.3) 이렇게 하나님의 나라는 근본적으로 관계적인 개념이다.

이런 이해를 바탕으로 '하나님의 나라'라는 표현이 구약성서와 신구약중간문헌 그리고 신약성서에서 어떻게 사용되었으며 어떻게 발전되었는지를 표준적인 사전의 내용을 중심으로 파악해 보자.4)

II. 본론

1. 구약성서에 나타난 하나님의 나라

복음서에 나오는 '하나님의 나라'에 가장 가까운 구약용어가 히브리어 '말쿠트 야웨(מַלְכוּת יְהוָה)'이다. 여기서 말쿠트는 야웨 하나님의 왕권 통치를 뜻한다.5) 야웨께서 이스라엘의 왕이라는 표현이나 그의 왕권통치에 대한 표현은 대부분 바빌론 포로 시대 혹은 그 이후의 문헌들 속에 나타나고 있지만, 이 사상은 훨씬 이전 다윗 왕 시대로부터 시작된다.6) 그런데 구약성서에는 '하나님의 나라'라는 표현이 나오지 않는다. 그렇지만 '야웨의 나라'라는 표현은 여러 번 나온다(대상 28:5; 대하 13:8). 또한 인칭대명사를 사용한 간

---

3) Dalman, *The Words of Jesus*, 92-94.
4) D. Duling, "Kingdom of God, Kingdom of Heaven," *ABD* vol. 2, 49-69.
5) 『킷텔단권원어사전』, 127.
6) 성종현, 『신약총론』, 474.

접적인 언급이나(대상 17:14; 시 103:19, 145:11, 12, 13), 동격어가 나온다(시 22:28; 옵 1:21; 대상 29:11). 따라서 히브리 성서에 하나님의 나라의 사상이 나타나있고 사실상 널리 펴져 있었다고 보는 상당수 학자들의 주장은 설득력이 있다.[7]

두 성경은 서로 유기적으로 연계되어 있다. 그것들 사이의 관계는 상승적 발전의 관계도 아니고 대립의 관계도 아니다. 그것은 시작과 완성의 관계이고, 소망과 성취의 관계이다. 그리고 양자를 하나로 묶는 결속력은 하나님의 다스림이라는 역동적 개념에 있다.[8]

이렇게 구약성경은 그 모든 부분에 있어서 그의 백성을 다스리는 하나님의 통치에 대한 자각으로 가득 차 있으며, 도래할 하나님의 나라의 확립에 대한 소망과 기대가 나타나며 신약성경의 심장부에도 하나님의 나라가 자리 잡고 있다.
따라서 하나님의 나라는 구약성경에서 신약성경에까지 이어지는 주요한 신학적 주제라고 할 수 있으며 신약성경에 나오는 하나님의 나라라는 개념의 원천이라고 할 수 있다.

2. 신구약 중간 문헌에서 나타난 하나님의 나라

---

7) D. Patrick, The Kingdom of God in the Old Testament," in *The Kingdom of God in 20th-century Interpretation*, ed. by W. Willis (Peabody: Hendrickson, 1987), 67-79: N. Perrin, *Jesus and the Language of the Kingdom: Symbol and Metaphor in New Testament Interpretation* (Philadelphia: Fortress, 1980).
8) 존 브라이트/김인환 옮김, 『하나님의 나라』 (서울: 크리스챤다이제스트, 1988), 240.

신구약 중간기 문헌의 특징은 종말론적 묵시사상이 나온다는 것이다. 따라서 하나님의 나라 사상도 이의 영향을 받게 된다. "초기 유대교 묵시문헌 속에 나오는 하나님의 나라는 구약의 묵시문헌 부분(사 24:18-23; 14:6-22)에서와 마찬가지로 종말론적 의미를 갖는다. 하나님의 나라는 현 역사에 종말을 고하는 최종적 구원의 사건으로 계시되어졌고, 그 때에 야웨께서 온 세상의 왕으로 계시되시고, 모든 사람들이 그를 경배하게 되리라고 믿었다."9) 이렇게 볼 때 신구약 중간시대의 유대교 묵시문헌 속에서 하나님의 왕권통치사상은 메시아의 인자전승과의 만남을 통하여 새로운 양상으로 발전되었음을 확인할 수 있다. 하나님의 왕권통치사상은 단순히 지상에서 이루어질 하나님의 왕권통치의 제한성을 넘어서 초자연적이고 내세적인 하나님의 왕권통치까지 포괄하는 넓은 의미로 발전하게 된다.10) 특히 다니엘서에 이런 발전과정이 잘 나타나 있다.

가. 구약외경

그러면 '하나님의 나라'는 구약외경에서 어떤 의미를 갖는가? 이를 구약외경에 해당하는 여러 문헌에서 살펴보자.

1) 솔로몬의 시편(Psalms of Solomon)

주전 63년 이후에 기록된 것으로 보는 솔로몬의 시편은 하나님을 '세상의 왕들과 통치자들까지도 심판하시는 하늘의 왕'(2:30) 또는 '주님이시며, 영원한 우리의 왕'(17:1)으로 묘사한다. 이는 특히 외경과 위경에서 '하나님의 나라'라는 표현을 명확하게 언급하는 유

---

9) 성종현, 『신약총론』, 476.
10) 성종현, 『신약총론』, 476.

일한 문서라는 점에서 중요하다. 하나님의 나라 사상이 중간기를 통해서도 지속되고 발전되었다는 증거가 되기 때문이다.

하나님의 나라는 심판에 있어서 이방 나라들 위에 있다(솔로몬의 시편 17:3; 출 15:18 참고).

여기서 이 중요한 개념인 '하나님의 나라'를 어떻게 해석하느냐 하는 것이 문제다. 17장 3절에 유일하게 나오는 '하나님의 나라'라는 분명한 표현은 민족적인 색채를 띤 본문이지만 그럼에도 불구하고 그 나머지 부분에서 민족적인 사상이 퇴색되고(17:33-38), 또한 죽은 자의 부활이나(3:12, 13:11, 14:3, 15:13), 이방 나라들에 대한 하나님의 통치의 우월성(17:7, 22-25)과 관련해서는 묵시적인 의미가 강조되기 때문에 '나라'는 묵시적인 의미로 해석되어 왔다.[11]

따라서 이 문서에 나타난 하나님의 나라는 근본적으로 이스라엘의 민족적인 회복을 지향하고 있으며 나아가 죽은 자의 신원의 문제까지 언급함으로 기독교와 연결되고 있음을 보여준다.

2) 희년서(The Book of Jubilee)

주전 2세기 이전에 기록된 팔레스틴 유대교 문서인데, 1장 28절에서 하나님을 시온 산에서 영원히 통치하는 왕으로 설명한다.

3) 에녹서(The Book of Enoch)

---

[11] J. Collins, "The Kingdom of God in the Apocrypha and Pseudepigrapha," in *The Kingdom of God in 20th-century Interpretation*, ed. by W. Willis (Peabody: Hendrickson, 1987), 164, 168-69. 필자는 4장의 상당부분이 위 책의 내용에 근거한 것임을 밝힘.

주전 2세기부터 1세기 사이에 기록된 것으로 판단되는 에녹 1서 중 '파수꾼의 책'이라 불리는 1-36장에 의하면, 하나님의 택하심을 받은 백성은 부활한 사람들(22장)과 함께 최종적인 낙원과 같은 상태인 지상에서 살게 되며, 그곳의 한 산위에 하나님의 보좌가 있게 된다. 하나님은 그 보좌에 앉으신 '왕 중의 왕', '영원한 왕', '우주의 왕'이시다(9:4; 12:3; 25:3-5; 25:7; 27:3).

'비유의 책'이라고 불리는 에녹 1서 37-71장은 주후 1세기 초기에 기록되었을 것으로 보는데, 가장 묵시적이며 또한 다니엘서에 밀접하게 연결되어 있다. 이 책에서 '모든 왕들의 왕(63:4; 참조 69:29)'이라고 불린 영들의 주님은 인자를 그의 영광의 보좌에 앉히신다. 메시아이기도 한 인자는 전통적인 왕적인 역할을 맡으며 모든 지상의 왕들을 심판하고 폐위시킨다(참조 46:4-6; 62-63).

'이상의 책'이라고 불리는 83-90장에서는 기도문에 다음과 같이 묘사된다. "주님이신 왕이여, 당신은 위대하고 강력한 위엄이 있는 분으로 왕들 중의 왕이요 온 세상의 하나님이십니다."(84:2).

요약하면, 에녹서는 야웨 하나님이 왕으로 불리신다는 것을 강조하며 인자는 바로 메시아인데, 이 두 존재가 세상의 모든 왕들과 왕국들을 심판한다는 점을 특히 강조한다.[12] 이는 하나님의 나라의 개념에서 중심적인 위치를 차지하는 통치와 심판의 주인인 하나님을 설명하는 중요한 문서가 된다.

4) 모세의 언약(The Testament of Moses)

마카비 시대로부터 예수와 동시대에 이르기까지 기록된 작품으

---

12) Duling, "Kingdom," 51.

로, 모세가 그의 후계자인 여호수아에게 행한 마지막 말씀이라는 주장이 제기된 문서다(신 31-34장). 이 문서는 묵시적인 문학유형에 가깝고 미래에 대한 예언들로 가득 차 있는데, 이스라엘의 역사를 죄와 심판에 대한 계시로 묘사하며(2-7장), 종말적 위기에서 절정에 이르는 것으로 기록하였다. 여기서 이 종말적 위기는 주전 168년에 시작된 안티오커스 에피파니우스의 핍박과 본문에 나오는 존재들의 순교를 뜻하는 것으로 보인다(8-9장: 다니엘서 11:35에 나오는 '지혜로운 그들'을 가리킨다).13) 이는 "그의 나라가 그의 모든 피조물에 나타날 것이라"는 종말적인 선언(10:1)으로 이어지는데, 이 찬양은 사악한 자의 멸망과 우주적인 묵시적인 사건들, 그리고 이스라엘이 하늘로 올리는 것으로 이어진다(10:9; 단 12장 참조).

5) 12족장의 언약(The Testaments of the Twelve Patriarchs)

주전 2세기에서부터 헬라어로 기록된 것이 확실한 것으로 여겨지는 문서로서 유대적인 요소들과 기독교적인 요소들이 다 들어있으며, 후자는 편집된 것으로 판단된다. 이 중 '벤야민의 언약 9장 1절에 다음과 같이 기록되어 있다. "'주님의 왕국은 너희들 가운데 있지 않을 것이다. 왜냐하면 주께서 이를 빼앗아 가실 것이기 때문이다." 그 이유는 몇 가지 예외적인 경우를 제외하고 "너희들은 소돔사람들의 무분별한 음란함과 같이 성적으로 음란할 것이기 때문이다." 10장 7절에는 족장들이 그들 각각의 종족 앞에 일으켜져, '하늘의 왕 앞에 자신들을 일으켜 세우게 되며, 그 이후에 일반부활과 심판이 있게 된다고 한다.

---

13) 위의 책, 51.

'단의 언약 5장 10-13절은 하나의 묵시적이고 종말적인 시인데, 이에 의하면 하나님은 벨리알과의 전쟁에서 이기시며 새 예루살렘에서 거룩한 자들에게 낙원과 같은 평화를 허락하신다. "이스라엘의 거룩한 자가 겸손과 빈곤 속에서 그들을 다스릴 것이다. 그리고 그를 신뢰하는 자는 하늘에서 진리로 다스리게 될 것이다(13절)."

요약하면, 주전 2세기부터 주후 1세기에 걸친 기간에 '하나님의 나라'라는 주제는 하나로 단순화하기 어려운 복잡한 양상을 보여주는 바, 구약외경 및 위경에 나오는 문서들은 주후 1세기의 하나님의 나라 선포와 관련된 것으로 여겨지는 여러 사상들을 보여주고 있으며 이들 문서들에 나타난 하나의 나라의 기본적인 개념은 하나님이 과거와 현재와 미래에 있어서 우주의 왕이라는 것이다.14)

나. 쿰란문헌

사해문서에는 '나라(malkut)'라는 용어가 여러 번에 걸쳐 나온다. Malkut는 15회, melukah는 2회, mamlakah는 1회, memsalah는 31회, mirah는 3회 나온다. 그리고 11회에 걸쳐 하나님을 왕(melek)으로 표현한다(예: 1QH 10:8). 또한 야웨가 '통치한다'라는 뜻의 동사도 나온다. "야웨가 영원히 통치하실 것이다"(4QFlor. 1:3; 1QM 12:3). 또한 악마인 벨리알의 통치와 대조되는 '하나님의 모든 것에 대한 지배'라는 뜻의 단어 memsalah도 나온다(1QS 1:18, 23-24, 2:19-21; 1QS 9:24; mimsol 참조).

왕이신 하나님과 또한 그의 왕국들에 대한 가장 중요한 언급은 '전쟁두루마리'에 나온다. 거기서 하나님은 '영광의 왕'(1QM 12:7-8;

---

14) Collins, "Kingdom," 95.

19:1 참조) 그리고 '왕들 중의 왕'으로 불린다(1QM 14:6). 또한 예루살렘에 있게 될 회중들의 제사장과 같은 왕자에 의해서 세워질 종말론적인 이스라엘 왕국에 대한 언급도 나온다(1QM 12:3, 16, 19:8; 출 19:6 참조).

아래의 진술이 신약성서에 나오는 '하나님의 나라'의 언어와 밀접하게 관련되어 있다는 점에 주목할 필요가 있다. "이스라엘의 하나님에게 왕국이 주어질 것이며, 하나님은 그의 백성의 거룩한 사람들을 통해 그의 권세를 보여주실 것이며…(1QM 6:6)." "오 하나님 당신께서는 당신의 왕국의 영광중에 빛나실 것입니다(1QM 12:7)." 따라서 하나님은 그의 백성들을 위해 지상의 왕국들과의 전쟁에 개입하실 것이며 정의와 축복의 왕국을 세우실 것이다(12:12). 핵심적인 구절(1QM 12:7-15)은 하나님의 백성인 이스라엘이 지상의 다른 나라들을 통치하는 것으로 종결됨을 뜻하는 것으로 보인다. 이는 하나님의 왕국과 정화된 이스라엘인 지상의 왕국이, 하나의 독특한 정치적인 함의라고 할 수 있는 상관관계를 맺고 있다는 것을 뜻한다.

요약하면, 사해문서는 하나님을 왕으로, 이스라엘을 하나의 종말론적인 왕국으로 표현한다. 또한 하나님이 그의 백성을 대신해서 간섭하신다는 유대인들의 민족적인 기대와, 가난하고 억압받는 자들에게 정의와 평화가 주어질 것이라는 하나의 새로운 언약의 약속도 나타난다. 예수가 선포한 하나님의 나라와 같이, 사해 공동체에 나타난 하나님의 나라의 비전도 사회적이고 정치적이나, 목표가 민족적이고 군사적이며 보복적이고, 원수에 대한 사랑이나 죄 용서에 대한 언급이 없다는 점에서 다르다.[15]

다. 랍비 문서

기록시기와 관련해 어떤 랍비문서들이나 그 안의 내용들이 주후 1세기 전으로 소급된다고 주장하나 일반적으로 대부분의 랍비문서들은 신약성서보다 늦게 기록되었다고 본다. 랍비들은 하나님을 '왕'으로 언급하며, 또한 '그의 왕국'에 대해서도 언급한다.

탈무드에 따르면, 랍비 요하난 벤 자카이는 주후 80년경에 하늘나라의 멍에들과 인간 정부를 뜻하는 '혈과 육의 멍에'를 비교하였다고 한다(y. Qidd. 59b). 또한 주후 2세기에 랍비 가말리엘 2세는 '나라'의 '멍에'를 유일신론에 근거하여 언급한 바 있다. "… 따라서 사람은 먼저 하늘나라의 멍에를 자신이 걸머지고 나서야 계명의 멍에를 멜 것이다."(b. Ber. 2.2). 이렇게 그들이 아주 자주 사용하는 특징적인 표현인 "하늘나라의 멍에를 멘다"는 표현은 "하나님을 왕으로 인정한다", "유일하신 하나님을 왕으로 고백한다"는 것을 뜻하는데, 이는 "유대교의 유일신에 대한 신앙고백의 의미뿐만이 아니라 율법에 계시된 하나님의 왕권통치를 인정한다는 의미"도 지닌다.16) "율법에 순종하는 자는 하나님의 왕권의 멍에를 메는 자이고 그 율법순종을 통하여 개인적으로 하나님의 왕권통치 속에 들어가 하나님의 나라를 현재적으로 받아들이는 것으로 이해"한 것이다.17) 따라서 랍비문헌 몇 군데에서만 "하늘나라의 멍에를 멘다"는 언급이 나타나지만 이는 하나님의 온전한 통치와 이에 순종하는 유대

---

15) B.T. Viviano, "The Kingdom of God in the Qurman Literature," in *The Kingdom of God in 20th-century Interpretation*, ed. by W. Willis (Peabody: Hendrickson, 1987), 107.
16) 성종현, 『신약총론』, 477.
17) 성종현, 『신약총론』, 478.

백성들의 올바른 자세를 뜻하는 것으로 해석할 수 있다.[18]

3. 신약성서에 나타난 하나님의 나라

신약성서에서 하나님의 나라가 어떤 개념으로 사용되었는지를 역사적 예수, 복음서, 바울서신, 기타서신의 순으로 이해해 보자.

가. 예수와 하나님의 나라

1) 하나님의 나라의 정의

역사적 예수는 하나님의 나라가 임박했음을 외쳤고 또한 하나님의 나라가 무엇인지를 비유와 행동을 통해서 가르쳤다. 문제는 예수가 하나님의 나라를 어떻게 이해했느냐 하는 것이다. 예수는 "하나님의 나라가 가까이 왔다(막 1:15, 마 4:17)" 또는 "하나님의 나라는 ~와 같다"라는 말로 표현했지만 "하나님의 나라는 ~이다"와 같이 분명하게 정의하지 않았다. 이는 하나님의 나라에 관해 듣는 사람들이 그 나라를 이미 잘 알고 있었기 때문일 것이다. 즉 예수가 하나님의 나라라고 말을 하면 듣는 사람들이 그것이 무엇을 말하는지 금방 알아들었기 때문이었을 것이다.

그럼에도 불구하고 고대 왕국의 정치적, 사회적 차원을 망각해서는 안 된다는 주장이 계속해서 제기되어 왔다. 왜냐하면 하나님의 통치가 미치는 영역을 자연스럽게 하나님의 나라라고 부르게 되기 때문에 영역(Sphere)과 통치(Reign)를 엄격히 구별하기 어렵다는 점이

---

18) 성종현, 『신약총론』, 477.

다. 하나님의 나라가 하나님의 통치가 미치는 곳이라면 팔레스틴의 유대 사람들에게 하나님의 나라는 바로 그들의 나라였을 것이다. 왜냐하면 사랑, 공의, 평화가 넘치는 메시아의 나라가 그들의 나라에 속히 임하기를 간절히 기대하고 있었기 때문이다(사 42:1, 51:4; 렘 31:31; 겔 34:22-24; 막 11:10, 15:43; 행 1:6 비교). 이는 로마제국의 지배에서 온전히 회복된 독립된 이스라엘을 의미했을 것이다.

물론 이에 반하여 예수의 선포에는 '민족적-신권 정치적(national-theo political)'인 내용이 없었으며 이스라엘의 정치적 주권에 대해서 말하지 않았다는 주장도 제기된 바 있다.[19] 하나님의 나라에 대한 예수의 선포에서 결정적으로 새로운 요소는 하나님을 무한한 사랑을 베푸는 분으로 해석했다고 보는 것이다.[20] 예로 마태복음 8장 11절, 누가복음 13장 28-29절은 이스라엘 민족을 초월한 보편적인 하나님의 나라를 가리키고 있다. 온 세상의 신이요 왕이신 분이 또한 이스라엘 백성들의 신이요 왕이며, 지상세계에 있는 어떤 '신적인 왕'보다도 월등하다. 따라서 하나님의 나라는 구현공간이라는 측면에서 이스라엘과 온 세계를 다 포함하는 양면성이 있다고 보는 것이 설득력이 있다.

하나님의 나라의 또 다른 측면은 묵시적 성격을 가지고 있다는 점이다. 즉 하나님의 나라의 도래는 대변동을 의미하며 파국을 의미한다. '하나님의 나라를 역사와 인간의 경험에 대한 하나님의 결정적이고 종말론적인 개입'이라고 표현할 수 있다. 말쿠트 샤마임은 종교적이고 종말론적인 의미로 사용되었으며, 이는 하나님의 왕권

---

19) U. Luz, "βασιλεία," *EDNT*, vol. 1 (Grand Rapids: W.B. Eerdmans Publishing Company, 1972), 202-203.
20) Luz, "βασιλεία," 203.

통치가 세상 끝에 나타나리라는 우주적이고 종말론적인 이해를 뜻한다.21) "하나님의 나라의 구현장소는 이 땅이지만(마 6:10), 동시에 하나님의 나라는 초월적이고 내세적인 것이다(마 8:11)."22)

그렇지만 하나님의 나라를 순전히 영적이거나 초월적인 것으로만 해석하는 것도 옳지 않다. 왜냐하면 하나님의 나라에는 묵시적인 성격과 더불어 사회적인 차원도 나타나기 때문이다. 예를 들어 한 인간의 신체적인 회복과 공동체로의 복귀는 사회적인 의미가 있음을 말해주기 때문이다.

2) 역사적 예수가 선포한 하나님의 나라의 도래시기

그 동안 하나님의 나라 연구에서 이 주제가 큰 비중을 차지한 것이 사실이다. 이것은 예수의 사역과 가르침에 하나님의 나라가 도래해 있었는가 아니면 여전히 미래에 도래할 것으로 기대되고 있었는가 하는 질문이다. 크게 다섯 가지로 나누어 설명할 수 있다.

첫째로, 도드(C.H. Dodd)가 주장한 것인데, 예수의 사역에서 이미 하나님이 나라가 실현되었다는 것이다. 이는 특히 마태복음 12장 28절(눅 11:20), 누가복음 17장 20절 및 마가복음 1장 15절에 근거한 주장이다. 그러나 마지막 절에 대해서는 반론도 있다. 마가복음 1장 15절은 시제로서는 현재완료지만 아주 임박한 상태를 나타낼 뿐이라는 주장도 있고, 더욱이 '미래의 하나님의 선취적 현재' 즉 너무나 임박해서 징조가 나타나기 시작한 것은 선취적 미래(proleptic presence)로 해석해야 한다는 주장도 있기 때문이다.

둘째로, 이에 반하여 바이스와 슈바이처(J. Weiss, A. Schweitzer)와

---
21) 성종현, 『신약총론』, 477.
22) 성종현, 『신약총론』, 135.

같은 학자들은 예수는 임박한 미래에 올 하나님의 나라만을 선포했다고 주장한다. 이는 특히 마태복음 6장 10절(눅 11:2)과 마가복음 9장 1절에 근거한 주장이다. 나아가 마태복음 8장 11절(눅 13:28-29), 마태복음 11장 11절(눅 17:20-21), 마가복음 14장 25절, 누가복음 22장 16절(마 26:29)을 중심으로 한 여러 다른 구절에 근거하고 있다. 마가복음 13장 32절도 중요한 근거가 된다. 왜냐하면 예수는 하나님의 나라가 언제 오느냐는 질문에 대해 그 날과 그 시는 자신도 모르고 아버지만이 아신다고 답했기 때문이다.

셋째로, 현재적 하나님의 나라와 미래적 하나님의 나라 사이의 변증법적 긴장 즉 '벌써와 아직 사이의 긴장'(already-not yet)이 하나님의 나라를 이해하는 요점이라고 하는 주장이다.[23] 앞서 설명한 두 주장은 나름대로 타당성은 있으나 어느 한 쪽만 주장하기에는 무리가 있다고 주장한다. 왜냐하면 위에서 보는 바와 같이 각각의 주장을 지지하는 성서적 근거가 균형을 이루고 있기 때문이다. 그러므로 예수의 공생애 활동과 말씀에서 종말론적인 구원이 성취되어 하나님의 나라가 실현된 모습이 나타나기 시작하였으나 완성되지는 않았고, 임박한 미래적인 하나님의 나라의 측면이 남아있다.

넷째로, 하나님의 나라의 도래는 무시간적(atemporal)적 현실이라는 주장이다(R. Bultmann). 하나님의 나라는 시간과 역사공간을 초월한 신앙의 실존적 결단으로서 신앙의 결단을 하는 모든 시대의 사람들에게 이루어진다는 주장이다. 그러나 이런 주장은 그 나라가 곧 들이닥칠 것으로 설명하는 말씀들에 나타난 묵시적 긴박성을 무시한 것이다.

---

23) 베르너 큄멜/김명용 옮김, 『약속과 성취』 (서울: 한국장로교출판사, 1993), 25-110, 129-66.

다섯째로, 하나님의 나라를 개념이라기보다는 '상징'으로 보아야 한다는 주장이다(N. Perrin). 하나님의 나라라는 상징은 자신을 하나님의 백성으로 여기는 유대인의 의식에 그 뿌리를 두고 있는데, 이는 크게 '하나님의 왕권'과 '구속사'라는 구약의 두 가지 주제에 기반을 둔다.24) 즉 '통치,' '나라' 등을 나타내는 '말쿳'은 '다스리다,' '왕이 되다'라는 뜻의 어원에서 나온 추상명사인데, 이는 직접 창조의 차원에서 구속사의 특징을 생각나게 하며, 이 둘이 합쳐져서 세상을 창조하시고 그 세상의 역사 속에서 당신의 백성을 위해 일하시는 하나님에 대한 신화를 이루게 된다고 주장한다.25) 그러나 이는 신약성서에 나오는 하나님의 나라가 관념이 아니라 치유와 축사와 같이 실제적인 역동성을 보여주는 현실이라는 점에서 설득력을 갖지 못하는 이론에 그치게 된다. 더욱이 하나님의 나라를 '상징'으로 이해할 경우 이는 인간의 적절한 반응만을 떠올리는데 그치게 되기 때문에 종말론적인 성격은 사라지게 된다.26)

하나님의 나라의 도래와 관련하여 언급할 중요한 점이 있다. 하나님의 나라는 하나님 자신이 선택하신 시기와 방식으로 완성하신다는 것이다. 하나님의 나라는 스스로 온다. 환경의 변화나 사람들의 노력으로 오게 할 수 없는 것이다. 그래서 예수는 오직 그의 나라가 임하도록 기도하라고 하셨다(마 6:10, 눅 11:2). 하나님의 나라는 하나님이 정하신 때에 돌연히 임하기에 인간에게는 그 도래에

---

24) R. Farmer, "The Kingdom of God in the Gospel of Matthew," in *The Kingdom of God in 20th-century Interpretation*, ed. by W. Willis (Peabody: Hendrickson, 1987), 120-21.
25) Farmer, "Kingdom," 120-22.
26) Farmer, "Kingdom," 130.

발맞춰 적절히 결단하는 것이 요청된다. 능동적으로 하나님의 나라의 시민으로 살아갈 준비를 할 필요가 있는 것이다.

3) 역사적 예수와 하나님의 나라를 맞는 바른 자세

하나님의 나라의 도래의 성격, 시기보다 중요한 것은 하나님의 나라를 어떻게 맞느냐 하는 것이다. "임박한 종말은 윤리의 근원이 된다."[27] 그래서 역사적 예수가 가르친 것은 하나님의 뜻의 선포와 실현이다. 이는 구체적 행동을 수반할 것을 요구한다. 즉 하나님의 임재는 인간의 회개를 요구하고 하나님의 나라에 맞는 삶을 살 것을 요구한다. 하나님의 나라의 임재를 먼저 외친 세례자 요한은 하나님의 나라가 가까웠으니 회개하는 삶을 살라고 외쳤다(마 3:2, 8-12; 눅 3:3, 7-14). 옷 두벌 있는 자는 없는 자에게 한 벌을 주고 세리는 정해진 세금 외에는 걷지 말고 군인들은 이유 없이 사람들에게 강폭하게 굴지 말라고 가르쳤다(눅 3:7-14). 구체적인 행동의 변화로 삶을 새롭게 하라는 것이었다. 왜냐하면 바르게 맞아야 하나님의 나라를 체험하게 되기 때문이다. 인간 역사 속으로 갑작스럽게 개입하는 하나님을 맞는 인간의 책임을 강조하고 있다.[28]

하나님의 나라의 임재와 관련된 '회개하라'는 요구는 세례자 요한이 잡힌 후 역사적 예수에 의해 이어져서 계속된다. 세례자 요한은 진노와 심판과 회개를, 예수는 사랑만을 외쳤다는 것은 지나치게 단순화된 견해이다.[29] 회개는 예수 선포의 특징 중의 하나이다.

---

27) W. Schrage, *The Ethics of the New Testament*, trans. by D. Green (Edinburgh: T. & T. Clark, 1988), 29.
28) Luz, "βασιλεία," 203.
29) J.C. Becker, *Johannes der Taufer und Jesus von Nazareth* (Neukirchen: Neu-

심판과 용서는 반대되는 개념이지만 전혀 관계가 없는 개념은 아니라, 정의와 사랑의 관계처럼 한 동전의 양면과 같은 것이다. 즉 두 사람 사이에는 선포의 내용에 있어 계속성이 있는 것이다. 물론 예수의 선포는 죄용서, 치유, 축사, 죄인들과의 식탁교제, 예언자들의 약속성취 같은 하나님의 나라의 구원적 성격을 우선적으로 강조했지만 심판의 요소도 곳곳에 나타나 있다. 오히려 예수는 심판의 개념을 그의 가르침 속에 통합시켰다고 보는 것이 옳다. 예수로 인하여 실족할 사람들도 있다고 했기 때문이다(마 11:6; 눅 7:23). 세례자 요한은 하나님의 나라가 '장차 올 진노'(마 3:7)라는 심판의 요소를 가지고 있음을 분명히 밝혔다. 또 하나님의 나라는 기존의 가치와 현재적 삶의 질서가 역전됨을 말한다(막 10:31; 눅 13:29-30, '처음 된 자가 나중 됨'). 예수의 심판의 경고는 그의 말씀을 받지 않는 고을들에 대한 책망에도 잘 나타난다(마 11:22, 24). 그 외에도 여러 말씀으로 회개를 가르쳤다(마 12:36; 눅 12:16; 13:5).

하나님의 나라의 임재는 회개와 심판사상을 가르치기도 하였지만 동시에 용서의 의무도 가르쳤다. 하나님의 나라가 임하기를 바라는 기도를 하면서 하나님의 용서를 간구하며 동시에 우리에게 죄지은 자를 용서하였음을 고백하라고 가르치신 것이다(마 6:10-12; 눅 11:2-4). 또한 갈등관계에 있는 사람들끼리 서로 화해하는 용서의 실천을 가르쳤다(눅 12:58-59; 마 5:25-26). 그런 측면에서 하나님의 나라에 관한 비유는 새로운 결단과 삶의 전환을 가져왔다고 본다. 이렇게 하나님의 나라는 통치선언으로 완성되는 것이 아니라 각 개인이 바르게 응답하므로 완성되는 것이다. 그래서 하나님의

---

kirchener Verlag, 1972), 89.

나라는 바르게 결단하고 응답하는 사람들에게는 사랑과 용서의 기쁜 소식이 되지만 적절하지 않게 응답하는 자들에게는 심판의 소식이 된다.

예수의 가르침은 이렇게 우리에게 하나님의 나라의 도래 방식과 시기보다는 하나님의 나라가 온전히 임할 때 일어날 일과 하나님의 나라의 특유의 가치, 하나님과의 인격적 교제 및 그 안에서 임하는 축복을 강조하고 있다.

나. 공관복음

1) 마가복음

하나님의 나라는 마가복음의 중심주제다. 마가복음에서는 마가복음 기자와 예수 자신을 빼고는 누구도 '하나님의 나라'라는 표현을 사용하거나 하나님의 나라에 대해서 언급하지 않는다. 이는 하나님의 나라가 예수의 선포의 핵심적인 주제라는 것을 말해준다. 마가복음에는 '하나님의 나라' 또는 '하나님 나라'라는 표현이 14번 나오며(1:15; 4:11, 26, 30; 9:1, 47; 10:14, 15, 23, 24, 25; 12:34; 14:25; 15:43), "하나님의 나라가 왔다"는 성취와 도래의 언어를 통해서 예수는 하나님이 행하실 때가 이제 이르렀다는 것을 선포하는데, 이를 통해 자신의 역할과 정체성을 제시한다.30)

1장 15절의 "하나님의 나라가 왔다"는 말씀에서 '왔다'는 뜻의 동사 ἤγγικεν은 시제가 현재완료이기에 이미 이루어졌다는 현재적인 의미를 갖는다고 할 수 있으나, '나라'에 아직 완전한 묵시적인 '권

---

30) 하워드 마샬/박문재 역, 『신약신학』 (서울: 크리스챤다이제스트, 2006), 68-69.

세'가 나타나지 않는다는 점에서 미래적인 의미도 잠재해 있다고 본다(참조 9:1; 14:25; 15;43). 9장 1절의 "임박했다"는 표현과 숨겨져 있으나 신비하게 현존한다는 표현은 미래의 묵시적인 완성으로 드러날 것을 말해준다. 10장 15절은 하나님의 나라에 들어가는 조건에 관한 말씀이라는 점에서 분명히 미래적인 차원을 가리키고 있다(10:15).

마가복음에는 하나님의 신비한 나라의 도래가 예언자들에서부터 종말에 이르는 거대한 묵시적인 드라마로 펼쳐져 있다. 이는 미래에 완전히 펼쳐질 것이지만, 고난 받는 하나님의 아들, 권위 있고 강력한 이적 행위자, 갈릴리에서 온 선포자요 교사인 예수 그리스도의 사역과 말씀에 이미 현존하고 있다. 예수 그리스도는 사탄의 반대를 극복하지만 인간의 정치적인 반대에 의해 일시적으로 패배한다. 그러나 부활로 이 모든 것이 뒤집혀진다.

2) 마태복음

마태복음에는 '나라'라는 표현이 54회, '하늘나라' 또는 '하나님의 나라'라는 표현과 이에 준하는 표현이 38회에 걸쳐 나온다. 그중에서 '하늘나라'라는 표현이 32회 '하나님의 나라'라는 표현이 4번에 걸쳐 나온다. 이는 하나님의 나라가 마태복음의 핵심적인 주제임을 보여준다. 더욱이 마가복음처럼 하나님의 나라의 도래로 시작된다는 것은 이 주제가 두 복음서와 예수의 공생애에 가장 중심적인 주제라는 것을 보여준다(막 1:15; 마 4:17). 세례요한도 같은 선포로 그의 공생애를 시작한다는 것은 하나님의 나라의 임박한 임재가 이스라엘 공동체의 중요한 관심사였다는 것을 보여준다(마 3:2).

마태복음에 따르면 예수는 특히 '하늘나라의 복음'의 선포자이며 교사이다(10:7; 28:20). 이 '복음'은 십자가에 달려 죽으시고 부활하셔서 구원자가 되신 '예수 자신'을 가리키기도 한다.

마태복음에는 '하나님의 나라를 '들어가는 어떤 것'으로 표현한 구절이 많이 나온다. 이는 역사적 예수가 가리키는 하나님의 나라에 들어가는 것을 뜻하기도 하고, 신앙의 대상이 된 예수 그리스도의 기쁨에 동참하는 것, 영원한 생명을 얻는 것을 뜻하기도 한다. 들어가는 조건은 예수와 하나가 되는 것이며, 마태복음에서 그곳은 의인들이 들어가는 장소로 표현된다. 합당치 않은 자나(22:1- 14), 어린이처럼 자신을 낮추지 못하는 사람들(18:3-4)은 하나님의 나라에 들어가지 못한다. 높은 의를 추구하는 것이 요청되며, 열매를 맺는 것이 요구된다. 또한 잘못된 대우를 받은 사람들에게 관심을 가져 '열매를 맺는 삶을 살 것이 요청되기도 한다(25:40). 그리고 그들의 삶의 규범은 '높은 의'가 된다(5:17-20; 21:23, 32, 43). 이는 마태복음이 마태교회공동체가 외적으로는 유대교와의 갈등, 내적으로는 점차적으로 조직화되고 있던 공동체 내부의 갈등과 이로 인한 권위의 필요성을 반영해주고 있음을 인식하고 있기 때문인 것으로 보인다(마 16:19; 18:15-20).

요약하면 마태교회공동체 또한 하나님의 나라의 완전한 도래를 기대하고 있었다. 마태교회는 점차 조직화되어 가고 있었지만 아직은 완전한 하나님의 나라가 아니었다. 따라서 임시적이었고 종말적인 공동체였다

3) 누가복음과 사도행전

　누가복음에는 '나라'라는 표현이 46회 나오며 사도행전에는 8회 나온다. '하나님의 나라'라는 표현은 누가복음에 32회, 사도행전에 6회 나오는데 세 번을 제외하고는(1:33; 4:5; 19:11) 다 예수의 말씀으로 나온다. 누가복음의 속편인 사도행전에서는 부활한 후에 하나님의 나라에 관한 일을 말씀하시고 이는 사도 바울에 의해서도 언급된다(행 1:3; 28:31). 누가복음-사도행전은 그 족보가 다윗 왕에게까지 거슬러 올라가게 되는 존재가 부활과 승천을 통해서 다윗과 그의 왕가에게 주어진 왕의 약속을 받은 것으로 설명한다.

　또한 앞의 두 복음서와 달리 하나님의 나라에 관한 말씀은 시작 부분부터 큰 비중을 차지하지는 않는다. 이는 누가복음-사도행전의 구원사가 다른 방식으로 전개되기 때문이다. 즉 누가복음에서는 예언자와 율법의 시기가 세례요한까지 이어지고, 그 이후의 시대 즉, 예수에 의해서 처음으로 하나님의 나라가 선포되는 것으로 설명한다(눅 16:16). 다시 말해 세례요한이 시대의 구분점이 된다. 하나님의 나라는 예수와만 관련이 있고, 이후에 원시교회에 의해서 계속적으로 선포된다(참조, 눅 9:2, 60; 행 8:12; 20:25; 28:23, 31). 그렇지만 누가복음에서 하나님의 나라의 메시지는 앞의 두 복음서만큼이나 중심적인 위치를 차지한다. 왜냐하면 앞의 두 복음서와 똑같이 하나님의 나라의 임박한 도래를 선포할 뿐 아니라, 하나님의 나라를 선포하면서 치유와 축사를 행하고 또한 그런 일을 제자들에게도 위임하는 내용을 담고 있기 때문이다(눅 8:1; 9:2).

　마가복음이나 마태복음처럼 하나님의 나라의 현재성과 미래성은 누가복음에서도 동일하게 표현된다. 즉, 누가복음 13장 28-29절(동서남북에서 올 때), 18장 24-25절(막 10:23, 부자 청년), 22장 29-30절 (12지파를 다스림), 23장 42절(당신의 나라에 임하실 때)과 같은 구절들은 하나님의 나라의 미래적 임재를 말하고 있으며, 반대로 누가복음 17장 20절과 같은 말씀들은 현재적 임재를 시사한다.

다. 바울

1) 전기 바울서신

진정성에 대한 논란이 없는 7개의 바울서신 중에서 3개 서신은 7번에 걸쳐 명백하게 '하나님의 나라 혹은 '나라'를 언급한다(살전 2:1-12; 갈 5:21; 고전 4:20; 6:9-10; 15:24, 50; 롬 14:17). 그리고 공관복음서와 같이 하나님의 나라의 현재성과 미래성을 보여주는 말씀들이 같이 나온다.

이들 중에서 4개 본문이 "하나님의 나라를 이어받는(inherit)" 것에 대해 언급한다는 점에 유의할 필요가 있다(고전 6:9, 10; 15:50; 갈 5:21). 고린도전서 15장 50절의 "혈과 육은 하나님의 나라를 이어받을 수 없다"는 말씀은 미래의 부활 시에 변형되는 영적인 몸을 가리킨다. 고린도전서 6장 9-10절에 두 번 언급되고 갈라디아서 5장 21절에 한 번 언급되는 하나님의 나라는 '위협적인' 형태의 윤리적 말씀인데 미래의 묵시적 심판을 가리킨다. 즉 악의 특징을 갖는 '불의한 자들'은 고린도전서 6장 11절에 기록된 대로 깨끗함을 받지 못하면 하나님의 나라를 '이어받지' 못하게 된다고 선언한다. 성령의 열매를 맺는 사람들이 그 나라를 이어받게 된다(갈 5:22-23).

분명히 추론할 수 있는 것은 '하나님의 나라에 대한 예수의 강조가 의와 성령에 대한 바울의 강조로 대체되었다는 것이며, '하나님의 나라는 '기독교가 무엇인지' - '기독교의 본질' - 를 묘사해주는 방식이 되었다는 것이다.31) '하나님의 나라'는 그리스도와 함께 일으킴을 받은 기독교인이 그 안에서 살아갈 '오는 세대'의 초자연적 질서를 뜻한다고 설명할 수 있으며(롬 6:1-11; 참조, 골 1:12-13; 3:1-3), 그래서 바울은 여기서 하나님의 나라를 성령 안에서 사는 초자연적인 삶으로 생각하고 있다.32)

고린도전서 15장 24절도 묵시적이며, 또한 예상되는 '나라', 즉 그리스도의 통치를 암시하고 있다. "그 후에는 마지막이니 그가 모든 통치와 모든 권세와 능력을 멸하시고 나라를 아버지 하나님께 바칠 때라." 이렇게 '나라'를 예상하는 것은 데살로니가전서 2장 12절에도 나오는데 이를 세례의 맥락에서 말씀했을 수 있다. 여기서 "이렇게 너희를 부르사 자기 나라와 영광에 이르게 하시는 하나님께 합당히 행하게 하려 함이라"는 말씀 가운데 '합당하다'(ἀξίως)는 단어에 유의할 필요가 있는데, 이는 바울이 세례를 주면서 하나님 앞에서 합당한 거룩한 삶을 살 것을 권면하는 말씀이기 때문이다.33) 비슷한 문구인 고린도전서 4장 20절에서는 "하나님의 나라는 말에 있지 아니하고 능력에 있다"고 선언한다.

로마서 14장 17절의 "하나님의 나라는 먹는 것과 마시는 것이 아니요 오직 성령 안에 있는 의와 평강과 희락이라"는 말씀은 하나님의 나라를 구원과 같은 개념으로 생각하기 보다는 구원 받은 자가

---

31) 제임스 던/김철, 채천석 옮김, 『로마서 9-16』 (WBC 성경주석; 서울: 솔로몬, 2005), 505; idem, *Jesus and the Spirit* (London: SCM, 1975), 310-11.
32) C.H. Dodd, *The Epistle to the Romans* (London: Hodder and Stughton, 1954), 217-18.
33) Dulling, "Kingdom," 65-66.

교회공동체 안에서 누리는 기쁨을 말한다. 이는 공관복음서에 강조하는 하나님의 나라의 개념이 원시교회 공동체 안에서 영적인 개념으로 바뀌었음을 보여준다.

요약하면, 진정성이 확인된 바울서신에는 '현재'와 다가올 '그리스도의 나라' 사이의 긴장이 나타난다. 후자의 경우 몇몇 구절에서 예상되는 '하나님의 나라' 또는 종말에 있을 미래의 하나님의 나라의 묵시적인 절정을 뜻하는 것으로 보인다.

2) 후기 바울서신

가) 데살로니가후서

심판이 임할 매우 묵시적인 상황을 나타내는 '그날에'라는 표현을 통해 데살로니가후서 기자는 서신의 수신자들이 그들이 현재 고난 받고 있는, 하나님의 나라에 합당한 존재들이 될 것을 바라고 있다. 이 구절에서는 미래적인 하나님의 나라가 지배적인 사상이다. 그리고 이는 공동체가 현재 겪고 있는 고난과 연결되어 있다.[34]

나) 골로새서

골로새서 1장 13-14절은 우주적인 그리스도의 현재적인 통치에 관한 찬송시를 소개한다: "그는 우리를 흑암의 권세에서 건져내사 그의 사랑의 아들의 나라로 옮기셨으니 그 아들 안에서 우리가 속량 곧 죄 사함을 얻었도다." 이에 따르면, 그리스도인들은 '빛의 성도'이며, 이미 '그의 사랑하는 아들의 나라'의 시민권을 얻었다. '사랑하는 아들의 나라'라는 표현은 '교회'보다는 포괄적인 표현이지만

---

34) Dulling, "Kingdom," 66.

거룩함과 함께 집단을 구분하는 의식이 나타나 있다. 같은 의미가 "하나님의 나라를 위해 나와 함께 역사하는 자들"이란 표현에 나타난다(4:11). 이렇게 골로새서는 거듭난 그리스도인들이 모인 공동체를 '나라'로 표현하고 있다.

다) 에베소서

그리스도의 현재적인 그리고 우주적인 통치와 성장해가는 제도적 교회를 암시하는 기독론은 에베소서 5장 5절에도 영향을 주었다. "너희도 이것을 알거니와 음행하는 자나 더러운 자나 탐하는 자 곧 우상 숭배자는 다 그리스도와 하나님의 나라에서 기업을 얻지 못하리니…" 그리스도의 나라와 하나님의 나라가 겹쳐져 있는 형태로 이미 현존한다. 이 구절에서도 집단의 정결성이 강조되고 있다. 즉 교회의 거룩성을 강조하고 있다.

이렇게 후기 바울서신에서도 전기 바울서신에서와 같이 그리스도의 나라를 교회의 정결성 및 이어받음과 관련시켜 언급한다. 그러나 어떤 분명하고 통일된 개념으로 설명하고 있지는 않다.[35]

라. 요한문헌

1) 요한복음

요한복음 기자는 '하나님의 나라'라는 용어를 두 번만 사용하는 데 그치며(3:3, 5), 이와 실제로 동격이라 할 수 있는 말씀인 '나의(=예수) 나라'란 표현을 18장 36절 안에서 세 번에 걸쳐 사용한다. 하나님을 '왕'으로 부르지는 않지만, 예수를 '왕'으로 직접적으로 부

---

35) Luz, "βασιλεία," 204.

른 경우가 15회, 간접적으로 부른 경우가 1회 나타난다. 요한복음 3장에 의하면 예수의 이적이 그가 하나님에게서 보냄을 받았다는 것을 보여준다고 니고데모가 주장하자, 예수는 위로부터 거듭나지 않으면 하나님의 나라를 볼 수 없다고 한다(3:3). 또한 물과 영으로 거듭나지 않으면 하나님의 나라에 들어갈 수 없다고 한다(3:5). 대부분의 해석자들은 요한복음서 기자가 하나님의 나라를 '보고 이에 들어가는' 것으로 이해하는 예수 전승에 접하고 있었다는데 동의하며, 따라서 예수를 '하늘에서 내려온 인자'라는 그의 관점에 근거해서 해석한다고 본다.36) 요한복음 기자가 '위로부터 나는 것'을 '성령으로 거듭나는 것'(3:5)의 의미로 해석한 뒤, 이를 '내려오고·올라가는 인자'(3:10-21)에 관한 그의 사상에 연결시켰을 가능성이 있다.37)

결국 요한복음 기자는 하나님의 나라에 들어가는 것을 예수 그리스도를 믿어 영적으로 거듭나는 것과 같은 것으로 해석했다. 왜냐하면 성령이 '위에서'(14-16장) 내려오듯이 아들도 위에서 오기 때문이다(3:31). 그 의미는 '미래적·시간적'인 것이 아니라 '현재적·영적'이다. 그래서 빌라도가 예수의 '왕'으로서의 위치에 대해 질문했을 때, 예수는 "내 나라는 이 세계에 속하지 않는다"고 답한 것이다(18:16).

요한복음에서 예수는 이미 유대인의 왕이다. 예수를 믿는 자에게 있어 하나님의 나라를 '보거나 이에 '들어가는 것'은 이미 '영생'을 누리는 것이 된다(3:15, 16). 이러한 요한적인 관점은 요한교회공동체가 '초월적인 성향을 가진' 종파라는 것을 보여준다.38) 그리고 요

---

36) W. Meeks, "The Man from Heaven in Johannine Sectarianism," *JBL* 91 (1972), 44-72.
37) Dulling, "Kingdom," 59.

한복음에 하나님의 나라의 가르침이 적게 나오는 것은 요한이 미래적인 종말론의 입장을 약간만 취하거나 거의 취하지 않기 때문이다. 결국 요한복음에서 하나님의 나라는 '영화된 나라'로서 예수 그리스도에게 속하는 개념이 된다.

마. 기타문헌

1) 야고보서

야고보서 2장 5절은 수사적인 형태의 말씀인데, 문자 그대로 '세상에서' 가난한 자들은 믿음에 있어서 부요하게 되며 하나님을 사랑하는 사람들에게 약속한 나라가 상속된다고 한다(참조, 1:9-11; 2:5-12; 5:1-6). '나라에 관한 이 말씀은 '상속자', '약속 된'과 같은 단어가 보여주는 묵시적인 의미를 띠며 가난한 자와 부자라는 사회적인 의미를 담고 있다. 이와 같이 야고보서에서 '나라'는 분배의 정의가 실현되는 구체적이고 이상적인 하나님의 나라를 뜻한다.

2) 히브리서

히브리서에서 '나라'는 우선적으로 영원한 보좌에 앉으실 하나님의 나라를 뜻한다(1:8) 또한 12장 28절에 의하면 믿음의 순례자들은 '흔들리지 않는 나라'를 받은 것을 감사하라는 권면을 받는데, 이 말씀의 맥락에서 분명한 것은 '흔들리는 것'은 기독교인들에게 이미 잠정적으로 나타나 있다가 오직 미래에만 절정에 이르게 될 참되고 영원한 신적인 현실의 그림자나 일시적인 지상적인 모형을 가리킨다(11:27; 참조, 2:5; 6:5; 9:11; 10:1; 13:14). 이러한 흔들리지 않

---

38) Dulling, "Kingdom," 60.

는 나라를 받은 자들은 마땅히 경외심과 두려움으로 하나님을 기쁘시게 섬기는 것이 옳다(12:29). 왜냐하면 하나님은 소멸하시는 불이시기 때문이다(13:16). 마지막으로 어떤 신앙의 위인들은 믿음으로 이 세상의 '나라'들을 정복하고 정의를 행한 사람들로 묘사된다(11:33).

이와 같이 히브리서에서 '나라'는 과거와 현재와 미래를 관통하는 하나님의 영원한 통치를 가리키며, 이는 예수 그리스도를 주로 믿는 교회공동체의 미래적인 이상적인 모습을 가리킨다.

3) 베드로후서

베드로후서 1장 10-11절에 의하면 부르심에 열정적인 사람은 '우리 주요 구주이신 예수 그리스도의 영원한 나라에 들어가는 것'이 약속되었다고 한다(참조, 3:13, 18). 이렇게 나라에 '들어가는 것'을 말하는 표현은 복음서와 비슷한데(막 10:15; 마 18:3; 눅 18:17; 요 3:5), 이는 에베소서 5장 5절이 강조하는 시혜자요 은인인 그리스도의 나라를 가리킨다.

4) 요한계시록

요한계시록에서는 여러 번에 걸쳐 '나라'를 언급하는데 이중에서 2회만 하나님을 언급한다(11:15; 12:10). 그럼에도 불구하고 하나님을 왕으로 표현하는 상징주의가 요한계시록 전체에 나타나며, 천상적인 예루살렘은 우주적인 하나님의 나라와 하나가 된다(21:1-22:5). 하나님, 그리스도, 증인들과 순교자들, 그리고 땅의 통치자들은 '나라'의 용어로 묘사된다. 하나님은 천상의 왕궁의 보좌에 좌정해 계신 위대한 왕이다(4장). 그분은 박해받고 있는 순교자들에 의해 '나라들의 왕'으로 찬양을 받고 계시는데, 이는 분명히 시온 산으로 순례 가는 여러 나라들의 여행을 가리킨다(15:3-4). 죽음을 당한 '어린 양인 예수 그리스도는 그의 죽으심을 통해 세상을 정복하신 분인데 하나님의 보좌에서 왕관을 받으신다(3:21; 22:3; 5장). 그 분은 다윗 왕가의 왕(17:14; 21:7; 22:16), 세상의 왕들의 왕자(1:5; 15:3), 왕 중 왕, 여러 주들 중의 주가 되신다(17:14; 19:16). 따라서 일곱째 천사의 나팔소리에 세상은 영원히 통치할 '우리 주님과 그리스도의 왕국'으로 변형된다(11:15; 참조, 10:7). 또 다른 이상에 의하면 사탄과 그의 천사들이 하늘에서 땅으로 쫓겨내졌을 때 '구원'과 '권세'와 그의 '그리스도의 권위'로 '하나님의 나라'가 임했다(12:10).

최종적인 정복자인 예수 그리스도는 그의 추종자들을 사랑하며 그의 피로 그들을 죄에서 구원했다. 그래서 그들을 '하나의 나라', '하나님과 아버지에 대한 제사장들'(1:5b-6)이나 '우리 하나님의 나라와 제사장들이' 되게 하였다. 지상의 나라들과의 그들의 투쟁은 오늘도 계속되고 있지만, 그들의 하나님과 그리스도의 최후의 통치에서 한 몫을 할 것이다. 밧모 섬의 요한 장로가 그가 서신을 쓰는 사람들과 나눌 '나라'를 기대하고 있었던 그런 나라의 모습이었던 것 같다. 그들은 지상의 왕국들이 잠깐 동안 요동칠 때 고난을 이겨나가고 인내로 끈기 있게 견디고 있었다(1:9).

요약하면, 사탄의 권세가 패배로 끝나면 하늘에서 다스리고 있는 하나님과 그리스도의 나라는 한시적으로 짐승의 권세 아래 있는 지상의 나라들을 지배하게 될 것이다(16:10; 17:12, 17-18). 그 우주적인 통치는 하늘, 지상, 지하세계까지 미치게 될 것이다. 이는 세상의 왕국들을 바꿔놓을 것이며, 이 통치는 지상에 있을 새 예루살렘에 집중될 것이다. 그리고 신실한 자들과 함께 통치할 것이다 (3:21; 22:3-5). 정치적, 사회적, 경제적 억압으로 인해 인식된 경험과 관련된 묵시적이고 종교적인 주제는 신약성서에 나오는 하나님의 나라에 관한 강력한 정치적 함의를 갖게 만든다.

III. 결론

위에서 살펴본 바와 같이 하나님의 나라는 구약시대에서 중간기를 거쳐 신약시대를 관통하는 하나의 큰 사상이며 특히 신약성서 연구에 있어서 핵심적인 주제이다. 그런 점에서 이의 중요성은 아무리 강조해도 지나치지 않다고 할 수 있다.

구약성서에는 '하나님의 나라'라는 표현은 나오지 않지만 '하나님이 왕'이라는 사상은 일관되게 강조되고 있으며, '그의 나라,' '주의 나라'와 같은 간접적인 표현들이 많이 사용되고 있다. 유대인들은 이상적이고 평화로운 이런 나라가 자기 나라에 속히 이루어지기를 기대하였다. 피조세계에 대한 하나님의 온전한 통치를 가리키는 이 개념은 다윗왕조에서 시작되어 중간기를 거치며 보다 초자연적이고 내세적인 개념으로 발전되었다. 이는 묵시사상의 발전과 궤를 같이 한다.

하나님의 나라는 역사적 예수의 선포와 행위의 핵심이다. 이를 이해하기 위해서는 하나님의 나라의 정의와 도래시기 그리고 이를 맞아들이는 올바른 자세를 명확히 파악하는 것이 중요하다. 하나님의 나라는 '하나님 나라,' '하늘나라' 또는 '나라'로 표현되는데 이는 공관복음서의 핵심사상이기도 하다. 공관복음서의 하나님의 나라는 하나님이 통치하시는 이상적인 현실이기도 하지만 유대나라의 회복이라는 관점도 포함하고 있다. 요한복음에 와서는 영화된 나라로서 예수를 그리스도로 믿는 신앙인이 누리는 이상적인 상태가 된다.

하나님의 나라는 바울서신에서 많이 언급되지 않지만 여전히 간과할 수 없는 중요한 개념이며 구원과 비슷한 개념으로 이해되기도 하지만, 예수 그리스도를 믿는 교회공동체의 이상적인 모습을 표현하는 개념으로도 사용된다. 이는 하나님의 나라가 점차 원시교회에서 영적인 나라의 의미로 변경되었음을 보여준다. 이런 경향은 그 외의 바울서신과 여러 서신에서도 강화된다. 결국 하나님의 나라는 유대 나라에서는 민족적인 개념으로 받아들여지지만 원시교회가 이방민족을 포함하는 보다 큰 하나님의 나라를 지향함에 따라 보다 보편적인 개념으로 발전되게 된다. 이런 점에서 하나님의 나라와 교회는 밀접한 관련을 맺게 된다.

참고문헌

던, 제임스/김철, 채천석 옮김. 『로마서 9-16』. WBC 성경주석. 서울: 솔로몬, 2005.
마샬, 하워드/박문재 역. 『신약신학』. 서울: 크리스챤 다이제스트, 2006.
브라이트, 존/ 김인환 옮김. 『하나님의 나라』. 서울: 크리스챤다이제스트,

1988.

브로밀리, 지오프리. 편/번역위원회 역.『킷텔단권원어사전』. 서울: 요단출판사, 1986.

성종현.『신약총론』(수정증보판). 서울: 장로회신학대학출판부, 1991.

최재덕. "신약에 나타난 하나님의 나라."『성서마당』(1994): 7-9.

큄멜, 베르너/ 김명용 옮김.『약속과 성취』. 서울: 한국장로교출판사, 1993.

Becker, J.C. *Johannes der Taufer und Jesus von Nazareth*. Neukirchen: Neukirchener Verlag, 1972.

Collins, J. "The Kingdom of God in the Apocrypha and Pseudepigrapha." in *The Kingdom of God in 20th-century Interpretation*. Edited by W. Willis. Peabody: Hendrikson, 1987. 81-95.

Dalman, G. *The Words of Jesus*. Edinburgh: T. & T. Clark, 1902.

Dodd, C.H. *The Epistle to the Romans*. London: Hodder and Stoughton, 1954.

Duling, D. "Kingdom of God, Kingdom of Heaven." *ABD*, vol. 2. 49-69.

Dunn, J.D.G. *Jesus and the Spirit*. London: SCM, 1975.

Farmer, R. "The Kingdom of God in the Gospel of Matthew." in *The Kingdom of God in 20th-century Interpretation*. Edited by W. Willis. Peabody: Hendrikson, 1987, 119-130.

Luz, U. "βασιλεία," *EDNT*. vol. 1. W.B. Eerdmans Publishing Company, 1990, 201-208.

Meeks, W. "The Man from Heaven in Johannine Sectarianism." *JBL* 91(1972): 44-72.

Patrick, D. "The Kingdom of God in the Old Testament." in *The Kingdom of God in 20th-century Interpretation*. Edited by W. Willis. Peabody: Hendrikson, 1987, 67-79.

Perrin, N. *Jesus and the Language of the Kingdom: Symbol and Metaphor in New Testament Interpretation*. Philadelphia: Fortress: 1980.

Schrage, W. *The Ethics of the New Testament*. Trans. by D. Green. Edinburgh: T. & T. Clark, 1988.

Viviano B. T. "The Kingdom of God in the Qumran Literature." in *The Kingdom of God in 20th-century Interpretation*. Edited by W. Willis. Peabody: Hendrikson, 1987, 97-107.

5. 예수가 죄인들을 가까이 한 이유

I. 서론

바울은 '모든 사람이 죄인'이라는 전제하에 그의 신학을 전개했으며 그것이 기독교의 신학적 전제가 되었다(롬 3:23). 그러나 예수가 활동했던 유대교의 시기에는 아직 그런 개념이 보편적으로 받아들여지지 않았기에 의인과 죄인의 구별이 분명했다. '나는 의인을 부르러 온 것이 아니요 죄인을 부르러 왔노라'는 말씀도 예수 자신이 그 두 개념을 구분해서 썼다는 증거가 된다(막 2:18). '죄인들'이라는 용어는 '의인들'이라는 용어가 그러하듯 어떠한 판단기준을 벗어난 상태에 있는 개인이나 집단을 가리켰다. 따라서 종교적인 거룩함을 추구하는 사람들은 죄인들과의 접촉을 적극적으로 피했으며 그들과 거리를 두려고 하였다.

그런데 예수는 이들을 받아들이고 이들에게 하나님의 나라를 선포하고 가르쳤으며 그들을 하나님의 나라의 백성으로 선포했다. 본 연구의 목적은 예수가 '죄인들'이라고 한 사람들이 정확히 누구를 가리키며, 예수는 어떤 의도에서 그들을 받아들이고 함께 하였으며, 또한 그것이 어떤 결과를 낳았는지를 정확히 파악하는 것이다.

따라서 본 장은 크게 두 부분으로 나뉜다. 우선 예수 당시의 '죄인들'을 정확히 이해하기 위해서 이 주제를 연구한 주요학자들의 논지를 파악한 뒤, 당시의 문헌적 증거에 근거하여 판단할 것이다. 다음으로는 예수가 죄인들과 함께한 이유를 연구한 주요학자들의 논지를 살펴 그 타당성 여부를 특히 '식탁교제'에 관한 말씀을 중심으로 판단할 것이다.

예수의 의도적이고 상징적인 '열린 식탁'에 관한 증거는 뚜렷하며 따라서 진정성을 확보하기도 용이한데 무엇보다도, 이에 관한 전승이 아래와 같이 비유, 선포이야기, 짧은 선포 등 다양한 전승 형태로 나타나 있어 중복형태의 기준(the criteria of multiple forms)을 충족시키기 때문이다. '죄인들과의 식탁교제'(막 2:15-17; 마 9:9-13; 눅 5:29-32), '장터의 아이들의 비유'(마 11:16-19; 눅 7:31-35), '큰 잔치비유'(눅 14:15-24//마 22:1-13), '삭개오 이야기'(눅 19:1-10), '동서로부터 온 많은 사람'(마 8:11-13), '세리와 죄인들에 대한 바리새인들의 수근거림'(눅 15:1-2)이 이에 해당한다.

II. 본론

1. '죄인들'의 정의(定義)

주후 1세기 예수 당시에는 어떤 사람들이나 어떤 집단이 '죄인들'이었는가? 역사적 예수 시대의 '죄인'을 정의하는 것이 쉽지 않은 이유 중의 하나는 성서사전에도 이 점이 명확하게 정의되고 있지 않기 때문이다. 권위 있는 신약학자인 랭스토르프도 예수는 공동체가 '죄인들'로 여긴 사람들을 죄인들로 여겼다고 설명하고 있는데1) 유대공동체가 죄인들로 여긴 사람들 중에는 실제적으로 죄를 지은 현행범도 있지만 공동체가 죄인으로 인식하는 사람들도 포함되기에 그 구분이 모호할 수 있다.

논의의 핵심은 잘못된 행동을 하는 사람들을 가리켰는가? 아니면 남들이 기피하는 직업을 가진 사람들을 가리켰는가? 하는 질문으로 좁혀진다. 이 문제에 관해 연구해 온 여러 학자들의 주장을 검토해 보면 두 부류로 정의된다. 즉 예레미야스가 정의한대로, 첫째로 하나님의 율법을 지키는데 실패해서 모든 사람들이 손가락질 하는 악명 높은 사람들을 가리키는 일반적인 용어이며, 둘째로 부도덕하거나 정직하지 못하다고 전제한 뒤 그러한 혐오하는 거래에 개입된 사람들을 가리키는 특정한 용어이다.2)

우선 행위적 측면에서 보면 '죄인들'은 '율법을 따르지 않는 자들' 즉 유대적인 시각에서 본다면 '율법을 범한 사람들'이었다.3) '율법을 지키지 않는 자들'은 '버림받은 사람들'(the outcast)로 여겨졌으며 살인범, 강도, 세리, 창녀처럼 행위로 죄를 지은 사람들이 이에 속한다.4)

---

1) K.H. Rengstorf, "ἁμαρτωλός," *TDNT* vol. I. (Grand Rapids: William B. Eerdmanns Publishing Co., 1964), 333-335. "Jesus thus accepted as such those who were regarded as sinners by the community." 330.
2) J. Jeremias, *New Testament Theology: The Proclamation of Jesus* (London: SCM Press, 1971), 109-12.
3) 그들은 토라의 지혜가 전하는 바 조상들이 걸었던 길을 따르지 않는 자들이었다.
4) M. Borg/김기석 역, 『예수새로보기』 (천안: 한국신학연구소, 1997), 131. 여기서 자연스럽게 제기되는 질문은 "예수는 이들이 그런 상태에 머물러 있기를 원했을까? 아니면 변화되기를 바랐을까?"하는 것이다.

반면에 인식적 측면에서 보면 사회적인 인식으로 인해 죄인으로 여겨지는 사람들이었다. 그들은 특정한 직업에 종사하고 있다는 이유로, 따라서 그 계층의 명확한 범위를 정할 수 없는 사람들이라는 이유로 비유대인으로 여겨졌다.5) 그래서 보그는 '행위로 죄를 지은 사람들과 경멸당하는 직업을 가졌기 때문에 죄인으로 여겨지는 사람들'을 모두 죄인으로 보았다.6)

이 문제를 심도 있게 연구한 바 있는 샌더스(E.P. Sanders)는 '죄인들'의 범위를 아주 좁혀서 '구체적으로 잘못된 행위를 한 사람들'로 제한한다. 그는 '죄인들'을 말하는 그리스어 '하마르톨로이'(άμαρ-τωλοί)는 분명히 히브리어 '레솨임'(רשעים)에서 왔으며 이 말의 가장 적절한 번역은 '사악한자(the wicked)', 즉 '고의로 흉악한 죄를 범한 사람, 그리고 회개하지 않은 사람'이라고 한다.7) 샌더스는 여기에 '직업적이고 전문적인 죄인들도 포함시키는데 고리대금업자들처럼 "자신들의 직업 때문에 이자를 받을 목적으로 돈을 꾸어주지 말라는 말씀(레 25:35-38)과 같은 금지사항을 범하는 사람들"이라고 주장한다.8) 그런 측면에서 샌더스는 세리들도 죄인으로 정의하는데 그

---

5) Borg, 『예수새로보기』, 131-32. 예레미야스는 보그보다 더 많은 직업을 이에 포함시킨다. J. Jeremias/한국신학연구소번역실, 『예수시대의 예루살렘』 (서울: 한국신학연구소, 1988), 382-92.
6) Borg, 『예수새로보기』, 131.
7) E.P. Sanders/이정희 역, 『예수 운동과 하나님 나라』 (천안: 한국신학연구소, 1997). 326-28.
8) "너의 동족 가운데, 아주 가난해서, 도저히 자기 힘만으로는 살아갈 수 없는 사람이 너의 곁에 살면, 너는 그를 돌보아 주어야 한다. 너는 그를, 나그네나 임시 거주자처럼, 너와 함께 살도록 하여야 한다. 그에게서는 이자를 받아도 안 되고, 어떤 이익을 남기려고 .해서도 안 된다. 네가 하나님 두려운 줄을 안다면, 너의 동족을 너의 곁에 데리고 함께 살아야 한다. 너는 그런 사람에게, 이자를 받을 목적으로 돈을 꾸어

들은 매국노며 배반자로서 율법을 주시고 이스라엘을 구원한 하나님을 배반했기 때문이라고 한다.9)

보그와 샌더스의 죄인에 대한 정의를 비교해보면 거의 비슷하지만 직업적인 이유로 죄인이라고 분류할 때 미묘한 차이가 있음을 발견할 수 있다. 즉 보그는 '경멸당하는 직업' 때문에 죄인으로 여겨지는 사람들의 부류에 야바위꾼, 고리대금업자, 내기놀이꾼, 안식년 생산물을 파는 장사치들, 양치기들, 소득세징수원들(tax collectors), 세금징수원들(toll collectors, publicans)10)을 넣고 있는데, 샌더스는 그 경멸의 이유를 율법을 분명히 어기는 경우로 제한하고 있다는 점이다. 그렇게 보면 내기놀이꾼이나 양치기들은 샌더스가 정의한 죄인의 범주에 속하지 않을 수 있는데 그들의 직업 활동이 꼭 율법을 범하게 만드는 것이 아닐 수도 있기 때문이다.

주거나, 이익을 볼 셈으로 먹을거리를 꾸어 주어서는 안 된다. 나는 너희의 하나님이 되려고, 너희에게 가나안 땅을 주고, 너희를 이집트 땅에서 이끌어 낸 주 너희의 하나님이다."
9) 샌더스는 1세기 유대교에서 '종교적' 배반과 '정치적' 배반 사이의 정연한 구분은 존재하지 않았다고 본다.
10) 예레미야스는 소득세징수원들(tax collectors[gabbaya])과 세금징수원들(toll collectors[mokesa])로 구분해야 한다고 주장한다. 즉 전자는 인두세와 지세 같은 직접세를 거두는 일을 하는 일종의 국가공무원으로서 부유층에서 임명되었으며, 세금을 내야하는 시민들에게 일정액의 세금을 부과하는 일을 하는 사람들로 설명한다. 반면에 후자는 일정기간 동안 일정지역의 세금을 걷는 권한을 주는 입찰에 가장 높은 가격을 제시하여 권리를 얻은 세리들로서 징수액이 목표치를 상회하도록 하기 위해서 의도적으로 속인다고 인식되었기에 유대인들이 특히 혐오했다고 설명한다. Jeremias, *New Testament Theology*, 110.

2. '땅의 백성들'(암하아레츠)은 '죄인'이었는가?

샌더스의 또 다른 중요한 주장 중의 하나는 예수 당시의 유대사회의 백성의 대부분을 차지하는 '서민'인 '땅의 백성들'(암하아레츠: עַם הָאָרֶץ)을 결코 죄인으로 여기지 않았다는 것이다.11) 즉 '땅의 백성들은 '사악한자'에 포함되지 않았다고 보았는데 서민들도 일반적인 정결사항과 율법은 지켰을 것이고 축제일을 준수하고 보다 엄격한 정결규칙들에 유의했을 것이라고 보았기 때문이다.12) 이는 예레미야스의 입장에 정반대되는 것이다. 샌더스는 이러한 오해가 '죄인들과 '서민들'을 같은 뜻으로 받아들임으로 발생했다고 주장한다.13) 그리고 바리새파의 한 부류인 하베림(haberim)이 추구한 사제적 정결법을 지키는데 실패했다 하더라도 그 점에서만 실패한 것이지 그로 인해 '죄인들'이 되는 것은 아니었음을 밝힌다.14) 또한 바리새인들이 '서민'을 울타리를 벗어난 사람으로 간주하고 이들을 이스라엘로부터 제거해야 한다고 생각했다고 하는 구절은 유대교

---

11) 샌더스는 그의 저서의 '죄인들' 부분에서 이를 일관되게 강조한다. Sanders, 『예수 운동과 하나님 나라』, 324-26. 그러면서도 샌더스는 예레미야스가 이 주제에 있어 '기본적으로 핵심을 정확하게 강조'하고 있음을 인정한다(328).
12) 요한복음 9장 49절: "율법을 알지 못하는 무리는 저주받은 자들이다." 샌더스는 역사적 예수가 이 말을 하지 않았다고 주장한다. Sanders, 『예수 운동과 하나님 나라』, 332, 335, 341.
13) Sanders, 『예수 운동과 하나님 나라』, 325. 샌더스는 유대문헌에서도 그렇다고 하며 클라우즈너를 예로 든다. Klausner, *Jesus of Nazareth*, trans. by H. Danby (London: The Macmillan Co., 1959), 276. 클라우즈너는 암하아레츠가 '사악한 의도' 때문이 아니라 '무지함' 때문에 죄인으로 오해를 받았다고 주장한다.
14) Sanders, 『예수 운동과 하나님 나라』, 358, 362.

문헌에는 없다고 주장한다.15)

그러면 왜 그러한 오해가 발생했는가? 그 이유는 랍비문헌에서 암하아레츠가 하베림이라는 '특별히 경건한 사람들'과 대비되고 있기 때문이라는 것이다.16) 하베림은 제사장이 아닌 일반유대인이 제사장이 성전 안에서 지키는 정도의 엄격한 정결을 일상의 삶에서도 지키려는 규모가 작은 종교적 동호인 모임으로 그 점에서는 바리새인들보다 더 엄격했다고 한다. 이렇게 하베림은 주후 70년 이전에 특별한 이유 때문에 특별한 규칙을 받아들인 특별한 사람들이었기에 그들과 같은 정도의 정결을 유지하지 못하는 사람들을 불경건한 사람 즉 '사악한 자' 또 다른 말로 하면 '죄인'으로 보지 않았을 것이라고 주장한다.17) 이러한 샌더스의 주장과는 달리 안병무는 암하아레츠를 죄인과 동일시한다. 이는 예레미야스의 입장과 같은 것이다.18) 그는 율법을 생활에까지 적용하려는 노력이 사람의 자유를 구속하는 결과를 낳았고 그것이 가난한 층을 압박하는 결과를 가져와 직업을 택하는 길이 크게 제한하게 되었다고 보았다. 즉 정결법의 엄격성 때문에 직업선택의 길이 크게 제한되었고 그래서 엄격하게 정결하지 못한 사람을 '죄인'으로 낙인찍어 체재 밖

---

15) Sanders, 『예수 운동과 하나님 나라』, 332, 335. 여기서 샌더스는 랍비 문서를 예수 당시보다 늦은 시기의 상황을 담고 있는 문헌으로 보고 있다.
16) Sanders, 『예수 운동과 하나님 나라』, 326-28.
17) Sanders, 『예수 운동과 하나님 나라』, 333-35.
18) Jeremias, *New Testament Theology* I, 112. 예레미야스 입장은 예수의 적대자들이 예수 추종자들의 의미를 분명하게 구별하지 않고 '죄인들' 또는 혹은 '암하아레츠'로도 불렀다는 것이다. 놀란도 이와 같은 입장을 취한다. A. Nolan/정한교 역, 『그리스도교 이전의 예수』(왜관: 분도출판사, 2010), 44-47.

으로 밀어내었고 이렇게 체재로부터 밀려난 소외자들이 바로 '암하레츠'가 되었다고 주장한다.19) 안병무는 세리와 죄인과 같은 민중이 바로 오클로스라고 주장한다.20) 즉 서민인 민중이 세리나 죄인처럼 여겨졌다는 말이다. 그런데 안병무가 분류한 죄인들은 어떤 구체적인 잘못된 행위를 해서 죄인이 된 것이 아니라 남이 혐오하는 직업을 가지고 있기 때문이라고 보기 때문에 그의 분류는 보그의 그것과 비슷하다. 즉 사회적 관념으로 인한 죄인들이 예수시대의 죄인들이라는 것이다. 이는 샌더스의 죄인관과는 아주 다르다. 안병무는 다음과 같이 암하레츠를 설명한다.

히브리어 '암하아레츠'는 '땅의 사람'을 의미한다. 이 말은 본래 지주계층을 일컬었다. 이스라엘에 있어서 하나님의 축복은 땅과 결부되어 있다. 하나님의 축복이 언제나 땅의 약속으로 표현된 것은 그 때문이다. 따라서 땅을 가졌다는 것은 바로 축복을 받은 것이 된다.

그런데 이스라엘의 지배층이 바빌론 포로로 잡혀 간 이후부터는 그 개념이 달라졌다. 바빌론은 이스라엘을 공략하고 그 지배자들이나 지주들을 포함한 상류계층을 모두 포로로 잡아갔다(왕하 24:10-17). 그리고 이들의 소유였던 토지는 정책적으로 이민시킨 이방인들의 손에 모두 넘겨졌다. 이때부터 포로로 잡혀간 상류층이 이렇게 땅을 차지한 자들을 멸시와 분노의 뜻을 담아 '암하아레츠'라고 불렀다. 우리말로 표현하면 '쌍놈'과 같다. 땅꾼(농사꾼), 무식한 자, 율법을 모르며 안 지키는 자로 통했다. 그러기에 식탁도 함께 하지 않고 이방인처럼 취급했다.21)

---

19) 안병무, 『갈릴래아의 예수』 (천안: 한국신학연구소, 1990), 131.
20) 안병무, 『갈릴래아의 예수』, 138.

안식일 법에 비추어 보면 안식일을 지킬 수 있는 사람은 최소한 다음날 하루 먹을 수 있는 양식의 여유가 있어야 한다. 곧 일용할 양식 이상을 가진 사람들이다. 그 날 그 날 벌어야 먹을 수 있는 사람, 직업상으로 안식일을 지킬 수 없는 사람 곧 목동, 뱃꾼, 몸 파는 창녀, 병자들, 이방인 노예, 고용인들은 도저히 안식일을 지킬 수 없었다. 이들은 어쩔 수 없어서 안식일을 지키지 못했는데도 안식일을 지키지 못했다는 사실로 해서 '죄인'으로 정죄되고 체재 밖으로 밀려나게 되었다. 바로 이들을 '암하아레츠'라고 한 것이다. 정결법의 경우도 마찬가지이다. 불결한 일을 직업으로 삼고 사는 사람들은 정결법을 지킬 수가 없었다. 항상 온 몸에 똥냄새를 풍기는 오물 처리자들은 예배에 참석할 수가 없었다. 기록에 따르면 나귀몰이, 낙타몰이, 뱃꾼, 수레꾼, 목동, 잡상인, 백정, 넝마주이, 피혁가공인등은 천직(賤職)으로 되어 있어서 이들은 소외되었고 암하아레츠로 규정되었고 이들이 곧 '민중'이다[22].

위의 두 문단에 따르면 일상적으로 죄인은 율법을 지킬 수 없는 사람들, 즉 암하아레츠를 가리키는 용어였으며 가난한 사람들 다수가 여기에 해당할 수밖에 없었다. 따라서 샌더스와 달리 훨씬 많은 직업군의 사람들이 죄인의 범주에 들게 된다. 여기서 한 가지 점은 분명한데 사람들이 멸시했던 직업을 가진 많은 사람들을 죄인의 범주에 넣을 가능성이 많지만 인구 대부분을 죄인으로 설명할 수는 없다는 것이다. 따라서 천민들의 어려운 삶과 이들에 대한 나쁜 인식을 고려한다 하더라도 대부분의 유대인을 죄인과 동일시하는 데는 무리가 있으므로 안병무의 주장은 수정되어야 한다. 결과적으

---

21) 안병무, 『갈릴래아의 예수』, 129-30.
22) 안병무, 『갈릴래아의 예수』, 132.

로 최근의 연구를 통한 '죄인들'에 대한 이해는 예레미야스가 내렸던 죄인에 대한 정의보다 훨씬 명확해졌다고 할 수 있다.23)

요약하면 예수시대의 유대인들 중에서 죄인은 우선 율법을 어기는 구체적인 행위를 한 사람들이며, 나아가 직업적인 이유로 인해 죄인으로 인식된 사람들이라고 정의할 수 있다. 그리고 샌더스가 명확하게 설명했듯이 예레미야스나 안병무의 주장과 달리 암하아레츠는 죄인의 범주에 포함되지 않는다.

3. 예수시대의 죄인들에 대한 유대교의 태도

예수 당시의 유대교는 죄인들과 거리를 두는 태도를 취하였다. 그것은 그들의 삶의 표준인 율법을 어기는 자들은 하나님의 법을 어기는 자들이기에 멀리하는 것이 옳다고 생각했기 때문이다.24) 유대교 전통을 가르치는 교사들은 유대사회에서 '버림받은 사람들' 즉 '죄인들'은 회개조차도 가능하지 않다고 생각했다.25) 이 '버림받은 사람들'은 마치 오늘날 힌두교에서 말하는 불가촉천민26)들과 같은 존재들로, 유대교에서는 그들의 천한 지위가 세습되는 것은 아니었지만, 오늘날의 힌두교의 계급구조의 가장 낮은 계급과 별반 차이

---

23) 모든 유대의 시민권과 종교권을 박탈당한 이 사람들은 법적으로는 '스스로 이방인이 된' 유대인으로 취급받았다.
24) 대부분의 사회에서는 분명한 신념이나 여간한 의지가 있지 않으면 사회적으로 저변에 있는 사람과 어울리는 것을 꺼려한다. 자신의 신분이 그들과 같다는 인상을 주지 않으려는 소위 문화적인 거리낌의 거리를 유지하려는 태도도 한 원인이다.
25) Borg, 『예수새로보기』, 132.
26) 불가촉천민(不可觸賤民: the untouchable).

가 없었다.

이런 태도는 당시 유대교의 지도층이었던 주요종파들에서도 마찬가지였다. 사두개파, 바리새파, 열혈당원, 에세네파 중 어떤 종파도 '이스라엘의 잃어버린 양에게 가까이 가려하지 않았다.[27] '거룩의 정치학도 그 이유 중의 하나였다.[28] 바리새인들은 부정하지 않은 손을 가진 사람들이나 의식적인 정결상태에 있는 사람들과만 먹으려 했는데(막 7:2-4; 출 30:19-21), 이는 그들이 모든 이스라엘이 그러한 거룩함에 이르기를 갈망했기 때문이며 이스라엘의 정체성과 미래가 여기에 달렸다고 생각했기 때문이다.[29]

그러나 역사적 예수는 달랐다. 예수는 그 당시 유대사회의 도도한 흐름을 거부하면서 이들 죄인들에게 다가가려고 하거나 다가오도록 허락하였다.[30] 이 점이 역사적 예수의 독특한 점의 하나라고 할 수 있다. 예수는 자신의 활동의 중요한 한 부분이 죄인들을 바람직한 방향으로 변화시켜 하나님의 나라의 백성으로 삼는 것이며 그것이 하나님의 뜻이라고 굳게 믿었기 때문이다.

---

27) 오늘날 의식 있는 기독교인들이라면 이런 태도를 용납할 수 없고 분노하겠지만 그들은 오늘의 양심 있는 기독교인과 같은 사람들이 아니었다. 지금부터 백여 년 전인 조선시대에 이런 천민들이 엄연히 존재했고 중인이 아닌 양반계급으로 올라갈수록 자신들과 이런 천민들과의 간격을 더욱 넓히려 했다는 점을 생각해보면 이러한 비인간적이며 좁힐 수 없는 간격을 평생 느끼며 살아야 하는 사람들의 비애를 충분히 상상할 수 있다.
28) Borg, 『예수새로보기』, 132-33.
29) S.S. Bartchy, "Table fellowship," in *Dictionary of Jesus and the Gospels*, ed by J.B. Green, S. Mcknight, and I.H. Marshall (Downers Grove: Intervarsity Press, 1992), 799-800.
30) "It was just because they were sinners that He drew them to Himself." Rengstorf, "ἁμαρτωλος," 330.

4. 예수는 왜 죄인들과 어울렸는가?

역사적 예수의 특별한 사명은 죄인들을 부르는 것이었으며 그의 메시지의 특별한 점은 그들에게 구원을 약속한 것이다.31) 예수는 죄인들과 어울렸고 실제로 예수의 적대자들은 이를 강하게 비난했다.32) 그러면 예수는 왜 죄인들과 어울렸을까? 그리고 죄인들이 하나님의 나라에 포함된다고 가르쳤는데 그것의 의미는 무엇인가?33)

예수는 예언자로서 하나님의 나라의 임재를 외쳤으며 당시 유대 나라의 회복을 위해 노력하는 가운데 유대사회의 중심에서 완전히 주변으로 밀려나 겨우 생존하고 있던 사람들의 문제에 깊은 관심을 갖게 된 것으로 보인다.

> 예수께서는 모든 성읍과 마을을 두루 다니시면서, 유대 사람의 여러 회당에서 가르치며, 하늘나라의 복음을 선포하며, 모든 질병과 모든 아픔을 고쳐 주셨다. 예수께서 무리를 보시고, 그들을 불쌍히 여기셨다. 그들은 마치 목자 없는 양과 같이, 고생에 지쳐서 기가 죽어 있었기 때문이다(마 9:35-36).

이 구절은 적어도 예수가 넓은 시야를 가지고 있었고 유대나라의 문제에 깊은 관심을 갖고 있었으며 그런 가운데 특히 질병과 아픔을 겪고 있는 사람들의 문제를 해결하는데 진력했다는 것을 말해 준다. 원시교회가 이 구절을 만들어내었을 가능성은 거의 없다고

---

31) Sanders, 『예수 운동과 하나님 나라』, 320. 322. 예수는 자신의 선교를 '잃어버린 자'와 '죄인들'에 대한 것으로 보았다(331).
32) Sanders, 『예수 운동과 하나님 나라』, 324, 346.
33) 마태복음 21장 31절: "… 세리들과 창녀들이 너희보다 먼저 하나님의 나라에 들어가리라." Sanders, 『예수 운동과 하나님 나라』, 320.

보는데, 역사적 예수가 하나님의 나라를 선포하고 귀신을 쫓아내고 질병을 고쳤다는 점에는 학자들의 학문적 공감대가 형성되어 있기 때문이다.

로마의 앞잡이인 통치자의 폭정으로 인한 참된 정치의 부재, 세제의 자의적 변경을 통한 경제적 착취로 인해 겨우 생존하는 상황에서 죄인들은 종교적인 이유에서까지도 따돌림 당하는 밑바닥의 삶을 살고 있었다. 이런 상황에서 예수는 유대나라에 하나님의 나라가 온전히 임함으로 외세로부터 독립할 수 있게 된다고 보았기에 하나님의 나라의 임재를 집중적으로 선포하는 한편, 한계상황에 있는 병자들을 치유하고 죄인들을 그의 말씀과 행동으로 변화시켜 하나님께로 인도하는 것이 필요하다고 판단했던 것이다.

이 점은 예수가 제자들을 이스라엘의 각처로 보내는 파송명령에도 잘 나타난다. 그는 하나님의 나라를 선포하러 나가는 제자들에게 '이스라엘의 잃어버린 양'(πρὸς τὰ πρόβατα τὰ ἀπολωλότα οἴκου Ἰσραήλ)에게로 가라고 하는데 이는 '이스라엘에 있는 잃어버린 양'이란 뜻도 되지만(partitive genitive, 부분적 소유격) '잃어버려져 있는 상태에 있는 이스라엘'(해설적 소유격, explanatory genitive)이라는 뜻도 된다.34) 그런데 예수가 특별히 한 집단을 지시하고 있다는 문맥에서 볼 때, 전자를 가리키는 것으로 해석하는 것이 적절하다.

예수가 이들에게 특별한 관심이 보이는 이유는 이들을 회개시켜 이스라엘 공동체의 온전한 구성원이 되게 하려는 그의 관점 때문이다. 문둥병자를 붙들어주고 안식일에 병자를 고쳐주고, 인간 공

---

34) J. Jeremias, *Jesus Promise to the Nation* (London: SCM Press, 1956), 26. 샌더스도 이 구절의 진정성을 긍정한다. Sanders, 『예수 운동과 하나님 나라』, 322.

동체에서 소외된 사람들에게 '하나님의 자녀됨'을 가르쳐 준 것은 자신은 훤히 보고 있지만 이스라엘 백성들은 보지 못하고 있던 '미래적 관점에서' 그들을 구원하려 했기 때문이다.

이런 점에서 역사적 예수가 죄인들을 가까이 한 이유들을 다음과 같이 추론할 수 있다.

가. 역사적 예수가 죄인들을 가까이 한 것은 그들을 하나님이 원하시는 사람으로 변화시키려 했기 때문이다.

예수는 그들과 함께 함으로 그들의 진정한 아버지인 하나님과의 화해를 제시했다.35) 예수가 어떤 목적을 가지고 활동했는가를 알기 위해서는 예수가 주로 어떤 사람들을 만나서 그들에게 말을 하고 활동했는가를 보아야 하는데 "어떤 사람의 행동이나 말을 이해하기 위해서는 그의 대상을 파악하는 것이 첩경"이기 때문이다."36) 예수를 알기 위해서는 그와 더불어 있었던 사람들을 살펴보아야 하며 복음서에 의하면 그들은 바로 '죄인들'이었다.37)

예수는 의인보다는 죄인들에게 관심이 있었다는 말은 의인에게 관심이 없었다는 뜻이 아니다. "의인을 부르러 온 것이 아니요. 죄인을 부르러 왔노라'(막 2:17)38)는 말씀은 결코 의인을 배척하지 않는다. 왜냐하면 'A가 아니고 B'(not A but B)라는 형태는 꼭 A를 완

---

35) Bartchy, "Table fellowship," 799-800.
36) 안병무, 『갈릴래아의 예수』, 127.
37) 안병무, 『갈릴래아의 예수』.
38) 샌더스는 예수가 "나는 의인들을 부르러 온 것이 아니요 죄인들을 부르러왔다"(막 2:17)는 말씀을 했다고 주장한다. 그러면서도 샌더스는 "나는… 보냄을 받았다"는 구절이 원시교회의 창작이 아닌지 의심한다. Sanders, 『예수운동과 하나님 나라』, 321.

5. 예수가 죄인들을 가까이 한 이유 | 135

전히 거부하지 않을 수 있기 때문이다.39) 예수는 딱한 상황 속에 있는 죄인들이 하나님 앞에 바로 서게 되기를 바랐기 때문에 위와 같은 방식의 말씀을 한 것이다. 예수가 죄인들을 의식한 공생애의 삶을 살았다는 점은 복음서 여러 곳에서 찾을 수 있는데 다음이 가장 대표적인 구절이라고 할 수 있다.

> 이 세대를 무엇에 비길까? 마치 어린아이들이 장터에 앉아서, 다른 아이들에게 이렇게 말하는 것과 같다. 우리가 너희에게 피리를 불어도 너희는 춤을 추지 않았고, 우리가 애곡을 해도 너희는 울지 않았다. 요한은 와서, 먹지도 않고 마시지도 않았다. 그러니까, 사람들이 말하기를 "그는 귀신이 들렸다 하고, 인자는 와서, 먹기도 하고 마시기도 하니, 그들이 말하기를 보아라, 저 사람은 먹기를 탐하는 자요, 포도주를 즐기는 자요, 세리와 죄인의 친구다 한다. 그러나 지혜는 그것이 한 일로 그 옳음이 증명된다(마 11:16-19; 눅 7:31-34).40)

이 단락은 아래에 제시하는 이유들 때문에 진정성이 있는 예수 말씀으로 판단할 수 있다. 첫째로, 예수를 '탐식하는 자요 술주정뱅이'라고 비난하는데 이는 매우 불명예스런 묘사이기에 원시교회로서는 이런 표현을 만들어내지 않았을 것이다.41) 이는 세례요한의 경우에

---

39) J.C. O'Neill, *Messiah: Six Lectures on the Ministry of Jesus* (Cambridge: Cochrane Press, 1980), 34-35. 예를 들어 요셉이 "그런즉 나를 이리로 보낸 이는 당신들이 아니요 하나님이시라…"라고 말했을 때 요셉은 결코 그의 형들이 그를 애굽으로 팔려가게 만들었다는 것을 부정하는 것이 아니다(창 45:8). 이런 방식의 논리를 '상대적 부정'(Relative Negative)이라고 부르는데 이와 같은 경우를 다른 곳에서도 볼 수 있다(마 10:20; 막 10:8=마 19:6).
40) 샌더스는 예수가 죄인들을 직접 겨냥하고 있는 선포는 진정성이 있다고 주장하면서 이 구절의 진정성을 인정한다. Sanders, 『예수 운동과 하나님의 나라』, 321.

서도 마찬가지이다. 둘째로, 세례요한이 귀신들렸고 예수는 "탐식하는 자요 술주정뱅이요, 세리와 죄인들의 친구"라고 비판하는데, 이는 예수를 귀신 들린 자로 묘사하는 복음서의 일반적인 묘사와 아주 다르기 때문이다.42) 더욱이 본문이외의 복음서에서는 예수나 세례요한을 이렇게 비판적으로 묘사한 경우가 나오지 않는다. 따라서 이는 예수가 갈릴리에 살았던 시대의 유대인들이 예수와 요한을 모욕적으로 풍자한 것을 그대로 인용한 것이라고 볼 수 있다.43) 셋째로, 예수를 '친구'(φίλος)라는 표현을 사용하여 독특하게 묘사하는 것도 진정성을 지지하는 증거가 되는데, 본문이외의 어떤 다른 곳에서도 예수는 그의 입술을 통해 '친구'라는 자기표현을 사용하지 않을 뿐만 아니라, 적대자들도 이를 예수를 공격하는 용어로 사용하지 않기 때문이다.44)

이와 관련된 중요한 또 다른 구절은 다음과 같다.

또 지나가시다가 알패오의 아들 레위가 세관에 앉아 있는 것을 보시고 그에게 이르시되 나를 따르라 하시니 일어나 따르니라 그의 집에 앉아 잡수실 때에 많은 세리와 죄인들이 예수와 그의 제자들과 함께 앉았으니 이는 그러한 사람들이 많이 있어서 예수를 따름이러라 바리새인의 서기관들이 예수께서 죄인 및 세리들과 함께 잡수시는 것을 보고 그의 제자들에게 이르되 어찌하여 세리 및 죄인들과 함께 먹는가 예수께서 들으시고 그들에게 이르시되 건강한 자에게는 의사가 쓸 데 없고 병든

---

41) Bartchy, "Table fellowship," 797. 이는 예수 말씀의 진정성 판단기준 중에서 '당황스러움의 기준'(The criteria of embarrassment)에 속한다.
42) Bartchy, "Table fellowship," 797. Bartchy는 이 구절의 진정성을 주장한다.
43) Bartchy, "Table fellowship," 797.
44) Bartchy, "Table fellowship," 797.

자에게라야 쓸 데 있느니라 나는 의인을 부르러 온 것이 아니요 죄인을 부르러 왔노라 하시니라(막 2:14-17; 마 9:9-13; 눅 5:27-32).

온갖 오해를 받을 것을 뻔히 알면서도 예수가 죄인들을 만나 그들의 친구가 되고 또 죄인들과 어울리고 함께 식사한 것은 자연스럽게 이들에게 영향력을 행사하기 위해서였으며 그 이외의 다른 이유를 상상하기 어렵다. 본문에 나타난 정황을 보면 한 사람의 세리가 제자로서 부름을 받아 자신의 직장동료들에게 송별의식을 베풀고 있었으며 그 자리에 초대받은 예수는 엄청난 비난을 받을 위험이 있음에도 불구하고 이에 개의치 않고 응한 것이다. 그리고 "죄인을 부르러 왔다'고 한 대답은 병자와 죄인을 건강한 의인으로 변화시키려는 예수의 의도를 담고 있다. 마치 죄인과 세리의 친구라는 오해를 감수하면서도, 병자를 고치려하는 의사처럼 그들과 자리를 같이 하는 이유는 그들의 마음을 얻어 그들을 변화시키려 했기 때문이다. 같은 목적으로 예수는 세리장 삭개오의 집에 들어가셨고 삭개오의 변화를 이끌어 냈다(눅 19:1-10).

위에 언급한 세 가지 경우에서 성공할 수 있었던 것은 예수가 죄인들과 교제의 관계를 형성했고 그 기회를 적절히 이용했기 때문이다. 이렇게 예수가 천대받는 사람들과의 접촉을 꺼리기는커녕 오히려 적극적으로 나서서 접촉하려 했다는 사실은 예수 자신이 자신의 카리스마를 신뢰하면서 그들을 변화시키겠다는 강한 의지를 보여준 것으로 해석할 수 있다.[45]

여기서 "내가 의인을 부르러 온 것이 아니요 죄인을 부르러 왔노라 하시니라"(막 2:17; 마 9:13)[46]는 말씀은 하나의 독립전승으로

---

45) G. Theissen/손성현 역, 『역사적 예수』 (서울: 다산글방, 2001), 618.

전해진 짧고도 강한 뜻을 함축하고 있는데 이 구절이 마태복음 9장 13절에서는 전혀 다른 맥락에서 사용되기 때문이다. 이는 마치 "처음 된 자 나중 되고, 나중 된 자 처음 된다"(막 10:31; 마 19:30, 20:16; 눅 13:30)는 말씀처럼 짧지만 힘이 실린 역사적 예수의 말씀으로 자주 사용되었던 것으로 보인다.

2) 예수가 죄인들과 함께 하는 방식으로 택한 것이 식탁교제다.

1세기 지중해 연안을 중심으로 한 지역에서의 식탁교제의 중요성은 결코 과대평가할 수 없다. 다른 사람과 함께 식사하는 자리에 초대를 받는다는 것에는 친밀함과 하나됨의 교제라는 매우 큰 상징적인 의미가 있었다. 따라서 함께 식사를 한 사람을 배반하거나 그에게 불신실한 경우 특히 비난을 받았다. 반면에 어떤 사람들과의 관계가 서먹해졌을 때, 그들을 식탁에 초대한다는 것은 그들과의 화해의 길을 연다는 것을 뜻했다. 매일 매일의 식사조차도 사회적 가치, 사회적 한계, 사회적인 신분, 계급구조가 강화되는 매우 복잡한 행사였다.[47]

이러한 서열이나 한계에 도전하는 자는 명예와 불명예라는 가치에 근거하고 있는 문화에서는 심각한 잘못으로 받아들여져 명예스럽지 못하게 행동한 자라는 판단을 받을 수밖에 없었다. 따라서 이러한 관습을 계속해서 어기는 사람은 사회적인 안정을 크게 해치는 적대적인 인물로 여겨졌으며 함께 먹으러 모인다는 것은 거기에 함께하는 사람이 그 모임이 인정하는 핵심적인 존재라는 것을 뜻했다. 가족의 범위를 넘어서면, 사람들은 자신과 같은 사회적 신분을 가진 사람과 식사하는 경향이 있었다. 이러한 유유상종의 식탁모임은 사회적 계층화의 구조를 강화시켰

---

46) 누가복음 5장 32절에는 "죄인을 불러 회개시키러 왔노라"로 되어있다. 후반부는 누가복음서 기자에 의해 추가되었을 가능성이 있다. 그러나 죄인을 변화시키려 하는 예수의 관점을 정확히 반영하고 있다.

47) Bartchy, "Table fellowship," 796.

는데, 예로 좌석배치는 초대받은 사람들의 상대적인 위치를 뜻했다. 사람들은 그들과 같은 사회적, 종교적 경제적 신분을 가진 사람들을 초대했으며, 그들은 상호간에 이익을 도모할 수 있는 존재들이었다.[48]

전술한 상황을 상정하면 예수의 이미지는 예수의 사역에 있어서 가장 놀라운 행태 가운데 하나인 소위 '죄인들' 즉 '버림받은 사람들'과 함께 식사하는 데서 명확하게 드러난다. 유대 사회에서 소외된 사람들로서는 예언자로 소문난 사람의 식탁에 동참하도록 초대받았다는 것 자체가 아주 특별한 경험이었다. 예수의 그런 행동은 죄인들을 받아들인다는 뜻을 표현한 것이며, 나아가 하나님께서도 그들을 받아들이셨다는 뜻으로 이해될 수 있다.

> 그러한 행위 속에는 버림받은 자들, 즉 그들의 삶의 방식 때문에 인습적인 지혜가 설정한 존중과 용납의 경계선 밖으로 내몰릴 수밖에 없는 사람들조차 감싸 안으려는 은혜롭고, 자비로우신 하나님에 대한 이해가 전제되어있다.[49]

버림받은 사람들과 함께 하는 예수의 식탁 친교는 하나님의 은혜를 나타내는 생동감 있는 '하나의 행동적인 비유'(an acted parable)인 셈인데, 그것은 하나님의 은혜를 표현하는 것인 동시에 장차 이들이 변화되어 하나님의 자녀가 되도록 중재하는 것이기도 하다. 그런 의미에서 예수의 식탁교제는 죄인들을 껴안으시고 변화시키려는 하나님의 뜻을 보여주는 상징적 사건이 된다.

예수가 자신을 따르는 무리들이나 다른 사람들과 함께 나눈 식

---

48) Bartchy, "Table fellowship," 796.
49) Borg, 『예수새로보기』, 178.

사자리는 그야말로 잔치였는데 그것은 즐거운 축제였으며 일상적인 식사와 구별되는 특별한 연회였다.50) 함께 음식을 나누는 것 혹은 '식탁교제'51)는 예수운동의 가장 중심적인 특성 가운데 하나였다. 여러 본문들이 예수의 식탁에 관해서 언급하고 있고 그 맥락은 유사한데 이러한 식탁교제는 적대자들로부터 강한 비판을 받았다. 복음서 안에 그런 비판의 사례가 몇 가지 언급되어 있는데 내용적으로 비슷하다. "많은 세리와 죄인들이 함께 먹었다"(막 2:15). "저가 죄인의 집에 유하러 들어갔도다"(눅 19:7). "이 사람이 죄인을 영접하고 음식을 같이 먹는다"(눅 15:2). "세리와 죄인의 친구로다"(마 11:19). 왜 예수를 이렇게 비판했는가? 이유는 단순한데 그가 '죄인들과 함께 먹었다는 것이다. 모든 사람이 다 죄인이라는 기독교적인 고백에 익숙한 현대 기독교인들에게는 예수가 '죄인들과 함께 먹었다는 고발이 그 고발자들 자신이 자기 의에 사로잡혀서 스스로의 죄인됨을 깨닫지 못하는 사람들이라는 인상을 줄지 모른다.

그러나 당시 유대인들은 결코 자기의(自己義)보다는 그것이 당시 사회의 일반적 통념을 깨는 위협적 행위, 일종의 반율법적 행위라고 생각했기 때문에 비판한 것이다. 죄인들과의 식탁교제가 비판을 불러 일으켰다는 사실 외에도 추측할 수 있는 것은 이것이 단순한 일상적인 식사가 아닌 특별한 '모임'이었다는 것이다. 예수는 주로 손님으로 초대받아 갔던 것으로 보인다. 예로 "인자는 머리 둘 곳도 없다"(마 8:20)는 예수의 말씀은 나사렛을 제외한 곳에서는 지정

---

50) Borg, 『예수새로보기』, 178.
51) 역사적 예수가 죄인들과 식탁에서 음식과 음료를 나누는 것은 마치 축제와 같이 한데 어울리는 즐거운 잔치였다. 이러한 식사는 예수 부활 이후 예수의 죽음을 기념하는 성만찬이라는 제의(祭儀)와는 다르다.

된 거처 없이 활동한 것을 암시한다. 많은 경우 예수를 초대한 사람은 세리와 같이 죄인으로 여겨지는 사람이거나 예수에게 동조하는 사람이었던 것으로 보인다. 유대인들은 세리들을 특히 불쾌한 사람들로 여겼는데 그것은 억압적인 세금 시스템과 의문의 소지가 많은 세금 징수 행위에 대한 적개심 때문이기도 하지만 그들이 기득권에 기생하는 부역자, 반역자, 혹은 '매국노'로 인식되었기 때문이다. 따라서 바리새인들과 같은 경우에는 경건한 자신들과 공통점이 있다고 여겼던 예수가 그런 사람의 집에 들어가는 것을 용납할 수 없었을 것이다.

예수의 적대자들의 입장에서 볼 때 위험에 처한 것은 하나님의 백성의 존속이었다. '죄인들'은 율법을 준수하지 않음으로써 그 집단의 존속을 위협하는 자들이었다. 그런 점에서 예수의 식탁 친교가 비판에 부딪친 것은 당연한 일이다. 어떤 학자들은 '공동체에서 버림받은 사람들'(the outcast)을 받아들인 것이야말로 예수의 선교사역이 적대감을 불러일으키게 된 가장 큰 요인이라고 주장한다.[52] 특히 유대교 전통에서 볼 때 이는 종교적인 인물의 행동치고는 예외적인 것이었다.[53] 샌더스도 예수가 세리들과 죄인들과 교제했다는 일반적인 비난은 실제로 그를 향해 퍼부었던 비난이 되었을 가능성

---

52) 어떤 학자들은 예수가 유대교 지도자들에 의해 로마관헌에 넘겨져 십자가에 처형된 일차적인 원인이 바로 여기에 있다고 주장한다.
53) 죄인들과 식사를 같이 하는 이 단순한 행동은 예수의 사회적 세계 속에서는 특별한 종교적 사회적 의미를 띠고 있었다. 그것은 거룩의 에토스와 정치학에 도전하는 문화적 항거의 수단이 되었다. 거룩의 에토스와 정치학이 이스라엘의 참다운 모습에 대한 또 다른 상, 즉 하나님의 자비를 반영하는 포괄적인 공동체를 제시한 것도 사실이지만 말이다(Borg, 『예수새로보기』, 178, 185-86).

이 크다고 주장하는데 이를 악한 자와 교제하는 것으로 여겼다는 것이다.54) 이와는 약간 다른 관점이지만 유대인 학자인 버미쉬(G. Vermes)도 예수와 '버림받은 사람들'과의 사귐은 예수를 "그의 동시대인들은 물론 그의 예언자적 계보의 선배들과도 구별되는 '누구보다 뛰어난 인물로 차별화시킨 점이었다"고 밝힌다.55) 예수는 고상한 사람들의 멸시를 받았던 하층민들과 함께 했고 죄인들은 그의 밥상공동체의 일원이었으며, 공동체의 사귐에서 추방당한 세리들과 창녀들은 예수가 주도한 하나님의 나라 공동체의 일원이 되었다.

3) 예수는 죄인들과의 교제를 통해서 그들이 하나님의 나라의 백성임을 알려준다.

하나님의 나라의 도래를 알리는 표지(sign)이며 하나님의 나라의 모습을 구체적으로 설명하는 방법 중의 하나가 식탁교제다. 왜냐하면 예수자신이 하나님의 나라를 하나님의 나라에서 배제되었던 많은 사람들이 참여하는 메시아 잔치로 묘사하기 때문이다.

> 아브라함과 이삭과 야곱과 모든 예언자는 하나님의 나라 안에 있는데, 너희는 바깥으로 쫓겨난 것을 너희가 보게 될 때에, 거기에서 슬피 울면서 이를 갈 것이다. 사람들이 동과 서에서, 또 남과 북에서 와서, 하나님의 나라에서 잔치 자리에 앉을 것이다(마 8:11-12; 눅 13:28-29).

하나님의 나라에 대한 비유는 하나님의 나라가 많은 사람이 초대받는 잔치 같다고 설명하고 있다. 여기서 유대인들은 쫓겨나고 오히려 이방인들이 하나님의 나라 잔치자리에 앉는다는 것은 유대인

---

54) Sanders, 『예수 운동과 하나님의 나라』, 330.
55) G. Vermes, *Jesus the Jew* (London: Collins Press, 1973), 224.

들이 마치 이방인처럼 여겼던 죄인들이 하나님의 나라의 시민이 되어 그들의 선조들과 식사할 것임을 말하는 것으로 해석할 수 있다. 또한 그들이 하나님나라를 상속받을 것임을 약속한 것과 마찬가지다.56) 그런 점에서 예수가 죄인들과 식탁친교를 한 것은 그들이 하나님나라에 들어갈 것임을 미리 앞당겨 선포하는 것으로 이해할 수 있다. 식탁교제와 관련해서 인상적인 것은 예수가 죽기 전에 장차 하나님 나라에서 포도주를 마실 것을 대망했다는 사실이다(막 14:25, 마 26:29, 눅 22:18). 이렇게 예수는 식탁교제라는 상징적 행위를 통해서 하나님의 메시지를 전했다.

예수 공적사역의 독특한 특징은 그가 도래하는 하나님의 통치를 선포하고 다시 정의하면서 철저하게 차별이 없는 비위계적인 식탁교제를 그의 가장 핵심적인 전략으로 실천했다는 것이며, 그렇게 함으로 예수는 기존의 사회적 종교적 관습에 내재하는 배타주의와 서열의식에 도전했으며, 동시에 새로워진 이스라엘에 대한 생생한 비유를 제시했다.57)

5. 비유, 예수가 죄인들과의 교제에서 이들을 변화시키기 위해 사용한 언어 표현 방식

역사적 예수의 비유 구사 능력은 비교할 수 없을 정도로 뛰어났다.58) 예수는 죄인들에게 적절한 비유를 말해줌으로 이들의 변화를

---

56) Sanders, 『하나님의 나라와 예수 운동』, 386.
57) Bartchy, "Table fellowship," 797. 저자 바르치는 대부분의 학자들이 이 점에 대해 동의하고 있다고 주장한다.
58) Bartchy, "Table fellowship," 797. Vermes는 J. Klausner, *Jesus of Nazareth*를

유도했다. 세리들과 같은 죄인들의 변화를 유도할 수 있는 적절한 방법이 무엇이었을까? 구약의 예언자들이 사용한 것과 같이 이들의 죄를 통렬히 지적해서 깨닫게 하는 방법과 함께 또 하나, 즉 그들 나름의 어려운 사정을 이해하면서 그들의 마음 깊숙한 곳에서부터 변화를 이끌어내는 방법이었다. 죄인들과의 만남에서는 전자의 방법보다는 후자의 방법이 더 효과적이었을 것이다. 왜냐하면 이미 자신들의 죄를 깊이 의식하고 있는 사람들의 경우 죄를 꾸짖으면 꾸짖을수록 깊은 자괴감에 빠져 예수로부터 더 멀어지려고 하거나 과거의 자신의 선택이 불가피했음을 내세우면서 자신의 잘못된 행위를 방어하려 했을 수 있기 때문이다. 따라서 비난보다는 감싸는 태도로 '잃은 양의 비유'(마 18:12-14; 눅 15:4-7)나 '탕자의 비유'(눅 15:11-32)와 같은 비유를 말해줌으로 그들의 심적인 변화를 유도해 낼 수 있었을 것이다. 잃은 양의 비유를 들을 때, 목자(하나님)로부터 벗어나 위태로운 상황에 있는 잃은 양이 바로 자신을 가리키고 있음을 발견하고 여전히 찾으시는 목자의 사랑에 감동을 받고 돌아가야겠다는 결단을 할 수 있었을 것이다. 또한 탕자의 비유를 들으면서 자신이 바로 탕자임을 깨닫고 다시금 아버지 하나님께 돌아가겠다는 결단을 하게 만들었을 것이다. 이렇게 비유는 일상적인 자료를 사용하면서도 일상을 벗어나는 특이함으로 사람을 변화시키고 생각을 바꾸게 한다.59) 비유는 특히 상대방을 직선적으로 공격하여 상처받게 만들지 않고 오히려 그 마음을 내부에서부터 변화시키는 가장 좋은 방법이었을 것이다.

인용한다.
59) C.H. Dodd, *The Parables of the Kingdom* (London: Nisbet & Co. Ltd., 1935), 23.

이러한 주장의 근거가 무엇인가? 예수의 비유들 가운데는 잃어버려진 자들과의 식사교제의 정황을 설명하는 부분이 나온다. 예로 누가복음 15장에 기록된 세 개의 이어진 비유(잃은 양을 찾는 목자 비유(3-7), 잃은 드라크마를 찾는 여인 비유(8-10), 잃은 아들을 찾은 아버지의 비유(11-32)의 앞부분에는 예수가 세리와 죄인들과 함께 식탁교제를 나누는 상황이 언급되어 있다.

> 모든 세리와 죄인들이 말씀을 들으러 가까이 나아오니 바리새인과 서기관들이 수군거려 이르되 이 사람이 죄인을 영접하고 음식을 같이 먹는다 하더라 예수께서 그들에게 이 비유로 이르시되 너희 중에 어떤 사람이 양 백 마리가 있는데 그 중의 하나를 잃으면 아흔아홉 마리를 들에 두고 그 잃은 것을 찾아내기까지 찾아다니지 아니하겠느냐(눅 15:1-4).

이는 예수가 세리와 죄인들과 식탁교제를 나눌 때 비유를 말했다는 근거가 될 수 있다. 예수가 아무런 이유 없이 죄인들과 함께 어울린다는 비난에 대한 예수의 훌륭한 응답이 될 수 있었다. 각 비유는 잃어버린 것을 찾았을 때의 잔치에서 정점에 달한다. 사실상 예수의 축제적 식사는 바로 그 잔치라 할 수 있다. 다른 비유들도 함축적으로든 명시적으로든 버려진 자와 함께 하는 예수의 행위를 옹호하고 있는데, 포도원의 일꾼들(마 20:1-15), 두 아들(마 21:28-32), 악한 종(마 18:23-35), 그리고 큰 잔치(눅 14:15-24)의 비유가 그렇다. 따라서 예수의 많은 비유들이 축제적 식사의 자리에서 '식탁 담론'60)으로 제시되었다고 추론할 수 있다.

---

60) Borg, 『예수새로보기』, 184.

6. 예수와 죄인들의 교제가 당시 유대사회에 끼친 영향

예수와 소외된 자들과의 식사는 그들을 받아들일 수 없는 사람으로 선언한 사회의 질서를 깨뜨리는 행위일 수도 있었으나, 이들도 하나님께 받아들여질 수 있음을 깨닫게 하는 행위일 수도 있었다.61) 그러나 그것은 그들을 적대시하는 자들인 유대인들의 사회적 세계를 위협하는 것이었다. 그것은 종교적인 도전이었을 뿐만 아니라 문화적인 도전이기도 했다. 카리스마적 인물이 그의 가르침과 행동을 통해서 하나님은 천대받는 사람들도 받아들이신다고 말하는 것은 정한 자/부정한 자, 거룩한 자/속된 자, 의인/악인의 구별에 근거한 유대교의 사회적 세계에 대한 도전이며 위협이었다. 그래서 예수의 식탁 친교는 사회의 문화적 동력이었던 '거룩의 정치학에 의문을 제기하는 것이었다.62) 예수가 죄인들과 교제한 정신은 원시교회로 이어지며 이는 보통사람과 보통이하의 사람들이 다수를 이루는 공동체가 되게 만들었다.

> 형제자매 여러분, 여러분이 부르심을 받을 때에, 그 처지가 어떠하였는지 생각하여 보십시오. 육신의 기준으로 보아, 지혜 있는 사람이 많지 않고, 권력 있는 사람이 많지 않고, 가문이 훌륭한 사람이 많지 않았습니다(고전 1:26).

III. 결론

본 장의 논의를 통해 얻은 결론은 다음과 같다. 역사적 예수가

---

61) Borg, 『예수새로보기』, 184.
62) Borg, 『예수새로보기』, 184.

활동하던 당시의 유대사회에서 '죄인'은 고의로 그리고 악질적으로 죄를 짓고 회개를 하지 않는 사람을 가리켰다. 그들은 그들의 삶의 기준인 율법을 실제적으로 범한 사악한 사람들이었다. 따라서 여기에는 살인자, 강도, 세리와 같은 사람들이 포함되었다. 또한 '죄인들'에는 고리대금업자들과 같이 직업적인 이유로 인해 율법을 범할 수밖에 없는 사람들도 포함되었다. 그러나 유대인 대부분을 가리키는 '암하아레츠' 즉 서민은 죄인들로 인식되지 않았다. 따라서 '죄인들'에 대한 잘못된 이해를 시급히 수정할 필요가 있다.

당시의 유대교는 율법을 온전히 지키고 정결을 추구한다는 생각에서 이러한 죄인들을 혐오하고 그들과의 접촉을 적극적으로 피했다. 그러나 역사적 예수는 이들과 함께 하고 어울렸는데 이는 그의 독특한 모습이었으며 그의 공적사역의 핵심적인 부분을 차지했다. 여기에는 예수의 독특한 목적이 있었는데 그것은 그들을 하나님의 나라의 백성으로 받아주고 인정하며 동시에 그들을 하나님의 나라의 말씀과 행동을 통해 변화시키려 하였기 때문이다.

이러한 과정에서 예수는 죄인들과의 식탁교제라는 방법을 적극적으로 활용했으며 이러한 장을 통해 그들을 내적으로 변화시켰다. 예수는 그런 모임에서 죄인들이 하나님의 나라의 백성임을 선포하고 그들이 하나님에 의해서 받아들여졌음을 선언했다. 그리고 이런 식탁교제의 자리에서 사용한 최고의 설득방법은 바로 예수의 비유였다.

예수의 이러한 접근방식과 시도는 당시의 유대사회로서는 받아들이기 어려운 것이었으며 이로 인해 유대교의 지도자들은 예수에게 더욱 적대적인 입장을 취하게 된다. 결국 예수는 죄인들과의 어울림을 통해 그들을 변화시키는데 성공했으나, 이는 그가 십자가형에 처해지는 간접적인 이유가 된다.

참고문헌

안병무.『갈릴래아의 예수』. 천안: 한국신학연구소, 1990.

Bartchy, S.S. "Table Fellowship." In *Dictionary of Jesus and the Gospels*. Edited by J.B. Green, S. Mcknight, I.H. Marshall, Downers Grove: Intervarsity Press, 1992: 796-800.

Borg, M./김기석 옮김.『예수새로보기』. 천안: 한국신학연구소, 1997.

Dodd, C.H. *The Parables of the Kingdom*. London: Nisbet & Co. Ltd., 1935.

Jeremias, J./한국신학연구소 편집실 역.『예수시대의 예루살렘』. 서울: 한국신학연구소, 1988.

_____. *Jesus Promise to the Nation*. London: SCM Press, 1956.

_____. *New Testament Theology I: The Proclamation of Jesus*. London: SCM, 1971.

Nolan, A./ 정한교 옮김,『그리스도교 이전의 예수』. 칠곡: 분도출판사, 2010.

O'Neill, J.C. *Messiah: Six Lectures on the Ministry of Jesus*. Cambridge: Cochrane Press, 1980.

Rengstorf, K.H. "ἁμαρτωλος." *TDNT* vol. I. Grand Rapids, Michigan: William B. Eerdmanns Publishing Co., 1964: 333-35.

Sanders, E.P./이정희 역.『예수 운동과 하나님 나라』. 천안: 한국신학연구소, 1997.

Theissen, G./손성현 역.『역사적 예수』. 서울: 다산글방, 2001.

Vermes, G. *Jesus the Jew*. London: Collins Press, 1973.

6. 예수와 이스라엘의 회복

I. 서론

 최근의 역사적 예수 연구는 예수가 당시 이스라엘의 사회적, 정치적 측면에서 의도했던 바를 연구하는 방향으로 진행되어 왔다.[1] 역사적 예수가 이스라엘의 국가적 현실을 어떻게 바라보고 있었으며 또한 이를 타개하기 위해 어떤 노력을 했는지의 여부를 파악하기는 쉽지 않은데 지금까지 다양한 주장들이 제기되어 왔기 때문이다. 우선 예수가 이에 대해 전혀 관심을 갖지 않았으며 따라서 어떠한 노력도 하지 않았다는 주장과, 그와 반대로 예수는 이스라엘의 독립을 바라면서 이를 위해 구체적인 노력을 기울였다는 주장으로 양분된다. 독립을 바라면서 노력한 경우에도 독립은 필연이며 하나님께서 이스라엘 사람들에게 위임하신 사항이기에 무력을 사용해서라도 독립을 쟁취해야 한다는 극단적인 주장과, 예수는 하나님의 주도로 이루어지는 이스라엘의 독립에 호응하면서 동참하는 참여적인 입장을 견지했다는 온건한 주장으로 나뉘게 된다. 따라서

---

1) C.A. Evans, "Aspects of Exile and Restoration in the Proclamation of Jesus and the Gospels," in *Jesus in Context*, ed. by B. Chilton & C.A. Evans (Leiden: E. J. Brill, 1997), 263.

이러한 관점들을 인식하면서 제기된 주장들의 요지를 순서대로 파악하고 그 논리적 타당성을 검토하는 연구가 필요하다.

역사적 예수는 이스라엘의 독립을 위한 노력을 기울이지 않았다는 주장의 대표격인 보른캄은 "예수가 그의 백성의 민족적 희망을 확고히 하거나 갱신한다고 말한 적이 없다."고 주장한다.2) 보른캄의 이런 주장은 그의 스승인 불트만의 영향 때문인 것으로 보이기 때문에, 불트만이 주장하는 바를 보다 자세히 살펴볼 필요가 있다. 불트만은 하나님의 나라는 이상적인 사회적인 질서개념이 아니라고 하면서, 예수의 선포에는 체제전복적인 개념이나 혁명적인 성격의 언급이 결여되어 있다고 주장한다.3) 즉 예수가 기존사회를 변혁하는 어떤 분명한 계획을 가지지 않았기에 그의 움직임을 비정치적인 것으로 인식하게 만드는 측면이 있다. 그러나 이는 그의 한 면만을 본 것이다. 불트만도 세례요한과 예수 두 사람은 특히 대중을 상당히 동요시켰기에 이들을 본질적으로 비정치적인 성격을 띤 지

---

2) G. Bornkamm. *Jesus of Nazareth*, trans. by I.M. McLusky (London: Hodder & Stoughton, 1966), 66, 78. 보른캄은 예수가 독립에 대해 언급하지 않은 이유는 곧 종말과 파국이 올 것이라고 생각했고 근본적으로 하나님의 나라는 이스라엘 백성만이 아닌 모든 사람들을 위한 나라라고 주장했다고 보기 때문이다(78). 보른캄은 예수는 한 번도 권세와 위엄을 갖춘 다윗왕국의 회복과 이방인 대적자들을 파멸시키는 메시아를 언급한 적이 없다고 주장한다(솔로몬의 시편, 22:21ff., 30ff.). 샌더스는 보른캄이 그렇게 생각하게 된 이유는 역사적 예수에 관한 사실(facts)보다는 유대나라의 회복이라는 사상이 별로 나타나지 않고 보편적이고 개별적인 성격을 띤 예수의 가르침들(teachings)에 초점을 두고 설명해 나가는 방식을 취했고 유대나라의 회복은 하나님의 구원에 이방인들이 편입되는 것을 배제한다고 생각했기 때문인 것 같다고 추론한다. E.P. Sanders, *Jesus and Judaism* (London: SCM Press, 1985), 117.

3) R. Bultmann, *Jesus and the Word*, trans. by L.P. Smith & E.H. Lantero (New York: Charles Scribner's Sons, 1934), 103.

도자로 인식할 수 없었다고 주장하기 때문이다.4) 따라서 당시의 정치체제를 전복시키려는 의도는 없었을지라도 예수나 세례요한이 정치적인 영향력을 분명히 가지고 있었다고 판단하는 것이 옳다. 또한 예수가 임박한 하나님의 나라의 임재를 외쳤다는 사실과 로마제국에 의해 십자가형에 처해졌다는 사실도 예수가 그러한 존재였음을 입증하는 중요한 근거가 된다.5)

이와 반대로 역사적 예수가 이스라엘의 독립을 바라면서 노력을 기울였다고 주장하는 대표적인 학자들로서는 캐어드, 샌더스, 홀슬리, 마이어가 있으며 특히 이 주제에 대해 심층적인 연구를 한 샌더스는 예수가 열 두 제자를 선택해서 그들과 함께 하나님의 나라의 임박한 임재를 선포한 것, 그리고 성전사건을 일으킨 것은 그가 이스라엘의 회복을 위한 계획을 세우고 이를 실행해 나간 증거라고 주장한다.6) 캐드버리와 보른캄은 공통적으로 역사적 예수가 유

---

4) Bultmann, *Jesus and the Word*, 25.
5) R.J. Cassidy, *Jesus, Politics and Society: A Study of Luke's Gospel* (New York: Orbis, 1979), 79. 캐시디는 예수가 로마제국의 통치를 무력으로 전복하려한 열심당원과 같은 형태의 위협을 가하지는 않았지만 당시의 통치자에게 협조하는 것을 거부하고 새로운 사회적인 모형을 제시함으로 잠재적으로 로마제국에 상당한 위협이 되었다고 주장한다.
6) Sanders, *Jesus and Judaism*, 98, 116-119, 222. 샌더스는 80년대부터 관련 연구를 주도해온 대표적인 학자이다. 같은 책, 116: "Jesus intended Jewish restoration." 118: "… Jesus is to be positively connected with the hope for Jewish restoration." G.B. Caird, *Jesus and his Jewish Nation* (London: The Athlone Press, 1965), 16. 리차드 호슬리/김준우 역, 『예수와 제국』 (서울: 한국기독교연구소, 2004). 36, 171, 175. 마이어도 예수의 사역의 목적은 이스라엘의 회복을 향해 있었다고 주장한다. 마이어는 예수의 부름에 응답해 메시아시대의 남은 백성들을 구성한 것과 함께 회복이 선취되었다고 한다. B. Meyer, *The Aims of Jesus* (London: SCM Press, 1979), 223. 그런데 마이어는 요한의 종말적인 요구에 응함으로

대나라의 회복을 바랐지만 그에게는 이를 위한 구체적이고 통일된 목적이 없었다고 지적하는데 이 점에 있어 큰 진전을 이룩한 학자가 바로 샌더스다.7) 역사적 예수가 아무런 의도나 계획 없이 그의 사역을 해 나갔다고 상상하기는 어렵다. 왜냐하면 예수 운동에는 상황에 따른 임기응변적인 움직임으로 보기 어려울 정도로 계획적이고 의도적인 요소들이 많이 나타나기 때문이다.

따라서 논증의 추는 예수가 당시 유대나라의 독립에 상당한 관심을 갖고 있었다는 쪽으로 기울게 된다. 당시의 의식 있는 유대인들이 그랬던 것처럼 역사적 예수도 로마제국의 지배 하에서 신음하는 이스라엘 사람들에게 깊은 연민의 정8)을 보이면서 이스라엘의 회복(restoration)9) 즉 이스라엘의 독립을 간절히 바랐을 것으로 추론하게 된다.

이 점은 역사적 예수가 당시의 정치상황에 반감을 가지고 있었음을 보여주는 성서구절들에서도 확인할 수 있다. 우선 자신의 생

서도 이스라엘의 남은 자들이 형성되었다고 주장한다. 앞의 책(1979), 234. 여기서 남은 자들은 바로 교회를 가리키는 것으로 볼 수도 있다. 물론 독립을 위한 구체적인 계획에 있어서는 학자들 간에 차이가 있다.

7) H.J. Cadbury, *The Peril of Modernizing Jesus* (London: SPCK, 1962), 141-42.
8) 참고, "목자 없는 양과 같이 유리방황함이라"(마 9:36).
9) 역사적 예수를 연구하는 학자들은 이스라엘의 "독립"을 이스라엘의 "회복(restoration)"이란 단어로 표현하고 있다. Sanders, *Jesus and Judaism*, 95-98. Sanders는 회복(Restoration)을 유대회복의 신학(Jewish restoration theology)이라는 항목으로 자세히 설명한다. 같은 책, 440. 샌더스는 이스라엘의 회복에 대한 수많은 문헌적 근거가 있지만 열 두 지파가 회복되는 것에 대한 기대가 특히 광범위하게 나타난다고 하면서 이스라엘의 회복을 이스라엘의 열 두 지파가 다시 회복되는 것 즉 재결성(reassembly)되는 것으로 설명한다. 같은 책, 95-96.

명을 취하려는 헤롯 안티파스를 "여우"라고 표현함으로 그에 대한 적대감을 드러냈다(눅 13:32).[10] 또한 그가 이스라엘을 위해 함께 일했던 동역자인 세례요한의 목을 벤 존재이기에 우호적이지 않았을 것은 명백하다(막 6:14-29; 마 14:1-12; 눅 9:7-9). 예수는 이방인 집권자들에 대해서도 불만을 드러냈다(막 10:42-44; 마 20:25-27).[11] 이스라엘의 종교적 중심인 예루살렘의 운명을 예견하며 외친 말씀도 국가적 상황에 깊은 관심을 보여준 증거가 된다(마 23:37-39; 눅 13:34-35). 따라서 예수는 당시 이스라엘의 피식민지 상황에 깊은 불만을 느끼면서 독립을 희구하고 있었다고 보는 것이 설득력이 있다.[12]

본 장에서는 역사적 예수가 이스라엘의 회복을 의도했는지의 여부를 신약성서 및 이와 관련된 문헌에서 탐색하고, 회복을 의도했다면 구체적으로 그것을 어떻게 이루려고 했는지를 탐색한다.

---

10) J.B. Tyson, "Jesus and Herod Antipas," *JBL* 79(1960), 239-46. 타이슨은 대부분의 복음서에서 바리새인들을 예수의 대적자로 묘사하는데 반해 이 구절에서는 예수에게 우호적인 존재로 나타난다는 점에서 이 구절의 진정성을 주장한다.
11) 이 구절의 진정성에 대해서 일부 학자들은 역사적 예수가 이와 비슷한 말씀을 했을 가능성이 있다고 본다. R. Funk, *The Jesus Seminar* (Sonoma, California: Polebridge Press, 1991), 168. 그러나 초기교회의 지도자들의 지도력을 둘러싼 갈등상황을 반영할 뿐이라는 주장도 있다. U. Luz, *Matthew 8-20*, trans. by J. Crouch (Minneapolis: Fortress Press, 2001), 544-45.
12) 이와 반대로 역사적 예수가 당시의 정치상황을 인정하고 순종하고 있었음을 보여주는 성서구절로 흔히 마가복음 12장 13-17절(가이사에게 세금을 바침)이 제시되는데 이는 로마의 통치에 순응하는 것이 아니라 집단적인 조세거부로 인해 유대인들의 생명이 위협당하는 것을 막으려는 의도에서 제시된 것이기에 그 본래의 의도에 반한다.

II. 본론

역사적 예수가 독립을 위해 노력했다면 어떤 방식으로 이를 수행했는가? 두 가지로 나뉜다. 첫째로 이스라엘의 독립은 하나님이 이스라엘에 위임했기에 예수는 무력을 사용해서라도 독립을 쟁취하는 방식을 택했다는 주장과, 둘째로 그 반대되는 주장 즉 예수는 무력은 배제하고 선포와 치유와 설득을 통하여 이스라엘을 회복하시려는 하나님의 뜻을 이루려 했다는 입장이다. 이 주장들의 타당성을 순서대로 검토해 보자.

1. 역사적 예수가 무력을 사용하여 이스라엘의 회복을 의도했다는 주장

예수가 무력을 사용해 독립투쟁을 했다는 주장을 펼치는 학자들의 대표주자인 브랜돈은 다음에 논할 구절들을 그 근거로 제시한다.

가. 마태복음 10장 34-36절//누가복음 12장 52-53절

브랜돈은 역사적 예수가 무력으로 이스라엘의 독립을 위해 투쟁했다는 주장을 하면서 그 증거로 제자들에게 검을 준비하라고 한 말씀인 마태복음 10장 34절을 제시한다.[13] 이의 진정성을 판단하는 것은 쉽지 않은데 병행구인 누가복음 12장 51절에는 "검"이라는 용

---

13) S.G.F. Brandon, *Jesus and the Zealots: A Study of the Political Factor in Primitive Christianity* (New York: Charles Scribner's Sons, 1967), 202.

어가 아닌 "분쟁"이라는 단어로 표현되어 있기 때문이다.14) 더욱이 34절과 35-36절은 원래부터 결합되어 있던 단위전승이라고 보는 것이 적절한데 후자없이 전자의 의미를 이해할 수 없기 때문이다.15) 그런데 마태복음 10장 35-36절은 병행구인 누가복음 12장 52- 53절과 그 어법(wording)이 많이 다르며 가족구성원들 간의 갈등을 중복적으로 설명하고 있어서 이는 예수를 믿는 사람들과 그렇지 않은 사람들로 나뉘어져 가정 안에서 끔찍한 불화를 겪어야 했던 원시교회의 선교 상황을 정확히 설명하는데 적합한 구성이라고 판단하는 것이 보다 설득력이 있어 보이기 때문이다.16)

마태복음 10장 34절의 진정성을 인정하기 어려운 또 다른 이유는 악한 자는 물론 원수까지도 사랑하라고 가르친 역사적 예수가 그와 상충되는 말씀 즉 세상에 검 즉 무력을 통한 폭력사태를 일으키려 왔다고 말씀했을 가능성이 희박하기 때문이다(마 5:38-48).17) 브랜돈은 역사적 예수가 평화를 외치는 말씀들은 알렉산드리아에서

---

14) 이는 "검"의 의미를 보다 분명하게 알려주는 표현이라고 볼 수 있는데 고난과 환난을 의미한다.
15) Luz, *Matthew 8-20*, 108.
16) 불트만도 마태복음 10장 34-36절(눅 12:51-53) 본문 전체가 원시교회에서 왔다고 주장한다. R. Bultmann, *History of the Synoptic Tradition*, trans. by J. Marsh (Oxford: Basil Blackwell, 1972), 154-55, 브랜돈도 마태복음 10장 35-36절(눅 12:52-53)은 원시교회에서 왔을 가능성을 인정한다. 앞의 책, 321 n. 2.
17) 루츠는 역사적 예수가 비폭력을 강조한 것으로 보면서 마태복음 5장 39b-41절의 진정성을 인정한다. U. Luz, *Matthew 1-7*, trans. by W.C. Linss (Minneapolis: Augsburg Fortress, 1989), 326. 루츠는 또한 마태복음 5장 43-48절을 병행구인 누가복음 6장 27f., 35절과 대비한 뒤 이의 진정성을 인정한다. Luz, *Matthew 1-7*, 340. 그는 마태복음 10장 34-36절을 예수의 무력에 의한 전복을 보여주는 구절로 해석하는 것에 반대한다. Luz, *Matthew 8-20*, 111.

마태복음을 기록한 마태교회공동체가 핍박받을 수 있는 상황에 처했을 때 예수를 평화적인 태도를 가진 존재로 바꿔서 표현한 것에서 연유한다고 주장하지만 이는 설득력이 없다.18) 평화에 관한 말씀은 Q자료로서 마태복음서 기록시기보다도 앞서 존재했던 말씀이라고 판단해야 할 뿐 아니라 마태복음서가 알렉산드리아보다는 안디옥이나 펠라지역에서 기록되었다는 주장이 보다 설득력을 얻고 있기 때문이다.19)

설사 이 구절의 진정성을 인정한다 해도 브랜돈의 주장은 설득력을 얻지 못하는데 역사적 예수는 그가 생각하는 것과 다른 의미로 이를 말했을 가능성이 있기 때문이다.20)

나. 누가복음 22:35-38

브랜돈은 또한 "검"이 언급되는 또 다른 구절인 누가복음 22장 35-38절을 들어 예수가 무력에 의한 독립운동을 기도했다고 주장하는데 진정성이 있는 것으로 판단된다면 그러한 주장을 뒷받침할 적절한 근거가 될 수 있을 것이다.21) 이 구절의 진정성 여부를 판

---

18) Brandon, *Jesus and the Zealots*, 310.
19) 황성규도 Q자료는 마태복음 보다 시기적으로 앞서기 때문에 브랜돈의 주장은 맞지 않는다고 주장한다. 황성규, "예수의 혁명가적 상에 대한 해석," 『기독교사상』 17 (1977), 246.
20) 행엘은 이 구절이 예수 자신이 공생애에 나섬으로 인해 겪게 되는 가족들과의 갈등경험을 가리킬 수 있다고 본다. M. Hengel, *The Zealots*, trans. by D. Smith (Edinburgh: T. & T. Clark, 1989), 392. n. 40. Luz, *Matthew 8-20*, 111, 루츠는 마태복음 10장 34-35절이 역사적 예수의 말씀일 가능성이 있음을 인정한다. 크로산은 누가복음 12장 51절//마태복음 10장 34절을 무력에 의한 전복보다는 가족을 지배와 종속의 축으로 갈라놓는데 따른 갈등을 묘사하는 것으로 해석한다. J.D. Crossan/김준우 역, 『역사적 예수』 (서울: 한국기독교연구소, 2000), 484.

단하는 것은 쉽지 않은데 진정성을 인정한다 하더라도 이 구절을 무력봉기를 시도했다는 근거로 삼기 어려운 결정적인 이유가 있기 때문이다.22) 역사적 예수가 무력봉기를 기도했다면 무장시킬 수 있는 인원이 절실히 필요했을 텐데 열 두 명의 무장 가용 자원이 있는데도 불구하고 기껏 두 자루의 검에 "족하다"고 한 것은 무력봉기가 아니라 최소한으로나마 그들의 신변을 보호하려는 의도가 있었던 것으로 해석하는 것이 타당하기 때문이다. 또한 제자중의 하나가 예수를 체포하려고 온 무리들과 함께 온 대제사장의 종의 귀를 친 행위에 동의하지 않은 것은 검을 사용하는 무력행위를 반대하고 있음을 분명히 보여주기 때문이다(눅 22:47-51).23) 따라서 "검"

---

21) Brandon, *Jesus and the Zealots*, 203, 340-342. Brandon, *The Trial of Jesus* (London: B.T. Batsford, 1968), 199. 203, 브랜돈은 빌라도가 예수가 반란의 죄를 지었다고 믿었고 그래서 처형했다고 주장한다. 앞의 책 (1968), 143. 그러나 콘젤만은 누가복음 22장 35-38절이 원시교회에서 왔다고 주장한다. H. Conzelmann, *The Theology of Luke*, trans. by G. Buswell (London: Faber and Faber, 1960), 82, 103, 187, 199, 233-34.
22) I.H. Marshall/번역실 역, 『누가복음(II)』 (천안: 한국신학연구소, 1984), 624. 마샬은 36절의 진정성을 의심할 이유가 없다고 주장하며 이는 장차 제자들에게 닥칠 고난과 희생에 대비하라는 의미로 해석한다. 피츠마이어는 이 구절을 상징적인 의미로 해석해야 한다고 주장한다.. J. Fitzmyer, *The Gospel According to Luke (X-XXIV)* (New York: Doubleday, 1985), 1432. 데이비스도 검에 관한 말씀을 가지고 예수가 열심당과 관련된 것으로 해석하려는 시도는 단호히 거부되어야 한다고 주장한다. W.D. Davies, *The Gospel According to Saint Matthew*, vol. 2 (Edinburgh: T. & T. Clark, 1991), 219. 루츠도 이 구절을 예수가 무력과 폭력에 의존한 증거로 해석하는 것을 거부한다. Luz, *Matthew 8-20*, 111-12.
23) "그만 두어라"(ἐᾶτε ἕως τούτου)는 말씀은 폭력을 거부한다는 뜻이다. Cassidy, *Jesus, Politics and Soceity*, 45. 사마리아 마을에 불이 내리도록 청하여 이를 멸하려는 태도를 책망하는 말씀이 진정성이 확인된다면 예수가 폭력사용을 거부함을 보여주는 또 다른 증거가 된다(눅 9:53).

이라는 단어를 무력봉기를 위한 추론의 근거로 삼는 것은 적절치 않으며 오히려 이를 예수의 제자들에게 자신들을 방어할 상황에 대비하라는 의미로 해석하는 것이 보다 설득력이 있다.24)

따라서 위에서 논한 두 구절을 예수를 열심당원이나 혁명가들과 관련시키는 증거로 삼는 것은 적절치 않다고 판단된다.

다. 열심당원이라고 불린 예수의 제자 시몬(막 3:18; 마 10:4; 눅 6:15; 행 1:13)

역사적 예수가 무력봉기를 꾀했다고 브랜돈이 주장하는 또 다른 근거는 그의 제자 중에 열심당원이 있었다는 것이다. 브랜돈은 시몬이 "가나나인 시몬"(막 3:18: Σίμωνα τὸν Καναναῖον), "가나나인 시몬"(마 10:4: Σίμων ὁ Καναναῖος), "셀롯이라는 시몬"(눅 6:15: Σίμωνα τὸν καλούμενον ζηλωτὴν) 또는 "셀롯인 시몬"(행 1:13: Σίμων ὁ ζηλωτής) 으로 설명되어 있는데, "가나나인"은 셀롯 즉 열심당을 의미하는 아람어를 헬라어로 음역한 것으로, 마가복음기자는 예수의 제자 중 하나가 유대전쟁을 일으킨 단체의 조직원이었다고 기록하면서 로마에 있는 기독교공동체를 위험에 빠뜨릴 수 있다고 판단해서 명확하게 설명하지 않은 채로 두었다고 주장한다.25) 즉 역사적 예수는 열심당과 밀접한 관련을 맺고 있었다는 것이다. 그러나 이 주장은 다음과 같은 점에서 모순된다. 브랜돈의 추론이 옳다면 평화의 복음서, 로마제국에 기독교를 변증하는 복음서를 기록한 누가복음기

---

24) O. Cullmann/고범서 역, 『예수와 혁명가들』 (서울: 범화사, 1984), 62-63. 피츠마이어는 이 구절에서 예수가 젤롯당과 같은 경향을 보이고 있는 것이 아니며 위험에 대비할 것을 말하는 상징적인 의미로 말한 것이라고 주장한다. Fitzmyer, *The Gospel According to Luke(X-XXIV)*, 1432.

25) Brandon, *Jesus and the Zealots*, 10, 200, 244-45.

자는 왜 셀롯인 시몬이라고 명확하게 표기했는가?26) 따라서 '가나나인'은 아람어 표현을 가능한 유지하려고 한 마가복음기자의 언어적인 선호 때문인 것으로 보인다.

역사적 예수의 제자인 시몬이 실제로 '가나나인'이나 '셀롯인'으로 불렸다 하더라도 그가 당시에 폭력적인 무력투쟁을 하고 있었다고 보기 어려운 중요한 이유가 있다. 역사적 예수의 활동시기에는 열심당이 무기를 사용해 폭력적으로 사람을 죽이는 방식으로 독립투쟁을 하고 있지 않았다. 요세푸스에 의하면 그런 방식은 휄릭스가 유대총독이었던 주후 50년대에 시카리들에 의해 시작되었다(『유대전쟁사』 2.13.3 §254-257, 『유대고대사』 20.8.5 §160-166).27) 따라서

---

26) 브랜돈은 마가복음이 기록된 지 약 십 오년 이후 지난 상황에서는 열심당을 그처럼 위험스럽게 여기지 않았다고 주장하는데 이는 설득력 없는 설명으로 보인다. 같은 책, 244. 기독교를 변증하려는 누가복음기자는 마가복음기자보다도 더 불분명하게 설명하고 싶었을 것이다. 브랜돈도 누가복음기자가 평화의 복음을 기록하려고 했다는 점을 강조한다. 같은 책, 316-18.

27) W.J. Heard, & C.A. Evans, "Zealots," *Dictionary of New Testament Background*, eds. C.A. Evans & S.E. Porter (Downers Grove: Inter Varsity Press, 2000), 944-945. 허드와 에반스는 열심당이 주후 67-68년이 되어서야 하나의 조직이 되었으며 유대전쟁이 그들로 하여금 무력을 사용하게 만들었다고 주장한다. E. Schuerer, *The History of the Jewish People in the Age of Jesus Christ(175 B.C.-A.D. 135)*, Vol. II, rev. and ed, by G. Vermes, F. Millar, M. Black (Edinburgh: T. & T. Clark Ltd. 1979), 601. 이 책에는 다음과 같이 설명되어 있다. 요세푸스의 기록에 일관성이 없어서 시카리와 열심당의 관계를 명확하게 설명하기는 어렵다. 시카리는 주후 6년에 시행된 시리아총독 퀴리누스가 세금징수를 목적으로 시행한 인구조사를 반대하면서 형성된 단체로 마사다에서 최후를 맞았다. 열심당은 예루살렘에서만 활발하게 활동했으며 주후 66년에 시작된 유대전쟁 전까지는 하나의 독립된 조직이 아니었다. 그러다가 엘리아잘 벤 시몬에 의해 하나의 조직으로 등장한다. 휄릭스는 52년부터 59년까지 유대총독을 지냈다. J. Brooks, "Felix," *Eerdmans Dictionary of the Bible*, ed. by

예수의 제자 중에 시카리와 같은 뜻인 가나나인이라고 불린 시몬이 있었지만 그는 이스라엘의 회복에 깊은 관심을 두었을 뿐이며, 결코 폭력을 행사하는 사람이었다고 볼 수 없다.

시몬만 열심당원이라고 불렀다는 사실은 예수와 그의 제자들이 폭력적인 방식으로 투쟁했다는 결정적인 증거가 될 수 없는데 그에게만 그런 별명을 붙인 것은 다른 열 한 제자는 열심당원이 아니라는 것을 뜻하기 때문이다(눅 6:15; 행 1:13).[28] 또한 시몬이 열심당원이라고 불린 사실을 가지고 예수와 그의 제자들이 폭력적인 무력투쟁을 했다는 브랜돈의 주장은 예수의 제자 중에는 열심당원들이 이스라엘의 반역자로 생각하는 세리의 직업을 가진 마태가 있었다는 사실에서 벽에 부딪힌다(마 10:3). 그 사실을 가지고 예수가 로마제국과 협조했다는 논리를 펼칠 수 있기 때문이다. 그러므로 제자들 중의 한 사람 앞에 붙인 별명으로 예수의 정치적인 입장을 판단하는 것은 적절치 않다.[29] 이렇게 예수가 무력에 의해 이스라엘을 회복시키려 했다는 브랜돈과 일부 학자들의 주장은 설득력이 없다.[30] 예수는 물리력과 강제력을 거부했을 뿐 아니라 오히

D.N. Freedmann (Grand Rapids: W.B. Eeerdmanns Publishing Co., 2000), 459.

28) G. Theissen/이달 역, "예수활동의 정치적 차원," 『신약논단』 12/3 (2005), 724.

29) Hengel, *The Zealots*, 392. n. 40. 그런 이유로 황성규도 브랜돈의 주장을 받아들이지 않는다. 황성규, "예수의 혁명가적 상에 대한 해석," 『기독교사상』 17(1977), 246.

30) 샌더스는 예수가 솔로몬의 시편 17장에 나타나는 것과 같은 군사적인 승리에 따른 정치적인 자유를 의도한 것은 아니라는 점에 대부분의 학자들이 동의한다고 언급한다. Sanders, *Jesus and Judaism*, 116. "예수의 혁명가적 상에 대한 해석," 252, 255. 황성규는 위 주제에 대한 주요학자들의 연구를 논한 뒤에 예수가 열심당원이 지향한 바와 같이 폭력과

려 그런 방식에 대해 반대하는 태도를 견지했으며, 예언적인 말씀을 외쳤지만 "설득"의 방법을 사용했다.31)

지금까지 살펴본 대로 역사적 예수가 무력을 사용하여 이스라엘의 회복을 기도했다는 주장은 설득력이 없다는 것이 분명해졌다. 그렇다면 예수는 이스라엘의 회복을 위해서 어떻게 노력했는가?

2. 역사적 예수는 무력을 배제한 새로운 방식으로 이스라엘의 회복을 의도했다는 주장

역사적 예수의 이스라엘 회복 의도 및 방법과 관련해 전제할 중요한 점이 있다. 예수는 이스라엘의 독립이 근본적으로 하나님의 주도로 이루어지며 결코 예수 자신이나 그를 따르는 사람들의 힘만으로도 쟁취할 수 있다고 생각하지 않았다(참고, 막 4:27).32) 따라

무력을 동반한 혁명을 재가한 혁명가로서 해석될 수 없다는 결론을 내린다. 그러면서도 예수의 행동은 당시의 종교적 정치적 지배층에 대한 "저항적 상징행동"이었다고 주장한다. 쿨만이나 행엘이 주장하는 것처럼 역사적 예수는 오직 내면적인 혁명만을 촉구했다는 주장은 예수가 당시의 이스라엘 민족이 처한 정치적 경제적 사회적 삶의 현실을 도외시했다는 말이 된다. 필자는 그것이 역사적 예수가 견지했을 시각이었을 것이라고 생각하지 않는다.

31) 타이센, "예수활동의 정치적 차원," 711, 713. 최근에 역사적 예수가 비폭력에 의한 저항을 했다는 주장이 제기되고 있는데 비폭력적인 항의를 통해서 상대방에 충격을 주려고 했다는 것이다. 월터 윙크/김준우 역, 『예수와 비폭력 저항』 (서울: 한국기독교연구소, 2003), 27-34. 51. 이 주장의 문제점은 구체적인 계획이 없이 어떻게 이스라엘의 회복을 이룩할 수 있느냐 하는 것이다.

32) 이 점에서 입장이 갈리게 된다. 황성규는 열심당원들도 하나님의 나라가 가까웠다는 선포에는 공감했지만 이는 인간의 혁명적인 활동에 의

서 예수 자신 및 자신과 뜻을 같이 하는 제자들이 그 큰 흐름에 능동적으로 참여하는 것이 필요하다고 생각했다.33) 그렇게 볼 때 이스라엘의 회복을 가져올 결정적인 동인은 하나님의 나라의 임재가 된다.34) 그렇기 때문에 그들은 피동적으로 앉아서 하나님의 나라의 임재를 기다리는 입장을 취하지 아니하고 이의 임박한 도래를 적극적으로 선포하여 임박한 이스라엘의 회복을 기다리고 이에 걸맞게 행동하도록 유대인들을 깨우쳤다. 이러한 주장의 타당성을 복음서에서 이스라엘의 회복과 관련된 단어들과 구절들의 사용용례에서 확인하는 방식으로 진행한다.

가. "이스라엘의 회복"을 의미하는 단어

신약성서에서 "이스라엘의 회복"을 의미하는 단어는 사도행전 1장 6절에 나오는 ἀποκαθίστημι다. 그 기본적인 의미는 "원래의 상태로 돌이키다"이며 "회복"(restore, reestablish) 즉 하나님에 의한 질서의

해서 가능하다고 믿었기 때문이며 따라서 예수의 하나님 나라 선포를 예수가 친 열심당적이었다는 근거로 취하는 것은 옳지 않다고 주장한다. 황성규, "예수의 혁명가적 상에 대한 해석," 248-49. 그러나 이와 반대로 주장하는 학자들은 흔히 야웨의 주도성을 인정하지 않으며, 예수를 순전히 이스라엘을 회복시키는 혁명가로 그린다. Brandon, *Jesus and the Zealots*, 200.
33) Sanders, *Jesus and Judaism*, 232. "예수가 기대했던 왕국은 왕과 지도자들이 있고, 성전과 열 두 지파가 있으며 거기에는 하나님이 참여해야 하며 새로운 성전이 마련되고 이스라엘 백성이 해방(회복)되는 것으로 설명될 수 있다." 여기서 하나님의 참여가 명시되어 있다는 것이 중요하며 이는 실제적으로는 이스라엘의 회복이 하나님의 주도로 이루어진다는 것이다. 예수는 이 하나님의 나라가 아주 가까운 미래에 임재할 것으로 기대하고 있었다. 같은 책, 118.
34) 타이센도 그 점을 인지하고 있다, "보통 하나님의 나라는 이방인에 대한 승리를 의미한다." Theissen, "예수활동의 정치적 차원," 731.

확립을 뜻하며 본문의 맥락에서는 "하나님께서 이스라엘을 그들의 땅으로 회복시키시는 것"을 뜻한다(렘 16:15; 호 11:11).35) 따라서 사도행전 1장 6절에서 뜻하는 회복은 이스라엘을 로마제국의 지배에서 회복시키는 것이 된다.36) 그러나 보른캄은 예수가 이 구절에서 이스라엘의 회복에 대한 제자들의 소망에 호응하는 대답을 하지 않기 때문에 이 구절을 정반대의 논리 즉 역사적 예수가 회복을 기대하거나 지지하지 않았다는 근거로 제시한다.37) 그러나 여기서 답하는 예수는 부활한 예수이며 따라서 원시교회에서 기원한 말씀일 가능성이 높다. 따라서 이를 회복에 관한 역사적 예수의 태도를 나타내는 말씀이라기보다는 후기로 갈수록 이방선교에 집중하는 원시교회가 되지만 초기에는 이스라엘의 회복을 여전히 희구하고 있었던 증거로 해석하는 것이 보다 설득력이 있다. 그럼에도 불구하고 이스라엘의 회복에 대한 원시교회의 희구는 역사적 예수와 제자들에게서 기원했을 가능성이 높다.38)

이 단어가 "회복"의 의미로 사용된 보다 구체적인 경우는 마가복음 9장 11-13절//마태복음 17장 10-12절이다. 전승 구성의 역사를 보면 마가복음 9장 11-13절은 원래 마가복음 9장 1-10절과 별도의 부분이었지만 엘리야라는 단어가 공통적으로 나오기 때문에 주제적으

---

35) A. Oepke, "ἀποκαθίσττημι," *TDNT*, vol. I. ed. G. Bromiley (G. Rapids, Michigan: Wm. B. Eerdmanns Publishing Company, 1964), 387-388.
36) Oepke, "ἀποκαθίσττημι," 387-99. "하나님에 의한 질서의 확립이란 의미다." 누가는 마가복음과 마태복음 본문에 언급된 것을 의도적으로 사도행전에 기록하면서 이스라엘 회복에 대한 열정을 선교의 열정으로 전환시키고 있다.
37) Bornkamm, *Jesus of Nazareth*, 66.
38) 역사적 예수의 의도와 정반대되는 것을 원시교회가 만들어냈을 가능성은 낮다.

로 연결된 것으로 보인다. 마가복음 9장 11-13절은 말라기 4장 5-6절에 예언된 엘리야와 같은 역할을 할 것으로 기대한 세례요한이 죽임을 당한 것에 대한 예수의 반응을 잘 표현하고 있는데 이 구절의 진정성을 판단하기는 쉽지 않다. 왜냐하면 이 부분이 묵시적 말씀이며 재림의 지연에 기인한 원시교회의 말씀으로 보는 학자들도 있기 때문이다.39) 그렇게 주장하는 불트만의 논지의 핵심은 원래 마가복음 9장 11-13절은 마가복음 9장 1절과 연결되어 있었으며 원시교회의 신학적 토론과정에서 마가복음 9장 12b-13절 부분이 삽입되었다는 것이다. 사실 12b절은 주변 맥락과 어울리지 않는 생경한 말씀이다. 그러나 그 부분을 제외한 부분인 9장 11-12a, 13절은 다음과 같은 이유 때문에 역사적 예수의 상황에서 제기된 질문에 대한 답변일 가능성이 높다.

첫째로, 유대인들은 줄곧 구약에서 예언된 엘리야를 기다려 온데 반해, 원시교회는 재림하는 예수 그리스도만을 기다렸기 때문이다. 따라서 원시교회가 예수 재림 지연의 정당성을 설명하기 위하여 엘리야의 이야기를 사용하여 이 구절을 만들어내야만 했을 이유가 없기에 이 주장은 설득력이 없다.40) 더욱이 신약성서에서 주의 재림을 지연시킨 것은 엘리야가 아니라 "불법의 사람 곧 멸망의 아들"과 같은 부정적인 존재이기 때문이다(살후 2:3). 오히려 11절 이하 부분은 실제적인 대화를 연상시키며41) 엘리야로 표현된 세례요

---

39) Bultmann, *The History of the Synoptic Tradition*, 124-25.
40) 예레미야스는 이 구절이 초기(헬라적) 기독교에서 왔다고 볼 수도 있으나 고난의 묘사에 있어서의 애매함은 그런 가능성을 부정한다고 주장한다. 여기서 원문에 사용된 단어 "애매함"(vagueness)은 보다 정확히 번역하면 "불명확성"을 뜻하는 것으로 보인다. J. Jeremias, *New Testament Theology*, vol. 1, trans. by J. Bowden (London: SCM Press, 1971), 295.

한의 죽음에 대한 유일한 언급이라는 점과 또한 그와 연대하여 일했던 역사적 예수로서는 세례요한의 사역의 중요성에 대해 필히 언급했었을 것이라는 점에서 진정성이 있는 말씀일 가능성이 높다.

둘째로, 원시교회가 이 구절을 만들어냈을 가능성이 없는 이유 중의 하나는 원시교회도 세례요한을 엘리야처럼 여기고 존경할 수 있었지만 세례요한이 "모든 것을 회복"한다는 정도까지는 표현하지 않았을 것이기 때문이다. 원시교회는 예수가 이스라엘을 회복한다는 기대만을 하고 있었기 때문이다(행 1:6). 또한 본문의 원 근거가 되는 말라기 4장 5-6절에서도 모든 것을 회복한다는 표현은 사용하고 있지 않다. 따라서 이렇게 극도로 존경하는 표현은 늘 세례요한의 권위를 최고로 높여 표현했던 역사적 예수에게서 왔다고 보는 것이 논리적이며 설득력이 있다(마 11:11; 눅 7:28).[42] 역사적 예수가 그의 공생애 동안에 이스라엘의 회복을 뜻하는 단어를 사용했을 가능성이 확인되었다.

회복을 의미하는 또 다른 경우는 누가복음 24장 21절이다. "우리는 이 사람이 이스라엘을 속량(λυτροῦσθαι.할 자라고 바랐노라…"라는 말씀에서 '구속하다'라는 의미로 사용된 단어 λυτρόω는 정치적인 회복을 뜻하는 단어로 사용된다(미 4:10). 이 말씀이 역사적 예수의 말씀이라면 이를 이스라엘의 독립을 위해 노력했다는 증거로 삼을 수 있을 것이다. 그러나 보른캄은 본문에서 엠마오 제자들의 말 즉

---

41) C.E.B. Cranfield, *Mark* (Cambridge: Cambridge University Press, 1955), 296.
42) 반대로 원시교회는 세례요한의 권위를 예수의 권위보다 낮춰서 기록하려 했다(요 1:27, 33; 3:30; 4:1-2). 이 구절(마 11:1; 눅 7:28)은 역사적 예수가 세례요한의 사역과 죽음을 보면서 고난의 길을 가야하는 예언자의 운명을 안타깝게 여기며 자신도 그와 같은 길을 갈 것을 예언한 것이라고 할 수 있다.

우리는 그가 이스라엘을 회복할 분이라고 생각했다는 것에 대해서 예수가 답변을 하지 않는다는 것은 역사적 예수가 그러한 관심을 갖고 있지 않았다는 근거라고 주장한다.43) 그러나 이는 역사적 예수의 말씀이 아니다. 엠마오로 가는 두 제자의 이야기는 원시교회에서 기원한 말씀이기에 이를 역사적 예수가 이스라엘을 회복시켜 주기를 바랐던 그들의 아쉬움을 못내 표현하는 한 증거로 보는 것이 적절할 것이다. 이는 이스라엘의 회복에 대한 원시교회의 바람이 역사적 예수와 제자들에게서 기원했을 가능성을 보여주는 또 다른 증거다.

나. 역사적 예수의 하나님의 나라 선포와 이스라엘의 회복

예수 당시 많은 유대인들은 이스라엘이 여전히 일종의 포로상태에 있으며 하나님께서 그들을 구원하시기까지는 그런 상태가 끝나지 않을 것으로 생각하고 있었다.44) 이스라엘은 로마제국의 식민지로, 실제적으로는 모국에서 추방된 상황에 있는 것이나 마찬가지였기에 모국으로의 귀환(restoration), 즉 야웨께서 종말에 이 같은 식민지 상태에서 벗어나게 하실 것이라는 회복 사상이 역사적 예수가 활동하던 시기보다 앞서 기록된 여러 문헌에 잘 나타나 있다(바룩 4:36-37; 솔로몬의 시편 11:1-4; 마카비 2서 1:27-29; 2:17[45]); 에녹 1서

---

43) Bornkamm, *Jesus of Nazareth*, 66.
44) Evans, "Aspects of Exile and Restoration," 269-70. N.T. Wright/박문재 역, 『예수와 하나님의 승리』 (서울: 크리스챤다이제스트, 2004), 323-31.
45) 에반스는 원문에 명사 "왕국"(τὸ βασίλειον) 앞에 "회복하다"라는 뜻의 동사 ἀποδώσει가 탈락된 것을 Goldstein이 적절히 추가했다고 판단하는데, 이는 합리적으로 보인다. Evans, "Aspects of Exile and Restoration," 277.

90:33; 1QM 1:3; Philo, *De praemiis et poenis* 94-97, 164-165[46]; 참조, 바룩 2:7-10).

이 상황에서 예수의 하나님의 나라의 임박한 임재의 선포는 어떤 의미를 갖는가? 하나님의 나라는 하나님께서 온전히 통치하시는 나라다. 따라서 그의 외침 즉 "하나님의 나라의 임재라는 외침은 이방에 대한 승리와 이스라엘의 독립에 대한 기대를 불러 일으켰을 것"이다.[47] "예수는 유대민족의 회복이라는 종말론적인 전통에 확고히 서 있었다."[48]

그래서 유대인들도 이런 예수의 움직임에 깊은 관심을 표명했던 것으로 보인다. 예로 유대인들이 예수에게 표적을 요구한 사건도 이런 관점에서 해석할 필요가 있다(막 8:11-13). 그들은 예수의 사역을 일종의 이스라엘의 회복의 전조로 인식해서, 이스라엘의 회복을 위해 일했던 드다나 이집트인과 같은 존재가 그들에게 표적을 주

---

46) *Philo*, trans. by F.H. Colson (LCL; Cambridge: Harvard University Press, 1989), 371-72, 417-19.
47) G. Theissen/손성현 역, 『역사적 예수』(서울: 다산글방, 1997), 403, 하나님의 왕적 통치라는 개념은 이방인에 대한 승리와 흩어진 지파의 소집을 의미한다고 본다. 타이센은 포로기와 포로기 이후 하나님의 왕권에 대한 종말론적 기대가 예수 시대에 이미 정경의 형태를 갖춘 성서에 기록되어 있는 것을 그 근거로 제시한다(사 24:21-23; 25:6-8; 33:17-22; 52:7; 옵 1:21; 습 3:15) (363).
48) Sanders, *Jesus and Judaism*, 227. 최근의 연구에서 예수가 이스라엘의 회복을 위한 종말론적인 예언자였다고 주장하는 그 외의 학자들은 다음과 같다. S.M. Bryan, *Jesus and Israel's Traditions of Judgment and Restoration* (Cambridge: Cambridge University Press, 2002), 242. B.T. Pitre, *(The) Historical Jesus, the Great Tribulation and the End of the Exile: Restoration Eschatology and the Origin of the Atonement* (Ann Arbor, Michigan: UMI, 2004), 663. 브랜돈도 하나님의 나라는 당시의 정치 사회 질서를 전복하는 것이라고 주장한다. Brandon, *The Trial of Jesus*, 143.

었듯이 그런 표적을 보여 달라고 요구했을 수 있었을 것이다(요세푸스, 『유대고대사』 20.5.1 §97-98; 『유대전쟁사』 2.13.4-5 §167-172; 참고 『유대고대사』 20.8.6 §168).[49] 요약하면 예수의 하나님의 나라 선포는 예수가 이스라엘의 회복을 바라고 있었으며 그런 방향으로 움직이고 있었다는 한 증거가 된다.

다. 예수의 열 두 제자 선택과 이스라엘의 회복(눅 22:29-30; 마 19:28)

역사적 예수가 열 두 제자를 선택했다는 것은 그가 이스라엘 민족의 회복을 의도했다는 중요한 증거가 된다(막 3:13-19//마 10:1-4//눅 6:12-16). 성서에서 열둘은 곧 이스라엘의 열 두 지파를 상징하기 때문이다.[50] 마가복음 3장 14절은 이들을 선택한 목적을 예수와 "같이 있게 하려" 했다고 표현하고 있는데 이는 무엇보다도 예수와 열두 제자의 활동이 이스라엘의 독립을 표방하고 있다는 것을 유대인들이 알아채게 하고, 또한 그들이 역사적 예수의 활동을 바로 옆에서 목격하면서 그의 명하는 바를 실천함은 물론, 때가 되었을 때 그들에게 주어질 적합한 역할을 해낼 수 있도록 하기 위해서였다. 그런 점에서 열 두 제자 선택을 예수가 이스라엘의 회복을 의

---

49) Evans, "Aspects of Exile and Restoration," 283. 에반스는 이런 요구가 예수 당시 일부 유대인들이 예수의 사역의 성격을 이런 측면에서 해석했음을 보여줄 수 있을 가능성을 시사한다. 즉 드다와 이집트인이 약속했던 이스라엘의 독립을 위한 표적과 같은 표적을 예수에게 요구했다고 해석할 수 있다는 것이다.
50) 샌더스는 일세기 당시 유대인들의 열두 지파에 대한 기억이 분명하게 남아있고 열두 지파의 재결합(reassembly)에 대한 기대가 너무나 컸었기에 "열둘"은 곧 "회복"을 의미했다고 본다. Sanders, *Jesus and Judaism*, 98.

도했었다는 결정적인 이유로 꼽는 샌더스의 주장에는 설득력이 있다.51) 타이센도 같은 주장을 펼친다. "예수가 선포한 하나님 나라가 보편적인 성격을 띠고 있었지만, 그 나라는 약속의 땅에서 새롭게 태어난 열두 지파 공동체의 모습으로 이루어질 나라였다."52)

역사적 예수의 열두 제자 선택을 그가 이스라엘의 회복을 바라며 움직여나갔다고 보는 또 다른 이유는 열 두 제자로 하여금 회복된 이스라엘의 열 두 지파를 다스리게 한다는 본문이 있기 때문이다(마 19:28; 눅 22:29-30). 열두 명이 이스라엘을 다스린다는 것은 구약시대의 사사들처럼 열두 지파를 다스린다는 뜻이 된다. 제자의 숫자 열둘은 이스라엘 열 두 지파의 열둘과 일맥상통하기 때문이다.53) 예수의 제자 열두 명이 다스린다는 것은 이들이 지도자가 되어 이스라엘을 위기에서 보호하고 새롭고 정의롭게 지도력을 발휘한다는 뜻이 된다.54) 예수의 제자들도 왕국에 대한 구체적인 이상

---

51) Sanders, *Jesus and Judaism*, 98; Evans, "Aspects of Exile and Restoration," 282-83. 이적(miracle)에 대해 회의적이었던 요세푸스의 이런 증언들은 유대인에게 표적이 얼마나 중요했는지를 새삼 강조해 준다. Evans, 같은 책, 285.
52) Theissen, 『역사적 예수』, 267.
53) 이 점은 샌더스도 인정한다. Sanders, *Jesus and Judaism*, 118. 샌더스는 예수가 세례요한에게 세례를 받았다는 사실, 그리고 열두 명의 제자들 선택했다는 것, 성전사건을 일으켰다는 것 그리고 이의 파괴를 예언했다는 사실을 토대로 해서 예수를 유대민족의 회복의 희망과 절대적으로 연결시켜 생각해야 한다는 사실을 확신할 수 있다고 주장한다. 마이어도 열둘이 열두 족장들, 열두 지파들 그리고 나사렛 예수에 의한 이스라엘의 회복한다는 사상을 상상하게 한다고 주장한다. J.P. Meier, *The Marginal Jesus*, vol. 1. (New York: Doubleday, 1991), 208.
54) Evans, "Aspects of Exile and Restoration," 283. 개역개정판에서 누가본문은 "다스린다"로 마태본문은 "심판한다"로 번역하고 있지만 원문에는 모두 κρίνοντες로 기록되어 있다. 원문비평에 의하면 누가본문이 더 원

을 가지고 있었기에 이런 권위의 부여는 자연스럽게 받아들여졌을 것이다.55)

고대유대교도 열두 지파의 재소집을 기대하고 있었다. 그러한 기대가 다음 문헌에 잘 나타나있다(1QM 2:2-3; 11QTemple 18; 마카비 2서 2:7, 17-18; 집회서 36:11; 48:10; 희년서 1:28; 12족장의 유언 중 베냐민 9:2; 솔로몬의 시편 8:28; 17:50). 이들 문서들은 대부분 주전 1-2세기에 기록된 것으로 1세기 유대인들이 열 두 지파의 회복을 간절히 바라고 있었음을 분명하게 보여준다. 예수의 열 두 제자 선택은 이런 기대에 부응한 것이라고 볼 수 있다. 또한 본문이 마가

문에 가까운 것으로 판단된다. 공관복음서에서는 "열 두 사도"(마 10: 2), "열 두 제자들"(마 10:1; 11:1; 20:17; 26:20) 또는 "열둘(두)"(막 3:14; 4:10; 6:7; 9:35; 10:32; 11:11; 14:10, 17, 20, 43; 마 10:5; 26:14, 47; 눅 6:13; 8:1; 9:1, 12; 18:31; 22:3, 47)이라는 다양한 방식으로 표현되고 있다. 열두 제자가 "보좌에 앉아 이스라엘 열두 지파를 다스린다"는 말씀은 다음과 같은 이유 때문에 진정성이 있는 역사적 예수의 말씀으로 볼 수 있다. 첫째로, 예수의 죽음과 부활이후 원시기독교가 이 구절을 만들어낼 수 없었던 것은 가롯유다가 죽은 상황에서는 "열 둘"이라는 숫자를 사용할 수 없었을 것이기 때문이다. 원시교회로서는 배반자인 가롯유다가 이스라엘 십이 지파를 다스린다는 내용의 말씀은 도저히 만들어 낼 수 없었을 것이다. 따라서 "열 둘"은 부활이전 부터 확정된 전승이라고 판단하는 것이 논리적이다. 둘째로, "열 둘"이라는 숫자가 원시교회에서 만들어지지 않았을 것이기 때문이다. 원시교회의 구성원들은 이스라엘의 열 두 지파를 다스리는 특권을 열 두 사도들에게만 부여하는 것에 동의하지 않았을 것이기 때문이다. 왜냐하면 원시교회의 구성원들도 세상과 천사까지 심판하는 권위를 부여받았다고 생각하고 있었기 때문이다(고전 6:2-3).

55) Sanders, *Jesus and Judaism*, 236. 제자들의 왕국에 대한 이상은 구체적이었지만 그것이 군사력으로 실현되리라 기대하지 않았다고 주장한다. Bornkamm, *Jesus of Nazareth*, 150. Jeremias, *New Testament Theology*, 233-34. W. Kuemmel, *Promise and Fulfillment*, trans. by D.M. Barton (London: SCM Press, 1957), 47.

복음 10장 35-45절에 나타나는 것과 같은 제자들 간의 갈등을 해소하는 방안으로 주어졌을 가능성에 유의할 필요가 있다.

요약하면 마태복음 19장 28절과 누가복음 22장 29-30절은 열 두 제자가 곧 회복될 이스라엘의 열 두 지파를 다스린다는 것을 역사적 예수가 천명했고 이는 곧 그의 활동이 이스라엘의 회복을 기대하고 그 점을 의식한 것이었음을 보여준다.

라. 예수의 성전사건과 이스라엘의 회복(막 11:15-18; 마 21:12-13; 눅 19:45-46)

역사적 예수가 예루살렘 성전활동을 일시적으로 중단시켰다는 사실의 진정성에 대해서는 학문적 공감대가 형성되어 있다. 그러면 이 사건이 의미하는 바는 무엇인가? 성전사제들이 경제적인 이익을 탐하고 있던 것에 대한 경고적인 심판의 행동이었다는 전통적인 해석보다는[56] 예수 당시의 성전이 파괴된 뒤 새로운 성전이 세워진다는 것이며, 이는 곧 이스라엘이 회복된다는 것을 가리키는 예언적이고 상징적인 행위였다는 주장이 주목을 받고 있다. 그 대표 주자인 샌더스는 성전에서의 행위가 "마지막 날 이스라엘의 회개와 복귀를 초래하려는 의도를 가진 예언자적 표징"이었다고 주장한다.[57] 따라서 예수의 성전에서의 행위를 "정화(cleansing)"로 이해할

---

56) Jeremias, *New Testament Theology*, 145. 그러면서도 예레미야스가 이 사건을 "예언적 상징적 행동(prophetic symbolic action)"이었다고 설명한 것에 주목할 필요가 있다. A.E. Harvey, *Jesus and Constraints of History* (London: Duckworth, 1982), 15. A. Nolan, *Jesus before Christianity* (London: Darton, Longman Todd, 1980. 102. E. Trocme, *Jesus and His Contemporaries*, trans. by R.A. Wilson (London: SCM Press, 1973), 118.

57) Sanders, *Jesus and Judaism*, 62.

수 없다고 한다.58)

이러한 주장의 근거는 무엇인가? 전통적인 해석은 성전에서 제물을 파는 제도가 원거리에서부터 오는 순례객들이 드릴 희생 제사를 위해 편의를 제공하는 것이라는 본래적인 취지를 간과하고 있다는 것이다.59) 또한 성전제사와 관계된 사제들의 부도덕을 바로잡으려 했다면 직접적으로 그들의 잘못을 비난했어야 하는데 그렇게 하지 않았기에 사제들에 대한 심판으로 볼 수 없다는 것이다.60) 만일 예수가 성전 제물의 운영과 관련된 부도덕을 막으려 했다면 사고파는 모든 행위를 막으려 했을 것이고 그 때는 군대가 동원되어야 했을 것인데 그렇지 않았다는 것이며, 따라서 예수의 행위는 예레미야가 부서진 항아리를 통해 다가오는 심판을 말하려 했던 것과 같은 하나의 상징적인 행위로 해석하는 것이 옳다고 주장한다.61) 따라서 일시적이지만 성전제사를 중지시킨 예수의 행위는 앞으로 성전이 파괴된다는 것, 또한 장차 새로운 성전이 세워질 것과

---

58) Sanders, *Jesus and Judasim*, 90. 롤로프도 같은 주장을 한다. J. Roloff, *Jesus* (Noerdlingen: C. H. Beck, 2000), 108-109. 롤로프는 예수의 성전청결사건이 다가오는 하나님의 나라의 임재와 새로운 질서에 대한 기대를 나타냈다고 주장한다.
59) Sanders, *Jesus and Judaism*, 63-64.
60) Nolan, *Jesus before Christianity*, 102. 놀란은 예레미야스를 인용하면서 성전제사를 주관하는 자들의 사기와 도둑질의 증거가 있다고 주장한다. J. Jeremias, *Jerusalem in the time of Jesus*, trans. by F.H. and C.H. Cave (London: SCM Press, 1969), 33-34. 그러나 샌더스는 사제들의 부도덕에 대한 비난은 예수 이전부터도 계속되어 왔었다는 점을 지적하면서(솔로몬의 시편 8:8-11; 1QpHab 12:8) 자기가 알고 있는 한 예수 시대의 사제들의 "사기"와 "도둑질의 증거"는 없다고 한다. Sanders, *Jesus and Judaism*, 65-66.
61) Sanders, *Jesus and Judaism*, 69-70.

이스라엘이 회복된다는 것을 상징한다고 주장한다. 샌더스는 자신의 새로운 주장에 몰두하는 나머지 자칫 당시의 성전제사를 둘러싼 운영에 전혀 문제가 없었다는 추론을 하게 만들 위험성이 있다. 따라서 성전사건의 핵심적인 목적이 예언적인 행위였다고 주장하는 것이 보다 설득력이 있을 것이다.

그렇다 하더라도 다음과 같은 질문을 할 수 있다. 예수 당시의 유대인들은 예수의 행동이 그런 의미를 갖는다고 생각했을 것인가? 즉 예수와 동시대인들이 예수의 예언적 상징주의를 올바로 이해했을까 하는 것이며, 이에 대해서 샌더스는 예수 당시의 많은 사람들은 성전파괴의 위협을 종말이 가까웠으며 따라서 구원이 임박한 것을 뜻하는 것으로 이해했을 것이라고 주장한다.62) 유대인들은 종말의 때 즉 하나님의 나라가 임하면 이스라엘의 흩어졌던 족속들이 다시 모이게 되고 또한 예루살렘이 다시 건설되며, 성전은 다시 건설되든지 정화된다고 생각했다는 것이다.63) 이런 주장에 대한 문헌적인 근거는 있는가?

주전 2세기에 기록된 것으로 추측되는 토빗 13장 16-18절에 "예루살렘은… 재건될 것이다"이라는 구절이 나오는데 구체적으로 무엇이 재건되는 것인지가 분명하게 나타나지 않지만 성전건축을 포함하고 있다는 점이 곧 분명해진다. 왜냐하면 바로 이어지는 구절인 토빗 14장 5절에 이스라엘의 회복과 성전재건이 동시에 언급되고 있기 때문이다. 이는 회복의 날이 오면 성전이 다시 지어질 것을 예언한다는 점에서 중요한 문헌적 근거가 된다.

---

62) Sanders, *Jesus and Judaism*, 88.
63) Sanders, *Jesus and Judaism*, 77. Evans, "Aspects of Exile and Restoration," 276.

하나님께서 은혜를 베풀어 그들을 그들의 땅으로 불러 오시고 그들이 **하나님의 집을 다시 지을 것이며** 시대가 될 때까지는 전의 것과 같지는 않을 것이다. 그들은 그들이 포로 되었던 여러 지역에서 돌아올 것이다.64)

하나님의 나라가 임하는 종말의 시간에 하나님께서 자신의 성전을 다시 세우거나 마련할 것이라는 사상은 다음의 문헌에도 나온다(에녹 1서 90:28-29; 희년서 1:16-7; 11QT 29:8-10; 시빌의 신탁(3. 294)). 따라서 역사적 예수가 성전제사를 일시적으로 중단시킨 것은 이러한 기대에 부응하여 이스라엘의 조속한 회복을 상징적으로 의도한 것이라는 주장은 설득력이 있다.

이보다 급진적인 해석이 제시된바 있다. 예수가 성전에서 일으킨 사건은 대중의 지원을 받았고 결과적으로 폭력과 약탈을 동반한 사건이었을 것이란 주장이다.65) 그러나 이것이 설득력이 없는 주장이라는 결정적인 증거가 있다. 만일 폭력과 약탈을 동반했다면, 분명히 예수의 제자들도 같이 체포되어 처형당했을 것이기 때문이다.66) 따라서 이 사건은 성전을 주도하는 세력을 포함한 모든 이스

---

64) *The Apocrypha of the Old Testament* (London: Thomas Nelson & Sons Ltd, 1957), 64. 필자의 번역임(강조는 필자의 것).
65) Brandon, *The Trial of Jesus*, 332-33. Crossan, 『역사적 예수』, 573. 크로산은 예수가 종교적 차원만이 아니라 정치적 차원에서도 모든 불평등과 후원자적 위치, 심지어 억압의 상징이며 거점이었던 성전에서 분노로 폭발하였을 가능성은 충분하다고 하면서도 그것이 폭력과 약탈을 동반했다는 주장을 명백하게 밝히지는 않는다.
66) M. Hengel, *Was Jesus A Revolutionist?*, trans. by W. Klassen (Minneapolis: Augusburg Fortress Publishers, 1971), 18. 헹엘은 만일 역사적 예수가 브랜든의 주장처럼 행동했다면 로마수비대의 즉각적인 개입이 있었을 것이며 예수의 유죄여부를 놓고 논란을 벌이지 않았을 것이라고 주장한

라엘의 회개를 촉구하는 "예언적인 시위"로 보는 것이 보다 설득력이 있다.

마. 예수의 국가적인 회개 선포와 이스라엘의 회복

역사적 예수가 활동하던 당시의 유대사회에는 그들이 회개할 때 하나님께서 이스라엘을 다시 회복시켜주신다는 사상이 있었다(사 44:22; 55:3, 7; 바룩 2:32-34; 토빗 13:6; 18:4-7; CD 19:16; 1QH 6:6; 4QM 17-18; 희년서 1:15, 23; 23:18-31; 유다의 언약[The Testament of Judas] 23:5).[67] 이스라엘이 포로상태에 있을 때 이스라엘의 죄를 꾸짖으며 하나님께 돌아갈 것을 예언자들이 외친 이유는 그리 할 때 하나님께서 회복시켜 주신다고 굳게 믿었기 때문이다. 이러한 예언자 전통은 구약시대 이래 이스라엘이 로마의 지배를 받고 있던 예수 당시까지 이어졌다. 임박한 하나님의 나라의 도래를 선포하면서 이스라엘의 회개를 촉구했던 세례요한은 바로 그런 의도에서 활동한 예언자라고 할 수 있다. 따라서 역사적 예수가 하나님의 나라의 임박한 임재라는 상황에서 유대나라의 회개를 외쳤다면 이는 그가 이스라엘의 회복을 간절히 바라면서 활동했다는 증거가 된다. 세례요한과 연대하여 하나님의 나라의 임재를 외친 역사적 예수가 이

다. 샌더스는 이를 예수가 무력에 의존한 움직임을 보이지 않았다는 주장의 결정적인 근거로 발전시켰다. Sanders, *Jesus and Judaism*, 425. 황성규는 이 사건을 열심당적인 혁명적인 행동이 아니라 체제를 상징하는 구체적인 사례에 직면하여 취할 수밖에 없었던 저항적 상징행동으로 이해한다. 황성규, "예수의 혁명가적 상에 대한 해석," 251.

67) Sanders, *Jesus and Judaism*, 106. 샌더스는 회개의 개념이 이스라엘의 회복에 자주 연결되는 방식에 주목한다(사 44:22; 55:3, 7; 바룩 2:32-34; 토빗 13:5-16; 18:4-7; 희년서 1:15, 23; 23:26; CD 19:16; 1QH 6:6).

스라엘의 회복을 위해 국가적인 회개를 외쳤을 것은 당연히 기대되던 바였다(막 1:15; 마 3:2, 8, 11; 4:17). 그럼에도 불구하고 샌더스는 예수가 이스라엘의 국가적인 회개를 외치지 않았다는 독특한 주장을 펼친다.68)

샌더스는 "성전"과 "열 둘"이라는 유대민족 특유의 상징들이 예수가 이스라엘의 회복을 기대했다는 명확하고 부정할 수 없는 표현이라는 것을 주장하면서도 신약성경에서 국가적인 회개를 외치는 것처럼 보이는 구절들은 역사적 예수가 입으로 외친 회개선포가 아닌 원시교회에서 만들어낸 말씀들이라고 주장한다.69) 그는 예수 자신이 세례요한의 메시지의 핵심이 되는 회복 종말론의 두 측면인 심판과 회개를 강조하지 않았다고 주장한다.70) 그러나 이러한 주장은 다음과 같은 이유로 인해 정설로 받아들이기 어렵다.

첫째로, 샌더스는 회개를 국가적인 회개(national repentance)와 개인적인 회개(individual repentance)로 구분하는데 이는 자의적인 구분이라고 볼 수밖에 없다.71) 예수가 그 선포의 대상을 이스라엘 전체라고 규정하지 않고 선포한 하나의 말씀이나 비유도 그 파장은 전체 이스라엘에게 파급될 수 있기 때문이다. 몇몇 유대인이 아니라 이스라엘의 회복을 외쳤던 예언자였기에 이스라엘 전체의 회개를 외

---

68) 샌더스는 회개를 국가적인 회개와 개인적인 회개로 구별한다. Sanders, *Jesus and Judaism*, 108-16. 108: "What is of interest at the moment is the observation, which may be surprising, that there is very little evidence which connects Jesus directly with the motif of collective, national repentance in view of the eschaton."
69) Sanders, *Jesus and Judaism*, 117.
70) Sanders, *Jesus and Judaism*, 227.
71) 브라이언은 이러한 구분이 잘못되었다고 주장한다. Bryan, *Jesus and Israel's Traditions of Judgement and Restoration*, 238.

쳤을 것이 당연하다. 즉 청중을 "갈릴리의 주요도시들"이나 "이 세대", "너희"라고 표현한 말씀들은 이스라엘 전체를 그 대상으로 하고 있다고 보는 것이 옳다.

둘째로, 샌더스의 주장과는 달리 역사적 예수는 이스라엘의 구약 예언자들처럼 국가적인 회개를 외쳤다.72) 공관복음서에는 예수가 국가적인 회개를 외친 것을 증언하는 구절들이 상당수 있기 때문이다. 이런 주장을 하는 학자들이 증거로 제시하는 구절들이 모두 같지는 않지만 공통적으로 제시하고 있는 상당수의 구절이 있다. 특기할 것은 샌더스도 아래에 제시하는 세 개의 구절은 "예수가 광범위하게 회개를 요청한 것으로 묘사된 구절"이라고 인정한다는 점이다.73) 따라서 이 구절들이 원시교회에서 만들어진 것이 아니라 역사적 예수에게서 왔다는 것을 입증하면 샌더스의 주장은 설득력이 없는 것으로 판명될 것이다. 그런 점에서 이 구절들의 진정성을 차례로 검토해 보자.

1) 마태복음 11장 21-24절//누가복음 10장 13-15절

불트만은 이 구절이 원시기독교의 선포가 가버나움에서 실패한 것을 전제하고 있기에 원시교회에서 만든 말씀이라고 주장한다.74) 샌더스 또한 이 구절이 유대인들을 저주하고 이방인들을 칭찬하고

---

72) Wright, 『예수와 하나님의 승리』, 248-53.; Evans, "Aspects of Exile and Restoration,", 289-91.
73) Sanders, *Jesus and Judaism*, 109.
74) Bultmann, *The History of the Synoptic Tradition*, 112-13, D. Luehrmann, *Die Redaktion der Logienquelle* (Neukirchen-Vluyn: Neukirchener Verlag, 1969), 64; S. Schulz, *Die Spruchquelle der Evangelisten* (Zuerich: Theologischer Verlag, 1972), 362-64. Luz, *Matthew 8-20*, 156.

있기 때문에 원시교회에서 나온 것으로 추측한다.75) 그러나 그러한 주장은 다음과 같은 점에서 설득력이 없다.

첫째로, 원시기독교의 선교사들로서는 회개하지 않는 유대 도시들에 대한 실망이 아무리 크다 하더라도 그들을 "저주"하거나 그들에게 "화"를 선포하지 않았을 것이기 때문이다. 원시교회는 유대인들의 핍박을 받으면서도 그들의 동족이 회개하고 복음을 받아들일 것을 간곡히 호소하고 있었던 것으로 묘사되고 있다(행 4:29-30; 5:40-41). 또한 예수의 제자들이라 하더라도 회개하지 않는 유대인들에 대해서는 기껏해야 그들의 신에 붙은 먼지를 털어 버릴 수 있을 정도만 허용 받고 있었기 때문이다(행 13:51).

둘째로, 샌더스의 주장이 설득력이 약한 이유 중의 하나는 만일 원시교회가 이 말씀을 만들었다면 "베를 쓰고 재를 쓰는"(ἐν σάκκῳ καὶ σποδῷ) 유대교의 회개의 방식을 두로와 시돈에 사는 이방인들에게 적용하지는 않았을 것이기 때문이다(삼하 12:16; 렘 6:26; 단 9:3). 따라서 본문에 나오는 "화"는 구약시대이래로 예수와 같은 예언자들만이 그들의 백성에게 닥친 심판을 면케 하려는 의도에서 선포할 수 있었다고 보는 것이 논리적이다(사 5:8-25). 그러므로 이는 역사적 예수가 국가적인 회개를 외친 말씀으로 볼 수 있다.76)

---

75) Sanders, *Jesus and Judaism*, 117.
76) M. Reiser, *Jesus and Judgment*, trans. by L.M. Maloney (Minneapolis: Fortress Press, 1997), 229. 그 외에도 이 구절의 진정성을 주장하는 학자들은 다음과 같다. I.H. Marshall, *Commentary on Luke* (Grand Rapids: Eerdmans Publishing Co., 1978). 424. P. Hoffmann, *Studien zur Theologie der Logienquelle* (Muenster: Aschendorff, 1972), 303 n. 53. Fitzmyer, *The Gospel according to Luke*, 852. 마태와 누가의 본문은 몇 단어를 제외하면 똑같기에 어느 본문이 원형인지를 판단하기가 매우 어렵지만 일반적인 Q 이론에 의하면 누가본문이 보다 원형에 가깝다.

2) 마태복음 12장 41-42절//누가복음 11장 31-32절

샌더스는 이 말씀의 논쟁적인 특성에 근거하여 진정성이 없다고 주장하는데, 두 부분으로 된 말씀이 하나의 통일된 구조를 보여주고 있기 때문이며, 또한 역사적 예수가 존재하던 기간에는 없었던 이방선교를 전제하고 있기 때문이라고 한다.[77] 그러나 그런 주장에는 다음과 같은 문제점들이 있다.

첫째로, 만일 원시교회가 "요나보다 더 큰 이"(πλεῖον 'Ιωνᾶ) 부분을 만들었다면 그들은 예수의 메시아성을 두드러지게 하기 위하여 애매한 중성 형태인 πλεῖον보다는 명백하게 남성형태인 πλείων을 사용했을 것이기 때문이다.

둘째로, 마찬가지 논리인데 만일 원시교회의 의도가 논쟁적인 상황을 반영하기 위한 것이었다면 "여기"(ὧδε)와 같은 애매한 뜻의 단어보다는 보다 명백하게 예수를 가리키는 "나"(ἐγώ)와 같은 표현을 사용했을 것이기 때문이다.[78]

셋째로, 이방인들에 대한 긍정적인 소개가 곧 이방선교 상황을 암시하지는 않기 때문이다. 초기 팔레스타인 교회는 가상적인 상황이라 할지라도 동료 유대인들이 이방인들에 의해 정죄(κατακρίνω)를

---

77) Sanders, *Jesus and Judaism*, 114; Luehrmann, *Die Redaktion der Logienquelle*, 38-40; A. Fridrichsen, *The Problem of Miracle in Primitive Christianity*, trans. by R.A. Harriville & J.S. Hanson (Minneapolis: Augsburg Publishing House, 1972), 75.

78) F. Mussner, "Wege zum Selbstbewusstsein Jesu," *Biblische Zeitschrift* 12 (1969), 170. 무스너는 원시교회가 이 구절을 만들었다면 "호데(ὧδε)"와 같은 애매한 의미의 표현보다는 명백하게 "예수"라는 표현을 사용했을 것이라고 지적한바 있다. 그러나 이 구절에서 화자가 예수이기 때문에 그렇게 표현하기 보다는 "나"(I)라는 표현을 썼다는 보는 것이 논리적이다.

받는 것으로 묘사하지는 않았을 것이기 때문이다. 더욱이 예수 당시의 유대사상에서는 이방인이 유대인을 심판하는 것은 상상할 수 없는 일이었기 때문이다. 그들은 오직 천사들과 의로운 유대인들만이 그들을 심판할 수 있다고 믿고 있었다(마 13:41, 49; 사 3:-14; 단 7:10, 22). 따라서 이 구절은 역사적 예수가 이스라엘의 국가적인 회개를 외친 말씀으로 보는 것이 보다 설득력이 있다.79) 특기할 점은 그 의미를 정확히 알기 어려운 "요나보다 큰 실체"(πλεῖον 'Ιωνᾶ)가 하나님의 나라를 뜻한 것이라면 이는 다가오는 하나님의 나라 앞에서 회개할 것을 촉구하는 말씀이 되는 것이다.80)

3) 누가복음 13장 1-5절

불트만이 그랬듯이, 샌더스도 이 구절의 진정성을 부정한다. 즉 누가나 누가 이전의 전승기록자가 요세푸스에 나오는 사마리아인 학살 사건을 소재로 만들어낸 말씀이라는 주장이다.81) 그러나 이

---

79) K.H. Rengstorf, "σημεῖον," *TDNT* vol. VII (G. Rapids, Michigan: Wm. B. Eerdmans Publishing Company, 1964), 234. Mussner, "Wege zum Selbstbewusstsein Jesu," 170-171; Jeremias, *New Testament Theology*, 82; Fitzmyer, *The Gospel according to Luke*, 931. N. Perrin, *Rediscovering the Teaching of Jesus* (London: SCM Press, 1967), 194-95. Luz, *Matthew 8-20*, 152.
80) 페린은 "요나의 표적"의 의미의 불확실성을 언급한 바 있다. Perrin, *Rediscovering the Teaching of Jesus*, 194. 그닐카도 이 구절에 나오는 "요나보다 큰 것"은 의심할 것 없이 다가오고 있는 나라를 가리키고 있기에 역사적 예수의 말씀이라고 주장한다. J. Gnilka, *Matthaeusevangelium*, vol. I (Freiburg: Herder Verlag, 1986), 469. 마태와 누가의 본문은 상반절과 하반절이 도치되어 있어서 어느 것이 원형에 가까운 것인지를 판단하기는 쉽지 않다. 그러나 역사적으로 발생한 순서를 본다면 남방여왕의 솔로몬 방문이 요나서에 기록된 내용보다 앞서기 때문에 누가의 것이 원형에 가깝다고 할 수 있다.
81) Bultmann, *The History of the Synoptic Tradition*, 23, 54-55, 64, 110; Sanders,

구절은 역사적 예수의 말씀일 가능성이 높다.[82] 이 구절의 진정성을 부정하는 학자들이 제시하는 이유는 다음과 같다.

첫째로, 빌라도 휘하의 로마군이 사마리아인을 살해한 사건에 대한 요세푸스의 기록을 참조해서 누가가 본문 1-2절을 구성했다는 주장이다(『유대고대사』 18.85-87). 그러나 이는 요세푸스가 기록한 사건내용과 본문의 구성요소가 상당히 다르다는 것을 간과한 추론이다. 무엇보다 사건이 일어난 장소에 대한 언급이 서로 다르며, 요세푸스가 사마리아인들에 관해 기록한 것에 반해 누가는 갈릴리인들에 대해 그렇게 하고 있으며, 전자는 살해 후 어떻게 처리했는지에 대해 서술하고 있지 않지만 후자는 이에 대해 상세히 언급하고 있기 때문이다.

둘째로, 본문이 원시교회에서 만들어졌다는 주장은 설득력이 없어 보인다. 왜냐하면 그런 주장은 13장 1-2절의 원 자료에 대한 대답이 될지는 몰라도 4절 이하에 나오는 열여덟 명이 압사한 사건

Jesus and Judaism, 110.
82) Reiser, *Jesus and Judgement*, 246-47. 라이저는 이 구절의 수사학적인 형태가 예수의 독특한 화법을 보여주며 그것이 곧 진정성의 근거라고 주장한다. C.H. Dodd, *The Parables of Kingdom* (London: Nisbet & Co. Ltd., 1936), 65. T.W. Manson, *The Sayings of Jesus* (London: SCM Press, 1948), 273-74. Fitzmyer, *The Gospel according to Luke*, 1004-1007. 피츠마이어는 이 구절의 진정성을 판단하는 것이 매우 어렵다고 토로한다. Evans, "Aspects of Exile and Restoration," 547-48. 그 외 다음의 학자들도 진정성을 주장한다. M. Trautmann, *Zeichenhafte Handlungen Jesu* (Wuerzburg: Echter Verlag, 1980), 163. W.L. Knox, *The Sources of the Synoptic Gospels*, vol. 2 (Cambridge: Cambridge University Press, 1957), 75-76. Braun은 이 말씀이 예수에게서 나왔을 수도 있고 원시교회에서 나왔을 수도 있다고 주장한다. H. Braun, *Jesus of Nazareth*, trans. by E.R. Kalin (Philadelphia: Fortress Press, 1979), 66.

에 대한 답을 주지 못하기 때문이다. 요세푸스의 기록에서는 본문에 나오는 압사 사건과 유사한 기록을 찾을 수 없다. 따라서 누가 복음 기자가 요세푸스에 의존하고 있다는 주장은 설득력이 없다. 일반적으로 누가는 요세푸스를 인용하지 않았다고 보기 때문이다.83) 또한 만일 누가가 4절 이하를 만들어냈다면 본문처럼 희생자 숫자가 몇 명인지를 명시하지 않았을 것이다. 사실이 아닌 경우 그렇게 하는 것은 누가의 신중한 기록 방침에 배치된다(1:1-3).

셋째로, 본문에서는 죄악 된 행동은 심판을 받는다는 유대사상이 부정되고 있으며 따라서 이는 유대교가 아닌 원시교회에서 나왔다는 증거가 된다는 주장이 제기된 바 있다.84) 그러나 이 주장은 본문의 핵심을 비켜가는 것이다. 본문에서 강조하는 것은 죄와 운명의 관계를 전적으로 부정하는 것이 아니며85) 다가오는 하나님의 나라의 상황에서는 긴급히 회개해야 한다는 점을 강조하고 있을 뿐이기 때문이다. 더욱이 원시교회는 그리스도에 대한 신앙여부가 심판을 결정한다고 보았을 뿐이며 결코 보응적인 사고를 하지 않았다. 따라서 본문이 원시교회에서 만들어졌다고 보기 어렵다.

---

83) J. Wellhausen, *Das Evangelium Lucae* (Berlin: Druck und Verlag von G. Reimer, 1904), 71. 벨하우젠은 명백히 누가는 요세푸스를 알고 있지 않았다고 주장한다. 헤머도 일반적으로 누가가 요세푸스의 기록을 자료로 사용하지 않았다고 보고 있다고 주장한다. C.J. Hemer, *The Book of Acts in the Setting of Hellenistic History* (Tuebingen: J. C. B. Mohr, 1989), 162.

84) P. Fiedler, *Jesus und Suender* (Frankfurt am Main & Bern: Peter & Herbert Lang, 1976), 266-77. 그러나 카브라자는 이 구절에 원시교회의 상황이 반영되어 있지 않다고 주장한다. I. Cabraja, *Die Gedanke der Umkehr bei den Synoptikern. Eine exegetischer religions -geschichtliche Untersuchung* (St. Ottilien: EOS Verlag, 1985), 128.

넷째로, 요세푸스가 유대지역에서 일어난 모든 사건을 기록하지 않았을 가능성과, 사실을 알고 있었지만 정치적 종교적인 이유로 인해 기록하지 않았을 가능성을 고려할 필요가 있기 때문이다. 로마제국의 혜택을 입고 로마에 있으면서 유대의 역사를 기록해야 했던 그로서는, 로마의 군대 장관인 빌라도가 유대인의 축제 기간에 그의 부하들이 유대인들을 살해하도록 허락했다는 것도 절대로 있어서는 안 될 끔찍한 사건인데, 하물며 그 시신을 유대종교의 중심인 성전의 거룩한 제물과 함께 섞어 불태운 사건에 대해서 그가 기록한다면 이는 분명히 유대인들의 극렬한 저항을 불러일으킬 것이라고 판단했을 것이기 때문이다. 또한 그런 내용을 읽게 될 로마인들조차도 로마의 평화(Pax Romana)라는 이름아래 저질러진 이러한 끔찍한 죄악을 강력하게 비난했을 것이기 때문이다. 따라서 요세푸스가 그 사건을 알고 있었다 하더라도 은폐했을 가능성이 있다.

따라서 언급한 세 단화는 역사적 예수의 말씀으로 판단되며 이 모두는 임박한 종말의 상황에서 다가오는 하나님의 나라와 이어질 이스라엘의 회복을 회개로 맞이할 것을 촉구하는 말씀이다. 이 외에도 역사적 예수가 이스라엘의 국가적인 회개를 외쳤다고 볼 수 있는 구절들이 상당수 있어 이러한 주장에 무게를 더해준다(막 1:15//마 4:17; 막 8:12; 마 11:16-19//눅 10:13-15; 마 23:37-39//눅 13:34-35). 그러므로 역사적 예수는 이런 외침 속에서 이스라엘의 회복을 간절히 기대하고 있었다고 볼 수 있다.

III. 결론

역사적 예수는 이스라엘이 로마제국의 식민지 지배에서 벗어나기를 간절히 바랐다. 예수는 결코 이스라엘의 식민지 상황을 도외시하지 않고 하나님의 나라운동을 펼쳐 나갔다. 그렇지만 예수는 결코 브랜돈이 주장하듯이 폭력적인 거사에 의해 이를 성취하려고 하지 않았다. 왜냐하면 이스라엘의 회복은 예수와 제자들에 의해서만 성취 될 수 있는 것이 아니라 근본적으로 하나님의 주도로 이루어진다는 것을 인식하고 있었기 때문이었다. 예수는 이스라엘의 회복의 가장 중요한 동인(動因)이 되는 하나님의 나라의 임박한 도래에 발맞추어 능동적인 움직임을 보였다. 우선 그 점을 "회복"에 대한 희구가 역사적 예수에게서나 원시교회 공동체에서 기원했을 개연성에서 확인하였다(막 9:11-13//마 17:10-12; 눅 24:21; 행 1:6).

역사적 예수는 이스라엘의 회복을 위해 노력했던 종말론적 예언자로서 열두 제자를 선택(막 3:13-19// 마 10:1-4//눅 6:12-16)하였는데 거기에는 예수의 움직임이 이스라엘 회복을 위한 것임을 유대인들이 알아채게 하려는 목적도 있었다. 예수는 그들과 함께 임박한 하나님의 나라의 임재를 선포하고 이적과 축사를 행한 것과 하나님의 나라가 임했을 때 그의 제자들이 심판과 다스리는 역할을 할 것을 천명한 바 있다(마 19:28//눅 22:28-30). 예수가 하나님의 나라의 임재를 적극적으로 선포한 중요한 이유는 하나님의 나라의 도래는 곧 이스라엘의 회복으로 이어진다는 유대사상 때문이었다. 예수가 예루살렘 성전의 기능을 일시적으로 중지시킨 가장 중요한 이유는 이스라엘의 회복의 시급성과 중대성과 깨우치려는 목적에서 나온 행동이었다고 볼 수 있다(막 11:15-18//마 21:12-13; 22:33//눅

19:47-48, 45-46). 유대인들은 하나님의 나라가 임하면 이스라엘이 회복될 것이며 성전도 새 성전으로 교체된다고 믿었기 때문이다. 문헌적인 증거들도 이런 사상이 존재했음을 입증해 주고 있다. 그러나 위에서 지적한 사항들만이 예수가 이스라엘의 회복을 위해서 실행한 것의 전부가 아니다.

역사적 예수는 이스라엘의 종말론적 예언자로서 이스라엘이 포로상태와 같은 식민지생활에서 벗어나 참된 의미의 회복을 하기 위해서는 회개가 필요하다고 판단하고 세례요한 및 그의 제자들과 함께 이스라엘이 국가적으로 회개할 것을 적극적으로 외쳤다. 이는 샌더스의 주장과는 정반대되는 것인데 그는 역사적 예수가 이스라엘의 국가적인 회개를 외친 말씀이 없으며 광범위한 청중을 대상으로 하는 회개의 말씀들은 대부분이 원시교회에서 만들어진 것들이라는 판단하기 때문이다. 그러나 광범위한 청중을 대상으로 하는 회개의 말씀들이 역사적 예수에게서 나왔을 가능성이 높다(눅 10:13-15//마 11:21-24; 눅 11:31-32//마 12:41-42; 눅 13:1-5).

참고문헌

라이트, N. T./박문재 역. 『예수와 하나님의 승리』. 서울: 크리스챤다이제스트, 2004.
마샬 I. H./번역실 역. 『누가복음(II)』. 천안: 한국신학연구소, 1984.
윙크 월터/김준우 역. 『예수와 비폭력 저항』. 서울: 한국기독교연구소, 2003.

쿨만, O./고범서 역.『예수와 혁명가들』. 서울: 범화사, 1984.
크로산 J. D./김준우 역.『역사적 예수』. 서울: 한국기독교연구소, 2000.
타이쎈. G./손성현 역.『역사적 예수』. 서울: 다산글방, 1997.
_____./이달 역. "예수활동의 정치적 차원."『신약논단』 12/3(2005): 705-46.
황성규. "예수의 혁명가적 상에 대한 해석."『기독교사상』 17(1977). 237-55.
Bornkamm, G./I.M. McLuskey and J. M. Robinson. teans. *Jesus of Nazareth*. London: Hodder & Stoughton, 1966.

Brandon, S.G.F. *Jesus and the Zealots: A Study of the Political Factor in Primitive Christianity*. New York: Charles Scribner's Sons, 1967.

_____. *The Trial of Jesus*. London: B. T. Batsford, 1968.

Braun, H. *Jesus of Nazareth*. Trans. by E.R. Kalin. Philadelphia: Fortress Press, 1979.

Bryan, S.M. *Jesus and Israel's Traditions of Judgment and Restoration*. Cambridge: Cambridge University Press, 2002.

Bultmann, R. *Jesus and the Word*. Trans. by L.P. Smith & E.H. Lantero. New York: Charles Scribner's Sons, 1934.

_____. *The History of the Synoptic Tradition*. Trans. by John Marsh. New York: Harper & Row, 1972.

Cabraja, I. *Die Gedanke der Umkehr bei den Synoptikern. Eine exegetischer religions-geschichtliche Untersuchung*. St. Ottilien: EOS Verlag, 1985.

Cadbury, H.J. *The Peril of Modernizing Jesus*. London: SPCK, 1962.

Caird, G.B. *Jesus and his Jewish Nation*. London: The Athlone Press, 1965.

Cassidy, R.J. *Jesus, Politics and Society: A Study of Luke's Gospel*. New York: Orbis, 1979.

Conzelmann, H. *The Theology of Luke*. Trans. by G. Buswell. London: Faber and Faber, 1960.

Cranfield, C.E.B. *Mark*. Cambridge: Cambridge University Press, 1955.

Dalman, G. *The Words of Jesus*. Trans. by D.M. Kay. Edinburgh: T. & T. Clark,

1902.

Davies, W.D. *The Gospel According to Saint Matthew*, vol. II. Edinburgh: T. & T. Clark, 1991.

Dodd, C.H. *The Parables of Kingdom*. London: Nisbet & Co. Ltd., 1936.

Evans, C.A. "Aspects of Exile and Restoration in the Proclamation of Jesus and the Gospels," in *Jesus in Context*. Edited by B. Chilton & C.A. Evans. Leiden: E. J. Brill, 1997.

Fiedler, P. *Jesus und Suender*. Frankfurt am Main & Bern: Peter & Herbert Lang, 1976.

Fitzmyer, J.A. *The Gospel according to Luke X-XXIV*. AB. Garden City: Doubleday, 1985.

Fridrichsen, A. *The Problem of Miracle in Primitive Christianity*. Trans. by R.A. Harriville and J.S. Hanson. Minneapolis: Augsburg Publishing House, 1972.

Funk. R. *The Jesus Seminar*. Sonoma, California: Polebridge Press, 1991.

Gnilka, J. *Matthaeusevangelium*, vol. I. Freiburg: Herder Verlag, 1986.

Harvery, A.E. *Jesus and Constraints of History*. London: Duckworth, 1982.

Hemer, C.J. *The Book of Acts in the Setting of Hellenistic History*. Tuebingen: J.C.B. Mohr, 1989.

Hengel, M. *The Zealots*. Trans. by D. Smith. Edinburgh: T. & T. Clark, 1989.

_____. *Was Jesus A Revolutionist?* Trans. by W. Klassen. Minneapolis: Augusburg Fortress Publishers, 1971.

Hoffmann, P. *Studien zur Theologie der Logienquelle*. Muenster: Aschendorff, 1972.

Jeremias, J. *New Testament Theology*, vol. I. Trans. by J. Bowden. London: SCM Press, 1971.

_____. *Jerusalem in the time of Jesus*. Trans. by C.H. Cave. London: SCM Press, 1969.

Knox, W.L. *The Sources of the Synoptic Gospels*, vol. II. Cambridge: Cambridge University Press, 1957.

Kuemmel, W. *Promise and Fulfillment*. Trans. by D.M. Barton. London: SCM Press, 1957.

Luehrmann, D. *Die Redaktion der Logienquelle*. Neukirchen-Vluyn: Neukirchener Verlag, 1969.

Luz. U. *Matthew 1-7*. Trans. by W.C. Linss. Minneapolis: Augsburg Fortress, 1989.

_____. *Matthew 8-20*. Trans. by J.R. Crouch. Minneapolis: Fortress Press, 2001.

Manson, T.W. *The Sayings of Jesus*. London: SCM Press, 1948.

Meier, J.P. *The Marginal Jesus*, vol. 1. New York: Doubleday, 1991.

Meyer, B. *The Aims of Jesus*. London: SCM Press, 1979.

Munck, J. *The Acts of the Apostles*. Green City, New York: Doubleday & Company Inc., 1981.

Mussner, F. "Wege zum Selbstbewusstsein Jesu." *Biblische Zeit* 12 (1969), 161-72.

Nolan, A. *Jesus before Christianity*. London: Darton, Longman Todd, 1980.

Oepke, A. "ἀποκαθίστημι." *TDNT*, vol. I, 387-393.

Perrin, N. *Rediscovering the Teaching of Jesus*. London: SCM Press, 1967.

Philo. *Philo*, Trans. by F.H. Colson. Loeb Classical Library. Cambridge: Harvard University Press, 1989.

Pitre, B.T. *The Historical Jesus, the Great Tribulation and the End of the Exile: Restoration Eschatology and the Origin of the Atonement*. Ann Arbor, Michigan: UMI, 2004.

Reiser, M. *Jesus and Judgment*. Trans. by L.M. Maloney. Minneapolis: Fortress Press, 1997.

Rengstorf, K.H. "σημεῖον." *TDNT*, vol. VII, 200-269.

Roloff, J. *Jesus*. Noerdlingen: C. H. Beck, 2000.

Sanders, E.P. *Jesus and Judaism*. London: SCM Press, 1985.

Schuerer, E. *The History of the Jewish People in the Age of Jesus Christ(175 B.C.-A.D.*

135), Vol. II, rev. and ed, by G. Vermes, F. Millar, M. Black. Edinburgh: T. & T. Clark Ltd. 1979.

Schulz, S. *Die Spruchquelle der Evangelisten*. Zuerich: Theologischer Verlag, 1972.

Trautmann, M. *Zeichenhafte Handlungen Jesu*. Wuerzburg: Echter Verlag, 1980.

Trocme, E. *Jesus and His Contemporaries*. Trans. by R.A. Wilson. London: SCM Press, 1973.

Tyson, J.B. "Jesus and Herod Antipas." *JBL* 79(1960): 239-46.

Wellhausen, J. *Das Evangelium Lucae*. Berlin: Druck und Verlag von G. Reimer, 1904.

7. 예수의 율법에 대한 태도

I. 서론

역사적 예수와 율법과의 관계에 대한 연구는 '수수께끼'라고 부를 정도로 난해하며 따라서 이를 위해서는 많은 노력이 필요하다.[1] 구약시대 이래로 율법은 유대인들의 삶 전반에 걸쳐 강력한 영향을 미치고 있던 종교적, 정신적 지주였고 생활의 규범이었으며 이는 역사적 예수가 활동할 당시에도 마찬가지였다. 그렇다면 역사적 예수는 그의 공생애기간 동안 이 율법에 대해 어떤 태도를 견지했는가? 율법에 전적으로 동의하고 이를 지키려 하였는가? 아니면 율법에 대해 부분적으로 반대하는 입장을 취하였는가? 이 점이 역사적 예수의 체포와 죽음에도 영향을 미칠 수 있었다고 상정할 수도 있기에 역사적 예수를 연구해온 학자들은 다양한 관점에서 이를

---

[1] J.P. 마이어는 일생 동안 역사적 예수에 대해 연구한 결과를 담아 출판하고 있는 그의 책 *A Marginal Jew* 시리즈의 제 4편에서 역사적 예수와 율법의 관계를 기술하면서 이에 "율법과 사랑"이라고 부제를 달았는데 그는 이 연구를 하나의 수수께끼(enigma)라고 부른다. J.P. Meier, *A Marginal Jew: Law and Love*. vol. 4 (New Haven & London: Yale University Press, 2009), 3.

연구하고 논쟁해 왔다. 본 장에서는 이 주제에 대한 역사적 예수 연구자들의 핵심적인 주장들을 검토하고 비교하여 율법에 대한 역사적 예수의 태도에 대한 결론을 도출할 것이다.

일부 바울서신 연구에서는 예수 그리스도에 대한 믿음과 율법은 서로 상충되는 것으로 이해하는 경향이 있다. 그러나 나사렛 예수의 십자가 사건과 원시기독교의 태동 이전, 즉 역사적 예수가 활동하던 시기에는 아직 성전과 성전제사가 그 기능을 하고 있었고 율법이 유대인의 삶에 강력한 영향을 미치고 있던 상황이었기에 구원의 방식에 있어 믿음과 대조되는 율법의 개념을 그 때의 상황에 적용하는 것은 옳지 않다. "기독교신학은 유대교의 윤리에 대해 왜곡된 이미지를 양산함으로써 상대적으로 예수를 돋보이게 하려고 할 때가 많다. 그러나 자료를 통한 검증 앞에서는 그런 식의 대비가 성립될 수 없다."[2]

II. 본론

율법에 대한 유대인들의 일반적인 태도는 어떠했는가? 구약성경이 존재한다는 사실 자체가 유대인들의 율법 사랑과 이에 대한 충성을 말해 주며, 나아가 그들이 삶의 문제를 해결하기 위하여 율법을 해석하는 과정에서 도출된 자료들을 집대성한 토셉타, 미쉬나, 탈무드가 존재한다는 사실 또한 유대인들이 얼마나 율법과 구약성경에 충실했는지를 보여준다.

요세푸스는 율법이 하나님의 뜻을 정확히 표현하고 있다고 여겼

---

[2] 게르트 타이센/ 손성현 역, 『역사적 예수』 (서울: 다산글방, 1997), 518.

기 때문에 유대인들은 일반적으로 율법에 충성스러웠으며, 무엇보다도 율법이 유대인들의 정체성을 정의했기에 이를 지키려 했다고 기록하고 있다(『아피온 반박문』, II 175-286, 특히 178, 184, 218-221, 232-5, 277-8). 나아가 요세푸스는 헬라문화의 유입과 이의 영향으로 인해 율법을 지키려는 자의식이 보다 예민해졌을 것이라고 주장한다. 최근 이 주제에 대해 집중적으로 연구한 마이어도 율법은 이스라엘에게 주신 하나님의 선물이며 이의 전반적으로 규범적인 권세는 복음서에서도 대체적으로 당연시되고 있다고 주장한다.[3]

원칙적으로 예수는 유대인으로 살면서 다른 유대인들처럼 율법을 준수하는 경향을 보였다. 타이센은 예수의 관심은 토라의 구체적인 계명에 집중되어 있음이 분명하게 드러나며, 인간을 향한 요구와 약속의 형태로 나타나는 뜻을 발견할 수 있는 곳이 바로 토라라고 주장한다.[4] 그래서 "예수가 토라의 원칙과 준칙에 의거하여 윤리적 규범을 이끌어낸다는 점에서 토라에 근거하고 있다."고 주장한다.[5] 그러나 그러한 입장을 일관되게 유지했다고 보기 어려운 성서 본문들도 있기 때문에 논쟁이 계속되고 있다.

예수가 율법문제에 있어 단호하고 일관된 입장을 취했다고 보기 어렵다는 점을 뒷받침해 주는 중요한 이유 중의 하나는 원시교회가 이 문제로 고민하거나 혼란을 겪고 있었음을 보여주기 때문이다. 즉 만일 역사적 예수가 율법에 대해 계속해서 분명하고 일관된 입장을 취했었다면 원시교회는 할례, 음식법 등 율법에 관해 갈등을 빚거나 이로 인한 논쟁을 벌일 필요가 없었을 것이기 때문이다

---

[3] Meier, *A Marginal Jew: Law and Love*, vol. 4. 2.
[4] 타이센, 『역사적 예수』, 548.
[5] 타이센, 『역사적 예수』, 568.

(갈 2:11-14; 롬 14:13-23, 행 10:1-16, 15:20-21, 롬 14:1-6). 이는 역사적 예수가 그렇게 명확한 입장을 견지하지 않았다는 증거가 되며, 예로 만일 예수가 율법에 반대하는 입장을 일관되게 견지했다면 성전에도 가지 않았을 것이다(마 5:23-24). 또한 예수와 율법사가 율법해석에서 의견의 일치를 보는 경우가 기록되어 있다는 것은 예수가 율법을 전적으로 반대하지 않았음을 보여준다(막 12:28-34).[6]

이 주제에 대해 연구한 샌더스도 예수의 율법에 대한 태도에 관해 "예수는 자신이 하고 있는 일이 무엇인지 알고 있었으며 심사숙고했다는 점을 받아들여야만 한다."[7]고 하면서 예수가 자신이 하고 있는 일이 무엇인지 전혀 알지 못했다는 것은 지지할 수 없다고 주장한다.[8] 마이어도 예수가 모세율법에 대한 태도에 있어서 일관된 생각을 유지했다거나 체계적인 접근을 했음을 찾아내려는 것은 명백한 실수며 그런 것은 없다고 주장한다.[9] 그는 종말론적인 예언자, 엘리아와 같은 반열의 이적 행위자이지만 체계적인 교사, 서기관, 랍비는 아니었으며 카리스마적인 인물이었을 뿐이라고 한다.[10] 예수는 특정한 여러 상황들 속에서 질문을 받았을 때 하나님의 뜻이 무엇인지를 직접적으로 그리고 직관적으로 알고 있음을 주장했을 뿐이라고 주장한다.[11] 그렇지만 마이어는 예수가 율법을 이스라엘을 향한 하나님의 규범적인 표현으로 받아들이면서도 몇 몇 개

---

6) 일반적으로 이 구절의 진정성은 인정되고 있다.
7) E.P. 샌더스/이정희 역, 『예수운동과 하나님의 나라』 (서울: 한국신학연구소, 1997), 451.
8) 샌더스, 『예수운동과 하나님의 나라』, 451.
9) Meier, *The Marginal Jew*, vol, 4. 414.
10) Meier, *The Marginal Jew*, vol, 4. 415.
11) Meier, *The Marginal Jew*, vol, 4. 415.

별 경우에 있어서 율법에 반대되는 가르침을 줄 수 있지 않았느냐 하는 점이 하나의 수수께끼라고 주장한다.[12]

그러면 역사적 예수의 율법에 대한 태도는 부정적인가 긍정적인가? 역사적 예수가 율법에 대해서 어떤 입장을 취했는지에 대해서는 크게 두 가지 주장으로 나누어진다.

첫째로 역사적 예수가 율법에 반대했다는 입장이다.[13] 예로 큄멜은 예수가 공공연히 율법을 반대함으로 일부 유대교 지도자들의 비위를 거슬렸을 가능성이 크다고 주장한다.[14]

둘째로 역사적 예수가 일반적으로는 율법을 벗어나지 않았으며 따라서 분명히 율법에 반대하는 어떤 특별한 입장을 취하지 않았으나 부분적으로는 율법을 벗어난 것 같은 인상을 주었다는 입장이다.[15] 이 두 가지 주장의 핵심을 살펴보자.

첫 번째 주장 즉 예수가 율법을 분명하게 반대했다는 주장을 펼치는 학자들의 핵심은 다음과 같다. 부셋은 예수는 기꺼이 율법을 파괴했는데 "가능한 한 절반 정도의 의식으로" 성서적 제약을 파괴

---

12) Meier, *The Marginal Jew*, vol, 4. 3-4.
13) Ethelbert Stauffer, *Die Botschaft Jesu: Damals und Heute* (Bern und Muenchen: Francke Verlag, 1959), 26. 슈타우퍼는 최소한 일곱 가지 경우에서 예수는 구약성서에 나오는 토라에 반대했다고 주장한다.
14) W.G. Kuemmel, "Aussere und innere Reinheit des Menschen bei Jesus", *Das Wort and die Woerter* (Stuttgart: Kohlhammer Verlag, 1973), 35-46. Jan Lambrecht, "Jesus and the Law," *Ephemerides Theologicae Louvanienses*, 53 (1977). 76-78. 람브레히트는 역사적 예수는 실제로 반 토라적이며 반 할라카적이었다고 주장한다. 그런데 또한 예수는 그의 동료들과 같이 율법에 대한 의문을 품지 않고 이를 준수했다고 주장한다.
15) 애매모호한 주장으로 예수가 결론적으로 율법을 초월했다는 주장이 있다. R. Banks, *Jesus and the Law in the Synoptic Tradition* (Cambridge: Cambridge University Press, 1975), 242.

하였다고 주장한다.16) 이는 유대교에서는 언제나 "이스라엘의 하나님의 나라"인 하나님의 나라이지만 이를 보편적인 "하나님의 나라"로 강조함으로써 유대 민족주의와 결별하였다고 보았기 때문이다.17) 디벨리우스도 예수는 근본적으로 율법을 파기했으며, 어떤 상황에서는 자식으로서의 의무조차도 포기할 것을 요구했다고 주장한다.18) 불트만도 "그러한 논쟁에서(막 7:9-13) 예수는 구약성서의 하나의 독특한 서기관적 해석을 명백히 공격한다. 실제로 예수는 구약성서 율법의 전체만이 아니라, 공식적인 법적인 권위인 구약성서 자체를 반대한다."고 주장한다.19) 보른캄은 예수가 성서자체에 대해 공개적으로 공격한 것은 아니지만 유대교 안에서 지나치게 현학적으로 발전된 안식일법의 결의론을 반대했으며,20) 토라 중에서 정결법과 이혼법 두 가지도 반대했다고 주장한다.21) 큄멜도 예수가 기

---

16) W. Bousset, *Jesus* (Tuebingen: J. C. B. Mohr, 1907), 38-45; Stauffer, *Die Botschaft Jesu: Damals und Heute*, 26. 슈타우퍼는 예수가 율법주의를 배제한 도덕, 즉 모세의 토라와 유대의 토라 준수로부터 근본적으로 자유로운 도덕의 선포자였다고 극단적으로 표현한다.
17) Bousset, *Jesus*, 86-98. 부셋은 하나님 나라 사상과 더불어 복음의 보편주의가 이미 싹트고 있었다고 주장한다(특히 94쪽). Sanders,『예수운동과 하나님의 나라』, 57.
18) M. Dibelius/C.B. Hedrick and F.C. Grant, *Jesus* (Philadelphia: Westminster Press, 1949), 105-106.
19) R. Bultmann/L.P. Smith & E.H. Lantero, *Jesus and the Word* (New York: Scribner's Sons, 1958), 76. 불트만은 하나님 나라가 민족주의적이냐 보편주의적이냐 하는 문제에 관해서는 민족주의적 배타성이 예수에 의해 파괴되지만 보편주의 역시 파괴된다고 주장한다. 그는 "유대 민족에 속해 있음이 하나님 나라를 누릴 권리를 보장하지 않는다."고 주장한다(*Jesus and the Word*, 45-47). Sanders,『예수운동과 하나님의 나라』, 61.
20) G. Bornkamm, /I. & F. Mcluskey, *Jesus of Nazareth* (London: Hodder and Stougton, 1960), 97.
21) Bornkamm, *Jesus of Nazareth*, 97-99. 보른캄은 마가복음 7장 14-23절의

꺼이 율법을 파기하려 했고, 유대 민족주의의 제약도 초월하려고 했다고 주장하면서 율법을 폐기한 중요한 사례들을 근거로 내세운다.22) 이러한 주장들은 신약성서해석의 역사의 측면에서 본다면 율법과 복음을 서로 반대되는 개념으로 이해했던 시대를 주도했다. 그러나 1980년 이후 새로운 해석의 관점이 논의되기 시작한다.

예를 들어 던은 "그[예수]가 토라를 거스르는 것으로 설정된 주장들은 심각하게 과잉 진술된 것이다."라고 주장한다.23) 예수는 기본적으로 할라카적인 예수(halakic Jesus)였다.24) 그러나 이런 주장은 결코 예수가 당시의 율법이 완벽하여서 새롭게 해석될 필요가 없다고 굳게 믿고 있었음을 뜻하지는 않는다. 던은 예수의 가르침이 철저히 성서에 뿌리내려져 있었지만 동시에 그의 가르침 가운데 주요한 범주와 가르침의 방식이 그 성격상 전통적이라기보다는 혁신적이었다고 볼 수 있다고 주장한다.25) 안병무도 예수는 모세 오경을 법질서로 보지 않고 있다고 주장한다.26)

이러한 상황에서 두 번째 주장이 제기된다. 이 주장의 대표자 격인 샌더스는 예수는 원칙적으로 율법을 반대하려는 의도는 없었으나 어떤 특수한 사항에 있어서는 율법의 권위에 도전하거나 적어도 반대한다는 인상을 갖게 한다고 주장한다.27) 샌더스는 기본적으

진정성을 인정한다(98).
22) Kuemmel, "Aussere und innere Reinheit des Menschen bei Jesus", 35-46.
23) 제임스 던/차정식 역, 『예수와 기독교의 기원』 하권(서울: 새물결플러스, 2012), 287.
24) Meier, *The Marginal Jew*, vol. 4. 297. 마이어는 예수가 율법에 근거하여 판단하고 이의 해석에 깊은 관심을 가지는 존재였다는 의미에서 이런 표현을 쓴다.
25) 던, 『예수와 기독교의 기원』, 하권, 287-88.
26) 안병무, 『갈릴래아의 예수』 (천안: 한국신학연구소, 1990), 237.

로 예수도 하나님의 영원하신 뜻이 토라에 담겨있다고 믿었다고 보았지만 율법에 반대하는 예수의 말과 행동은 옛 질서가 끝나고 새로운 질서가 오고 있는 것을 가리키는 것으로 이해해야 한다고 설명하면서 현재의 제도가 궁극적인 것은 아니라고 보는 것이 예수의 입장이라고 설명한다.28)

라이트도 예수가 율법에 명백하게 반대하지는 않으나, 이의 해석에 있어서 일종의 변형을 하고 있다고 주장한다.29) 샌더스도 예수에게는 "율법 안에서 잘못과 참, 즉 외관상의 준수와 깊은 의미를 구별하는 독특하고 사려 깊은 태도가 있었다"고 주장한다.30)

따라서 이 문제에 대한 해결책은 예수가 율법에 반대한 근거가 된다고 하는 중요한 말씀들을 개별적으로 검토하여 확인하는 것이 될 것이다.

1. 예수는 아버지 장례를 치르려는 자식의 의도를 거부함으로 율법을 부정했는가?(마 8:18-22//눅 9:57-62).

이 문제를 연구하는데 있어 시금석처럼 많이 사용된 구절은 제자가 되겠다는 사람과 장례를 치르려는 자식의 의도를 거부한 것이다. 역사적 예수가 이 구절을 그의 입으로 말씀한 것으로 보는

---

27) 샌더스, 『예수운동과 하나님의 나라』, 448. 다음을 언급할 필요가 있을 것이다. 즉 예수는 "유대교를 거스르고자 하지도 않았고 더욱이 기록된 율법을 폐지할 생각은 전혀 없었다."는 입장이다.
28) 샌더스, 『예수운동과 하나님의 나라』, 456-57.
29) 라이트, 『예수와 하나님의 승리』, 607.
30) 샌더스, 『예수운동과 하나님의 나라』, 450.

이유는 다음과 같다. 첫째로 위와 같은 이야기가 오늘날까지 알려진 유대교 문헌이나 그리스로마 문헌 어느 부분에도 나타나지 않기 때문이며, 또한 초기교회공동체에 의해 만들어진 말씀도 아니기 때문이다.[31]

여기서 "죽은 사람들의 장례는 죽은 사람들이 치르게 두어라"는 구절이 논란의 대상이 되는 이유는 십계명의 다섯 번째 계명인 "네 부모를 공경하라"(출 20:12)는 말씀과 정면으로 배치되기 때문이다. 창세기 23장 3-4절에 따르면 유대인의 경우 죽은 친족의 장례를 치루는 것을 당연한 의무로 여겼으며, 죽은 부모의 시신을 거두지 않는 것은 그리스로마 세계에서도 받아들여지지 않는 상식적인 인륜이었다.[32] 시신을 만지지 못하게 되어있는 제사장이나 나실인도 친족의 죽음의 경우에는 이를 위반할 수 있었다. 나아가 유대인들은 친족의 죽음의 경우에는 심지어 18기도문을 암송하는 의무를 위반하는 것도 허락했기 때문이다(Ber. 2.1a). 이렇듯 예수시대에는 부모를 돌보는 의무를 엄격히 이행한 것이 분명하다.[33] 그렇다면 예수는 이 말씀을 통해서 율법을 어기라는 명령을 한 것이 되는가? 샌더스는 "본문(마 8:21-22//눅 9:59-60)이 예수가 율법을 위반하라고 명령한 유일한 사례"라고 주장한다.[34]

그러나 슐라터는 예수는 부모공경의 의무를 다하는 것을 금한

---

31) M. Hengel, *Charismatic Leader and His Followers* (Edinburgh: T. & T. Clark, 1981), 8-15(특히 10, 14-15). R. Bultmann/J. Marsh, *History of the Synoptic Tradition* (Oxford: Basil Blackwell, 1963), 28. 불트만도 이 구절의 진정성의 가능성을 인정한다.
32) Hengel, *Charismatic Leader and His Followers*, 10.
33) 샌더스, 『예수운동과 하나님의 나라』, 460.
34) 샌더스, 『예수운동과 하나님의 나라』, 485.

것이 아니라 이 제자가 자신의 고유의 사명에 충실하라고 한 것이라고 해석한다.35) 디벨리우스도 "죽은 자로 하여금 죽은 자를 묻게 두라"는 말씀은 자식으로서의 의무조차 하나님 나라의 부름을 듣는 사람들을 제약할 수 없는 증거로 본다.36) 타이센도 "마태복음 8장 20-21절과 평행본문에 나오는 명령은 예수가 원칙적으로 토라를 떠났다는 가정을 허용하지 않는다."고 주장한다.37)

그렇지만 샌더스는 이들 모두가 너무나 명백한 사실인 의무가 계명으로 주어졌다는 것을 인식하지 못하고 있다고 비판한다.38) 샌더스는 어느 면으로 보나 죽은 부모의 장례를 치르라는 실제 상황에 해당하는 요구가 하나님의 뜻을 나타낸 계율이었다는 것을 부정하기 어렵기 때문에 이를 마치 하나의 속담처럼 여길 수는 없다고 주장한다.39) 이런 논리에 따르면 뱅크스의 주장, 즉 예수가 율법을 초월했지만 결코 직접적으로 율법을 반대하지 않았다는 애매한 주장도 가능하지 않다.40) 주목할 것은 샌더스는 예수는 원칙적으로는 율법을 반대하지 않았지만 "죽은 자들로 죽은 자를 장사케 하라"(마 8:22; 눅 9:60)는 말씀으로 최소한 한 번 자신을 따르는 것이 신앙과 토라의 요구를 파기하는 것이라고 거리낌 없이 말했고

---

35) A. Schlatter, *Das Evangelium Nach Matthaeus* (Stuttgart: Calwer Verlag: 1961), 132.
36) M. Dibellius, *Jesus*, trans. by C.B. Hedrick and F.C. Grant (London: SCM Press, 1949), 106. 디벨리우스는 예수가 반 율법적인 입장을 취했다고 주장하면서도 이렇게 해석한다. Sanders, 『예수운동과 하나님의 나라』, 69.
37) 타이센, 『역사적 예수』, 534.
38) 샌더스, 『예수운동과 하나님의 나라』, 460.
39) 샌더스, 『예수운동과 하나님의 나라』, 461.
40) Banks, *Jesus and the Law in the Synoptic Tradition*, 93, 97.

이것은 예수가 필요하다면 모세 율법 제도의 적합성에 도전할 준비가 되어 있었다는 것을 보여준다고 주장한다는 점이다.[41]

그런데 1985년에 발행된 샌더스의 저서 *Jesus and Judaism*에서 언급한 샌더스의 이러한 분명한 주장은 1990년에 나온 그의 저서 *Jewish Law from Jesus to the Mishnah*에서 미묘하게 변경된다. 그는 "예수가 의도적으로 모세의 규정(제도)의 타당성에 도전했다는 증거가 있느냐 혹은 없느냐? 또 다른 말로 하면 예수가 성서의 명백한 의미에 불복종했던 어떤 사실상의 기록을 발견할 수 있느냐?"[42]라고 질문한 뒤 예수는 음식법과 관련된 사항이외에는 그의 시대에서 실행되던 율법에 심각하게 도전하지 않았던 것으로 보인다고 결론을 내린다(막 7:15).[43] 즉 음식법을 제외하면 율법에 도전하지 않았다는 것이며 현재로서는 이를 샌더스의 결론적인 입장으로 받아들일 수밖에 없다.

타이센도 예수의 명령은 일종의 예언자적 상징행위였고, 이러한 예언자적 상징행위는 종종 율법과 관습에 저촉되는 듯 보이지만 도발적인 행동을 통해서 인상적인 메시지를 전하려는 것이기에 원칙적으로 토라를 떠났다고 볼 수 없다고 주장한다.[44] 즉 하나님의 나라의 제자됨이 기초적인 가족의 의무보다 중요했다고 보았다는 것이다. 사실 예수가 가족의 의무를 최우선시 했다면 자신의 공생애의 삶으로의 결단이나 이미 장모가 있는 결혼한 상태였던 베드

---

41) 샌더스, 『예수운동과 하나님의 나라』, 463.
42) 샌더스, 『예수운동과 하나님의 나라』, 455.
43) E.P. Sanders, *Jewish Law from Jesus to the Mishnah: Five Studies* (Philadelphia: Trinity Press International, 1990), 96.
44) 타이센, 『역사적예수』, 534.

로와 같은 사람을 자신의 제자로 부르는 것이 어려웠을 것이다(막 1:29-30; 고전 9:5). 특히 일정한 거처 없이 언제나 길을 떠나야 했던 카리스마적 존재들의 삶의 상황에서는 가족구성원의 장례까지도 세상을 떠난 이가 살았던 마을공동체에 위임하는 것이 특별하게 용인될 수 있었다고 볼 수 있다.[45]

더욱이 예수의 이 명령이 인륜에 크게 어긋나는 것이 아니었던 것은 당시 유대나라에는 전문장의사는 아니지만 헤브라 카디샤(hevra qadisha)라고 불리는 시신을 수습해주는 사람들로 구성된 일종의 자원봉사조직이 있었기 때문이다.[46] 또한 예수는 부자청년에게 부모를 철저히 공경할 것을 강조하고 있다(마 19:19).[47] 따라서 위의 증거들을 종합해 볼 때 이 구절은 결코 샌더스가 주장하는 바와 같이 예수가 계명을 어긴 경우라고 볼 수 없다.[48]

2. 예수는 이혼을 금지함으로 율법을 범했는가?(막 10:2-12; 마 19:1-12)

모세는 신명기 24장 1-4절에서 혼인의 문제가 있을 경우에는 이혼을 허용한다. 그렇지만 역사적 예수는 명백하게 이혼을 금지했다.

---

45) 타이센, 『역사적예수』, 569.
46) H. Maccoby, *Judaism in the First Century* (London: Sheldon Press, 1989), 99.
47) 진정성이 있는 말씀이라고 본다면 그렇다.
48) 종말적 상황에서 활동하고 있었던 예수로서는 부담이 되는 명령이었겠지만 하나님의 나라를 외쳐야 하는 긴급성 때문에 부득이하게 내릴 수밖에 없는 고뇌에 찬 명령이었을 것이다. 역설적으로 이 구절은 예수가 자신이 맡은 사역을 감당함에 있어 시간의 촉박함을 절박하게 느끼고 있었음을 보여준다.

대표적인 본문인 마가복음 10장 2-12절에 의하면 이혼은 금지되었으며 어떠한 종류의 예외조건도 허락하지 않고 있다.49) 일반적으로 이 구절은 진정성이 있는 예수의 말씀으로 받아들여지는데 그 이유는 이 말씀을 유대교에서 이끌어 낼 수 없는 바, 신명기 24장 1-4절에서 허락되고 있는 이혼을 명백하게 거부하고 있기 때문이다.50) 또한 이혼금지에 관한 말씀이 Q자료(5:32; 눅 16)에도 나오기 때문이다. 바울이 고린도전서 7장 10-11절에서 이혼을 금할 때 "주께서 말씀하신바…"라는 언급을 하고 있는데 이것이 바로 위 마가본문에 해당하는 전승과 맥을 같이하고 있기 때문이다.

또한 이 말씀이 원시교회에서 만들어졌을 가능성도 희박한데 유대 기독교 측면에서 볼 때, 주후 200-220년까지의 유대문서에는 이혼에 대한 심각한 논쟁이 있었다는 언급이 나타나지 않기 때문이다.51) 헬라계기독교에서도 만들어지지 않았을 것은, 유대나라를 제외한 이외의 지역에서는 이혼이 자유롭게 이루어지고 있었음을 보여주는 증거가 많고, 그런 상황에서도 이혼에 대한 예수의 가르침을 지키려고 고민하고 있었음을 보여주기 때문이다.52) 놀라운 점은 이렇게 이혼이 거의 일반화된 당시의 상황에서도 역사적 예수는 이를 거스르는 독특하고도 강력한 주장을 펼쳤다는 것이다. 그러면 예수는 이 말씀에서 율법을 반대하고 있는가?

마가복음 10장 2-12절을 들어 예수가 이혼에 관한 율법을 반대한

---

49) 마태복음 19장 9절은 음행의 경우에 이혼을 허락하는 구절을 포함한다.
50) Meier, *The Marginal Jew*, vol. 4, 124-7. 마이어는 이 본문의 최초형태는 지금의 형태와 약간 다를 수 있을 가능성을 언급한다.
51) Meier, *A Marginal Jew*, vol. 4, 113.
52) Meier, *A Marginal Jew*, vol. 4, 112-118.

것처럼 해석할 수 있을지 모른다. 예로 안병무는 모세가 허용한 것을 금하는 것이기 때문에 율법을 "정면으로 거부한 것"이 된다고 주장한다.53) 그래서 마치 이혼금지라는 새로운 법령을 선포하는 것처럼 보일지 모른다.54)

웨스터홀름은 예수는 하나님의 뜻은 법령(statute)으로서의 성서가 아니고, 하나님 자신의 뜻을 드러내고 있는 성서 안에서 찾을 수 있다고 보았다고 주장하며 그래서 이혼에 관한 토라의 권위에 도전했다고 주장한다.55) "즉 예수가 법령들을 포함하고 있는 것으로 이해된 율법의 권위에 의도적으로 도전했다는 것이다."56)

그러나 꼭 그렇게 해석할 필요는 없다. 왜냐하면 모세도 기본적으로는 이혼에 반대하고 있지만 불가피한 상황에서 여자를 보호하기 위해 이런 특별한 제안을 달아 이혼을 허용하고 있기 때문이다.57) 더욱이 예수는 신명기 24장 1절에 나타난 이혼 허용의 이유를 남편들의 완악함 때문임을 지적하면서 나아가 다른 구약말씀인 창세기 2장 24절을 들어 이혼의 불가능성을 주장하고 있기 때문이다(막 10:5). 이렇게 논리의 근거를 구약에서 가져오고 있는 것은

---

53) 안병무, 『갈릴래아의 예수』, 235.
54) 샌더스, 『예수운동과 하나님의 나라』, 466. 샌더스는 논지를 전개하는 과정에서 그런 개념을 설정해 본다.
55) S. Westholm, *Jesus and Scribal Authority* (Lund: GWK Gleerup, 1978), 129-130.
56) 샌더스, 『예수운동과 하나님의 나라』, 450.
57) 이혼에 관한 예수의 가르침은 근본적으로 예수가 남성과 여성, 여성과 남성을 동등시하고 특히 약자의 상태에 있던 여성의 인권을 보호하려는 강한 의식을 가지고 있었음을 보여준다. 역사적 예수와는 다른 보다 다양한 문제와 상황에 접했지만 바울도 같은 입장을 견지했다(갈 3:28).

예수가 율법을 반대할 의도가 없었음을 분명히 보여준다.58) 율법 내에 존재하는 서로 상충될 수 있는 여러 구절들을 파악하고 그것들 간의 내부적 질서를 정립하는 원리를 이끌어내는 능력 때문에 예수는 서기관들과 율법사들과 차별된 존재로 인식되고 있었다(막 1:27).

예수가 율법을 부정한 것이 되지 않는 또 하나의 이유는 샌더스가 주장한대로 율법보다 더 엄격한 것을 요구하는 소위 "율법강화"(superogation)의 경우 율법을 반대하는 것이 아니기 때문이다.59) 예를 들어 예수당시 바리새파의 한 분파였던 하베림은 모세의 법에 없는 엄격한 규율을 지키려 했는데 이는 결코 율법을 어기는 것으로 여겨지지 않았다.60) 모세도 혼인의 신성성은 되도록 지켜져야 한다고 여겼기에 이혼의 가능성을 아예 차단하는 것, 즉 율법이 지향하는 바를 더 강화하는 것은 율법을 반대하는 경우가 되지 않는다.

예수가 이혼에 대해서 반대하는 입장을 취한 것은 "마지막 때는 처음 때와 같을 것이다"(Die Endzeit equals die Erstzeit)는 종말론적인 사고를 하고 있었기 때문이다.61) "곧 창조의 시대가 회복된다는 기대, 다른 말로 하자면 하나님의 직접적인 개입을 통하여 그 자체가 드러나게 되는 최초의 완전한 시대가 회복된다는 기대. 참으로 그

---

58) "이러한 즉"이란 어조사는 예수의 단계적인 논리전개과정을 보여준다.
59) 샌더스, 『예수운동과 하나님의 나라』, 465; 타이쎈, 『역사적 예수』, 503, 521-23.
60) 샌더스, 『예수운동과 하나님의 나라』, 465. E. Schuerer, *The History of the Jewish People in the age of Jesus Christ*, vol. II ed. by G. Vermes, (Edinburgh: T. & T. Clark, 1987), 399-400.
61) E.P. Sanders, *Jesus and Judaism* (London: SCM Press, 1985), 259, 267.

시대는 인간의 더럽혀진 법률전통을 반대할 근거를 제시할 만큼 가까이 왔다고 느껴졌다…"62) 즉 예수는 하나님의 나라가 임박한 상황에서의 결혼에 있어서는 창세기 1장 27절과 2장 24절에 나타난 원래의 결혼정신을 따라 더욱 더 "둘이 한 몸"이 되어야 한다고 생각했을 것이다.63) 요약하면 예수는 종말론적 사고의 틀에서 창조의 질서에 호소하면서 이혼을 금지함으로 율법을 반대한 것이 아니다.64) 그러나 이는 율법의 상대적 불완전성, 즉 모세 제도가 타당하지 않다는 견해를 드러내며, 이혼의 금지는 예수가 더 좋은 질서를 기대하고 있었다는 점을 보여준다.65) 따라서 예수는 원칙적으로 율법을 반대하려는 의도는 없었지만 율법의 일부에 대해서는 자신만의 생각을 갖고 있었다는 입장이 존중될 필요가 있다.66)

마가본문에 기록된 바와 같이 역사적 예수는 명백하게 이혼에 반대했으며, 마태본문에 나오는 "간음한 연고 이외에…"라는 예외 규정은 간음을 중대한 죄악으로 여기는 유대기독교 공동체의 전승

---

62) 샌더스, 『예수운동과 하나님의 나라』, 469. 샌더스는 Dungan의 주장을 인용한다. David Dungan, *The Sayings of Jesus in the Churches of Paul: The Use of the Synoptic Tradition in the Regulation of Early Church Life* (Philadelphia & Oxford 1971), 117.
63) Meier도 같은 주장을 펼친다. Meier, *A Marginal Jew*, vol. 4. 118.
64) 결혼의 하나됨과 거룩함을 지키라는 예수의 이 말씀은 오늘날은 교회에서도 지켜지지 않는 경우가 있다. 그러나 예수의 외침은 결혼하려는 사람들과 결혼한 사람들의 영혼을 울리는 거룩한 메아리로 계속 남아있다. 결혼하려는 사람 및 새롭게 결혼하려는 사람 모두 하나님이 짝지어주신 것을 사람이 나누지 못한다는 선언을 진지하게 받아들이고 꼭 그렇게 하겠다는 자세로 결혼에 임해야 할 것이다. 하나님께서 사랑과 생명의 비밀을 이루시려고 세우신 결혼이라는 제도를 따르겠다는 의지가 그들을 복되게 할 것이기 때문이다.
65) 샌더스, 『예수운동과 하나님의 나라』, 471.
66) 샌더스, 『예수운동과 하나님의 나라』, 448.

기자나 유대적인 성향이 강한 마태복음서 기자에 의해 예수 말씀에 추가된 것으로 판단된다. 마태복음 5장 31-32절과 19장 9절이 바로 이런 경우에 해당한다.67)

3. 안식일에 병자를 고침으로 율법을 범했는가?(막 3:1-6; 마 12: 9-14; 눅 6:6-11; 14:5)

예수와 안식일의 관계를 설명하는 다수한 구절들이 다양한 형태로 사복음서에 나오기 때문에 역사적 예수가 모세율법이나 최소한 안식일 법에 대해서는 반대하는 것으로 비춰질 수 있다. 마가복음 3장 1-5절에 의하면 예수는 안식일에 가버나움 회당에서 한 쪽 손이 오그라든 사람을 고친다(참조, 막 1:21-25). 이는 안식일에는 일을 하지 말라는 율법의 명령을 범하는 것인가? 이 구절의 진정성에 대한 판단은 반대와 찬성으로 갈린다.68)

우선 반대하는 입장은 근거는 다음과 같다. 예수가 안식일에 병자들 고친 일로 발생한 논쟁들이 역사적 신빙성을 결여하고 있음을 인식할 필요가 있으며 그런 점에서 예수가 안식일에 치유한 것이 안식일에 관한 율법을 범한 것이 아니라는 주장들이 새롭게 제기되고 있다. 즉 유딧, 마카비 1-2서, 희년서, 다마스커스 문서, 쿰란 동굴문서 4에서 나온 할라카적 해석과 같은 70년 이전의 문헌과, 필로, 요세푸스의 문헌에서는 안식일 치유가 안식일을 범한다

---

67) 설사 예수가 이와 같은 내용의 말씀을 했다 하더라도 예수는 기본적으로 이혼에 반대하고 있었음을 보여준다.
68) 이 구절이 원시유대기독교와 유대교 간의 율법이나 안식일 논쟁에서 기원했다는 주장이 가능하다.

는 주장이 전혀 나타나지 않는다.69) 그러므로 복음서의 안식일 논쟁에 전제된 개념, 즉 예수 당시의 유대인들은 안식일에 병을 고친 것을 안식일을 범한 것으로 여겼다는 내용은 모두 역사적으로 정확한 것이 아니며 오히려 이 중 많은 부분은 원시기독교와 유대교 간의 논쟁을 묘사하고 있는 것이 된다. 즉 안식일에 예수가 병자를 치유했다는 기사에는 역사적 사건으로 여길만한 부분이 기록되어 있지만 전체는 아니며 현재의 형태는 역사적 예수의 사실보다는 당시 유대교와 기독교 사이에 논쟁이 있었음을 반영한다는 것이다.70) 이렇게 되면 예수가 율법에 반대하고 있다는 주장이 성립되지 않는다.

혹시 이러한 구절들에 진정성이 있다 하더라도 결과는 달라지지 않는다. 보른캄은 하나님의 나라에 대한 선포의 급진성은 제의적, 민족적인 것을 포함하여 모든 의무들의 요구를 평가 절하하기에 예수는 안식일을 깨뜨리며, 금식 규정을 깨뜨린 제자들을 변호한다고 주장한다.71) 그렇지만 샌더스는 안식일에 병자를 고친 것은 율법을 어긴 것이 아님을 주장한다. 왜냐하면 버미스가 주장하는 바와 같이 불이나 약을 활용하거나 어떤 종류의 육체적인 행동을 하지 않고 말로만 고쳤기 때문이다.72) 그리고 무엇보다도 주전 2세기 마카비 시대 이래로 인간의 생명이 위험에 처했을 때는 안식일 법이 무시될 수 있었던 것으로 여겨지기 때문이다.73) 생명을 살리는

---

69) Meier, *The Marginal Jew*, vol. 4, 294.
70) Meier, *The Marginal Jew*, vol. 4, 294.
71) 보른캄,『나사렛예수』, 124.
72) G. Vermes, *Jesus the Jew* (London: Collins, 1973), 25.
73) Westerholm, *Jesus and Scribal Authority*, 95. 웨스터홀름은 미쉬나 요마를 인용한다(m. Yom. 8:6). H. Danby, *Mishnah* (London: Humphrey Milford,

것은 지체될 수 없기 때문에 허용된다. 혹 손이 오그라든 것은 생명이 위급한 긴급 상황으로 볼 수 없다고 주장할 수 있을지 모르나, 예수의 답변은 그 손을 펴도록 돕는 일을 당장 하는 것은 선한 일이요, 이를 미루는 것을 악한 일로 받아들일 수 있기에 똑같이 긴급 상황으로 여겨질 수 있다. 이 모든 상황을 종합해 볼 때, 예수는 병자를 안식일에 고침으로 율법을 범했다고 볼 수 없다.

4. 손 씻기와 음식규정에 관한 단화는 율법을 어긴 경우가 되는가?(막 7:1-23; 마 15:2-20; 참고, 눅 9:17)

본문의 경우는 손 씻기에 관한 본문 즉 마가복음 7장 1-13절//마태복음 15장 1-9절과, 음식규정에 관한 본문 즉 마가복음 7장 14-23절//마태복음 15장 10-20절의 두 부분으로 나누어 논하는 것이 필요하다.

가. 손 씻기에 관한 본문(막 7:1-13//마 15:1-9)

본문에 의하면 예수의 제자들 중 일부가 씻지 않은 손으로 빵을 먹는 것을 본 바리새인들과 율법학자들은 왜 장로들이 전해준 전통을 따르지 않느냐고 예수께 추궁하다가 오히려 전통을 가지고 하나님의 말씀을 헛되게 한다는 꾸중을 듣는다. 그런데 여기서 음식을 먹기 전에 "손 씻음"은 모든 유대인들에게 요구된 것이 아니기 때문에 율법을 어긴 경우라고 할 수가 없다.[74] 샌더스도 이 말

1933), 172. "··· whenever there is doubt whether life is in danger, this overrides the Sabbath."

씀이 율법을 부정하는 것이 되지 않은 이유는 첫째로 손을 씻는 것은 하나님의 계명이 아니라 장로들의 유전이기에 율법을 범하는 것이 되지 않는다고 주장한다.75) 즉 이는 일부 장로들이나 하베림들이 특별히 거룩한 생활을 하기 위해 도입한 그들만의 규정(3-5절)이기 때문이다.76) 예수시대의 바리새적인 랍비유대교는 이러한 할라카에 토라와 동일한 권위를 부여하였으나 토라와 할라카 사이에 엄격한 경계선을 긋고 후자를 인간의 계명으로 보아 거부할 수 있기에 일부 랍비들은 할라카가 오히려 하나님의 계명을 왜곡시킨다고 보았으며 "고르반"이 바로 그런 경우에 해당한다. 이러한 점들은 예수가 랍비들 이상으로 율법에 정통했음을 시사해 준다.

더욱이 마이어는 마가복음 7장 1-23절//마태복음 15장 1-20절에서 고르반에 관한 말씀 뒤에 있었을 전승(10-12절)을 제외한 나머지 부분은 마가복음 기자의 편집과 유대-기독교 전승의 다양한 발전단계를 담고 있어서 역사적 예수에게서 나오지 않았다고 주장한다.77) 즉 역사적 예수는 식사 전에 손 씻는 것과 정결한 음식과 정결하지 않은 음식간의 차이와 같은 문제에 대해 어떤 계획적인 선언을

---

74) 샌더스, 『예수운동과 하나님의 나라』, 481. 샌더스는 이 규정이 바리새인 중에서 특별한 경건을 추구했던 하베림(haberim)들이 만든 규정이라고 설명한다. 물론 613가지의 장로들의 유전도 율법과는 다른 것임이 잘 알려져 있다.

75) 샌더스, 『예수운동과 하나님의 나라』, 472. 이 구절의 진정성에 대해서는 찬반양론이 있고 나름대로 균형을 이루고 있다.

76) 샌더스, 『예수운동과 하나님의 나라』, 472. 바리새적 랍비유대교(Rabbinic Judaism)는 율법을 인간이 철저하게 실행할 수 있는 계명들과 금령들의 총합이라고 보아 613개에 해당하는 계명과 금령을 만들었고 그 계명에 수많은 규정들을 더해서 이를 할라카로 불렀다.

77) Meier, *The Marginal Jew*, vol. 4, 413. Jan Lambrecht, "Jesus and the Law," 79. 람브레히트도 이 말씀은 기독론적인 말씀이라고 주장한다.

한 적이 없다는 것이다.78)

나. 음식규정에 관한 본문(막 7:14-23//마 15:10-20)

본문에 묘사된 음식규정에 관한 논쟁이 역사적 예수의 말씀이라면 예수가 율법을 어겼는지 여부를 파악할 수 있는 대표적인 경우가 될 수 있다.79) 특히 15-16절의 "무엇이든지 사람 밖에서 몸속으로 들어가는 것으로서 그 사람을 더럽히는 것은 아무것도 없다. 사람에게서 나오는 것이 그 사람을 더럽힌다."는 말씀이 역사적 예수의 말씀이라면 유대인의 정결규정을 전면 부정하는 경우가 된다.80) 그래서 불트만은 정결에 관한 모든 율법은 15절에 의해 무력화된다고 하며 주장한다.81) 케제만은 예수가 정결의례에 관한 율법을 깨뜨림으로써 죄인들과의 교제를 허용한 것은 매우 중요하며, 이로써 성역과 세속적 영역사이의 구별을 없앴다고 주장한다.82) 쿰멜도 사람 안으로 들어가는 어떤 것도 그 사람을 더럽히지 못한다는 말씀은 율법에 대한 예수의 최종적인 태도를 보여주며 정결법에 대한 그의 근본적인 거부를 보여준다고 주장한다.83) 샌더스도 15절이 예수의 율법에 대한 태도를 판단하는 데 있어 결정적인 구절임을 인정하지만 이 말씀의 진정성은 이를 인정하는 경우를 논하기도

---

78) Meier, *The Marginal Jew*, vol. 4. 414.
79) R.P. Booth, *Jesus and the Laws of Purity* (Cambridge: Cambridge Univ. Press, 1986), 113. 부스는 이 부분의 진정성을 조심스럽게 인정한다.
80) 그래서 일부 학자들은 예수의 죽음을 초래한 갈등의 실마리를 음식 규례와 안식일의 위반에서 찾는다. 샌더스, 『예수운동과 하나님의 나라』, 478.
81) Bultmann, *Jesus and the Word*, 76.
82) Käsemann, "The Problem of the Historical Jesus," 38-39.
83) Kuemmel, "Aussere und innere Reinheit des Menschen bei Jesus," 35-46.

하지만 또한 반대하는 경우에 대해서 언급하기에 실제적으로는 이중적이다. 이 두 가지 경우 중 전자부터 논한다.

샌더스는 손 씻기와 음식에 관한 말씀(15-16절)이 역사적 예수의 말씀이라 하더라도 예수가 율법을 부정했다고 볼 수 없다고 주장하는데, 왜냐하면 이는 율법보다 율법을 더 철저화하는 말씀 즉 "토라 약화"가 아니라 "토라 강화"의 경우로 볼 수 있기 때문이라고 한다.84) 즉 15절의 말씀만 있었다면 레위기 11장에 나오는 음식 규정을 어기는 것이 되었을 것이나 안으로 들어가는 것만 더럽히는 것이 아니라 안에서 밖으로 나오는 것도 더럽힌다는 16절의 말씀은 율법을 부정하는 것이 아니라 외면적 정결은 물론 내면적 정결까지 강조하기 때문에 율법을 어기는 것에 해당하지 않는다고 주장한다.85) (οὐδέν ἐστιν ἔξωθεν τοῦ ἀνθρώπου εἰσπορευόμενον εἰς αὐτὸν ὃ δύναται κοινῶσαι αὐτόν, ἀλλὰ τὰ ἐκ τοῦ ἀνθρώπου ἐκπορευόμενά ἐστιν τὰ κοινοῦντα τὸν ἄνθρωπον.) 즉 샌더스는 이를 소위 '상대적 부정'(relative negative)의 경우로 본다면 이의 의미는 "문제가 되는 것이 사람의 입으로 들어가는 것이 아니라 나오는 것 즉 사람의 마음에서 나오는 사악함이라는 뜻이라면 이는 음식법을 부정한 것이 되지 않는다고 주장한다.86)

그러나 똑같이 율법의 강화와 약화를 강조하는 타이센은 정반대의 주장을 제기한다.87) "A가 아니라 B이다"라는 형태의 말씀의 경

---

84) 샌더스, 『예수운동과 하나님의 나라』, 472.
85) 샌더스, 『예수운동과 하나님의 나라』, 472.
86) Sanders, *Jewish Law From Jesus to the Mishnah*, 28. 샌더스는 '상대적 부정'의 경우로 마가복음 9장 37절을 제시한다.
87) 타이센, 『역사적 예수』, 527-29. H. Maccoby, *Judaism in the First Century* (London: Sheldon Press, 1989), 105. 마코비는 예수가 랍비적 위생조건

우 A보다는 B가 상대적으로 중요하지만 이는 결코 A의 내용을 부정하는 것이 아니라는 것이다. 이는 결코 샌더스가 가상적으로 추론하듯이 "안으로 들어가는 것만이 더럽게 만드는 것이 아니라 밖으로 나오는 것이 훨씬 더 더럽게 만든다."고 말하는 경우가 아니기 때문이라고 한다.[88] 따라서 마가복음 7장 15-16절은 정결에 관한 규정을 명백하게 어기는 되는데 왜냐하면 즉 외적인 것이 사람을 더럽게 한다는 점을 부정하지 않기 때문에 정결에 대한 급진적인 판단을 내리는 말씀이고 예수에게서 나왔을 가능성을 거부할 수 없다고 주장한다.[89] 그리고 이는 보다 문맥에 맞는 논리적인 해석이다. 더욱이 일반적으로 '상대적 부정'은 한 문장안의 어구나 단어에 적용되는 것이지, 여러 문장에 걸쳐 적용되지 않기 때문이다.

또한 샌더스는 마가복음 7장 1-23절 및 이의 병행본문이 실제로 예수의 말씀이라고 받아들일지라도 예수가 율법을 부정한 것이 아니라는 것을 주목해야 한다고 주장하는데, 왜냐하면 이 말씀에서 고소당하는 사람이 예수가 아니라 제자이기 때문이라고 한다.[90] 그러나 그 주장은 설득력이 없다. 고소당한 제자들을 위해서 예수가 반 율법적인 말씀을 했다면 이는 예수 자신의 입장을 말한 것이 되기 때문이다.

주목할 점은 샌더스는 이 본문이 역사적 예수의 말씀이 아닐 경우에 대해서도 논한다는 것이다. 이는 본문의 진정성에 대해 확실

에 대해 의견이 달랐을 수 있을지라도 성서에 기록된 음식규정의 타당성을 부정하지는 않았을 것이라고 한다.
88) 샌더스, 『예수운동과 하나님의 나라』, 472. 타이센, 『역사적 예수』, 527-29.
89) 타이센, 『역사적 예수』, 528-29.
90) 샌더스, 『예수운동과 하나님의 나라』, 481.

한 판정을 내리는 것이 매우 어렵다는 것을 잘 보여준다.

샌더스는 이 본문이 다음과 같은 이유들 때문에 역사적 예수의 말씀이라기보다는 원시교회의 상황을 보여주는 말씀일 가능성이 훨씬 높다고 주장한다.[91]

첫째로, 서로 다른 주제의 말씀들이 인위적으로 연결되었을 가능성이 높기 때문이다. "손 씻음"으로 시작된 논쟁은 "더럽힘"이라는 제2의 주제에 관한 논쟁으로 바뀌는데 "무리를 다시 불러 이르시되..."(14절)라는 청중에 대한 언급은 7장 1절에 언급된 청중들과 달라 어색한 느낌을 주며 따라서 후에 추가되어 이차적인 문헌으로 발전되었음을 내비치고 있다고 주장한다.[92]

둘째로, 이 말씀은 원시기독교와 유대교간의 갈등을 비춰주고 있을 뿐이며 "손 씻음"을 둘러싼 예수와 바리새인들 간의 실제적인 충돌은 없었다는 것이다.[93] 따라서 7장 15절의 진정성은 확보되지 않는다고 주장한다.

셋째로, 샌더스는 "안으로 들어가는 것이 더럽게 하는 것이 아니라…"는 유대교 상황에 존재했던 예수가 말씀하기에는 너무나 혁명적인 말씀인 것처럼 보이기에 이의 진정성을 상정하기 어렵다고 주장한다.[94]

즉 샌더스는 만일 진정한 예수의 말씀이라면 마가복음 7장 15-19절 이외에는 1세기 유대인들이 견지하고 있던 일반적인 생각 안에

---

91) 샌더스, 『예수운동과 하나님의 나라』, 481.
92) Bultmann, *The History of the Synoptic Tradition*, 39; 샌더스, 『예수운동과 하나님의 나라』, 482.
93) 샌더스, 『예수운동과 하나님의 나라』, 481.
94) Sanders, "The Synoptic Jesus and the Law," *Jewish Law from Jesus to the Mishnah* (London: SCM Press, 1990), 28.

서 허용 가능한 범위를 넘어가는 예수의 입장은 없는데, 예수는 실제로 이 말씀을 하지 않았다고 주장한다.95)

이 시점에서 "배고파 굶주린 카리스마적 걸인들에게는 깨끗한 음식과 더러운 음식의 구별이 무의미한 것이 아닌가?"라는 타이센의 언급에 주목할 필요가 있다.96) 타이센은 예수의 제자들처럼 급진적인 상황에서 돌아다니면서 음식을 받아먹어야 했다 하더라도 음식을 내어놓은 사람들이 정결법에 민감한 유대인이었기 때문에 율법을 어겼다고 보기는 어려울 것이라고 한 편으로 생각하지만 결론에서는 예수가 율법을 어겼다고 선언한다.97) 이는 유대지역 안에서 활동했다면 음식법을 어겼을 가능성이 희박하지만 이방지역이나 이방인들과 접촉했다면 상황을 달라졌을 것을 상정하기 때문이다. 요약하면 샌더스의 주장과 달리 마가복음 7장 15절이 역사적 예수의 말씀이 확실할 경우 이는 반 율법적인 입장을 표명한 경우가 된다.

5. 예수의 성전사건은 반 율법적인 사건인가?(막 11:11-17; 마 21:12-13; 눅 19:45-46)

확실한 것은 샌더스가 주장하는 바와 같이 "예수의 성전에 대한 태도는 그의 토라에 대한 태도와 분리될 수 없고, 그의 율법에 대한 태도는 성전에 관한 전승을 다루지 않고는 연구될 수 없다."는 것이다.98) 과연 예수는 이 사건으로 성전제의를 규정한 율법을 부

---

95) Sanders, "The Synoptic Jesus and the Law," 1-96. 특히 1-6, 90-96.
96) 타이센,『역사적 예수』, 529, 569.
97) 타이센,『역사적 예수』, 529.

정하였는가? 상당수의 학자들은 그렇다고 주장한다. 그러나 그와 반대로 율법준수와는 관계가 없다는 주장도 제기된다. 주목할 것은 역사적 예수가 성전활동을 일시적으로 중지시켰다는 사건의 진정성에 대해서는 학문적 공감대가 형성되어 있다는 것이다.

그러면 이 사건이 의미하는 것은 무엇인가? 성전 사제들이 경제적 이익을 탐하고 있던 것에 대한 경고적인 심판의 행동이었다는 전통적인 해석99)보다는, 예수 당시의 성전이 파괴된 뒤 새로운 성전이 세워질 것이며, 이는 곧 이스라엘이 회복된다는 것을 가리키는 예언적이고 상징적인 행위였다는 주장에 주목할 필요가 있다.100) 샌더스는 성전에서의 행위가 "마지막 날 이스라엘의 회개와 회복의 의도를 가진 예언자적 표징"이었으며,101) 따라서 성전사건은 "정화"(cleansing)로 볼 수 없다고 주장한다.102) 즉 예수가 환전상들의

---

98) 샌더스, 『예수운동과 하나님의 나라』, 456.
99) J. Jeremias, *New Testament Theology*, vol. 1. (London: SCM Press, 1971), 145. 그러면서도 예레미야스가 이 사건을 "예언적 상징적 행동(prophetic symbolic action)"이었다고 설명한 것에 주목할 필요가 있다. A.E. Harvey, *Jesus and the Constraints of History* (London: Duckworth, 1982), 15. 하비는 성전사건이 로마 당국보다는 유대제도(성전)의 남용을 겨냥한 것 같다고 주장한다. A. Nolan, *Jesus before Christianity* (London: Darton, Longman Todd, 1980), 102. 놀란은 예레미야스를 인용하면서 성전제사를 주관하는 자들의 사기와 도둑질의 증거가 있다고 주장한다. E. Trocme, *Jesus and His Contemporaries* (London: SCM Press, 1973), 118.
100) 주전 2세기로 추측되는 토빗 13장 16-18절에 따르면 "예루살렘은 재건될 것이다"라는 구절이 나오는데 이는 성전건축을 의미한다. 왜냐하면 이어지는 토빗 14장 5절에서도 이스라엘의 회복과 성전재건이 동시에 언급되고 있기 때문이다. 이는 회복의 날이 오면 성전이 다시 지어질 것을 예언한다는 점에서 중요한 문헌적 근거가 된다. 최재덕, "역사적 예수와 이스라엘의 회복"『신약논단』 17/3 (2010), 509.
101) Sanders, *Jesus and Judaism* (London: SCM Press, 1985), 62.
102) Sanders, *Jesus and Judaism*, 90.

탁자를 뒤엎고, 성전을 지름길로 사용하는 것을 금한 것은 하나님 나라의 도래를 거부한 예루살렘 성 및 성전의 파괴를 보여주는 예언적, 종말론적 상징으로 의도된 것이라고 밝힌다.103) 롤로프도 예수의 성전사건이 다가오는 하나님의 나라의 임재와 새로운 질서에 대한 기대를 나타낸다고 주장한다.104)

이러한 관점에 동의하면서 복(Bock)도 성전사건은 공식적인 종교적 권위에 도전한 것이며, 예수의 행동은 비할 데 없는 권위를 암시하는데 성전사건이 예루살렘 입성 직후에 일어났다는 점과 종말론적 성격을 가진다는 면에서 메시아적 색채를 띠고 있다고 주장하며 예수의 행동은 하나님이(혹은 메시아가) 성전 제도를 바로 잡을 것이라는 약속의 성취를 시사한다고 설명한다.105) 또한 라이트도 성전에서의 예수의 행위는 성전의 임박한 파괴에 대한 극적인 상징으로 의도되었으며, 성전사건이 일어날 것은 스가랴와 이사야, 예레미야서에도 이미 예언되었다고 주장한다.106) 이러한 해석의 공통점은 성전사건이 미래를 향한 종말적 상징적 사건이었으나 결코 반 율법적인 사건이 아니었다는 점이다. 예수의 재판에서 이 사건이 언급되지 않았던 것도 이 사건이 정치적으로나 예언적으로 심각하게 고려되지 않았음을 보여준다.107)

샌더스가 주장한대로 예수가 성전에서 일으킨 사건이 전체 모세

---

103) 샌더스, 『예수운동과 하나님의 나라』, 136-40.
104) J. Roloff, *Jesus* (Noerdlingen: C. H. Beck, 2000), 108-109.
105) 데럴 복 외/손혜숙 역, 『역사적 예수 논쟁』 (서울: 새물결플러스, 2014), 395-98.
106) 라이트, 『예수와 하나님의 승리』, 632-35. 라이트는 예수는 자신이 새롭게 될 성전을 상정하였다고 주장한다.
107) 던, 『예수와 기독교의 기원』 하권, 224.

규정에 대한 그의 견해를 알려주는 것이라면 부분적인 결론에 이를 수 있는데 예수는 성전을 신성불가침한 것으로 여기지 않았다는 점이다.108) 따라서 예수는 옛 질서가 끝나고 새로운 질서가 다가오고 있다는 종말적인 확신 속에서 기존의 성전제사에 일종의 충격을 가했지만 그렇다고 성전에 관한 구절들이 예수가 율법을 반대했음을 보여준다고는 할 수는 없다.109) 다만 그 당시의 성전제도가 궁극적인 것은 아니라고 본 예수의 입장을 드러낸다.110)

6. 예수는 소위 '반제'로 율법에 반대한 것인가?(마 5:21-48)

복음서에는 그것이 역사적 예수에게서 왔다면 분명하게 예수의 율법 절대주의적인 입장을 보여주는 말씀과 반 율법적인 입장을 보여주는 말씀들이 공존한다. 대표적인 경우로 마태복음 5장 17-18절은 전자에 해당하며, 5장 21-48절에 나오는 소위 6개의 반제들은 후자에 해당한다. 그러나 두 부류의 말씀들이 원시교회에서 나온 것이라면 입장은 크게 달라진다. 왜냐하면 그것은 원시교회의 율법에 대한 입장일 뿐 역사적 예수의 입장은 아닌 것이 되기 때문이다.

케제만은 예수가 모세에 도전하는 권위를 주장했으며 이에 대한 근거로 산상 설교의 첫째(살인: 21-26절), 둘째(간음: 27-32절), 넷째(맹세: 33-37절) 반명제의 진정성을 주장하면서 예수는 의도적으로

---

108) 샌더스, 『예수운동과 하나님의 나라』, 456.
109) 샌더스, 『예수운동과 하나님의 나라』, 456-57.
110) 샌더스, 『예수운동과 하나님의 나라』, 457, 488.

자신을 모세보다 위에 세우며, 그렇게 함으로써 암묵적인 메시아적 주장을 했다고 주장한다.111) 웨스터홀름도 율법의 법령적인 이해에 매이지 않았던 예수는 맹서가 하나님의 뜻에 반하기에 맹서에 관한 토라의 권위에도 단호하게 도전했다고 주장한다.112) 그는 예수가 하나님의 뜻에 대한 참된 이해에 깊은 관심을 가지고 있었기에 이를 거부했는데 맹세가 인간의 잘못된 마음을 드러낼 뿐이라 생각했기 때문이라고 주장한다.113)

그러나 여섯 개의 말씀이 모두 진정성이 있다하더라도 이 모두를 율법에 대한 반대하는 말씀으로 해석할 필요는 없는데 이를 율법을 보다 강화하는 것으로 해석할 수 있기 때문이다.114) 이는 율법을 인정하지만 율법을 뛰어넘을 것을 요구하는 것이며, 따라서 예수가 모세율법을 반대하지 않았음을 보여주게 된다.115) 예로 여자를 보고 음욕을 품는 사람은 이미 마음으로 그 여자를 범하였다는 말씀은 계명을 강화한 경우에 해당하기에 율법을 어긴 것이 되

---

111) 케제만에 따르면 스스로를 유대교 공동체로부터 분리시키고, 메시아적 토라를 가지고 온 예수는 메시아라고 말한다. Käsemann, "The Problem of the Historical Jesus", 37; Sanders, 『예수운동과 하나님의 나라』, 72. 케제만의 이런 해석은 역사적 예수의 상황이라기보다는 원시교회공동체가 견지했던 기독론적인 입장에서 나온 것으로 판단된다.
112) Westholm, *Jesus and Scribal Authority*, 129.
113) Westholm, *Jesus and Scribal Authority*, 130.
114) 여섯 개의 반제의 진정성에 대해서도 입장이 갈리는데, 케제만은 첫 번째, 두 번째, 네 번째 주제인 살인, 간음, 맹세에 관한 말씀이 진정성이 있다고 보는데 반해, 데이비스는 세 번째, 네 번째, 여섯 번째인 이혼, 맹세, 원수 갚음에 대한 말씀이 그렇다고 주장한다. E. Kaesemann, "The Problem of the Historical Jesus," 15-47, 37-38. W.D. Davies, *Christian Origins and Judaism* (Philadelphia: Westminster Press, 1962), 44.
115) 샌더스, 『예수운동과 하나님의 나라』, 472.

지 않는다(마 5:28).

나아가 율법 절대주의적인 입장의 경우 즉 예수가 자신의 추종자들에게 바리새인들(위선자)보다 더 의롭게 되라고 요구하는 말씀들은, 마태교회공동체가 자신들과 갈등상황에 있었던 유대교의 의(義)보다 더 나을 것을 촉구하는 상황을 그리고 있는 것으로 볼 수 있기 때문에 역사적 예수의 말씀이 아닐 가능성이 매우 높다(마 5:17-20).[116]

결국 샌더스는 주의 기도(마 6:9-13)를 제외한 마태복음 5장 17절에서 6장 18절에 걸친 말씀들이 예수 자신의 말이 아니라고 주장한다.[117] 즉 예수는 모세 율법을 반대하지 않았지만, 그것을 최종적인 것으로 보지 않았다고 주장하는데,[118] 이는 예수의 전체사역과 제자들의 사역이 유대 종말론의 틀 안에 놓여있기 때문이라고 본다.[119] 결국 본문 중에 진정성이 있는 부분이 있다하더라도 율법에 반대하는 것이 아니라 율법을 강화하는 경우로 볼 수 있다.

7. 안식일에 밀 이삭을 잘라먹은 이야기는 율법에 반대하는 경우를 말하는가?(막 2:23-28; 마 12:1-8; 눅 6:1-5)

샌더스는 안식일에 이삭을 잘라먹은 담화는 역사적인 사실로 보기 어렵게 만드는 불가능성과 명백한 실수 때문에 처음부터 끝까

---

116) 샌더스, 『예수운동과 하나님의 나라』, 473. 샌더스는 이것 즉 율법을 지키지 않는 사람들을 "이방인"과 "세리"라고 부르는데, 이것은 역사적 예수의 말씀은 아닌 것으로 판단된다.
117) 샌더스, 『예수운동과 하나님의 나라』, 477.
118) 샌더스, 『예수운동과 하나님의 나라』, 477.
119) 샌더스, 『예수운동과 하나님의 나라』, 478.

지 기독교와 유대교의 논쟁상황을 그리고 있기에 원시기독교 공동체에서 만들어졌을 가능성이 높다고 주장한다(막 2:23-26).[120] 게다가 바리새인들이 예수의 제자들의 손을 검사하기 위해 갈릴리에 실제로 갔다고 보기 어렵다고 주장한다.[121] 설사 이 구절이 실제적 사건을 보도하고 있다하더라도 예수가 율법에 반대하는 증거로 채택할 수 없는 것은, 유대교에서도 비상상황에서는 허기진 배를 채우는 것을 허락하고 있었기 때문이라고 주장하는데, 이는 적절한 판단이다.[122]

또한 안식일에 위기 속에 있는 생명을 살리는 것이 옳은지에 관한 말씀도 그렇게 본다(마 12:11; 눅 14:5). 이 말씀에서 예수는 팔레스틴의 농부들에게 매우 중요했을 안식일의 특별한 관점을 무시하고 있지 않음을 보여준다.[123] 즉 인간이나 동물이 위기에 처했을 때 이를 구하는 노력은 허용한다. 이러한 상식에 근거한 태도는 안식일 준수에 있어 보다 엄격한 입장을 취한 에세네파 사람들과는 다른 태도이다(눅 13:15).[124] 이러한 실제적인 접근은 보통의 유대인의 바라는 바를 반영하고 있다. 샌더스는 공관복음에 묘사된 예수가 안식일 기간에 허용되는 범위 안에서 행동했으며 예수나 그의 제자들이 율법을 범했을 가능성은 약하며, 이와 관련해 보다 엄격하게 지키는 사람들에게는 그렇게 보일 수 있었다고 주장한다.[125]

---

120) 샌더스, 『예수운동과 하나님의 나라』, 480. Meier, *A Marginal Jew: Law and Love*, 295.
121) 샌더스, 『예수운동과 하나님의 나라』, 481.
122) H. Maccoby, *Judaism in the First Century* (London: Sheldon Press, 1989), 51.
123) Meier, *A Marginal Jew: Law and Love*, 295.
124) Meier, *A Marginal Jew: Law and Love*, 295-296.
125) Sanders, *Jewish Law from Jesus to the Mishnah*, 23.

따라서 설사 이 구절의 진정성이 인정된다 하더라도 예수가 반 율법적인 태도를 취한 경우로 볼 수 없다.

III. 결론

유대인이었던 역사적 예수는 유대교의 삶의 자리에서 활동했기 때문에 기본적으로 율법의 규범적인 권세를 인정하였으며 또한 그 자신도 율법이 하나님의 뜻을 표현한다고 해석했다. 그러나 예수가 율법문제에 대한 태도에 있어 단호하고 일관된 생각을 유지했다거나 체계적인 접근을 했음을 찾아내려는 것은 잘못이다. 오히려 몇몇 경우에 있어서는 율법의 권위에 만족하지 못하거나 혁신적인 생각을 하거나 반대하는 것 같은 모습을 보여주었다. 학자들도 이 주제와 관련해 역사적 예수가 율법에 도전하거나 반대하는 입장을 취한 경우가 있다는 학자들과, 그런 경우가 없다고 주장하는 학자들의 두 가지 입장으로 갈린다.

이러한 상황에서 위 주제에 대한 종합적이고 명확한 판단을 위해 율법에 대한 예수의 태도를 보여주는 공관복음의 주요 구절들의 진정성과 주석적 연구를 통한 신학적 함의를 검토한 결과는 다음과 같다.

"죽은 자들이 그들의 죽은 자를 장사케 하라"는 말씀의 경우 제자를 통한 하나님의 나라의 선포의 시급성이 자식의 도리를 하는 것보다 우선되는 것으로 보았기에 율법을 부정하는 것으로 볼 수 없다(마 8:18-22; 눅 9:57-62). 신명기 24장 1-4절에 허락된 이혼을 금지함으로 예수가 율법에 반대하는 것으로 비칠 수 있는 경우도 원래의 율법을 강화한 경우가 되기에 오히려 그 반대로 해석하는 것이 적절하다(막 10:2-12; 마 19:1-12). 안식일에 병자를 치유한 사건도 생명이 위급한 경우에는 치유가 허용되고 또한 도구를 사용하지 않았기에 율법을 범한 것이 되지 않는다(막 3:1-6; 마 12:9-14; 눅 6:6-11, 14:5). 손 씻기와 음식규정에 관한 단화는 핵심구절인 마가복음 7장 15절의 진정성이 확인될 경우에는 율법을 어긴 예외적인 경우가 될 수 있다(막 7:1-23; 마 15:2-20; 참고 눅 9:17). 예수가 일으킨 성전사건도 종말적인 확신 속에서 기존의 성전제사에 일종의 충격을 가했지만 예수가 율법에 반대했음을 보여준다고는 말할 수는 없다(막 11:11-17; 마 21:12-13; 눅 19:45-46). 예수는 당시의 성전제도가 궁극적인 것이 아니라는 입장을 보여준 것이다. 소위 반제 중에는 진정성이 있는 부분이 있어서 예수가 율법에 반대하는 것으로 해석될 수 있으나 오히려 이는 율법을 보다 강화한 경우로 볼 수 있기에 그렇게 받아들이기 어렵다(마 5:21-48).

위의 논의의 결과에 나타난 바와 같이 역사적 예수는 원칙적으로 율법을 반대하려는 의도는 없었으나 몇 몇 경우에 있어서는 율법의 권위에 도전하거나 부정적인 입장을 취한다는 인상을 갖게 만든다. 그 이유는 옛 질서가 끝나고 보다 나은 새로운 질서가 오고 있다는 종말론적인 상황에서 볼 때 그 당시의 제도가 가장 적절한 것이 아니며, 따라서 궁극적인 것이 아니라는 입장을 취했기 때문이다.

참고문헌

던 제임스./차정식 역. 『예수와 기독교의 기원』 하권. 서울: 새물결플러스, 2012.
라이트 N.T./박문재 역. 『예수와 하나님의 승리』. 고양: 크리스챤 다이제스트, 2004.
보른캄 귄터./강성위 역. 『나사렛예수』. 서울: 대한기독교서회, 1973.
복 데릴./손혜숙 역. 『역사적 예수 논쟁』. 서울: 새물결플러스, 2014.
샌더스 E.P./이정희 역. 『예수 운동과 하나님 나라』. 서울: 한국신학연구소, 1997.
안병무. 『갈릴래아의 예수』. 천안: 한국신학연구소, 1990.
타이센 게르하르트./손성현 역. 『역사적 예수』. 서울: 다산글방, 1997.

Banks, R. *Jesus and the Law in the Synoptic Tradition*. Cambridge: Cambridge University Press, 1975.

Booth, R.P. *Jesus and the Laws of Purity*. Cambridge: Cambridge Univ. Press, 1986.

Bornkamm, G. *Jesus of Nazareth*. Trans. by I. & F. Mcluskey London: Hodder and Stoughton, 1960.

Bousset, W. *Jesus*. Tuebingen: J. C. B. Mohr, 1907.

Bultmann, R. *Jesus and the Word*. Trans. by L.P. Smith & E.H. Lantero. New York: Scribner's Sons, 1958.

_____. *The History of the Synoptic Tradition*. Trans. by J. Marsh. Oxford: Basil Blackwell, 1963.

Danby, H. *Mishnah*. London: Humphrey Milford, 1933.

Dibelius, M. *Jesus*. Trans. by C.B. Hedrick and F.C. Grant. Philadelphia: Westminster Press, 1949.

Dungan, D. *The Sayings of Jesus in the Churches of Paul: The Use of the Synoptic Tradition in the Regulation of Early Church Life. Philadelphia & Oxford, 1971.

Harvey, A.E. *Jesus and the Constraints of History*. London: Duckworth, 1982.

Hengel, M. *Charismatic Leader and His Followers*. Trans. by James C.G. Greig. Edinburgh: T. & T. Clark, 1981.

Jeremias, J. *New Testament Theology*. vol. 1. Trans. by J. Bowden. London: SCM Press, 1971.

Käsemann, E. "The Problem of the Historical Jesus." in *Essays on New Testament Themes*. Trans. by W.J. Montague. London: SCM Press, 1964.

Kuemmel, W.G. "Aussere und innere Reinheit des Menschen bei Jesus." in *Das Wort and die Woerter*. Stuttgart: Kohlhammer, 1973.

Lambrecht, J. "Jesus and the Law." in *Ephemerides Theologicae Louvanienses*, 53(1977).

Loader, W.R.G. *Jesus' Attitude toward the Law*. WUNT 2/97. Tuebingen: Mohr Siebeck, 1997.

Maccoby, H. *Judaism in the First Century*. London: Sheldon Press, 1989.

Meier, J.P. *A Marginal Jew: Law and Love*. vol. 4. New Haven & London: Yale University Press, 2009.

Nolan, A. *Jesus before Christianity*. London: Darton, Longman Todd, 1980.

Roloff, J. *Jesus*. Noerdlingen: C. H. Beck, 2000.

Sanders, E.P. *Jesus and Judaism*. London: SCM Press, 1985.

_____. *Jewish Law from Jesus to the Mishnah: Five Studies*. Philadelphia: Trinity Press International, 1990.

Schlatter, A. *Das Evangelium Nach Matthaeus*. Stuttgart: Calwer Verlag, 1961.

Schuerer, E. *The History of the Jewish People in the age of Jesus Christ*, vol. II. Edited by G. Vermes, Edinburgh: T. & T. Clark, 1987.

Stauffer, E. *Die Botschaft Jesu: Damals und Heute*. Bern: Francke Verlag, 1959.

Trocme, E. *Jesus and His Contemporaries*. London: SCM Press, 1973.

Vermes, G. *Jesus the Jew*. London: Collins, 1973.

Westholm, S. *Jesus and Scribal Authority*. Lund: GWK Gleerup, 1978.

8. 고난에 대한 예수의 시각

I. 서론

　고난을 좋아하는 사람은 없다, 그럼에도 불구하고 사람들이 고난을 참고 견디는 것은 거기에 소중한 의미가 있다고 생각하기 때문이다. 이 세상의 중요한 일은 많은 경우 고난을 통해 이루어진다. 예를 들어 한 생명을 세상에 내기 위해 어미는 해산의 고통을 겪으며 그 태어난 생명을 올바른 인간으로 성장시킬 때까지 많은 고난을 겪게 된다. 이 과정에서 아비도 어미 못지않은 수고를 하게 되는데 가족들을 보호하고 그들에게 필요한 것을 공급하기 위해 만난을 겪기 때문이다. 이렇게 고난이 생명현상을 가능케 한다는 진리를 되새길 필요가 있다. 기독교에 오면 이 진리가 더욱 분명해진다. 기독교에서 가장 중요한 가르침은 하나님의 아들 예수 그리스도께서 인간들에게 영원한 생명을 주시기 위해 십자가에 달려 죽으시는 고난을 받으셨고 이로 인해 인간이 구원을 받게 되었다는 것이다. 이러하듯 고난은 꼭 필요하고 귀한 것이지만 기독교인도 고난은 피하고 기쁨과 즐거움만을 취하려 하는 것이 오늘이 현실이 아닌가 자문하게 된다. 필요할 때는 피하지 말고 고난을 짊어짐으로만이 고난 속에서 생명이 소생함을 세상에 보여줄 수 있다. 이는 인간 개개인의 삶에서는 물론이요, 가정, 집단, 사회 그리고 세계적으로 실천되어야 하는 진리다.

본 장의 목적은 역사적 예수가 하나님의 나라를 위해 능동적으로 고난을 받음으로 자신을 따르는 제자들이 이웃과 공동체를 위해 고난의 삶을 살도록 초청했다는 주장을 신약성서 특히 공관복음서의 말씀들을 통해 증명하는데 있다.

본론에 들어가기 전 필히 언급해야 할 점이 있는데 그것은 고난에 대한 생각이 구약시대에서 예수 시대에 이르기까지 어떻게 변천되었는지 알아보는 것이다. 왜냐하면 고난에 대한 생각의 변천 과정을 이해하는 것은 역사적 예수의 고난을 이해하는데 꼭 필요하기 때문이다. 이는 다음과 같이 요약될 수 있다.[1]

포로기 전 해석에서 고난에 관한 가장 중요한 가르침은 고난은 곧 인간의 죄의 결과로 온다는 생각이었다(창 3:13-19; 출 21:23-25; 사 53:4). 그러나 의로운 자도 고난을 받는다는 생각도 있었다는 점을 유의할 필요가 있다. 즉 응보의 교리만이 고난에 대한 유일한 해석은 아니었다. 그 고난이 유익을 가져온다는 생각이 있었다(신 8:1-6). 그러나 포로기 이후 고난에 대한 생각에 큰 변화가 생긴다. 포로생활 몇 세기 만에 사람들은 부도덕하게 되었고 따라서 사람들은 고난도 하나님이 주관하신 다고 생각하게 되었다. 고난은 하나님의 증거였다(사 43:9-11). 이런 측면에서 볼 때 욥기는 분명히 모든 고통을 엄격한 보응원리(a doctrine of retribution)로 설명하는 데 대한 하나의 비판이다. 왜냐하면 욥의 고난은

---

[1] D.J. Simundson, "Suffering", ABD, vol. IV, ed. D.N. Freedman (New York: Doubleday's Publishing Co., 1992), 219-25.

정직한 자가 받는 고난임이 분명하기 때문이다. 이런 가운데 고난의 구원적 가치를 찾으려는 노력이 시작되었다. 예로 이사야 44-55장은 남을 위해 고난을 짊어진 존재에 대해서 말하면서 고난을 심판으로 보는 견해를 넘어 고난의 구원적 가치(redeeming value)를 찾으려는 노력으로 나아갔다.

역사적 예수는 바로 이 고난의 구원적 가치를 그의 하나님의 나라 사역을 통한 이스라엘의 구원에 두었다.

II. 본론

우선 고난에 대한 분명한 정의를 내리고 시작할 필요가 있는데 그 이유는 흔히 고난과 고통을 혼동하기 때문이다.[2] 일반적으로 고통(pain)은 참기 어려운 육체적, 정신적 통증을 말하며 따라서 통증을 느낀다는 점이 강조된다, 하지만 통증을 겪는 분명한 목적이 꼭 있는 것은 아니다.[3] 그러나 고난은 보다 고상한 목적을 이루기 위해 인내하며 노력하는 과정에서 겪는 육체적 정신적 고통을 의미하기에 정신적인 고통까지 포함한다. 이렇게 고난에서는 그 겪는 고통에 분명한 목적이 있다는 점이 강조된다.

이어서 고난(suffering)의 일반적인 의미를 사전에서 찾아보면 다음과 같다. 우리말 사전은 고난(苦難)은 "괴로움과 어려움"[4] 이라고

---

[2] 영어로는 고통도 고난과 똑같이 suffering이라는 단어로 표현한다.
[3] 영어사전에 따르면 고통(suffering)은 "고통 받는 사람의 상태나 경험"(the state or experience of one that suffers)으로 설명된다. *Merriam Webster's Collegiate Dictionary*, 11th ed. (Springfield, Massachusettes: Merriam Webster Inc., 2003), 1248.

정의하고 있으며, 영어사전은 "고난"의 동사적 의미를 보다 세분하여 "1. 죽음이나 고통 또는 걱정거리를 참아내는 것. 2. 상실이나 손실을 참고 견디는 것. 3. 지체장애나 지체부자유의 상태에 있게 되는 것"이라고 설명하고 있다.[5] 여기서 특히 "참아내는 것"이 강조되고 있다는 점에 유의할 필요가 있다.

신학적으로는 고난을 어떻게 정의하는 것이 적절할까? "신체적이고 정서적인 고통과 고민의 경험, 성서는 이 세계에서 고난이 점하는 위치에 대해 철저히 실제적인 입장을 취하며, 기독교인이 되는 것은 고난에서 도피하는 것이 아니라 소망 중에 기품 있게 고난을 감내할 줄 알게 되는 것이다"[6] 이 정의에서 강조하는 점은 고난은 신체적 정신적 양 측면의 고통을 포함하고 있으며, 성서는 이 세상에서 고난은 아주 현실적인 문제이며, 기독교인이 고난을 대하는 바른 태도는 신앙인의 자세로 견디어 낼 줄 알아야 한다는 것이다.

고난을 대하는 태도는 크게 세 가지 유형으로 나눠서 설명할 수 있다. 고난을 싫어하며 이를 적극적으로 피하는 형,[7] 고난을 겪는

---

4) 이희승 감수, 『민중 엣센스 국어사전』 제3판 (서울: 민중서림, 1994), 159.
5) *Merriam Webster's Collegiate Dictionary*, 1248 "1. to endure death, pain or distress 2. to sustain loss or damage 3. to be subject to disability or handicap."
6) M.H. Manser et. *Zondervan Dictionary of Biblical Themes* (Grand Rapids; Zondervan Publishing House, 1999), 287. "The experience of pain and distress, both physical and emotional. Scripture is thoroughly realistic about the place of suffering in the world and in the lives of believers to become a Christian is not to escape from suffering, but to be able to bear suffering with dignity and hope."
7) D. Soelle/채수일, 채미영 공역, 『고난』 (서울: 한국신학연구소, 1993), 43. "무관심한 인간에게 결여되어 있는 것은 자신의 고난을 깨닫는 능

것이 고통스럽지만 이웃과 공동체를 위해 필요하다고 판단되면 능동적으로 이를 받아들이는 형, 필요하고 당연한 고난이지만 지극히 피동적인 자세로 일관하며 불만을 토로하는 형이다.

그러면 역사적 예수는 고난에 대해 어떤 태도를 취했는가? 위의 세 가지 중에서 두 번째 입장을 취했던 것으로 본다. 예수의 고난은 하나님의 뜻을 온전히 이루려는 과정에서 겪은 정신적 육체적 고통이라는 점이 그 특징이라고 할 수 있으며 나아가 공동체를 위한 사회적인 고난까지 포함한다고 할 수 있다.[8] 한 마디로 말해서 예수는 그것이 꼭 필요한 고난이라고 판단될 경우 피하지 않고 기꺼이 감내했다. 그러한 증거를 공관복음서에 나타난 여러 구절을 통해 증명하고자 한다. 아울러 이 구절들의 진정성(authenticity)을 증명하기 위해 주로 비유사성의 기준(the criteria of dissimilarity)을 사용한다는 점을 미리 밝힌다.

1. 공관복음서에 공통적으로 나타나는 예수의 고난

가. 마가복음 6장 4절; 마태복음 13장 57절; 누가복음 4장 24절

마가복음 6장 4절: "예수께서 저희에게 이르시되 선지자가 자기 고향과 자기 친척과 자기 집 외에서는 존경을 받지 않음이 없느니라 하시

력과 다른 사람의 고난을 지각하는 능력이다." 175-176. "낯선 고난은 없다" "낯선 불행은 없다." 이 말이 의미하는 바는 고난은 나에게 낯선 다른 사람의 상황일 뿐이라고 생각할 수 없다는 것이다. 모든 고난은 다가서면 낯설지 않은 이웃의 고난, 나의 고난이라는 것이다.

[8] 『고난』, 19. 쾰레는 시몬느 베이유를 인용하여 고난을 육체적인 고난, 정신적인 고난, 그리고 사회적인 고난의 세 차원으로 설명한다.

며…"(καὶ ἔλεγεν αὐτοῖς ὁ Ἰησοῦς ὅτι οὐκ ἔστιν προφήτης ἄτιμος εἰ μὴ ἐν τῇ πατρίδι αὐτοῦ καὶ ἐν τοῖς συγγενεῦσιν αὐτοῦ καὶ ἐν τῇ οἰκίᾳ αὐτοῦ.)

마태복음 13장 57절: "예수를 배척한지라 예수께서 저희에게 말씀하시되 선지자가 자기 고향과 자기 집 외에서는 존경을 받지 않음이 없느니라 하시고…"

누가복음 4장 24절: "또 가라사대 내가 진실로 너희에게 이르노니 선지자가 고향에서 환영을 받는 자가 없느니라."

세 복음서에 공통적으로 나타나는 이 구절을 역사적 예수의 말씀으로 보는 이유는 진정성에 대한 큰 논란이 없기 때문이다.9) 원시교회에서 이 구절을 만들어냈을 가능성이 희박하다. 왜냐하면 예수를 주로 믿고 높이는 원시교회로서는 그 예수가 자기 고향에서 환영 받지 못하는 장면이 담긴 말씀이 사실이 아님에도 불구하고 이를 만들어 후대에 전승시켰을 이유가 없기 때문이다.

이 구절은 역사적 예수가 고향 나사렛에서 동네 사람들에게 배척을 받는 상황에 나오는데 그 모습을 실감나게 그리고 있다. 자기 고향(ἐν τῇ πατρίδι αὐτου)에서 배척받는 것도 그럴진대 자기 집안에서조차 존경을 받지 못한다는 말씀은 예언자로서 감내해야 하는

---

9) R. Bultmann, *History of the Synoptic Tradition*, trans. by J. March (Oxford: Basil Blackwell, 1972), 116. 불트만은 누가복음 4장 24절 이하의 말씀은 이방교회가 반유대주의와의 논쟁상황에서 구성한 말씀일 가능성이 있다고 본다. 그러나 누가복음 4장 23절의 진정성에 대해서는 언급하지 않는다. Jeremias는 예수말씀의 특징인 ἀμὴν λέγω ὑμῖν을 들어 역사적 예수의 말씀으로 본다. J. Jeremias, *Die Sprache des Lukasevangelium* (Goettingen: Vandenhoeck & Ruprecht, 1980), 125.

고난의 강도가 어느 정도였는지를 말해준다. 이 구절은 마가복음 3장 31-35절과 밀접하게 연결되어 있는데 "예수가 미쳤다"는 악의적인 소문을 듣고 가문의 명예가 훼손되는 것을 방관할 수 없다는 일종의 의분 속에 찾아온 어머니와 동생들을 만나는 장면에서 예수는 그것이 근거 없는 악성 소문이라고 해명하는 대신에 하나님의 나라에서는, 가족이란 혈연공동체가 아니라 성별과 세대를 뛰어넘는 특별한 공동체임을 설파하고 있다. 여기에는 가족을 돌보는 일을 뒤로 미룬 채 하나님의 나라를 위한 공적사역을 펼치는 예언자 예수의 고뇌가 잘 나타나 있다. 그런 의미에서 "무릇 내게 오는 자가 자기 부모와 처자와 형제와 자매와 더욱이 자기 목숨까지 미워하지 아니하면 능히 내 제자가 되지 못하고…"(눅 14:26)라는 예수의 말씀은 예수를 따르는 제자들의 자세가 마땅히 어떠해야 할지를 강조하며 또한 예수 자신이 그런 자세로 임하고 있었음을 보여준다.

나. 마가복음 14장 22-25절; 마태복음 26장 26-29절; 누가복음 22장 18-20절

마가복음 14장 22-25절: "저희가 먹을 때에 예수께서 떡을 가지사 축복하시고 저들에게 주시며 가라사대 받으라 이것은 내 몸이니라 하시고 또 잔을 가지사 사례하시고 저희에게 주시니 다 이를 마시매 가라사대 이것은 많은 사람을 위하여 흘리는 바 나의 피 곧 언약의 피니라 진실로 너희에게 이르노니 내가 포도나무에서 난 것을 하나님 나라에서 새 것으로 마시는 날까지 다시 마시지 아니하리라 하시니라.

본문의 원래형태에 대해서는 서로 다른 주장이 개진된 바 있으

며 24절의 진정성에 대해서도 그러하다.10) 그러나 본문에 나오는 예수의 행위에 대한 역사적 사실성은 부정할 수 없다. 왜냐하면 오늘날 교회에서 시행되고 있는 성찬식의 기원이 역사적 예수에게 있다고 보며 그 최초의 성찬식에서 본문에 나오는 말씀과 행동이 선언되고 또한 이루어졌다고 보기 때문이다.11) 이런 말씀이나 의식(ritual)이 유대교에서 나올 수 없음은 자명하다.

역사적 예수는 자신이 죽임 당할 것을 예감하고 예루살렘으로 가셨으며 제자들에게 자신의 죽음이 갖는 의미를 적극적으로 설명하려 했을 것이 당연하다. 평범한 사람이라도 그럴 것이지만 예수는 하나님의 나라를 위해서 전력투구했기에 더더욱 그랬을 것이다. 더구나 설명하지 않은 상태에서 죽임을 당할 경우 제자들은 엄청난 충격에 사로잡혀 혼란스러워 할 것이며 다른 유대인들은 무의미한 죽음, 허무한 죽음으로 치부해 버렸을 위험성이 있기 때문이다. "때가 이르매 예수께서 사도들과 함께 앉으사 이르시되 내가 고난을 받기 전에 너희와 함께 이 유월절 먹기를 원하고 원하였노라"(눅 22:15)는 말씀도 예수가 자신의 고난을 알았을 가능성과 죽임을 당하기 전 떡과 잔을 나누는 행위를 하려고 했었음을 시사해 준다.

본문에서 주목할 것은 예수 자신이 자신의 죽음이 다른 사람을 위한 죽음이라는 것을 잘 알고 있었다는 점이다. 자신의 잘못이나 죄로 인해 죽임을 당하는 사람은 본문에 나타나는 것과 같이 의미

---

10) R.W. Funk, *The Five Gospels: What did Jesus really say?* (San Francisco: Harper San Francisco, 1993), 387-388.
11) 물론 일부 학자들은 원시교회가 이런 의식(ritual)을 역사적 예수에게 소급시켰을 가능성을 언급한다. R. Bultmann, *New Testament Theology* vol. I, trans. by K. Grobel (New York: Charles Scribner's Sons, 1951), 144-51.

가 넘치는 말과 행동을 할 수 없었을 것이기 때문이다.12) 여기서 남을 위한 고난이지만 꼭 필요하기에 감당하는 모습을 역사적 예수에게서 배울 수 있다.

2. 누가복음과 마태복음 공통자료(Q)에 나타난 예수의 고난

가. 누가복음 6장 20-21절; 마태복음 5장 3, 6절

누가복음 6장 20-21절: "예수께서 눈을 들어 제자들을 보시고 가라사대 가난한 자는 복이 있나니 하나님의 나라가 너희 것임이요 이제 주린 자는 복이 있나니 너희가 배부름을 얻을 것임이요 이제 우는 자는 복이 있나니 너희가 웃을 것임이요."

누가복음은 짧게 이루어져 있는데 반해 마태본문은 팔복으로 길게 구성되어 있는 것이 큰 차이다. 누가본문과 병행되는 마태본문은 역사적 예수의 사역의 상황에 잘 맞고 하나님의 나라를 가르치고 있기에 역사적 예수의 말씀이라고 보는 것이 적절하다.13) 가난, 굶주림, 슬픔은 로마제국의 식민지 백성으로 또한 폭군의 통치로 압박받고 있는 백성이 공통적으로 겪는 고난의 모습이기 때문이다. 유대교 문헌에도 하나님의 나라에 관한 말씀이 부분적으로 나타나지만 하나님의 나라의 모습이 어떤 것인지를 설명하기보다는 주로

---

12) 그런 사람들은 체념해 버리거나 죽임 당하는 직전까지 죽음을 모면하려는 노력에만 집중할 것이다.
13) Bultmann, *History of the Synoptic Tradition*, 109-10. 불트만은 누가본문과 마태본문 둘 중에서 누가본문이 원래본문에 더 가까운 것 같다고 주장한다. 그러나 본문의 진정성에 대해서는 언급하지 않는다.

율법을 잘 지키는 것이 하나님의 나라를 속히 오게 한다는 것과 같이 율법과 하나님의 나라의 관계를 설명하는 내용이 대부분이다.[14] 원시교회에서 이런 말씀을 만들어야 했다면 그들은 '가난한 자', '주린 자', '우는 자' 대신 '믿는 자'라는 표현을 썼을 것이다.

역사적 예수는 이 말씀을 통해 하나님의 나라가 이러한 고난을 겪는 사람들의 것이며 그 나라가 임하면 가난과 굶주림은 극복되고, 슬픔은 기쁨으로 바뀌는 복을 받게 된다는 희망을 제시한다.

놓치지 말아야 할 또 하나의 사실은 바로 예수 자신이 이 말씀의 대상이라는 것이다. 즉 예수는 가난, 배고픔, 이스라엘을 위한 근심으로 점철된 하나님의 나라 사역에서도 위의 말씀으로 위로받으며 희망 속에 고난을 극복해갔다는 것이다. "축복받은 자는 오히려 슬퍼하는 자, 온유한 자, 굶주린 자, 가난한 자, 의를 핍박받는 자였다. 타락한 세상에 성공적인 삶을 사는 것같이 보이는 사람은 사실상 부당한 방법으로 그들의 상을 받은 사람이었을지도 모른다. 그래서 고난은 죄 된 삶의 결과라기보다는 신실한 사람이라는 표지였을 수 있었다."[15]

나. 누가복음 7장 24-25, 28절; 마태복음 11장 7-8, 11절

누가복음 7장 24-25절: "너희가 무엇을 보려고 광야에 나갔더냐 바람

---

14) H. Danby, *Mishnah* (Oxford: Oxford University Press, 1933), 3. *m. Berakoth*, 2.2: "… a man may first take upon him the yoke of the kingdom of heaven and afterward take upon him the yoke of commandments." *m. Aboth* 3:5; "He that takes upon himself the yoke of the Law, from him shall be taken away the yoke of the kingdom and the yoke of worldly care; but he that throws off the yoke of the Law, upon him shall be laid the yoke of the kingdom and the yoke of worldly care."

15) D.J. Simundson, "Suffering," *ABD*, vol. VI, 224.

에 흔들리는 갈대냐 부드러운 옷 입은 사람이냐 그러면 무엇을 보려고 나갔더냐 부드러운 옷 입은 사람이냐 보라 화려한 옷 입고 사치하게 지내는 자는 왕궁에 있느니라"(=마 11:7-8)

누가복음 7장 28절: "내가 너희에게 말하노니 여자가 낳은 자 중에 요한보다 큰 이가 없도다 그러나 하나님의 나라에서는 극히 작은 자라도 저보다 크니라 하시니…"(=마 11:11)

이 구절은 다음과 같은 이유에서 역사적 예수의 말씀으로 볼 수 있다.
1) 세례요한을 이처럼 고귀한 존재로 높일 수 있는 존재는 역사적 예수 밖에 없다. 이 구절이 원시교회에서 만들어지지 않은 이유는 원시 교회로서는 예수 아닌 다른 존재를 예수 보다 더 높은 권위로 갖는 존재로 그려내어 자칫 오해를 살 일은 적극적으로 피했을 것이기 때문이다. 오직 역사적 예수가 직접 말씀하신 것이기 때문에 후대에 전승되었을 것이다.
2) 물론 유대교에서 나온 말씀도 아니다. 유대교 지도자들 특히 성전지도자들은 성전 밖에서 죄용서의 세례를 베푸는 세례요한을 싫어했을 것이고, 더욱이 그를 '여자가 낳은 자 중에 최고'의 존재로 표현하지 않았을 것이기 때문이다(막 1:4-5). 그런 인물이라면 오히려 아브라함이나 다윗이 적합하다고 생각했을 것이기 때문이다.
3) 7장 24-25절은 역사적 예수가 세례요한에 대해 언급하는 말씀이다. 왕궁에 있는 자들을 날카롭게 비판할 수 있는 존재는 적어도 예언자에 해당하는 인물이며, 왕궁에 있는 자들과 대조적으로 광야에서 바람에 흔들리는 갈대를 세례요한이라고 표현할 수 있는 존

재는 역사적 예수 밖에 없기 때문이다.

4) 누가복음 7장 28절; 마태복음 11장 11절 "하나님의 나라에서는 극히 작은 자라도 저보다 크니라"는 말씀을 원시교회에서 기원한 말씀으로 볼 필요는 없다.16) 그렇게 봐야 한다는 불트만의 주장은 원시교회가 세례요한을 지나간 시대의 인물로 보아 다가오는 하나님의 나라에서는 교인 한 사람 한 사람이 세례요한 보다 높아진다는 뜻으로 만들었다는 말이다. 그러나 누가복음 7장 28b절; 마태복음 11장 11b절과 같은 주장을 역사적 예수도 할 수 있었다. 왜냐하면 예수는 다가올 하나님의 나라는 세례요한 당시의 세계와 질적으로 다른 세계라고 보아 이 두 나라를 비교하고 있기 때문이다.17)

그러면 역사적 예수가 이 구절을 통해 말씀하고자 한 바는 무엇인가? 역사적 예수는 다른 사람이 아닌 바로 세례요한에 대해서 말하고 있다. 누가복음 7장 24-25절은 바람에 흔들리는 갈대처럼 자연이 주는 것 외의 다른 아무 것도 먹지 않고 걸치지 않는 세례요

---

16) Bultmann도 이 구절의 진정성을 조심스럽게 인정한다. Bultmann, *History of the Synoptic Tradition*, 165: "Perhaps a genuine saying of Jesus is preserved in it at Matt. 11:7-11a." 그러나 마태복음 11:11b절은 원시교회에서 나왔다고 주장한다. "The Qualifying addition in Matt. 11:11b was already in Q and could well have come from the early Church too, but it is in any event Christian, as is the intrusive verse 11:10 par."

17) A.H. McNeile, *The Gospel According to St. Matthew* (London: Macmillan and Co., Ltd., 1949), 154. "… anyone, however humble and obscure, who shall be admitted into the kingdom, will be greater than John is now." J. C. O'Neill, *Messiah: Six Lectures in the Ministry of Jesus* (Cambridge: John Cochrane Press, 1980), 9-11: "he is contrasting the present state of the greatest of men with the future state of the least in the coming kingdom." 예수는 세례요한을 가장 위대한 인물로 칭한다. 오닐은 예수가 현재적인 하나님의 나라의 상황에 있는 세례요한을, 다가오는 미래적인 하나님의 나라의 상황에 있을 소자를 비교한다고 주장한다.

한과 부드러운 옷을 입고 사치한 생활을 하고 있는 왕궁에 있는 자들을 대조하여 예언자의 고난에 찬 삶을 강조하면서 동시에 같은 예언자인 자신의 고난도 그와 같음을 간접적으로 내비친다.

예수는 누가복음 12장 6-7절; 마태복음 10장 29-31절과 누가복음 12장 22-34절; 마태복음 6장 25-33절에 언급된 입는 것과 먹는 것을 하나님께 위탁한 삶의 자세를 천명한 바 있다.

중요한 것은 그럼에도 불구하고 하나님의 나라를 향한 그의 의지는 오히려 더 강해진다는 것이다. 하나님의 나라에서는 극히 작은 자라도 누구나 세례요한 보다 크고 중요한 존재라는 사실을 우선적으로 강조하며, 또한 그 점을 기억하고 하나님의 나라를 위해 더욱 힘써 일하는 사역자들이 되자고 제자들에게 권고하고 있다.

다. 누가복음 7장 31-35절; 마태복음 11장 16-19절

누가복음 7장 31-35절: "또 가라사대 이 세대의 사람을 무엇으로 비유할꼬 무엇과 같은고 비유컨대 아이들이 장터에 앉아 서로 불러 가로되 우리가 너희를 향하여 피리를 불어도 너희가 춤추지 않고 우리가 애곡을 하여도 너희가 울지 아니하였다 함과 같도다 세례요한이 와서 떡도 먹지 아니하며 포도주도 마시지 아니하매 너희 말이 귀신이 들렸다 하더니 인자는 와서 먹고 마시매 너희 말이 보라 먹기를 탐하고 포도주를 즐기는 사람이요 세리와 죄인의 친구로다 하니 지혜는 자기의 모든 자녀로 인하여 옳다함을 얻느니라."

이 구절의 진정성을 살펴보자.[18] 이 구절이 원시교회에서 기원했

---

18) 이 구절의 진정성에 대한 자세한 논의는 다음 책을 참고할 것. J.D. Choi, *Jesus' Teaching on Repentance* (SUNY Binghamton; Global Publications, 2000), 130-38.

을 가능성이 희박한 이유는 원시교회가 세례요한 보다는 예수를 높였지만 광야에서의 금욕적인 생활을 핑계로 세례요한이 귀신 들렸다고 표현하지는 않았을 것이기 때문이다.19) 원시교회는 세례요한을 예언자로 존중했으며 그를 따르는 공동체도 있었기 때문이다. 또한 예수를 먹기를 탐하고 포도주를 즐기는 사람으로 표현하지 않았을 것이기 때문이다. 원시교회로서는 자신들이 구원자와 그리스도로 믿는 존재를 먹기를 탐하고 포도주를 즐기는 사람으로 표현하여 모욕했을 리가 없기 때문이다. 따라서 오히려 이 말씀은 예수 당시의 유대인들이 세례요한과 예수를 비방할 때 실제로 사용한 모욕적인 표현이었다고 보는 것이 가장 적절하다.

그리고 이 본문에는 역사적 예수의 어려움이 잘 나타나 있다. 하나님의 나라를 외치며 애쓰는 자신의 사역에 감동받기는커녕 오히려 냉소적인 유대인들의 반응에 안타까워하는 예언자의 마음이 드러나 있다. 인간은 자신의 행동에 대한 적절한 반응을 확인할 때 보람을 느끼며 새로운 의욕을 갖게 되지만, 그 반대의 경우에는 좌절하며 의욕을 잃게 된다. 피리소리를 들으면 춤을 추고 애곡하는 소리를 들으면 우는 것이 보통 사람의 자연스런 반응일진대 반응이 없을 때의 답답함과 안타까움은 예언자로서는 감당하기 어려운 것이다.

또한 33-35절에는 유대인들이 예수의 사역을 오해하기 때문에 겪

---

19) 불트만은 7장 31-33절은 역사적 예수의 말씀이지만 7장 34-35절은 원시교회에서 왔을 가능성이 높다고 주장한다. Bultmann, *History of the Synoptic Tradition*, 165: "If Matt. 11:16f is also an ancient parable by Jesus, then the appended interpretation Matt. 11:18f is also in any case a community product, which owes is from (ἦλθον ὁ υἱὸς τοῦ ἀνθρώπου) to the Hellenistic Church."

는 아픔이 생생하게 드러나 있다. 특이한 점은 유대인들이 예수뿐만 아니라 세례요한에 대해서도 오해하는데 각 각의 경우 정반대의 이유로 오해한다는 것이다. 유대인들의 죄 때문에 안타까워하면서 약대 털옷을 입고 석청을 먹으며 지내는 세례요한을 보며 감사하기는커녕 오히려 귀신이 들렸다고 비방한다. 또한 천대받는 직업 때문에 또는 잘못된 행동으로 인해 유대 사회의 언저리로 밀려나 하나님으로부터 버림받았다고 자책하는 죄인들을 만나 그들을 돌이키게 하기 위해 그들과 음식을 나누는 예수를 먹기를 탐하고 포도주를 즐기는 사람이요 죄인과 세리의 친구라고 모욕하는 유대백성들 앞에서 느꼈을 두 예언자의 고뇌와 아픔은 고난 그 자체였다(막 1:6).

그러나 예수는 이런 고난 속에서도 자신의 사명을 향한 불퇴전의 의지를 35절의 말씀을 통해 천명한다.

누가복음 7장 35절: "지혜는 자기의 모든 자녀로 인하여 옳다 함을 얻느니라"(καὶ ἐδικαιώθη ἡ σοφία ἀπὸ πάντων τῶν τέκνων αὐτῆς.)

마태복음 11장 19절: "지혜는 그 행한 일로 인하여 옳다 함을 얻느니라"(καὶ ἐδικαιώθη ἡ σοφία ἀπὸ τῶν ἔργων αὐτῆς.)

마태 본문은 "자녀"(τῶν τέκνων αὐτῆς) 대신 "행한 일"(τῶν ἔργων αὐτῆς)로 표기한다. 어느 본문이 원래의 것일까? 두 복음서 히브리어 번역본은 모두 "아들 또는 자녀"라는 뜻을 가진 벤(בן)이란 단어를 쓰고 있다. 그렇다면 누가복음은 히브리어 원문처럼 문자 그대로 "자녀"라는 표현을 썼고, 마태복음은 지혜를 비인격적인 존재로 보아 이에 적절한 표현인 "지혜의 결과"라는 뜻을 갖도록 "행한 일"로 바꿨다고 추측할 수 있을 것이다.[20]

이 말씀의 뜻은 무엇인가? 그것은 하나의 숙어적인 표현으로 쓰였던 것으로 보이는데 "참 진리는 그 결과가 그 정당성을 입증해준다"는 말이다. 진리가 진리 됨은 그 진리를 적용했을 때 그 결과가 사실이라는 것이 드러남으로 확인된다. 반대로 진리가 아니면 진리처럼 보인다 할지라도 결과를 보면 진리가 아니었음이 드러난다.[21] 예수의 말씀은 지금은 유대인들이 예수의 사역이 옳은 것이 아닌 잘못된 것이라고 모욕하고 호응하지 않지만 결국은 자신의 사역의 결과가 그것이 옳았음을 증명해 줄 것이라는 것이다. 그런 확신 속에 공생애의 사역을 진행시키고 있음을 추측하게 된다. 따라서 꼭 필요한 고난이라면 홀대와 모멸을 당한다하더라도 감수한다는 삶의 자세를 보여주고 있다.

라. 누가복음 9장 57-61절; 마태복음 8장 20-22절

누가복음 9장 57-60절: "길 가실 때에 혹이 여짜오되 어디로 가시든지 저는 좇으리이다 예수께서 가라사대 여우도 굴이 있고 공중의 새도 집이 있으되 인자는 머리 둘 곳이 없도다 하시고 또 다른 사람에게 나를

---

20) בֵּן에는 "범주에 속하는 자"(one belonging to category)라는 뜻이 있다. W. Holladay 편/손석태 이병덕 공역,『구약성경의 간추린 히브리어, 아람어 사전』(서울: 솔로몬, 1994), 55, 7번 뜻.
21) 사도행전 5장 33-39절에 나타나는 교법사 가말리엘의 설명도 이런 논리를 따르고 있다. 무엇이 옳았는지는 결국 시간이 지난 후 그 결과가 증명한다. 따라서 일시적인 현상만으로 일의 옳고 그름을 판단하는 것은 위험하다. 목회의 옳고 그름을 사람들의 호응여부로 판단하면 오류를 범할 수 있다. 오직 최종적 결과만이 바른 목회인지를 판단해 줄 것이다.

좇으라 하시니 그가 가로되 나로 먼저 가서 내 부친을 장사하게 허락하
옵소서 가라사대 죽은 자들로 자기의 죽은 자들을 장사하게 하고 너는
가서 하나님의 나라를 전파하라 하시고…"

이 구절은 유대교나 원시교회에서 왔을 가능성이 희박하기 때문
에 역사적 예수의 말씀으로 보는 것이 적절하다. 유대교에서 왔을
가능성이 희박한 것은 율법에 장례에 대한 세밀한 규정이 있기 때
문에 "죽은 자들로 자기의 죽은 자들을 장사하게 하라"는 말씀을
새롭게 만들어내었을 가능성이 없기 때문이다(눅 9:60). "네 부모를
공경하라"는 말씀은 구약에서부터 강조하는 유대교의 중요한 가르
침이기 때문에, 이를 부정하는 인상을 주는 말씀을 만들어내지 않
았을 것이기 때문이다. 또한 원시교회에서 만들어냈을 가능성이 희
박한 것은 원시교회는 이미 자신들의 구원자인 예수를 방랑예언자
와 같은 존재로 새롭게 그려낼 필요가 없었을 것이기 때문이다. 따
라서 이 두 본문은 오히려 역사적 예수의 사역상황을 그리고 있다
고 보는 것이 옳다.[22]

예수는 이 말씀에서 머리 둘 곳도 없을 정도로 아무런 보장이
없는 자신의 사역과 자신을 따르는 제자들의 어려움을, 즉 고난을
우회적인 화법으로 비치고 있다(57-58절). 이 말씀은 누가복음 12장
6-7절; 마태복음 10장 29-31절; 누가복음 12장 22-34절; 마태복음 6
장 25-33절과 같은 요지의 의미를 담고 있다. 유의할 것은 이렇게
공생애의 고난을 말하면서도 하나님의 뜻을 이루려는 의지가 조금
도 위축되지 않았다는 것이다. 예수의 제자로서 부친을 장사하고

---

[22] 이 구절의 진정성은 다음 저서에 잘 설명되어 있다. Martin Hengel,
The charismatic leader and his followers (Edinburgh : T. & T. Clark, 1981).

오겠다는 제자에게 말리면서 "죽은 자는 죽은 자들이 장사하게 하고 너는 나를 따르라"(59-60절)고 말씀한 것은 예수의 그런 각오를 잘 보여준다. 유대인들의 구원을 위해 이스라엘의 곳곳까지 하나님의 나라를 선포하는 일을 서둘러야 하기 때문에 이 구절은 집안의 중대사를 치르는 것도 포기하도록 권고하고 이를 따라야 하는 제자들의 고난을 잘 보여주고 있다. 그리고 그 고난은 바로 예수 자신에게도 적용된 고난이었다.

마. 누가복음 12장 6-7절; 마태복음 10장 29-31절

누가복음 12장 6-7절: "참새 다섯이 앗사리온 둘에 팔리는 것이 아니냐 그러나 하나님 앞에는 그 하나라도 잊어버리시는바 되지 아니하는도다 너희에게는 오히려 머리털까지도 다 세신 바 되었나니 두려워하지 말라 너희는 많은 참새보다 귀하니라"

두 복음서에 있는 본문은 헬라어 원문으로 보아도 내용이 거의 같은데 이 말씀의 진정성에 대해서는 학자들 간에 공감대가 이루어져 있다.23) 바로 역사적 예수의 공생애의 상황을 반영하고 있는 일종의 지혜말씀이라는 것이 이 구절의 진정성을 인정하는 가장 중요한 이유이다. 물론 당시에 이미 존재하고 있던 말씀을 예수가 재인용했을 가능성도 있다.24) "나의 왕, 나의 하나님, 만군의 여호

---

23) 불트만은 이 구절의 진정성은 논하지 않았다. 다만 이 구절과 비슷한 랍비격언을 소개하는데 그친다. Bultmann, *History of the Synoptic Tradition*, 107: "Not a bird falls to the ground without heaven (=God), so how much less does a man?" H. Strack-P. Billerbeck, *Kommentar zum Neuen Testament aus Talmud und Midrash* (Muenchen: C. H. Beck, 1986), 583.
24) 예수 말씀과 22)번에 기록한 랍비격언의 차이는 누가복음 12장 7절, 마태복음 10장 30-31절의 부분이 없다는 것이다.

와여 주의 제단에서 참새도 제 집을 얻고 제비도 새끼 둘 보금자리를 얻었나이다"(시 84:3)와 같은 말씀은 이런 사상이 구약시대에서부터 내려온 것임을 보여준다(시 8:4-8).

역사적 예수는 만물에 대한 하나님의 섭리와 돌보심을 절대적으로 확신하고 있으며 자신의 제자들이나 따르는 사람들에게 그 점을 철저히 믿고 하나님의 나라 사역에 전력을 다하자고 격려하는 상황에서 이 말씀을 말했을 것으로 추측된다. 특히 7절의 "두려워 말라!"는 말씀은 예수와 제자들이 겪는 고난의 상황을 전제하고 있다. "참새 두 마리도 섭리가 없으면 떨어지지 않는다면 천하보다 귀한 인간을 위한 섭리는 얼마나 오묘하겠느냐! 그러니 고난 중에 있지만 우리들이 하나님의 손 안에 있다는 믿음 안에서 희망을 갖자!"고 권고할 수 있었을 것이다. 이 구절은 다음에 소개할 누가복음 12장 22-34절; 마태복음 6장 25-33절과 같은 의미와 정서를 담고 있어서 짝을 이룬다.

바. 누가복음 12장 22-34절; 마태복음 6장 25-33절

누가복음 12장 22-31절: "또 제자들에게 이르시되 그러므로 내가 너희에게 이르노니 너희 목숨을 위하여 무엇을 먹을까 몸을 위하여 무엇을 입을까 염려하지 말라 목숨이 음식 보다 중하고 몸이 의복보다 중하니라 까마귀를 생각하라 심지도 아니하고 거두지도 아니하며 골방도 없고 창고도 없으되 하나님이 기르시나니 너희는 새보다 얼마나 더 귀하냐 또 너희 중에 누가 염려함으로 그 키를 한 자나 더할 수 있느냐 그런즉 지극히 작은 것이라도 능치 못하거든 어찌 그 다른 것을 염려하느냐 백합화를 생각하여 보아라 실도 만들지 않고 짜지도 아니하느니라 그러나 내가 너희에게 말하노니 솔로몬의 모든 영광으로도 얻은 것이 이 꽃 하나만 같지 못하였느니라 오늘 있다가 내일 아궁이에 던지우는 들풀도 하나님이 이렇게 입히시거든 하물며 너희일까보냐 믿음이 적은 자들아 너희는 무엇을 먹을까 무엇을 마실까 하여 구하지 말며 근심하지도 말라 이 모든 것은 세상 백성들이 구하는 것이라 너희 아버지께서 이런 것에 너희에게 있어야 될 줄을 아시느니라 오직 너희는 그의 나라를 구하라 그리하면 이런 것을 너희에게 더하시리라."

이 구절이 역사적 예수의 말씀이라는 것은 일반적으로 인정되고 있으나 부분에 따라서는 진정성에 대한 논란이 있다. 불트만은 본문의 진정성에 대해서는 논의하지 않지만 다음과 같이 주장한다.

1) 누가복음 12장 29-31절; 마태복음 6장 32-34절은 원시교회가 추가한 것으로 주장하며[25] 누가복음 12장 31절; 마태복음 6장 34절 말씀은 중복된 구성이라고 주장한다.

2) 누가복음 12장 27절; 마태복음 6장 28절은 이차적인 삽입이라 주장한다.[26]

이런 주장들에 대해 다음과 같이 반론을 제기할 수 있다.

1) 불트만도 본문의 기원이나 구성에 대해서 분명한 판단을 내리기가 어렵다는 점을 시인하고 있다.[27] 29-31절이 22-28절의 일반화라고 보는 관점이 있지만 25-31절까지의 말씀이 하나님의 완벽한 섭리를 강조하지만 그 말씀만으로는 역사적 예수가 이 구절을 통

---

25) Bultmann, *History of the Synoptic Tradition*, 88: "We may more confidently regard vv.31-33 as a secondly construction."
26) Bultmann, *History of the Synoptic Tradition*, 88: "We have already rejected v.27 from Matt. 6:25-34 as a secondary insertion, and v. 34 as a duplicate supplement." Funk, *The Five Gospels*, 152.
27) Bultmann, *History of the Synoptic Tradition*, 88: "How far, in all these examples the oral tradition has been at work, how far the written, is a question which neither can be decided…" "It is hardly possible to determine how the rest of the composition is an unity."

해 말씀하는 의도가 분명히 나타나지 않는 방향성이 없는 말씀으로 남겨져 버릴 위험성이 있다. 말씀을 듣는 대상이 역사적 예수의 제자들이므로 31절과 같은 말씀으로 매듭을 지어야 의도가 분명해진다. 특히 31절과 같은 경우 막연히 걱정하지 말라는 말씀에서 걱정은 맡겨버리고 하나님의 나라를 선포하는 사명에 매진하자는 분명한 권면으로 결론지어지기 때문이다.

2) 불트만이 25-30절의 통일성을 한편으로 의심해 보지만 다른 한편으로는 통일성 있는 말씀으로도 볼 수 있음을 부정하지 않는다.28) 불트만이 25절을 독립적인 말씀전승으로 보는 이유는 22-23절에서 염려하지 말라는 대전제를 한 뒤 24절에서 공중에 나는 새를 기르시는 하나님의 돌보심을 첫 번째 증거로 그리고 27절의 백합화를 돌보심을 두 번째 증거로 이어간 것으로 보면 자연스러운데 22-23절에서 언급한 내용과 크게 다르지 않은 내용인 25-26절의 말씀을 넣어 흐름을 깨뜨리고 있다고 생각한 것 같다.

그러나 꼭 그렇게 볼 필요가 없다. A라는 주장 뒤에 이를 입증해주는 a, b를 연이어 제시하여 A-a-b 형태로 이어갈 수도 있지만, A와 유사한 점이 있지만 독특성이 있는 A′라는 주장을 강조할 경우 A-a-A′-b라는 방식으로 이어갈 수도 있기 때문이다. 이렇게 볼 경우 25절에서 31절까지의 말씀은 염려에 관한 교훈을 효과적으로 전개하고 있다고 볼 수 있다.

혹 32-34절의 진정성을 몇몇 단어 때문에 의심한다면 충분히 반

---

28) Bultmann, *History of the Synoptic Tradition*, 88. "It is conceivable that v.25 is an independent logion; vv.26, 28-30 could also have originally independent and thereafter joined with v.25, though could also be a further continuation of v.25."

박할 수 있다. "이방인"(32절), "그의 의(righteousness)"(33절)라는 단어가 원시교회에서 나온 용어라는 주장이 있을 수 있다. 왜냐하면 "이방인"은 "유대인" 즉 야웨 하나님을 믿고 사는 사람들에 대조되는 말로 믿음 없는 사람들, 즉 삶에 필요한 모든 것을 스스로 챙겨야 하는 사람들을 가리킬 수 있기 때문이다. 또한 "그의 의"라는 단어도 "하나님의 의," 즉 하나님과의 바른 관계를 가리키는 단어로 유대인들에게 사용할 수 있었기 때문이다.

분명한 것은 진정성에 대한 공감대가 형성되어 있는 22-28절까지의 말씀이 예수와 그의 제자들의 삶이 하나님의 은혜와 섭리를 철저히 신뢰하는 삶임을 잘 그려주고 있다는 사실이다. 이 말씀은 하나님의 나라를 선포하고 치유와 축사를 하는 사역을 하는 제자들의 마땅한 자세를 가르치는 누가복음 9장 1-6절; 마태복음 10장 9-13절과 궤를 같이 하는 말씀이다. 먹을 것, 입을 것을 매일 매일의 섭리에 맡기고 사는 삶이 고난의 삶이 아니라고 부정할 사람은 없을 것이다. 역사적 예수는 그런 상황에서도 삶의 문제는 하나님께 맡기고 하나님이 원하시는 일에 매진하려는 믿음과 자세를 보여주고 있다는 점이 중요하다.

사. 누가복음 14장 26절; 마태복음 10장 37절

누가복음 14장 26절: "무릇 내게 오는 자가 자기 부모와 처자와 형제와 자매와 더욱이 자기 목숨까지 미워하지 아니하면 능히 내 제자가 되지 못하고…"

마태복음 10장 37절: "아비나 어미를 나보다 더 사랑하는 자는 내게 합당치 아니하고 아들이나 딸을 나보다 더 사랑하는 자도 내게 합당치 아니하고…"

두 본문의 내용은 같으나 어휘는 매우 다른데 누가본문이 원문에 가깝다고 보며 마태본문은 이를 보다 부드럽고 명확하게 표현했다고 추측할 수 있다.

이 구절의 진정성은 확실한 것으로 보인다. 왜냐하면 비유사성의 기준(the criteria of dissimilarity)을 적용하면 분명해지기 때문이다. 원시기독교에서나 유대교에서는 이런 말씀이 나올 수 없다. 무엇보다 이웃사랑을 강조한 원시기독교로서는 집안사람들을 미워하라는 내용의 말씀을 만들어내지 않았을 것이기 때문이다. 또한 유대교에서도 이 말씀을 만들었을 가능성이 없는데 유대교는 십계명의 정신을 쫓아 부모와 가족에 대한 효와 사랑을 무엇보다 강고하기 때문이다.29)

본문은 예수를 따르는 제자들의 자세가 어느 정도로 단호해야 할지를 잘 보여주는 말씀인데 그러한 자세를 요구하는 예수 자신도 자신의 가족에 대해 그런 자세를 견지했음을 설명해주며 그 점에서 가족의 구성원이지만 공생애에 나선 인간 예수의 고난을 잘 설명해준다.

3. 원시교회가 강조한 그리스도를 위한 고난

역사적 예수가 받은 고난은 십자가사건과 함께 끝난 것이 아니

---

29) 불트만은 누가본문이 마태본문보다 더 원형에 가까우며 누가복음 14장 26절 중 τις ἔρχομαι πρός με 부분은 원시교회가 추가했다고 주장한다. 그러나 진정성은 논하지 않는다. Bultmann, *History of the Synoptic Tradition*, 160, 163.

다. 원시교회는 기독교인들에게 그리스도를 위해 기꺼이 고난을 받으라고 가르쳤는데 무엇보다도 그리스도께서 그들을 위해서 십자가의 고난을 지셨으니 그 고난에 동참하는 것이 당연하다고 생각했기 때문이다. 그리하여 그리스도의 고난은 교회와 교인의 고난으로 이어진다. 그러나 또 한편으로는 역사적 예수의 고난이 교회와 교인의 고난으로 이어졌다고 할 수 있다.

주로 πάσχω 동사와 이의 파생어를 사용하여 고난을 표현하는데, 바울은 "그리스도를 위해 너희에게 은혜를 주신 것은 다만 그를 믿을 뿐 아니라 또한 그를 위하여 고난도 받게 하심이라"(빌 1:29)고 하여 그리스도를 위해 고난 받는 것이 교인의 특권임을 강조하고 있다. "자녀이면 또한 상속자 곧 하나님의 상속자요 그리스도와 함께한 상속자니 우리가 그와 함께 영광을 받기 위하여 고난도 함께 받아야 할 것이니라"(롬 8:17). "그리스도의 고난이 우리에게 넘친 것 같이, 우리가 받는 위로도 그리스도로 말미암아 넘치는도다"(고후 1:5). 이러한 말씀들을 통해 바울은 고난이 닥칠 때 특권이라 여기고, 미래의 받을 영광을 위하여 또한 넘치는 위로를 기대하며 긍정적인 자세로 고난을 받을 것을 명한다.

이런 가르침은 바울서신외의 서신에서도 일관되게 강조되는데 "그리스도인으로 고난을 받은즉 부끄러워 말고 도리어 그 이름으로 하나님께 영광을 돌리라"(벧전 4:16)는 말씀은 고난을 영광을 돌리는 기회로 알고 담대하게 적극적으로 받을 것을 가르친다.

흥미로운 점은 "그 나라를 위하여 너희가 또한 고난을 받는도다"(살후 1:5)는 말씀은 "… 오직 하나님의 능력을 쫓아 복음과 함께 고난을 받으라"(딤후 1:12)는 말씀처럼 십자가에 달리신 그리스도 사건을 의미하는 "복음"을 위한 고난이 아니라 "나라"라는 표현을 쓰고 있어 십자가 사건 이전의 역사적 예수가 선포했던 "하나님의 나라"를 연상케 해 후기교회가 역사적 예수의 고난 받는 자세를 닮으려는 태도를 보이고 있다는 추측을 하게 한다는 점이다. 이와 비슷한 경우가 다른 말씀에도 나타나는데 "그러나 의를 위하여 고난을 받으면 복 있는 자니 저희의 두려워함을 두려워 말며…"(벧전 3:14)에서 '의'가 바울이 말하는 "신앙의 의"라는 의미도 있겠지만 "하나님과의 바른 관계"또는 "바른 행위"를 의미한다고 볼 수도 있기 때문이다.30)

III. 결론

역사적 예수는 인간을 구원하기 위해 십자가에 달리는 엄청난 고난을 받았다. 그런데 역사적 예수가 십자가를 지기 전 공생애의 삶을 살았을 때 고난에 대해 어떠한 자세를 견지했을까? 본 연구는 그 점에 착안해 진행되었는데 왜냐하면 오늘날의 교회와 교인들이 고난에 직면했을 때 어떤 태도를 취해야할 지를 역사적 예수로부터 배울 수 있기 때문이다.

역사적 예수는 그의 공생애 동안 다양한 종류의 고난을 겪었다. 하나님의 나라를 위해 전심전력해야 했기에 어머니와 동생들을 돌볼 수 없었고 따라서 가정의 중대사에도 참석하지 못하는 고난을

---

30) 바로 앞 절인 13절의 "또 너희가 열심히 선을 행하면 누가 너희를 해하리요"라는 말씀에 선이라는 도덕적으로 올바른 행위를 의미하는 단어가 나타나기 때문이다.

겪었으며, 의, 식, 주 어느 하나도 보장되지 않는 불안정한 삶이지만 늘 많은 사람의 요구에 응답했어야 했기에 시간적으로도 쫓기는 삶을 살았다. 그런 고귀한 삶을 살았음에도 불구하고 하나님의 나라를 선포하는 사역자, 예언자로서는 감당하기 어려운 청중들의 무반응, 질시, 비방을 받는 고난도 겪어야 했다. 이렇게 역사적 예수의 고난은 하나님의 뜻을 온전히 이루려는 과정에서 겪은 정신적 육체적 고통이라는 점이 그 특징이라고 할 수 있다.

역사적 예수는 하나님의 나라를 위해 능동적으로 고난을 받았으며 자신을 따르는 제자들도 이웃과 공동체를 위한 고난에 동참하는 삶을 살 것을 요청했다(마 5:13). 예수는 고난의 구원적 가치를 알았기에 그것이 꼭 필요한 고난이라고 판단될 경우 피하지 않고 기꺼이 감내했고 마침내는 십자가 사건에서 이를 완성했다.

이 점을 그 말씀 전체가 또는 특정 부분을 제외한 대부분의 진정성이 검증된 말씀들에서 확인할 수 있었다(막 6:4. 마 13:57; 눅 4:24 // 막 14:22-25; 마 26:26-29; 눅 22:18-20 // 눅 6:20-21; 마 5:3, 6 // 눅 7:24-25, 28; 마 11:7-8,11 // 눅 7:31-35; 마 11:16-19 // 눅 9:57-61; 마 8:20-22 // 눅 12:6-7; 마 10:29-31 // 눅 12:22-24; 마 6:25-33 // 눅 14:26; 마 10:37).

또 하나 중요한 사실은 역사적 예수는 고난의 필요성을 분명히 인지했기에 고난의 어려움에 굴하지 않고 하나님의 섭리가 곧 이루어진다는 믿음을 갖고 강한 의지로 고난을 겪었다는 것이다. 하나님의 나라가 바로 고난을 겪는 사람들의 것이며 그 나라가 임하면 가난과 굶주림은 극복되고, 슬픔은 기쁨으로 바뀌는 복을 받게 된다는 희망을 제시한다는데 고난에 대한 예수 가르침의 특징이 있다. 고난을 대하는 바른 자세는 무엇보다 먼저 고난의 가치와 하나님의 섭리를 확신하는 것이며 또한 궁극적 승리를 믿고 희망 중에 참고 견디는 것이다. 이런 점에서 고난에 대한 역사적 예수의 태도는 기독교인이 고난에 직면했을 때 배우고 닮아야 할 바른 태도라고 할 수 있다. 그런 이유로 원시교회도 역사적 예수의 고난에 대한 태도에서 상당히 영향을 받은 것으로 보인다.

고난은 자칫 소홀하게 여겨지기 쉬운 덕목이지만 사실 인간의 삶을 떠받치고 있는 필수적이고 핵심적인 요소이다. 고난은 자학적인 자기 학대가 아니라 어려움에 처한 이웃의 고통을 제거하고자 하는 사랑의 동기에서 나오는 자발적인 자기투신이다. 그런데 이 귀중한 덕목이 안락(comfort)과 편의(convenience)만을 추구하는 현대기술문명의 막강한 영향을 받는 인간들에 의해 도외시 내지 거부되고 있다. 이는 필시 상호의존의 틀을 떨칠 수 없는 인간사회에 위기를 초래할 것이다. 오늘의 기독교는 고난을 배제하려는 이러한 태도에 경종을 울리고 오히려 생명을 살리기 위한 고난을 적극적으로 감당하셨던 역사적 예수의 고난을 배우고 이를 실천하여 세상에 신선한 감동을 줄 필요가 있다.

참고문헌

손봉호. 『고통받는 인간: 고통문제에 대한 철학적 성찰』. 서울: 서울대학교출판부, 1995.

이희승 감수. 『민중 엣센스 국어사전』. 제3판. 서울: 민중서림, 1994.

Billerbeck, P. *Kommentar zum Neuen Testament aus Talmud und Midrash*. Muenchen: C. H. Beck, 1986.

Bultmann, R. *History of the Synoptic Tradition*. Oxford: Basil Blackwell, 1972.

_____. *New Testament Theology* vol. I. Trans. by K. Grobel, New York: Charles Scribner's Sons, 1951.

Danby, H. *Mishnah*. Oxford: Oxford University Press, 1933.

Freedman, D.N. *Anchor Bible Dictionary* VI. New York: Doubleday's Publishing Co., 1992.

Funk, R. *The Five Gospels: What Did Jesus Really Say?* San Francisco: Harper Collins, 1997.

Hengel, M. *The Charismatic Leader and His Followers*. Edinburgh: T. & T. Clark, 1981.

Holladay W. 편집/손석태, 이병덕 공역. 『구약성경의 간추린 히브리어, 아람어 사전』. 서울: 솔로몬, 1994.

Jeremias, J. *Die Sprache des Lukasevangelium*. Goettingen: Vandenhoeck & Ruprecht, 1980.

Manser M.H. et. *Zondervan Dictionary of Biblical Themes*. Grand Rapids: Zondervan Publishing House, 1999,

McNeile, A.H. *The Gospel According to St. Matthew*. London: Macmillan and Co., Ltd., 1949.

Merriam Webster's Collegiate Dictionary, 11th ed. Springfield, Massachusettes: Merriam Webster Inc., 2003.

O'Neill, J.C. *Messiah: Six Lectures in the Ministry of Jesus*. Cambridge: John Cochrane Press, 1980.

Soelle, D./채수일, 채미영 공역. 『고난(Leiden)』. 서울: 한국신학연구소, 1993.

9. 예수를 대상으로 한 산헤드린 회집의 역사성

I. 서론

역사적 예수는 공생애 마지막 시기에 제자들과 함께 예루살렘으로 올라갔는데 성전사건 후에 제사장들과 장로들이 보낸 군사들에 의해 체포되며 산헤드린 회집을 거쳐 로마법에 따라 사형판결을 받은 뒤 십자형으로 처형되었다. 이는 대략 주후 30년 유월절 축제 때로 추정된다.[1]

예수의 죽음에 대한 기록은 성서 이외의 다른 중요한 문헌에도 나온다. 유대역사가 요세푸스는 예수가 본디오 빌라도 치하에서 십

---

1) 게르트 타이센/손성현 역, 『역사적 예수』 (서울: 다산글방, 1997), 243. 보봉은 예수가 주후 28-32년 사이의 니산월 14일인 금요일에 죽임을 당했다고 하는데, 이럴 경우 유대음력달력으로는 두 가지 가능성이 상정되는데 주후 30년 4월 7일이거나 주후 33년 4월 3일이라고 주장한다. F. Bovon, *The Last Days of Jesus* (Louisville: Westminster John Knox Press, 2006), 60. 보봉은 다음 책에 의존한다. J. Finegan, *Handbook of Biblical Chronology: Principles of Time Reckoning in the Ancient World and Problems of Chronology in the Bible* (Princeton: Princeton University Press, 1964), 285-98.

자가형으로 처형당했다고 기록했으며(Josephus, 『유대고대사』 20.200) (주후 93-94년), 로마의 역사가 타키투스도 '기독교의 창시자 크리스투스는 티베리우스 통치 시대에 본디오 빌라도 총독에 의해 사형이 집행되었다고 기록한다(Tacitus, *Annals*, 15.44)(주후 110년). 하지만 체포에서 처형에 이르는 상세한 과정을 파악하는 것은 용이하지 않으며, 특히 산헤드린 공회가 실제로 소집되었는지의 여부에 대해서는 지금까지도 논쟁이 계속되고 있다. 즉 예수에 대한 산헤드린 재판의 역사성은 복음서들 기록 간에 큰 차이가 나기 때문에 매우 논란이 많고 문제가 많다는 점을 인정하는 것이 필요하다.[2] 본 장의 목적은 그 점을 최대한 명확하게 밝히려는 것이다.

예수가 처형당한 핵심적인 이유는 유대인의 대표기관으로 율법에 따라 판단하는 산헤드린과 당시 로마총독이었던 빌라도가 이를 결정했기 때문이다. 따라서 예수가 처형당한 이유를 파악하기 위해 이 두 사람이 예수를 처형하는데 어떤 역할을 했는지를 밝히는 것이 필요하다. 이 연구는 두 기관 중에서도 후자인 산헤드린의 회집의 역사성을 밝히는데 그 목적이 있다. 문헌중심 연구가 될 것이며 주로 복음서를 중심으로 하되 특히 결정적인 근거가 되는 요세푸스와 유대랍비문서 등 이와 관련된 증거문헌들을 상세히 검토하여 논증하는 방법을 사용할 것이다.

II. 본론

1. "산헤드린"에 대한 정의

---

[2] I.H. Marshall, *The Gospel of Luke* (Exeter: Paternoster Press, 1978), 848.

히브리어로는 산헤드린(Sanhedrin), 헬라어로는 쉬네드리온(συνέδριον)으로 표기되는 산헤드린은 신약성서시대에 예루살렘에 있던 유대인들의 종교적, 정치적, 율법적인 문제를 다루었던 최고회의를 뜻한다.[3] 헬라문헌(신약성서, 요세푸스, 외경)등에 따르면 예루살렘에는 단 하나의 조직이 있는 것으로 설명되나, 미쉬나(Mishnah)에 따르면 71명으로 구성되는 대 산헤드린과 23명으로 구성되는 소 산헤드린이라는 두 개의 조직이 언급된다(m. Sanh. 1:6).[4] 그러나 미쉬나의 경우 얌니아 회의(주후 95년) 이후의 상황을 그리고 있기 때문에 주후 70년 이전의 전혀 다른 상황을 담고 있지 않다는 것이 일반적인 견해이다.[5] 따라서 그 이전의 예수시대의 상황을 그리고 있는 헬라 자료가 보다 선호되고 있다.[6]

산헤드린은 제사장들, 장로들, 서기관들과 한 명의 대제사장으로 이루어진 71명(민 11:16)으로 구성되며 이의 실제적인 기원은 에스라, 느헤미야 시대로 추정되는데 대제사장 여호수아와 예루살렘의 다윗계 지도자였던 스룹바벨이 함께 예루살렘 공동체를 다스린 것이 그 시작이며 스룹바벨이 죽은 뒤 제사장들이 주도세력이 되었

---

3) G.H. Twelvetree, "Sanhedrin" in *Dictionary of Jesus and the Gospels*. ed. by J.B. Green, J.K. Brown & N. Perrin (Downers Grove, Illinois: IVP Academic Press, 2013), 728. 산헤드린은 모든 세속적인 일들과 종교적인 일들을 관할하였으며, 중대한 범죄에 대한 재판을 열고 판결을 내릴 권한을 가지고 있었다. G. Bromiley, *Theological Dictionary of the New Testament*, Abridged in One Volume (Grand Rapids: W. B. Eerdmans Publishing Co., 1985), 1115.
4) Twelvetree, "Sanhedrin," 729. 또한 지방의 주요지역에도 산헤드린과 같은 조직이 있었던 것으로 추측된다(막 13:9; 마 5:22; 10:17).
5) Twelvetree, "Sanhedrin," 729.
6) Twelvetree, "Sanhedrin," 729.

다(학 1:1; 슥 4:14, 느 2:6; 5:7).⁷⁾ 의장인 대제사장이 중요한 영향력을 행사했기에 헤롯대왕시대 이후에는 종종 정치적인 동기에서 자의적으로 임명하는 문제가 발생하게 된다.

산헤드린의 관할권의 지리적 및 권위적인 영역은 외국압제세력과의 관계에서 유대인들이 누리는 상대적인 자유에 따라 지속적으로 크게 변화하였는바, 주후 6년 아우구스투스가 유대지역을 통치할 행정관을 임명할 때 그에게 사형집행권을 포함하는 전적인 권한을 부여함에 따라 산헤드린은 더 이상 사형판결을 명할 수 없게 되었다.⁸⁾

예수 시대의 산헤드린의 운영규칙을 정확히 알기는 어렵지만 이후 이 삼 백년이 지나 미쉬나가 기록될 당시의 규칙을 다음과 같이 추론할 수 있다. 회집시간에 관한 규정에 있어서 대제사장의 집에서의 회집의 경우(막 14:53 병행구) 원칙적으로 모임이 낮에만 가능했기에 일종의 예비 모임이었던 것으로 여겨진다(막 15:1; *m. Sanh.* 4:1). 미쉬나에 의하면 안식일이나 축제일 전날에는 개최되지 않았다(*m. Sanh.* 4:1). 미쉬나의 판결절차에 따르면 사형을 판정하는 결정의 경우에 있어, 혐의 없음으로 판정할 경우 석방의 판정은 그 날 밤에 내려질 수 있으나, 혐의 있음의 경우에는 다음날 아침까지 기다려야 했다(*m. Sanh.* 4:1).⁹⁾ 유대전쟁 이후 야브네에 세워진 산헤드린은 오직 랍비들로 구성되었으며 정치적인 기능을 하지 않았다.¹⁰⁾

---

7) Twelvetree, "Sanhedrin," 730.
8) Twelvetree, "Sanhedrin," 731. *y. Sanh.* 18a; 24b; *b. Sanh.* 41a; *b. Abod. Zar.* 8b.
9) Twelvetree, "Sanhedrin," 731-32. 아마도 이는 사형판결을 내린 것에 문제점이 없는지를 깊이 생각해 보는 시간을 갖기 위해서였을 것이다.
10) G. Bromiley, *Theological Dictionary of the New Testament*, Abridged in One

2. 산헤드린은 실제로 소집되어 예수를 심문했는가?

마가복음 14장 55-65절과 그 병행구(마 26:59-68; 눅 22:63-71)에 기록된 산헤드린의 예수에 대한 심문은 역사적 사건인가? 아니면 실제회집은 없었지만 예수죽음의 이유가 유대인들에게 있음을 강조하기 위해 원시교회가 추가한 내용인가? 이러한 두 가지 주장이 제기된 이래 지금까지도 열띤 논쟁이 계속되고 있다.[11] 그 핵심은 역사적 예수 당시의 산헤드린이 사형판결 및 집행권을 가지고 있었느냐 하는 것이다.

이 주제에 관한 중요한 논쟁점을 제시한 학자 중의 한 사람이 로제(E. Lohse)이다. 그는 킷텔 사전의 산헤드린 부분을 집필하면서 마가본문에 묘사된 예수에 대한 재판은 주후 200년 이후에 집대성된 미쉬나 산헤드린에 관한 할라카 규칙 중에서 다음과 같은 다섯 부분을 어긴 것이 된다고 주장한다.[12]

(ㄱ) 미쉬나 산헤드린 4.1에 따르면 사형판결의 경우 낮에만 내려질 수 있다.

(ㄴ) 안식일이나 축제일에는 법적인 재판절차가 진행될 수 없다.

(ㄷ) 미쉬나 산헤드린 4.1에 따르면 사형판결은 재판 당일 날에 내려져서는 안 되며 오직 그 다음 날에 내려져야 한다.

Volume, 1115.

11) E. Schuerer, "Sanhedrin" in *The History of Jewish People in the age of Jesus Christ* vol. II., rev. & ed. by G. Vermes, F. Millar, M. Black, (Edinburgh: T. & T. Clark, 1979), 199-226, 특히 221.

12) Lohse, "sunedrion," *TDNT*, vol. VIII (Grand Rapids: Eerdmans Publication Company, 1974), 860-71, 특히 869.

(ㄹ) 미쉬나 7.5에 따르면 사형판결에 처하는 신성모독의 죄는 분명하게 거룩한 하나님의 이름을 입으로 말했을 때에만 성립된다.
(ㅁ) 재판은 필히 산헤드린의 공식회집장소(카다르 홀)에서 이루어져야 한다.13)

그러나 역사적 예수 이후 200년 이상이 지난 뒤에 기록된 미쉬나의 내용으로 예수 재판의 진정성을 판단하는 것에는 무리가 있다.14) 따라서 블린즐러(J. Blinzler)의 주장에 주목할 필요가 있다. 즉 "미쉬나에 제시된 형사상의 규칙의 관점에 근거하여 예수재판의 위법성을 지금까지 공격하고 있는 모든 주장들은 그들이 공격하고 있는 그 주장들이 그 당시에 실제로 효력이 있었던 규칙 즉 사두개파의 규칙과 완벽하게 일치하고 있었으며, 구약성서에 근거한 것이 아니었던 바리새파가 주도한 인도주의적(humanitarian)인 특성의 미쉬나 규칙을 인식하거나 인정하고 있지 않았다는 점을 인식하지 못했기 때문이라는 주장"이다.15) 좀 더 쉽게 설명하면, 예수에 대한

---

13) 그러나 밤에는 그곳으로 연결되는 대문이 폐쇄되기 때문에 거기서 모이는 것이 불가능하게 된다. H. Strack & P. Billerbeck, *Kommentar zum Neuen Testament aus Talmud und Midrasch* (Muenchen: C.H. Beck, 1926), 998.
14) J. Klausner, *Jesus of Nazareth*, trans. by H. Danby (New York: Macmillan Co., 1959), 334.
15) J. Blinzler, *The Trial of Jesus*, trans. by I. & F. McHugh (Cork: Mercier Press, 1959), 157. 이에 대해서 로제는 블린즐러의 이런 결론이 너무 일반적(broad)이며, 우리는 사두개파 규정의 자세한 부분까지 알지 못하며 또한 사두개파의 규정도 안식일이나 축제일에 재판하는 것을 강력하게 반대했을 것이 틀림없다고 주장한다(Lohse, "synedrion", 869). 여기서 바리새파가 보다 인도주의적인 해석을 한다는 점을 쉽게 수긍하기는 어려운데, 예수와의 논쟁상황에서는 이와는 반대되는 성향을 보이기 때문이다. 그러나 유대인 학자들은 이 점을 인정한다. I.

재판이 이루어지지 않았다는 주장은 역사적 예수 시대보다 200년 이상이 지난 시대에 바리새파에 의해 편집된 미쉬나에 나오는 산헤드린의 규칙에 근거한 주장인데, 이는 이 보다 200년 전인 역사적 예수 당시에는 산헤드린이 구약성서에 근거한 엄격했던 사두개파의 규칙에 따라 진행되었다는 점을 모르기 때문에 범하는 실수라는 것이다. 후대, 즉 미쉬나 시대로 갈수록 바리새파가 주도하게 되면서 그 규칙의 엄격함이 완화되어 보다 인간적인 규칙으로 변경되었다는 것이다.

블린즐러는 위에 언급한 미쉬나에 규정된 바리새적인 랍비 할라카가 주전 70년 이전의 산헤드린에서의 공식적인 규범이 될 수 없었음을 주지할 필요가 있음을 언급하면서 다음과 같이 설명한다.16) 즉 산헤드린은 여전히 사두개인들의 율법적 이해에 따라 작동되고 있었다고 한다. 바리새인들은 어떠한 사람도 불법적으로 판결 받지 않도록 하기 위해 언제나 보다 완화된 법령 해석을 제시했다. 따라서 이러한 완화된 해석들이 예수 시대에도 적용되었다고 전제할 수 없다.17) 예수에 대한 재판은 "특별형사소송"이었기에 사두개파의 법에 의해 판결 받았으며 이는 미쉬나에 기록된 바리새파의 법보다 엄격했다.18)

Abrahams, *Studies in Pharisaisms and the Gospels* vol. I (Cambridge: Cambridge Univ. Press, 1924), 129-135.

16) Blinzler, *The Trial of Jesus*, 153-57. Lohse, "synedrion," 868.
17) Blinzler, *The Trial of Jesus*, 153-57. Scheuer도 미쉬나에 나오는 산헤드린의 판결에 관한 자세한 사항들이 주전 70년 이전의 상황에서도 지켜졌는지는 설명하는 것이 불가능하다고 한다. 그렇지만 그러한 규정들이 순전히 창작이었다고 보기도 어렵다고 한다. "Sanhedrin," 225.
18) J. Blinzler, *The Trial of Jesus*, 216-229. 타이쎈은 블린즐러의 이런 입장을 소개한다. 『역사적 예수』, 657.

유대인 학자인 클라우즈너도 예수 시대의 상황과 미쉬나에 기록된 내용사이에 차이가 나는 것은 시간적인 격차 때문이며 많은 것이 변했다고 설명한다.[19]

블린즐러가 주장하는 미쉬나의 보다 인도주의적인 특성의 구체적인 실례는 다음과 같다.[20] 레위기 20장 10절과 신명기 22장 22절에는 간음한 자의 사형 방법에 대해서 구체적으로 언급하고 있지 않다. 그럼에도 불구하고 미쉬나 산헤드린 11.1(*m. Sanh*. 11.1)에 따르면 간음한 여성과 공범은 목 졸라 죽이게 되어있다. 이는 미쉬나가 편집된 시대에는 간음한 자에 대한 사형방법이 구약성서 시대와 상당히 달라졌음을 보여주며, 모세율법에 명시하지 않은 경우에 대해서는 투석형이 아닌 목 졸라서 죽이는 보다 완화된 사형방법이 고안되어 적용되고 있었음을 보여준다. 요한복음 8장 5절에 따르면 간음의 죄를 범한 여성은 투석형에 처한다. 이는 적어도 구약성서 시대와 미쉬나 시대의 중간 시대인 예수 시대 즈음에는 미쉬나의 법이 적용되지 않았음을 보여주며 그 당시에는 모두 투석형으로 처리했음을 보여준다. 이렇게 예수 당시의 산헤드린의 경우에는 미쉬나 규정이 유효하지 않았음을 잘 보여준다.

미쉬나에 나오는 산헤드린 자료의 권위에 대해서 유대교 학자인 아브라함스(I. Abrahams)는[21] 다음과 같이 논한다. 즉 미쉬나 전승 중에서 적절한 여러 자료가 요세 벤 할랍타(Jose ben Halaphtha)로 소급되는데 그는 미쉬나의 편집자 중의 한 사람이며 라비 예후다의

---

19) Klausner, *Jesus of Nazareth*, 334.
20) Blinzler, *The Trial of Jesus*, 150.
21) I. Abrahams, *Studies in Pharisaisms and the Gospels*, vol. II (Cambridge: Cambridge Univ. Press, 1924), 129-35.

선생으로서 그와 동시대의 사람들로부터 연대기 문제에 있어 최고의 권위자로 인정받고 있었다. 그에 대한 이러한 정보가 틀림없음에도 불구하고 그 점이 미쉬나에 나오는 고대 산헤드린의 권위를 신뢰할 수 있게 하는지 그리고 미쉬나에 나오는 산헤드린 부분의 규정들이 예수 당시에 이미 효력을 발휘하고 있었는지는 절대로 증명해 주지 못한다는 것을 언급할 필요가 있다. 그는 2세기에 존재했던 인물이며 그의 시대와 예수시대 중간에 국가적인 재난인 유대전쟁이 발생했는데 이는 종교적, 사법적, 사회적 정치적인 면에서 완전히 다른 상황이 전개되도록 만들었기 때문이다. 아브라함스는 복음서와 미쉬나의 관계에 대해서도 논의하였는데 복음서에 기록된 예수의 재판에 관한 기록은 미쉬나에 기록된 많은 사건들보다 시간적인 면에서 더 앞선 것으로 기록되어 있지 못하다고 지적한 바 있다. 아브라함스가 말하는 미쉬나 산헤드린에 나오는 구절이 구체적으로 어떤 구절인지를 밝히지 않고 있기 때문에 시기에 관한 그의 주장을 논하는 것이 매우 어렵다. 그러나 중요한 점은 미쉬나는 2세기에 기록되었고 복음서는 70년 전후에 기록되어 시간적으로 차이가 난다는 사실이며 적어도 아브라함스는 복음서에 기록된 예수에 대한 산헤드린의 재판 기준이 미쉬나에 기록된 그것과는 달라야 된다고 생각했다는 것이다.

    미쉬나 형법규정이 실제적인 권위를 가진다는 전제에 대한 가장 결정적인 반대는 이 규정이 지나치게 온건하다는 데는 사실에 있다.[22] 미쉬나 산헤드린의 보충판인 미쉬나 마콧 1 10d(*m. Mak.* 1.10)에는 칠년 동안에 단 한번만의 사형판결을 내린 법정을 비난하는

---

22) Blinzler, *The Trial of Jesus*, 153.

내용이 나오며, 전체적인 법정절차가 어찌하던지 피고에게 그 법정에서 무죄로 빠져나올 수 있도록 모든 가능한 기회를 주려는 경향을 보여주고 있는데, 그러한 법정은 현실 속에서 존재할 수 없기 때문이다.

이러한 점을 감안해서 예수를 대상으로 한 산헤드린 회집의 역사성에 대한 주장들을 논증한다.

가. 산헤드린 재판은 역사적 사실이 아니라는 주장

산헤드린 공회가 실제로 소집되지 않았다는 주장이 계속해서 제기되어 오고 있는데 그 주요논점들과 이에 대한 반대논점들은 아래와 같다.

1) 리츠만(H. Lietzmann)은 예수가 투석형이 아니라 십자가형으로 죽임을 당했기 때문에 그리고 산헤드린이 예수에게 네가 왕이냐고 질문하지 않았기 때문에 산헤드린의 회집은 없었다고 주장한다.[23] 또한 복음서에 기록된 내용도 하나의 전설에 불과하다고 주장한다.[24] 동일한 요지의 주장을 펼치는 윈터(P. Winter)도 만일 유대최고법정이 예수가 율법을 어겼다는 이유로 그를 재판에 회부해서

---

23) H. Lietzmann, *Der Prozess Jesu repr. in Kleine Schriften II: Studien zum Neuen Testament* (Berlin: Akademie-Verlag, 1958), 251-63. Lietzmann, "Bemerkungen zum Prozess Jesu," *Zeitschrift fuer die Neutestamentliche Wissenschaft* 31(1932), 78-84, 특히 83-84.

24) Lietzmann, *Der Prozess Jesu*, 251-263, 274. 리츠만은 예수에 대한 처리를 위해 모인 산헤드린 회집은 로마인의 책임을 감추기 위해 창작된 것이라고 주장한다. Theissen, 『역사적 예수』, 640. C.K. Barrett, *Jesus and the Gospel Tradition* (London: SPCK, 1967), 53-67 특히 54-57.

사형판결을 내렸다면 로마당국에서도 산헤드린이 이러한 판결을 수행한 것에 대하여 법적인 반대를 하려하지 않았을 것이라고 주장한다.25)

그리고 요한복음 18장 31절은 역사적인 증거를 전혀 제시하지 않으며 사형판결을 관장하는 유대법정의 권위를 부정하는 이 주장은 요한복음서 기자에 의해 고안된 신학적인 틀에 근거한 것이라고 주장한다.26) 윈터는 산헤드린이 예수의 동생 야고보를 투석형에 처한 것이 이러한 경우(행 12:1-2)이며, 나중에 로마당국이 문제 삼은 것은 그 사형판결이 잘못되었기 때문이 아니라, 사전에 총독에게 알리지 않고 산헤드린을 소집했기 때문이라고 주장한다.

샌더스(E.P. Sanders)도 "예수의 처형에 직접적으로 영향을 미친 사건들에 대한 복음서들의 혼란은 주목을 받고 기억될 만한 정식재판과정이 없었다는 사실을 아주 잘 가리키고 있다."고 주장한다.27) "만일 대사제들이 빌라도에게 예수를 처형할 수 있는 적절한 이유를 제시할 수 있었다면 그들만으로도 예수를 처형할 수 있었다."28) 나아가 "누가 권력을 잡았든-하스몬 가문이든, 헤로데나 로마총독이든-정식 재판 없이 그가 원하는 사람은 처형하거나 석방할 수 있었음도 요세푸스를 통해 분명해진다."고 주장한다.29) 그래서 산헤드린 공회가 예수를 심문하지 않았으며 대제사장들이 예수를 죽일 것을 로마총독에게 요청했을 것이라고 주장한다(542-542). 즉 산헤드린 회

---

25) P. Winter, *On the Trial of Jesus* (Berlin New York: Walter de Gruyter, 1974), 10-11, 23-25, 127.
26) Winter, *The Trial of Jesus*, 127-28.
27) 샌더스, 『예수운동과 하나님의 나라』, 579
28) 샌더스, 『예수운동과 하나님의 나라』, 578 n 73
29) 샌더스, 『예수운동과 하나님의 나라』, 579

집은 없었으며, 대제사장은 로마총독의 허락 없이 사형을 집행할 수 있었으며 예수는 대제사장의 명령으로 체포되어 심문을 받았다는 것이다.30)

1)에 대한 반대 논증

리츠만의 주장은 매우 중요한 사실을 간과한 것이다. 주후 6년 내려진 아우구스투스 황제의 명에 따라 산헤드린은 더 이상 사형판결을 내리고 시행할 수 없게 되었기 때문이다(『유대전쟁사』 2.117; 요 18:31).31) 이러한 지침은 결코 무시해 버릴 수 있던 사항이 아니었다. 또한 이스라엘이 가진 사형에 관한 재판권이 성전파괴 40년 전에 로마당국에 의해 몰수되었음을 설명하는 유대 문헌이 존재한다는 점을 고려할 필요가 있다(b. Sanh. 41a; j. Sanh. 18a, 24b).32) 이

---

30) 샌더스,『예수운동과 하나님의 나라』, 545. "예수가 대제사장의 명령으로 체포되어 심문을 받았다는 것을 나는 의심치 않는다." "그러나 우리는 그 이상 알 수 없다". O. Betz/전경연 역,『역사적 예수의 진실과 바울연구』(서울: 한국신학대학출판부, 1978). 77-78. 예수시대의 법정규정이 정확히 알려져 있지 않다고 한다. 미쉬나 산헤드린의 경우 주후 100년 뒤의 기술이라고 한다. 더 정확히 말하면 주후 200-300년 뒤의 기록이다. 베츠도 산헤드린 회집이 정식회집이 아닌 소위원회였다고 주장한다(78).

31) Lietzmann, Der Prozess Jesu, 731. y. Sanh. 18a; 24b; b. Sanh. 41a; b. Abod. Zar. 8b. 이 구절들은 성전파괴 40년 전에 산헤드린은 사형판결을 다룰 권세를 박탈당한 상태에 있었다고 언급한다. Jeremias J. "Zur Geschichtlickkeit des Verhoers Jesu vor dem hohen Rat." Zeitschrift fuer die Neutestamentliche Wissenschaft und die Kirche der alten Kirche. 43(1951), 145-50.

32) Klausner, Jesus of Nazareth, 334. "예루살렘 성전이 파괴되기 40년 전에 (그래서 아마도 예수의 재판이 있기 전에) 이스라엘은 사형판결을 하는 재판권을 박탈당했다". 클라우즈너도 다음의 문헌에 근거하여 주장

는 역사적 예수가 활동하기 전부터 효력을 발하고 있음을 뜻한다.33) 로제도 최종적인 사법적 권한이 로마집정관에게 있었기 때문에 산헤드린으로서는 그가 예루살렘에 있는 상황에서 사형판결을 내렸을 가능성은 없다고 주장한다.34)

따라서 리츠만의 주장과 궤를 같이 하는 샌더스의 주장은 요세푸스에 명확하게 기록된 내용에 비추어 볼 때 일방적인 주장이다. 요세푸스를 정확히 읽으면 사형판결과 관련된 권력자들이 전횡을 엄격히 금지하고 있음이 확실해 진다. 심지어 윈터 자신도 로마총독과 당국자들이 자신들에게 사전에 통지되지 않은 산헤드린의 회의 소집에 대해 매우 민감하게 반응하고 있었음을 강조한다.35)

"우리는 어떤 사람을 죽일 수 없습니다"라는 요한복음 18장 31절이 역사적 예수의 재판 당시의 상황을 반영하고 있다는 역사적 진정성이 있는 진술이 아니라는 반론이 있을지 모른다. 그러나 요한복음의 몇몇 기사는 공관복음서와 내용과 달라도 사실일 수 있다는 점에는 학문적 공감대가 형성되어 있다. 특히 예수의 십자가 처형이 이런 문구 없이도 완벽하게 실행된 상황에서 이러한 법률적인 언급이 새롭게 창안되었을 가능성은 없다.36)

한다(*J. Sanh*, 1, 1; 7, 2; *Shab*. 15a). Strack-Billerbeck, I, 1026-1027.
33) Klausner, *Jesus of Nazareth*, 334.
34) Lohse, "sunedrion," 869. 그닐카도 유대지역에서의 사형집행권은 로마총독에게 있었다고 주장한다. J. 그닐카/정한교 역, 『나사렛예수』 (왜관: 분도출판사, 1993), 392-94.
35) P. Winter, *The Trial of Jesus*, 2nd ed. (Berlin-New York: Walter de Gruyter: 1974), 25-26.
36) D.R. Catchpole, "The Problem of the Historicity of the Sanhedrin Trial" in *The Trial of Jesus*, ed. by E. Bammel (London: SCM Press, 1970), 47-65, 특히 63.

예수의 동생 야고보의 죽음에 대한 윈터의 주장은 중요한 점을 간과하고 있다. 안나스와 산헤드린이 예수의 형제 야고보를 투석형으로 판결한 사건은 당시 행정관 포르시우스 베스도가 죽었고 알비누스라는 새로운 행정관이 도착하지 않은 일종의 통치 공백기를 제사장 안나스(Ananus)가 악용하는 예외적인 상황에서 발생했다(『유대고대사』 20.197-203).[37] 특히 위의 본문에는 안나스가 그 "첫 번째 단계"(프로톤 πρῶτον)에서 옳지 않았다는 내용이 나오는데 이는 다음의 세 가지 경우 중 하나로 추론할 수 있다.[38] (ㄱ) 산헤드린의 회집 (ㄴ) 정의롭지 못한 법정 (ㄷ) 집정관의 허락이 없는 처형. 우선 (ㄱ)은 될 수 없는데 율법에 충성하는 의로운 집단이 산헤드린 회집을 비판했을 리가 없기 때문이며 더욱이 이 탄원을 로마인들이 아니라 유대 왕 아그리파에게 보냈기 때문이다. 집정관이 부재했던 상황이기에 (ㄷ)도 아니기 때문에 답은 (ㄴ)이며 이는 요세푸스가 지적한 사두개인들의 법정에서의 냉혹함과도 일치한다. 즉 회집과정에서의 옳지 못함을 지적하고, 다른 한 편에서는 지배세력의 규정을 어긴 것을 지적하는 것이다. 이 사건은 대제사장들이 로마당국의 허락 없이 사형을 집행함으로 로마당국의 분노가 표출되었다는 것을 뜻한다.[39] 『유대전쟁사』 6.309에 언급된 로마당국에 넘겨진 예수 벤 아니니아의 경우는 유대인들이 사형집행을 할 수 없었기에 그렇게 한 것으로 해석된다.

그리고 그렇게 넘겨지지 않은 스데반의 경우는 정치적이 아닌

---

37) Catchpole, "The Problem of the Historicity of the Sanhedrin Trial," 61. Blinzler, *The Trial of Jesus*, 162.
38) Catchpole, "The Problem of the Historicity of the Sanhedrin Trial," 61.
39) Catchpole, "The Problem of the Historicity of the Sanhedrin Trial," 61.

종교적인 경우라고 해석할 수 있다.40) 이 경우 산헤드린 회집은 흥분한 유대인들로 인해 판결 없이 중단되었고, 피고는 폭력에 내몰렸다고 보는 것이 옳다.41)

일부 학자들은 두 가지 이유를 들어 산헤드린 공회가 열리지 않았고 심문도 일어나지 않았다고 주장한다. 첫째로 예수는 산헤드린의 핍박을 받아야 할 정도로 독특한 말을 하거나 행동을 하지 않았으며42), 둘째로 예수의 경우는 본질적으로 정치적인 것이었기에 이는 빌라도만의 관심사였을 뿐이라는 것이다.43) 그러나 위의 두 가지 주장 중 첫 번째 것은 받아들일 수 없다. 왜냐하면 예수가 일으킨 성전 사건은 공회의 주요 구성원인 제사장들의 분노를 촉발했을 것이며, 예수와 바리새파간의 갈등의 근거가 곳곳에 나타나기 때문이다. 특히 마태복음 10장 1-10절(이혼금지)은 역사적 예수가 실제로 한 말씀이며, 이는 예수가 율법을 산헤드린의 구성원인 율법사나 바리새파 사람들과 같은 방식으로 해석하지 않음을 잘 보여주기 때문이다.44) 마태복음 5-7장의 반제도 강력한 증거가 된다. 예수의 사역기간동안 예수의 삶과 가르침은 바리새적인 유대교에는 이미 위험한 것으로 여겨지고 있었다.45)

---

40) Catchpole, "The Problem of the Historicity of the Sanhedrin Trial," 63.
41) Catchpole, "The Problem of the Historicity of the Sanhedrin Trial," 63; Blinzler, *The Trial of Jesus*, 162.
42) 유대인 학자인 윈터는 한 마디로 예수는 실제로 바리새인이었으며 그의 가르침도 바리새인의 그것과 같았기에 이 두 존재 사이에는 종교적인 차이를 보여주는 경우가 없었다고 주장한다(*On the Trial of Jesus*, 188). 윈터는 예수가 자신을 메시아라고 주장했다는 모든 주장에 반대한다. 같은 책, 138-46.
43) Catchpole, "The Problem of the Historicity of the Sanhedrin Trial," 48.
44) Catchpole, "The Problem of the Historicity of the Sanhedrin Trial," 50.

따라서 샌더스의 주장과 달리 산헤드린 회집은 최소한 약식모임의 형태라도 있었을 것이며, 로마당국도 이를 원하고 요구했을 것이라고 판단된다.46) 왜냐하면 로마당국으로서는 이방 민족인 유대민족을 통치하는 상황에서 유대인들에 의한 재판과정이 없이 한 유대인을 처형할 경우 큰 반발을 불러일으킬 수 있어서 그와 같은 상황을 적극적으로 피하려 했을 것이기 때문이다. 또한 로마당국자들은 통치를 위해 자신들이 이 중요한 결정의 권한을 가짐으로 유대를 통제하기 원했으며 자신들이 권력의 최고상층부에 있음을 보여주려고 했을 것이다.47) 빌라도가 예수를 헤롯 안티파스에게 보내어 예수의 죄 없음을 확인하였다는 누가복음 23장 6-7절과 15절의 언급도 로마가 파견한 유대지역 총독으로서 과오를 범치 않으려 노력했음을 시사한다(요 18:38; 19:6).48) 즉 유대법정에서 사형판결을 받은 사람을 자신의 법정에서 판결함으로 판결의 정당성을 강화하려 했을 것이다.

유대지도자들과 로마당국이 협조적인 관계성을 유지하고 있었다면 예수재판에 있어서는 더더욱 공조하는 모습을 보였을 것이다.

---

45) C.F.D. Moule, *The Birth of the New Testament* (London: Adam & Charles Black, 1962), 96.
46) 타이센,『역사적 예수』, 659. 타이센은 주후 41-44년 이후 유대의 재판 정도 최종심판권(jus gladii)을 가지게 되어 그리스도인들을 처형할 수 있게 되었으며(행 12:1-2 야고보를 죽인 사건) 이 사건의 영향으로 예수를 심문한 정도의 사건이 정식 재판의 이야기로 변경되었다는 주장을 펼친다.
47) Catchpole, "The Problem of the Historicity of the Sanhedrin Trial," 59.
48) 마샬은 Blinzler와 Sherwin-White를 인용하며 이 기사의 기원은 누가복음의 방식으로 표현된 사건이라는 설명이외의 다른 가정을 내세우기 어렵다고 하면서 이의 역사성을 주장한다.『누가복음II』, 670.

즉 빌라도가 사형을 결정하도록 이런 저런 혐의를 추가하고, 또한 정치적인 범죄가 아니라면 종교적인 범죄로 빌라도가 판결하도록 압력을 가하고 있었을 것이다. 그런 점에서 빌라도가 수용한 산헤드린의 판결은 로마법의 범주 안에 드는 것이었다.49) 슈러(E. Schuerer)는 로마의 유대지역 지배 당시 산헤드린의 권한이 로마당국에 의해 어느 정도까지 제한을 받았는지에 대한 질문은 매우 흥미로우며 특히 로마총독 이외에는 사형을 집행할 수 없도록 하는 일반적인 규정이 존재했었는지는 불확실하다는 점을 인정할 필요가 있다고 주장한다.50) 그러면서도 슈러는 산헤드린의 사형판결권과 집행권이 로마당국에 의해 제한 받았다는 점을 부정하기 어렵다고 한다.51) 이런 점에서 산헤드린 공회가 빌라도에게 사형을 시행하도록 회집할 필요가 없었다는 주장은 설득력이 약하며, 산헤드린에서의 재판과 신성모독에 대한 심판에는 역사적 진정성이 있다.52) 이는 산헤드린의 사형판결권 소지 여부와 상관없이 로마당국자들이 정치적인 범죄라고 의심될 경우에는 개입할 수 있는 권리를 계속적으로 유지하고 있었다는 점에서도 확인된다(행 22:30; 23:15; 20:28).

---

49) Sherwin-White, *Roman Society and the Roman Law in the New Testament* (Grand Rapids: Baker Book House, 1963), 46-47.
50) E. Schuerer, "Sanhedrin" in *The History of Jewish People in the age of Jesus Christ*, vol. II, rev. & edit. by G. Vermes, F. Millar, M. Black, (Edinburgh: T. & T. Clark, 1979), 199-226.
51) Schuerer, "Sanhedrin," 222.
52) Sherwin-White, *Roman Society and the Roman Law in the New Testament*, 46-47. 마샬도 산헤드린 블린즐러를 인용하면서 회집의 진정성이 있다고 주장한다(『누가복음II』, 659).

2) 산헤드린 공회는 축제일에 열리지 못하기 때문에 회집되었을 가능성은 희박하다. 자이틀린(S. Zeitlin)은 이미 이 당시에 "안식일 전날이나 축제일"에 관한 규칙이 존재했음을 주장한 바 있다(『유대 고대사』 16.163).53) 이는 아우구스투스의 칙령에 일부분으로서 "(유대시각으로) 제9시 이후에는 유대인들은 안식일이나 준비일에는 법정에 출석할 필요가 없다"는 것이다. 즉 "안식일이나 축제일 전날에는 법정이 개정되지 않는다"는 규정이다(m. Sanh. 4.1. b. Sanh. 35a). 샌더스도 제대로 형식을 갖춘 심문이 유월절 첫 날에 실제로 소집되었다고 보기 어렵다고 주장한다.54)

2)에 대한 반대논증

그러나 요세푸스의 연설문 기록 방식에 대한 양식비평적 관찰에 의하면 위에서 내린 정의의 경우, "9시 이후"라는 어구는 문제가 되고 있는 규정이 단지 안식일 전날의 오후 3시부터 적용된다는 것을 뜻할 뿐이다.55) 그러므로 미쉬나 산헤드린 4.1은 이 후기확장판의 경우 남은 안식일 전날 저녁 전부와 축제기간 전부를 포함한다는 것을 보여준다.56) 즉 후기에 가서 이 규정이 안식일 뿐 아니라 축제기간 전체로 확장되어 적용되었다는 것이다.

이와 관련해 블린즐러는 산헤드린 공회가 축제일에 회집되지 못

---

53) S. Zeitlin, *Who Crucified Jesus?* 4th ed. (New York & London: Harper & Brothers, 1942), 74, 156.
54) 샌더스, 『예수운동과 하나님의 나라』, 542-43.
55) Catchpole, "The Problem of the Historicity of the Sanhedrin Trial," 58.
56) Catchpole, "The Problem of the Historicity of the Sanhedrin Trial," 58.

한다는 규정은 빨라도 주후 70년 이후 상황에서 만들어진 것이며 따라서 30년대의 규정과 다르다는 점을 여러 가지 예를 들어 강조한다. 즉 70년 이후 바리새파가 주도하여 만든 미쉬나의 보다 인간적인 산헤드린 규정은 30년대에 사두개파의 주도하에 시행되던 보다 엄격한 산헤드린 규정과 다르다는 것이다. 따라서 축제일에 시행되지 못한다는 규칙이 예수 당시의 재판에는 적용되지 않았다는 것을 뜻한다고 주장한다.[57]

신명기 17장 12-13절에 따르면 사람이 무법하게 행하고 하나님 앞에 서서 섬기는 제사장이나 재판장에게 듣지 아니하면 죽이게 되며 '온 백성'이 듣고 두려워하게 하지 않게 하였다. 그런데 '온 백성'이 예루살렘에 함께 모이는 때는 세 번의 축제일뿐이었기에 매우 심각한 위반의 경우에는 축제일에 처형하지 말라는 규정이 있었음에도 불구하고 축제일 처형이 시행되었다는 점이 중요하다.[58] 완악하고 패역한 아들(신 21:18-21), 최고법정의 결정에 반발하는 서기관이나 사람들(신 17:8-13), 마을 사람들을 미혹하여 우상을 섬기게 한 자(신 13:13-19)는 돌로 쳐 죽였다. 특히 거짓 예언자와 거짓 증거자(신 18:20; 19:18-20)는 예루살렘(눅 13:33)으로 데려와 축제일까지 감금한 뒤 축제일에 사형집행을 하여 모든 사람들이 듣고 두려워하여 다시는 무법하게 행하지 않게 하게 했기 때문이다.[59]

---

57) J. Blinzler, "The Problem of the Historicity of the Sanhedrin Trial," 157. 예레미야스도 그렇게 판단한다. J. Jeremias, *Eucharistic Sayings of Jesus*, trans. by N. Perrin (London: SCM Press, 1964), 78.
58) Jeremias, *The Eucharistic Words of Jesus*, 78.
59) *b. Sanh.* 43a. 랍비 요수아 벤 페라히아의 제자인 예슈(Yeshu)는 마술을 행하고 이스라엘을 잘못된 길로 인도하여 배교하게 만들었기에 유월절 예비일에 죽임을 당했다. 예레미야스는 예수가 거짓 예언자라는 죄명

로제는 예수 당시의 사법적인 재판이 안식일과 축제일 그리고 예비일과 연결된 날에 진행하는 것은 엄격하게 금지되어 있었다고 하면서, "원칙적으로 "축제일에 재판을 받지 말아야 한다."는 것이 예수 당시에 인식되고 있었다."고 하면서도 곧이어 "외적인 상황들은 예외적인 조치들을 요구하기에 예수가 축제일에 사형 판결을 받았을 가능성은 고려해야 한다"는 빌러벡(Billerback)의 주장을 인용하고 있다.60) 이는 로제도 예외적인 상황에서의 가능성을 인정하고 있음을 보여준다. 예레미야스도 축제일에 법적인 심문을 금하는 규정이 예수 당시에도 적용되었을 가능성을 의문시한다.61)

나아가 오히려 축제일에 사형을 집행하라는 미쉬나의 가르침도 있다는 점이 중요하다. 미쉬나 산헤드린 11.4에 의하면 랍비 아키바는 율법을 잘못 가르친 서기관을 축제일까지 가두었다가 축제일에 죽이라고 하였는데 이는 모든 사람들이 듣고 두려워하고, 불법적으로 행동하지 않기 위함이었다고 한다.62) 순전히 가상적인 상황을 설정한 이론적인 설명이고 예외적인 것이라고 할 수도 있지만 축제일에 죽임을 당하는 경우가 있었다는 증거가 된다.63)

으로 죽임을 당했다고 주장한다(The Eucharistic Words of Jesus, 79).
60) Lohse, "sunedrion", 869 n. 62. 로제는 빌러벡을 인용한다. Billerbeck, II 815-20, 821-22.
61) Jeremias, The Eucharistic Words of Jesus, 78-79.
62) Billerbeck, vol. II 822. 그러나 로제는 위의 경우에서 아키바가 위해서 말한 것은 순전히 이론적(theoretical)일 뿐이며, 다만 어떤 경우에는 축제일에 판결이 내려질 수 있음을 뜻한다고 설명한다. 824f. 아키바 자신조차도 축제일에 사형판결을 내리기 위해 산헤드린이 회집될 수 있다고 말한 것은 아니라고 설명한다. 그러나 예레미야스는 로제와 반대되는 주장을 펼친다. The Eucharistic Words of Jesus, 78-79.
63) Jeremias, Eucharistic Words of Jesus, 78-79.

따라서 야간에 재판하지 못한다는 것과 사형의 경우 다음 날 까지 선포하지 못한다는 것과 또한 이 사형의 집행이 안식일이나 축제일에 시행되지 못한다는 규칙이 예수 당시의 재판에는 적용되지 않았다고 볼 수 있다.64)

3) 산헤드린의 회집 시는 필히 두 번째 회집이 있어야 하는데 역사적 예수를 대상으로 한 경우 그 것이 생략되었다. 자이트린은 요세푸스의 기록에 나오는 힐카누스와 헤롯 안티파터의 경우를 인용하여 "두 번의 회집 규칙"이 일찍부터 존재했음을 증명하려고 한다(『유대고대사』 14.163-184; 『유대전쟁사』 1.210-211).65) 즉 법으로 규정한 재심 회의가 열려야 하는데 언급되지 않았음을 주장한다.

3)에 대한 반대논증

위 주장에 대해 다음과 같은 반론을 펼칠 수 있다. 사형판결의 경우 꼭 두 번에 걸쳐 심의해야만 했던 것은 아니다. 위에 언급된 경우에서 힐카누스는 다음 날 다시 계속하자는 일종의 중간휴정을 제안했는데 율법에 있는 규정 때문이 아니라 정치적인 타협을 의도한 실제적인 편의추구라는 점에서 제안한 것이다(『유대고대사』 14.178). 더욱이 미리암이 죽임을 당한 사례는 사형판결과 사형집행이 같은 날에 완료 될 수 있음을 보여준다(『유대고대사』 15.229).66)

---

64) Blinzler, *The Trial of Jesus*, 157.
65) Zeitlin, *Who Crucified Jesus?*, 74, 156.
66) Catchpole, "The Problem of the Historicity of the Sanhedrin Trial," 58-59. Lohse, "synedrion," 866; J. Blinzler, "Das Synedrium von Jerusalem und

이는 후기의 사법적인 과정에 나타난 보다 인권을 강조하는 경향으로 인해 이러한 규칙이 오직 후기랍비들에게만 적용되었다는 점을 상정하게 한다.67)

4) 산헤드린 공회는 밤에 열리지 않기 때문이다. 산헤드린공회는 야간에 열리지 않으며, 더욱이 야간에는 증인들의 확보도 불가능하기 때문이다.68) 샌더스도 예수에 대한 심문이 마가복음이나 마태복음에는 밤중에 진행된 것으로 기록되어 있는데 반해 누가복음에는 아침에 진행되었다고 기록되어 있다는 점과(눅 22:66), 더욱이 요한복음에는 아예 이에 관해 기록이 없다는 점에서 이 모임의 역사성을 의심한다.69)

4)에 대한 반대논증

불트만과 샌더스의 주장에는 일리가 있다. 그러나 산헤드린 회집의 역사성을 마가복음에만 의존해서 판단해서는 안 되는 이유는 누가복음에는 "아침에" 모였다고 기록되어 있기 때문이다70). 즉 산헤드린 회집이 밤중이 아니라 아침에 이루어진 것으로 기록하고 있는 누가복음의 기록이 사실이면 이러한 주장은 성립되지 않는다.

---

    die Strafprozessordnung der Mischna" ZNW 52(1961), 54-65, 특히 60.
67) Catchpole, "The Problem of the Historicity of the Sanhedrin Trial," 59.
68) R. Bultmann, *The History of the Synoptic Tradition*, trans. by J. Marsh (Oxford: Basil Blackwell, 1963), 270.
69) 샌더스, 『예수운동과 하나님의 나라』, 543.
70) 마샬, 『누가복음II』, 658. 마샬도 누가복음에 제시된 "아침에"라는 기록이 보다 역사적인 근거를 가진다고 주장한다.

이는 산헤드린 심문의 역사성에 대해서 심도 있게 연구한 캐치폴의 주장에서도 확인되는 바, 그는 산헤드린 공회의 역사성에 있어서 요한복음에 묘사된 제도와 공관복음에 설명되어 있는 본문이 가장 진정성이 있다고 주장한다.71) 마가복음과 누가복음의 두 버전은 로마지배당시 상황에서 개연성이 높은 유대의 사법적 입장에 잘 들어맞지만 미쉬나에 나타난 내부적인 법정적 규정을 고려한다면 누가본문이 마가보다 낫다.72) 언어학적으로나 개념적으로도 셈어적인 색조를 띠고 있는 누가의 기사가 마가본문보다 더 오래되었다. 전체적으로 볼 때 누가의 고난본문은 마가복음 14-15장의 그것보다 덜 발전된 형태를 띠고 있다.73) 이러한 점들은 또한 재판관들이 이른 아침 동틀 녘에 회의를 시작했다는 로마의 법정관행을 연상하게 한다.74) 여기서 중요한 점을 언급할 필요가 있다. 산헤드린 정식공회는 아침에 열렸을 수 있다 하더라도, 그 공회 이전인 야간에 산헤드린 주요지도자들에 의한 예비 모임이 있었을 수 있다는 점이다. 따라서 야간에 재판하지 못한다는 규칙이 예수 당시의 재판에는 적용되지 않았을 것이다.

결과적으로 예수의 재판에 관한 누가-요한 전승에서 매우 역사적인 가치가 있는 자료들이 발견될 수 있다고 할 수 있으며, 그렇게 할 때 "우리는 상세한 자료들을 단순한 구성에 불과한 것처럼 폐기해야하는 어려움을 피할 수 있다."75)

---

71) Catchpole, "The Problem of the Historicity of the Sanhedrin Trial," 63. 캐치폴은 유대인은 어떤 사람을 재판에 회부할 수는 있었으나 그를 죽일 수 있는 권한은 없었다고 결론을 내린다.
72) Catchpole, "The Problem of the Historicity of the Sanhedrin Trial," 65.
73) Catchpole, "The Problem of the Historicity of the Sanhedrin Trial," 65.
74) 그닐카, 『나사렛 예수』, 395.

5) 야간에는 증인들의 확보도 불가능하기 때문이다.76)

5)에 대한 반대논증

야간에 산헤드린 예비모임이 있었다고 한다면 갑작스럽게 야간에 증인을 불러오는 것은 용이하지 않았겠지만 그렇다고 불가능하지도 않았을 것이다. 더욱이 사전에 조율하여 거짓 증인을 세우려 했다면 이는 그들이 오히려 바라는 바였을 것이다. 마가본문은 그러했다고 설명한다(막 14:56-59; 마 26:62).

6) 미쉬나 7.5에 따르면 사형판결에 처하는 신성모독의 죄는 분명하게 거룩한 하나님의 이름을 입으로 말했을 때에만 성립된다.

6)에 대한 반론

마가본문에서 위의 주장과 관련되는 구절은 "네가 찬송 받을 자의 아들 그리스도냐?"라는 마가복음 14장 61절 질문에 "내가 그니라 인자가 권능자의 우편에 앉은 것과 하늘 구름을 타고 오는 것을 너희가 보리라 하시니"라고 대답하는 62절이다(참고, 마 26:64; 눅 22:68-70). 그런데 이 구절의 진정성이 부정되면 논란은 자동적으로 종결된다. (7)에 대한 반대논증에서 이 점이 논의 될 것이다.77)

---

75) Moule, *The Birth of the New Testament*, 96. Catchpole, "The Problem of the Historicity of the Sanhedrin Trial," 65.
76) Bultmann, *History of the Synoptic Tradition*, 270.
77) 이 구절의 역사성을 전제한다 하더라도 이 구절의 내용이 확실하게 신

9. 예수를 대상으로 한 산헤드린 회집의 역사성 | 279

지금까지 살펴본 결과, 로제가 지적하여 문제가 되고 있는 다섯 규정이 역사적 예수의 시대에 존재했었다면 누가본문이 마가의 그것에 비해 선호될 경우 문제자체가 성립되지 않으며, 존재하지 않았었다면 산헤드린의 사법적 절차에 관한 근거에서 산헤드린의 회집의 역사성을 반대하는 것은 원천적으로 불가능하게 된다.78) 즉 그가 제시한 규정 중 2, 3이 해명해 되었고 나머지 1, 4, 5의 3가지 규정은 마가에만 적용되기 때문에 이 다섯 규정이 산헤드린 회집의 역사성을 확정하는 절대적인 잣대가 되지 못한다.

이 외에도 역사성을 부정하는 중요한 주장들이 제기 되었기에 이것들도 논할 필요가 있다.

7) 산헤드린 회집을 설명하는 본문은 역사적인 사실을 기록한 것이 아니다. 불트만은 마가복음 14장 55-65절이 하나의 통일체가 아니라는 이유에서 이와 같이 주장한다.79) 디벨리우스는 이 단화는 여러 주제들을 엮어놓은 것이라는 점을 이미 지적한 바 있다.80) 로제도 마가복음 본문이 하나의 통일체가 아니며, 여기에는 구약성서를 인용된 부분과 기독교적인 신앙고백의 내용을 담고 있는 부분이 존재할 수 있기 때문이라고 추론한다.81) 불트만은 마가복음 14

성모독에 해당하는가 하는 점에 대해서는 별개의 논의가 필요하다.
78) Catchpole, "The Problem of the Historicity of the Sanhedrin Trial," 59.
79) Bultmann, *The History of the Synoptic Tradition*, 270.
80) Lohse, "synedrion," 869.
81) Lohse, "synedrion," 869. 거짓증인(55-59절)과 관련해서는 시편 27편 12절, 예수의 침묵과 관련해서는(60f) 이사야 53장 7절, 대제사장의 질문에 대한 대답(62f)에 관련해서는 다니엘 7장 13절과 시편 110편 1절, 예수를 희롱하고 마구 대함(65절)에 대해서는 이사야 50장 6절.

장 60절의 "이 사람들이 너를 치는 증거가 어떠하냐"(οὐκ ἀποκρίνῃ οὐδὲν τί οὗτοί σου καταμαρτυροῦσιν)는 대제사장의 질문은 증인들의 증인(55-60절)이 이미 앞부분에서 거짓으로 판명된 상황이기 때문에 이를 기록한 동기가 불분명해 진다고 지적한다. 또한 60절에서는 그 앞부분에서 문제가 되었던 성전파괴의 여부라는 주제에서 갑자기 또 다른 결정적인 주제인 예수가 메시아인가 하는 질문으로 바뀌었다는 점에서도 주목할 필요가 있다고 한다.82) 나아가 61b, 62절은 이차적으로 추가된 부분으로 원래는 61a절에서 63절로 이어져 성전에 대한 신성모독을 가리켰다고 보아야 한다고 주장한다.83) 따라서 마가복음 14장 53b, 55-64절은 마가복음 15장 1절과 마태복음 27장 1절의 재판의 골자에 대한 짧은 보도를 확대한 것이라고 할 수 있다고 주장한다.84) 물론 여기서 15장 1절의 역사성은 전제되어 있다.85)

불트만의 견해를 따라 샌더스도 수난이야기가 확대되었다고 주장한다.86) 왜냐하면 복음서에 기술된 산헤드린 공회의 모습은 이러한 사실의 뼈대만을 보여주고 있으며 각양각색으로 기록되어 있기

---

82) Lohse, "synedrion," 869.
83) 불트만은 벨하우젠을 인용한다. J. Wellhausen, *Das Evangelium Marci* 2nd ed. Berlin" Druck & Verlag Von Georg Reimer, 1909), 124.
84) Bultmann, *The History of the Synoptic Tradition*, 269-271. "I think the whole narrative in Mark is a secondary explanation of the brief statement in 15:1." M. Dibelius, *From Tradition to Gospel*, trans. by B.T. Woolf (London: I. Nicholson & Watson, 1934), 182. Winter, *The Trial of Jesus*, 34, 36-37; G.S. Sloyan, *Jesus on Trial* (Philadelphia: Fortress, 1973), 63-64. 슬로안은 이 부분이 삽입되었다고 단정한다.
85) 그닐카, 『나사렛예수』, 394.
86) 샌더스는 불트만이 인자 칭호가 원시교회에서 나온 용어라고 주장했기에 이렇게 주장한다.

때문이다(544).87) 또한 약간 다른 견해도 있다. 주후 41-44년 이후 유대의 재판정도 최종심판권을 가지고 되어 그리스도인들을 처형할 수 있게 되었으며(행 12:1-2 야고보를 죽인 사건) 이 사건의 영향으로 예수를 심문한 정도의 사건이 정식 재판의 이야기로 변경되었다는 주장이다.88) 산헤드린 기사에는 예수의 신적인 권위에 대한 고백이 나오는데 이는 부활신앙에 근거한 전제이다(막 14:62).89)

7)에 대한 반대논증

디벨리우스와 불트만이 지적한 바대로 본문이 하나의 통일체가 아니라는 주장에는 논리적 타당성이 있다. 그러나 하나의 통일체가 아니라는 것이 본문의 역사성을 결정하지는 못한다. 왜냐하면 불트만도 이 단락에 속하는 구절들 중에서 원시교회에 의해 추가된 것이 아니라는 것으로 판명이 되면 이는 역사적 예수의 말씀이 될 수 있을 가능성을 인정하기 때문이다.90) 예수의 메시아 주장 구절인 62절은 바로 원시교회와 유대교간에 논란의 핵심쟁점으로 원래

---

87) 하비는 복음서 기자들이 사실의 절반만을 가지고 있었다고 하면서도 산헤드린의 회집이 있었던 것은 의문의 여지가 없는 사실이라고 생각한다. A.E. Harvey, *Jesus and the Contraints of History* (London: Duckworth, 1982), 32, 136, 170. 그럼에도 하비는 대제사장에 대하여 예수가 자신이 하나님의 아들이라고 한 대답은 후기 교회에서 나온 기독론적인 칭호를 포함하고 있어서 명백하게 비역사적인 것이라고 주장한다. 샌더스는 하비의 이러한 논리적 허점을 지적하면서 산헤드린 공회의 회집 자체가 아예 없었다고 주장한다(『예수운동과 하나님 나라』, 544-45).
88) 위에서 논한 Lietzmann과 Winter의 주장을 뜻한다.
89) Bultmann, *The History of the Synoptic Tradition*, 270. Winter도 같은 주장을 펼친다.
90) Bultmann, *The History of the Synoptic Tradition*, 270.

전승에 이차적으로 추가된 말씀으로 여겨진다.[91] 또한 58절과 61절은 자연스럽게 이어지고 있기에 원래는 한 쌍을 이루었던 것이었다고 보는 것이 설득력이 있다. 그리고 예수의 메시아 주장에 관한 말씀의 경우 성전을 헐고 다시 짓는 말씀의 경우에서와 달리 증인이 등장하지 않는 것으로 보아 원래부터 성전 관련된 주제와 한데 묶여 있었던 것은 아닌 것으로 보인다. 결론적으로 57-59절은 이차적으로 추가된 것일 수 있다. 이 단화는 원래는 예수가 메시아임을 주장했기 때문에 사형이라는 심판을 받은 것을 기록하려는 목적으로 의도된 것으로 추론할 수 있을지 모른다. 그러나 예수가 하나님의 아들인지를 묻는 질문은 산헤드린 회집 되었을 경우에 필시 제기했을 질문이기 때문에 성전에 관한 질문과 구별된다. 이는 또한 누가본문에도 나오기 때문에 역사성이 있을 가능성이 높다. 더욱이 원시교회가 창작했다면 이렇게 허술하게 만들지 않았을 것이기에 진정성이 있다는 바렛의 주장에도 설득력이 있다.[92]

그러므로 예수의 재판에 관한 누가복음-요한복음 전승은 역사적 가치가 높다는 것이 확인되었으므로 마가복음과 마태복음 본문에 나오는 이차적인 것으로 추정된 부분을 근거로 산헤드린 공회의 회집이 없었음을 주장하는 것은 적절치 않다.[93]

8) 브라운은 예수를 죽이기로 결의한 산헤드린이 예수가 체포되기 (훨씬) 전에 열렸으며(막 11:18; 14:1-2; 요 11:47), 예수가 붙잡힌

---

91) Lohse, "synedrion," 870. 이 두 집단은 예수가 하나님의 아들인가 하는 질문을 놓고 상반된 입장을 취한다.
92) Barrett, *Jesus and the Synoptic Tradition*, 59.
93) Catchpole, "The Problem of the Historicity of the Sanhedrin Trial," 65.

뒤에 가서야 심문이 있었다고 주장한다(요 18:19; 눅 22:66). 마가의 보도는 여러 가지 과정을 융합하여 하나의 인상적인 케리그마적 이야기를 만들어냈다는 것이다.[94]

8)에 대한 반대논증

산헤드린이 예수를 죽이기로 결의한 시점과 예수를 심문한 시점이 시간적인 차이가 있었다는 주장은 산헤드린의 주요구성원인 "대제사장들과 서기관들" 또는 "대제사장들과 바리새인들"이 예수가 일으킨 성전사건이나 이적사건 이후에 예수를 죽이기로 모의했다는 언급에 근거한 것이나 이는 그들이 벌써 예수에 대해 적대적인 태도를 취하고 있었음을 보여줄 뿐이다. 따라서 심문하는 시점에 훨씬 앞서서 그렇게 결의해 놓고 있었다고 주장하는 것은 판단하기 어렵고 따라서 설득력이 없다. 마가의 보도는 다양한 자료들로 이루어져 있지만 상당부분은 역사적인 사실에 근거하고 있다.

9) 마가복음의 산헤드린 심문기사(14:55-65)는 베드로가 예수를 부정하는 기사의 중간에 나오기 때문에 역사성을 의심할 수 있다.[95]

---

94) R. Brown, *The Death of the Messiah: A Commentary of the Passion Narratives in the Four Gospels* vol. I (New York: Doubleday, 1944), 363.

95) Winter, *On the Trial of Jesus*, 23-25. 윈터는 66b-71절을 후대의 삽입으로 인정한다(659). 윈터에 앞서 불트만도 이 단화가 베드로이야기의 맥락에 있고, 누가복음에 부재한다는 것을 그 이유 중의 하나로 삼고 있다(*History of the Synoptic Tradition*, 270).

9)에 대한 반대논증

그러나 마가복음 기자는 중간삽입형식 즉 샌드위치구조를 해석적인 장치로 선호하기 때문에 이 주장에는 설득력이 없다. 예로 성전사건 기사(11:15-19)가 외양적으로는 무화과나무사건 기사(11:12-14; 20-26) 사이에 삽입되어 있다는 이유로 그 진정성과 역사성을 부정할 수 없기 때문이다.

10) 누가-행전에 의하면 이 회집의 역사성에 대해 의심을 갖게 된다. 윈터는 예수의 죽음을 설명하는 사도행전 13장 26-28절에 산헤드린에 의해 내려진 사형판결이 언급되어 있지 않으며, 지도자들이 예수에게서 유죄를 발견했다거나 그에 대해 판결을 내렸다는 언급이 나타나지 않기 때문이라고 한다.96)

형제들아 아브라함의 후손과 너희 중 하나님을 경외하는 사람들아 이 구원의 말씀을 우리에게 보내셨거늘 예루살렘에 사는 자들과 그들 관리들이 예수와 및 안식일마다 외우는 바 선지자들의 말을 알지 못하므로 예수를 정죄하여 선지자들의 말을 응하게 하였도다 죽일 죄를 하나도 찾지 못하였으나 빌라도에게 죽여 달라 하였으니

10)에 대한 반대논증

그러나 위의 주장은 성립되기 어렵다. 왜냐하면 산헤드린 회집에 관여했다는 사람들이 바로 그 앞에 나오는 절인 13장 27절의 "예루살렘에 사는 자들"과 "그들 관리들"란 표현에 언급되고 있기 때문

---

96) Winter, *On the Trial of Jesus*, 28, 48.

이다. 누가는 구약을 인용하는 형식을 취하여 이 모든 내용을 그 안에 함축시킨 것이다. "정죄하여(κρίναντες)"라는 표현에 그 점이 다 포함되어 있다.97) 처형을 허락하는 것은 아주 예외적인 사건이며 로마인들만이 아니라 관계된 모든 사람들과도 관계가 있다.98)

11) 마가복음 14장 58절("우리가 그의 말을 들으니 손으로 지은 이 성전을 내가 헐고 손으로 짓지 아니한 다른 성전을 사흘 동안에 지으리라 하더라 하되")은 이전에 존재했던 단락에 삽입된 단회적인 구절이기에 진정성이 없다.99)

11)에 대한 반대논증

이는 예수에 대한 잘못된 증언 자체가 사실이라는 말이 아니라, 그 증언이 예수가 성전파괴에 대해 실제로 예언한 말씀에 대한 일종의 왜곡된 메아리라는 것이다(막 13:2). 이 구절이 예수 말씀에 대한 반향이라는 점에는 학문적인 공감대가 형성되어 있다.100) 이 외에도 단회적인 증거지만 역사적 진정성을 인정받는 기사는 다음과 같다. 예수에게 향유를 부은 사건(막 14:3-9), 세례요한의 투옥(막 6:14-29)101), 귀신축사(막 3:22-30, 이 기사도 친구들과 친척들의 반대 기사 중간에 있음). 따라서 어떤 복음서에 단회적으로 언급되었다

---

97) Catchpole, "The Problem of the Historicity of the Sanhedrin Trial," 56.
98) Sherwin-White, *Roman Society and the Roman Law in the New Testament*, 38.
99) Lietzmann, *Der Prozess Jesu*, 251-263. Winter, *On the Trial of Jesus*, 23-25.
100) G. Bornkamm, *Jesus of Nazareth*, trans. by I & F. McLuskey (London: SPCK, 1960), 163.
101) 마가복음 6장 7-13, 30-31절. 제자들 파송 기사 중간에 넣고 있다.

고 그 기사의 진정성을 부정하는 것은 심각하게 잘못된 논리이다.

12) 마가복음 8장 31절 하반절에 나오는 예수의 삼중 고난 예언에는 "대제사장들 장로들 서기관들"이 언급되는데 반해 누가본문에는 그렇지 않다. 따라서 이는 마가복음 기자의 의도적인 삽입이며 그러므로 산헤드린 공회의 회집은 없었다고 보아야 한다.102)

12)에 대한 반대논증

윈터는 누가복음 18장 32-33절에도 대제사장, 서기관이 언급되지 않으며, 이는 누가가 산헤드린에서 활동하는 이들이 예수를 죽음의 심판을 내리지 않았다는 증거라고 주장한다.103) 그러나 각 복음서 기자들이 제시한 전체적인 틀은 산헤드린 심문과정이 있었음을 부정하지 않는다. 또한 요한복음에 대제사장 가야바가 심문할 때의 산헤드린의 재판이 기록되어 있지 않은데, 이는 요한복음 기자의 역사지식 때문이 아니라 화자로서의 신학적인 의도 때문이다(막 10:33-34의 병행구).104)

지금까지 논의한 모든 내용에서 볼 때, 여러 가지 반대 논증이 제기된 바 있으나 산헤드린 소집은 역사적인 사실이었던 것으로 보인다.105) 산헤드린의 예수재판의 역사성에 대해 다섯 가지 문제

---

102) Winter, *On the Trial of Jesus*, 28.
103) Winter, *On the Trial of Jesus*, 28.
104) 그닐카,『나사렛예수』, 394.
105) Lohse, "synedrion," 870.

를 제기한 로제 자신도 사두개인들과 바리새인들이 예수에게 적대적인 태도를 취하는 데 있어서 하나가 되었고, 예수를 체포한 뒤, 간단한 심문조사를 거쳐 집정관인 빌라도에게 넘겨 한 사람의 정치적인 혁명가로 처형하게 만들었던 것이 아마도 역사적인 사실이었을 것 같다고 추론한다(막 15:1; 마 27:1-2; 눅 22:66-23:1).106) 그러나 칠십 일명 회원이 모두 모인 정식회의는 아니었기에 정식형태의 사형판결이었을 가능성은 매우 적다.107) 즉 산헤드린 회집은 기소를 준비하기 위한 예비 조사108) 또는 비공식적인 심리였던 것으로 보인다.109) 예루살렘 산헤드린은 이러한 예비조사를 통해 피의자의 유죄여부를 판단하고 피의자의 죄가 어떤 처벌에 해당하는지를 확인한 뒤 로마총독에게 넘기기 위해 그러한 조사를 하는 권리를 행사했을 것이다.110) 그렇지 않았다면 피의자가 유대인으로서의 권리를 유린당할 수 있었기 때문이다. 이러한 주장에는 산헤드린이 이의 공식적인 회집장소에서 모이지 않았다는 점에서도 설득력이

---

106) Lohse, "synedrion," 870.
107) 그닐카, 『나사렛예수』, 396.
108) Klausner, *Jesus of Nazareth*, 334. 그닐카, 『나사렛예수』, 396. 그닐카도 고발자로서 로마인 법정에 제소할 예정으로 사형에 해당할 만한 고발죄목들을 수집한 예비조사였다고 주장한다. 그닐카는 정식형태의 재판이었을 가능성은 매우 작다고 본다. C.K. Barrett, *Jesus and the Gospel Tradition* (London: SPCK, 1967), 56. 바레트는 산헤드린 회집이 두 번 있었다고 보며, 그 중 첫 번째 모임은 어떤 종류의 약식모임이었을 것이라 추론한다. 즉 대제사장 등 산헤드린을 이끌어가는 주요 인물들을 중심으로 한 일종의 예비조사였을 것이라고 추론한다.
109) Sherwin-White, *Roman Society and the Roman Law in the New Testament*, 46. 셔윈 화이트는 이 회집이 결과적으로 산헤드린과 로마당국이 결과적으로는 공모한 것이 된다고 주장한다. 공모여부는 불확실하나 통치적 차원에서 협조적 관계에 있었던 것은 사실로 보인다.
110) Klausner, *Jesus of Nazareth*, 334.

있다.

　유대법정과 로마집정관인 빌라도는 예수를 제거하는데 협동할 수 있었을 것이다. 예수의 체포를 로마 군사들이 아닌 "대제사장과 서기관들과 장로들에게서 파송된 군사들"이 했다는 점도 산헤드린이 예수재판과 관련되었음을 증거한다(막 14:43; 마 26:47; 눅 22:47).[111] 산헤드린에는 독립적으로 치안을 맡는 군사들을 있었으며 사람들을 체포할 권한을 가지고 있었다(막 14:43=마 26:47).[112] 산헤드린은 자신들에게 매우 중요하고 긴급한 문제이기에 예수에 대한 사형을 확정했지만 이를 선고하고 집행할 권한이 없었기 때문에 직접 사형판결 및 집행을 로마총독 빌라도에게 넘긴 것으로 추론된다.[113]

III. 결론

　역사적 예수는 공생애 말기에 체포되어 산헤드린의 심문을 받았다. 산헤드린 회집의 역사성은 복음서에 기록된 이와 관련된 여러 내용들이 미쉬나에 규정된 회집의 세부원칙이 적용되던 시기 이전에 회집이 이루어졌다는 점에 근거한다. 만일 미쉬나에 규정된 세부원칙이 역사적 예수 당시에도 적용되고 있었다면 산헤드린 회집의 역사성은 인정할 수 없게 된다. 역사적 예수 당시의 산헤드린 규정은 사두개파가 산헤드린을 주도하고 있던 상황에서 적용되고 있던 엄격한 것으로 이는 이로부터 수 백 년 뒤에 만들어진 바리

---

111) 마태본문에는 "서기관들"이란 문구가 언급되지 않으며 누가본문에는 "한 무리"가 왔다고 언급한다.
112) Schuerer, "Sanhedrin," 221.
113) Blinzler, *The Trial of Jesus*, 157, 160-63.

새파가 주도한 보다 완화되어 인도주의적인 성격을 띤 규정과 달랐던 것으로 판단된다.

회집에 관한 마가본문에는 원시교회의 신앙고백적인 전승들도 포함되어 있지만 적어도 역사적 예수를 대상으로 한 산헤드린 회집사건의 '역사적인 핵심'(historical core)을 내포하고 있으며 이는 마태복음과 누가복음에서도 같다. 그리고 마가본문과 상당히 다른 누가본문과 요한본문이 오히려 이 회집을 잘 묘사하고 있기에 이 점을 중시할 필요가 있다.

산헤드린은 원칙적으로 축제일이나 야간에 회집되지 못하지만 예외적인 경우에는 회집되었을 수 있었던 것으로 보인다. 사형판결의 경우 필히 두 번에 걸쳐 심의되어야 한다는 규정도 절대적인 것이 될 수 없었던 이유는 같은 날에 두 가지를 다 시행할 수도 있었기 때문이다. 역사적 예수는 산헤드린 회집석상에서 명백하게 신성모독의 내용이 담긴 언급을 하지 않은 것으로 판단된다.

산헤드린의 회집을 설명하는 본문의 진정성은 원시교회에 의해 추가된 일부 구절들을 제외하면 무리 없이 확보된다. 그리고 본문이 마가복음서 안에 배치된 위치에 근거한 주장이나, 예수를 처단하기로 한 결정이 오래전에 내려져 있었다는 주장, 그리고 사도행전에 예수의 죽음에 대한 세부적인 언급이 부재하기에 진정성이 없다는 주장에는 결정적인 설득력이 없다.

이 모든 점에서 볼 때 역사적 예수를 대상으로 한 산헤드린의 회집은 실제로 일어난 역사적인 사건임이 분명하다. 모든 회원들이 참석하는 산헤드린의 정식 회집이 아침에 있었을 가능성과 별도로 야간 회집이 있었다면 모든 회원들이 참석했던 정식회의는 아니었지만 산헤드린을 이끌어가는 대제사장 등 핵심 인물들이 예수에게서 사형에 해당할 수 있는 죄를 찾아 그를 기소하기 위한 예비조사나 비공식적인 심리였던 것으로 판단된다.

역사적 예수 당시에 산헤드린은 사형판결 및 집행을 할 수 없었는데, 그 이유는 사형집행권이 로마총독에게만 있었기 때문이다(참고, 요 18:31). 그래서 산헤드린의 지도자들은 자신들에게 위협이 되는 역사적 예수에게 여러 혐의를 씌운 뒤 빌라도에 보내어 십자가형으로 처형하게 만들었다.

참고문헌

그닐카, J./정한교 역. 『나사렛 예수』. 왜관: 분도출판사, 1993.

로제, E. "산헤드린." in 『신약성서 신학사전: 킷텔 단권신약원어신학사전』. G. 브로밀리 편/번역위원회 역. 서울: 요단출판사, 1986, 1237-1239.

마샬, H./편집부 역. 『누가복음II』. 천안: 한국신학연구소, 1984.

베츠, O./전경연 역. 『역사적 예수의 진실과 바울연구』. 서울: 한국신학대학출판부, 1978.

샌더스, E.P./이정희 역. 『예수운동과 하나님 나라』. 천안: 한국신학연구소, 1997.

타이쎈 G./손성현 역. 『역사적 예수』. 서울: 다산글방, 1997.

Abrahams, I. *Studies in Pharisaism and the Gospels*, vol. I. & II. Cambridge: Cambridge Univ. Press, 1924.

9. 예수를 대상으로 한 산헤드린 회집의 역사성 | 291

Barrett. C.K. *Jesus and the Gospel Tradition*. London: SPCK, 1967.

Blinzler, J. *The Trial of Jesus*. Trans. by I. & F. McHugh. Cork: Mercier Press, 1959.

_____. "Das Synedrium von Jerusalem und die Strafprozessordnung der Mischna." *Zeitschrift fuer neutetamentliche Wissenschaft und die Kirche der alten Kirche*. 1961(52): 54-65.

Bornkamm G. *Jesus of Nazareth*. Trans. by I & F. McLuskey, London: SPCK, 1960.

Bovon F. *The Last Days of Jesus*. Trans. by K. Hennessy. Louisville: Westminster John Knox Press, 2006.

Bromiley G. *Theological Dictionary of the New Testament*, Abridged in One Volume. Grand Rapids: W.B. Eerdmans Publishing Co., 1985.

Brown R. *The Death of the Messiah: A Commentary of the Passion Narratives in the Four Gospels*. vol. I. New York: Doubleday, 1944.

Bultmann R. *The History of the Synoptic Tradition*. Trans. by J. Marsh. Oxford: Basil Blackwell, 1963.

Catchpole D.R. "The Problem of the Historicity of the Sanhedrin Trial." in *The Trial of Jesus*. Edited by E. Bammel. London: SCM Press, 1970, 47-65.

The Mishnah. Trans. by H. Danby. Oxford: Oxford University Press, 1933.

Dibelius M. *From Tradition to Gospel*. Trans by B.T. Woolf. London: I. Nicholson & Watson, 1934.

Epstein, I. ed. *The Babylonian Talmud*. London: Soncino Press, 1961.

Finegan, J. *Handbook of Biblical Chronology: Principles of Time Reckoning in the Ancient World and Problems of Chronology in the Bible*. Princeton: Princeton University Press. 1964.

Harvey A.E. *Jesus and the Constraints of History*. London: Duckworth, 1982.

Jeremias J. *Eucharistic Sayings of Jesus*. Trans. by N. Perrin. London: SCM Press, 1964.

_____. "Zur Geschichtlickkeit des Verhoers Jesu vor dem hohen Rat." *Zeitschrift fuer die Neutestamentliche Wissenschaft und die Kirche der alten Kirche*. 43(1951):

145-50.

Josephus. Trans. and Edited by Thackeray, H. St J. [vols. 1-5], Marcus R. [vols. 6-8] and Feldman L [vols. 9-10]. LCL. Cambridge: Cambridge Univ. Press, 1926-1965.

Klausner J. *Jesus of Nazareth*. Trans. by H. Danby. New York: Macmillan Co., 1959.

Lietzmann, H. *Der Prozess Jesu* repr. in Kleine Schriften II: *Studien zum Neuen Testament*. Berlin: Akademische Verlag, 1958.

_____. "Bemerkungen zum Prozess Jesu." *Zeitschrift fuer die Neutestamentliche Wissenschaft und die Kirche der alten Kirche*. 1932(31): 78-84.

Lohse E. "synedrion." *TDNT*. vol. VIII. Grand Rapids: Eerdmanns Publication Company, 1974. 860-871.

Marshall. I.H. *The Gospel of Luke*, vol. II. Exeter: Paternoster Press, 1978.

Moule C.F.D. *The Birth of the New Testament*. London: Adam & Charles Black, 1962.

Schuerer, E. "Sanhedrin." in *The History of Jewish People in the age of Jesus Christ (175 B.C.-A.D. 135)* vol. II. rev. & ed. by Vermes, G., Millar F., Black M. Edinburgh: T. & T. Clark, 1979. 199-226.

Sherwin-White, R. *Roman Society and the Roman Law in the New Testament*. Grand Rapids: Baker Book House, 1963.

Sloyan G.S. *Jesus on Trial*. Philadelphia: Fortress, 1973.

Strack H. & Billerbeck P. *Kommentar zum Neuen Testament aus Talmud und Midrasch*. vol. I. Muenchen: C. H. Beck, 1926. ,

Twelvetree, G.H. "Sanhedrin." *Dictionary of Jesus and the Gospels*. Edited by Green J. B. & Brown J.K. & Perrin. N. Downers Grove, Illinois: IVP Academic Press, 2013, 728-732.

Wellhausen, J. *Das Evangelium Marci*. Berlin: Druck & Verlag von Georg Reimer, 1909.

Winter, P. *On the Trial of Jesus*. Berlin New York: Walter de Gruyter, 1974.

Zeitlin, S. *Who Crucified Jesus?* New York & London: Harper & Brothers, 1942.

10. 예수의 부활에 대한 연구자들의 주장과 이에 대한 고찰

I. 서론

인간은 "죽음을 향한 존재"(Sein Zum Tode)라는 하이데거의 말처럼 인간의 실존을 정확하게 설명하는 구절도 없을 것이다.[1] 폰 라드도 "이스라엘 사람들은 항상 죽음을 의식하며 살았으며 정신적 쇠퇴나 질병, 포로됨이나 적으로부터의 위기를 일종의 죽음의 위협으로 체험하며 살았다고 설명한 바 있다."[2] 인간은 의식적으로 또는 무의식적으로 죽음을 의식하고 살며 죽음 뒤에 어떠한 상태에 이르게 되는지를 알고 싶어 하며 영원한 삶을 꿈꾼다. 그런 점에서 부활의 종교인 기독교는 부활에 대한 설명을 부단히 추구해왔다.

본 장은 죽음 이후의 상태에 대한 해석에 이어 주요 역사적 예수 연구자들의 예수 부활에 관한 핵심적인 주장들을 오늘의 상황

---

1) M. Heideggar, *Sein und Zeit*, 11. Aufl. (Tuebingen: Max Niemeyer Verlag, 1967), 245; 김균진, 『죽음의 신학』 (서울: 대한기독교서회, 2002), 24-25, 28; 성종현, 『신약총론』 (서울: 장로회신학대학교출판부, 1991), 295; M. 하이데거/전양범 역, 『존재와 시간』 (서울: 시간과 공간사, 1992), 311.
2) 게르하르트 폰 라드/허혁 역, 『구약성서신학 I』 (서울: 분도출판사, 1976), 387; 성종현, 『신약총론』, 295.

에서 새롭게 조명하여 이의 진리성을 파악하는데 그 목적이 있다. 이를 위해 이들의 주장의 핵심을 파악하고 또한 상호 비교하여 그 타당성 여부를 검토하는 방식을 취할 것이다. 이를 위한 연구방법은 이 주제에 대한 연구사를 살펴보고 주요 연구자들이 그들의 저술내용에서 취하고 있는 부활에 관한 주장들을 비교하고 분석하는 주제에 따른 문헌 연구 방식이 될 것이다. 이들이 부활에 대해서 정확히 어떤 입장을 취하고 어떻게 설명하는지를 명확히 파악하는 것이 꼭 필요하기에 이 연구는 그 점에서 학문적으로 기여할 수 있을 것으로 판단한다.

II. 본론

1. 죽음 이후 영혼의 상태에 대한 주장들[3]

부활에 대한 명확한 해석을 함에 있어서 필수적인 것이 죽음 뒤의 인간의 육체와 영혼의 상태에 대한 설명이다.

가. 영혼과 육체는 완전히 죽어 사라진다는 주장(완전죽음설, 영혼멸절설)

이는 인간의 죽음은 전적인 죽음 또는 완전한 죽음이기에 영혼

---

[3] 성종현은 죽음 뒤의 영혼의 상태를 완전죽음설과 영혼불사설의 둘로 나누어 논증하는 방식을 취하며 인간의 죽음과 부활에 관한 그의 연구의 기본 틀로 삼아 심화시키고 발전시켰다. 나는 이 틀을 유지하는 가운데 일부 내용을 심화시키거나 새로운 내용을 추가했음을 밝힌다. 그러나 이 글의 II.2 부분, 즉 현대 역사적 예수 연구자들의 부활에 관한 내용 부분은 전적으로 내가 주도적으로 연구한 것이다.

불사설을 비기독교적인 것으로 거부한다. 인간의 몸과 혼의 구별 없이 완전히 죽음 속으로 침잠한다.4) "인간은 헬라 철학에서 말하는 것처럼 영혼과 육체, 혹은 영과 육으로 분리될 수 없고 전적으로 단일체적인 인간으로서 하나님 앞에서 살다가(죄인으로 혹은 신앙인으로) 하나님 앞에서 죽는다는 것이다. 이때의 죽음은 몸만이 당하는 죽음이 아니고 단일적인 혹은 통일체적인 전체 인간으로서의 죽음이라는 것이다.5) 그러므로 인간은 전적으로 육신과 함께 썩어서 죽어 없어진다고 본다."6) "그러나 예수의 가르침에서나 바울과 요한의 신학 속에서도 소위 '완전죽음'내지 '멸절' 사상은 찾아보기 힘들다."7)

비슷한 맥락에서 불트만은 예수의 부활문제와 관련해 예수의 부활을 부활하신 이를 주님으로 인정하는 신앙 속에서만 인식될 수 있다고 보고 예수의 부활은 객관적으로 역사 속에서 확인될 수 있는 사실이 아니라고 주장한다.8) "그는 '예수의 부활'이 '십자가의 중요성의 표현'이라고 보고 '역사적 사건'은 오직 제자들의 부활증언과 원시교회의 부활신앙뿐이라고 말한다.9) 따라서 이들에게 부활

---

4) 성종현, 『신약총론』, 295.
5) 영과 육은 분리될 수 없는 통일체로 보며 이를 영혼일체설이라고 부를 수 있을 것이다. 김영선, "영혼불멸 사상과 부활신앙의 대립과 융합에 대한 소고" 『한국기독교학회 제47차 정기학술대회 자료집』 (제1권. 한국기독교학회, 2018년 10월), 35-241.
6) 성종현, 『신약총론』, 316. 오스카 쿨만, "영혼불멸인가 죽은 자의 부활인가?" 6-47. 전경연 편저, 『영혼불멸과 죽은 자의 부활』 (오산: 한국신학대학 출판부, 1991), 21. "…단순히 불멸을 영혼으로 사는 것이 아니라 육체와 영혼이 죽고 하나님께서 우리에게 주신 가장 귀하고 선한 것, 생명 자체까지 상실되어야함 하는 것이다."
7) 성종현, 『신약총론』, 318.
8) 루돌프 불트만/허혁 역, 『신약성서신학』 (서울: 성광문화사, 1991), 308.

은 주관적으로나 객관적으로도 증명할 수 없는 사건이 된다.10)

바르트는 인간은 전체적으로 죽음을 맞이하고 죽음 후에는 그 어떤 것도 남지 않지만 하나님은 죽은 자들의 부활을 통해 새로운 피조물을 창조하신다고 하는데 피조물의 유일한 정체성의 그릇은 인간의 불멸하는 영혼이 아니라 하나님이요, 피조물에 대한 하나님의 신실하심이라고 한다.11) 이는 영혼의 존재 또는 불멸을 필요로 하지 않는 부활이 된다는 것을 뜻한다.

바르트는 부활은 생명의 계속이 아니라 생명의 완성을 의미한다

---

9) 불트만, 『신약성서신학』, 308. 콘젤만도 다음과 같이 주장한다. "부활의 역사성에 대한 문제는 사람을 그릇되게 인도할 문제이므로 신학에서 제외시켜 버려야 한다." 콘젤만/박두환 역, 『신약성서신학』 개정증보판 (천안: 한국신학연구소, 2004), 366. 콘젤만은 "그리스도의 부활이 역사적 사건이냐 아니냐 하는 문제는 신학적으로 부적절한 문제이다. 물론 그것이 바울에게 있어서는 하나의 역사적 사건이다. 즉 그가 역사적인 것과 초역사적인 것(결국은 비역사적인 것) 사이에 있는 현대의 이론적 차이를 알 수 없는 한 그에게 있어서는 그것이 역사적 사건이다."라고 주장한다(『신약성서신학』, 365). "…바울은 (부활을 본 자들이 아니고) 부활하신 그분을 본 증인들을 낱낱이 열거함으로써 고린도전서 15장에 있는 부활의 실질성을 강조할 수 있었다. 그러나 그는 이 이상 더 역사적 측면에 대해서 관심을 가지지 않았다. 그는 빈 무덤에 대한 사상도 알지 못했고, 고양되신 과정을 여러 단계로 구분(부활, 현현, 승천)하는 일도 알지 못했다. 부활에 대한 실질적인 신학적 증거는 곧 "성령과 힘의 증거"이다(고전 2:24). 즉 예수께서는 오늘날도 당신 자신을 고양되신 그분으로 보여주시면 가르침을 통해서 오늘도 화해하고 계신다"(『신약성서신학』, 365-66).

10) 알트하우스는 오직 확실한 성서적 교리는 인간이 죽으면, 그의 '몸과 영혼이 완전히 소멸된다'는 것을 지지하는 것이라고 주장한다. P. Althaus, "Retraktion zur Eschatologie," *Theologische Literatur Zeitung* 75 (1950), 256.

11) 이신건, "칼 바르트의 죽음 이해," 『기독교 신학의 죽음 이해』 (서울: 신학과 지성사, 2018), 184-85.

고 하면서도 영혼의 불멸은 부정한다.12) 역사비평은 실제로 일어났지만 역사적이지 않은 부활사건을 다룰 능력이 없다고 주장한다.13) 따라서 원칙적으로 역사적 분석을 통해 그 개연성을 따져 볼 수 있는 '역사적 사실'이 아니라고 한다.14) 바르트에 따르면 부활은 세속역사에서 증명할 수 없으며 오직 구원역사(geschichte) 속에서 증명할 수 있다는 것임을 주지할 필요가 있다.15)

바르트는 비록 부활이 하나님의 독점적인 행위이기는 하지만 인간의 시공간 속에서 객관적 내용을 지닌 세계 내적인 실제적 사건이며, 십자가 사건과 쌍벽을 이루는 하나님의 새로운 행위라고 한다.16) 그러나 부활이 제자들의 믿음 회복이라는 역사적으로 검증 가능한 사실의 토대가 되고 있는 실제적 사건임을 확인해야 한다고 주장한다.17) 불트만과 바르트의 이러한 주장은 이후에 역사적 예수의 부활을 역사적이기 보다는 신학적인 해석으로 인도하는 흐름을 가져오게 된다.

나. 영혼과 육체는 분리되며 영혼은 존재한다는 주장(영혼불사설과 영혼존속설)

이를 주장하는 학자들은 영혼불사설의 부인은 부활사상의 부인

---

12) 칼 바르트/신경수 역, 『교의학개요』 (서울: 크리스챤 다이제스트, 1997), 211.
13) 게르트 타이센/손성현 역, 『역사적 예수』 (서울: 다산글방, 1997), 718-19. 바르트는 분명히 영혼불멸을 지지하지 않았다.
14) 타이센, 『역사적 예수』, 719.
15) 타이센, 『역사적 예수』, 718-19.
16) 타이센, 『역사적 예수』, 719.
17) 타이센, 『역사적 예수』, 719.

과도 같다고 하며, 죽음 후의 삶을 상상할 수 없다면 죽은 자들이 다시 산다는 것도 생각할 수 없는 일이라고 주장한다.[18] 인간 속에는 육신의 죽음 후에도 멸하지 않는 신적인 빛, 즉 영혼이 있어서 인간은 이 영혼을 통해서 존재한다고 주장한다.[19] 죽음이후에도 영혼이 존재한다는 사상이 결코 예수나 바울시대에 갑자기 형성된 것이 아니라 그로부터 오백년 이전에도 이미 존재했었다는 점이 중요하다. 영혼의 불멸이라는 주제에 대해 집중하고 있는 플라톤의 작품 <파이돈>에는 소크라테스와 그의 제자들 간의 대화속에서 "영혼은 실체로, 살아있는 동안에는 육체와 결합되어 있다가 죽음과 함께 그것으로부터 분리되어 영원히 살게 되는 어떤 것이라는 생각을 상당부분 선취하고 있다."는 내용이 담겨있다.[20]

라너에 의하면 죽음은 첫째로, 인간순례여정의 종지부, 즉 마침과 완성을 의미하며, 둘째로 몸(소마)과 영혼(프쉬케)의 분리를 의미하고 셋째로 실존의 죄에 대한 형벌을, 나아가 그리스도의 죽음에 동참을 뜻한다.[21] "라너는 죽음을 통해 영혼은 특정한 육신의 관계

---

18) W. Trillhaas, "Einige Bemerkungen zur Idee der Unsterblichkeit," *Neue Zeitschrift für Systematische Theologie und Religionsphilosophie* 7(1965), 147. 성종현,『신약총론』, 298.
19) 성종현,『신약총론』, 298. 이 경우 죽음은 죄에 대한 심판으로서 준엄성을 상실하고, 단순히 삶의 한 에피소드로 과소평가되게 된다.
20) Platon/전현상 역,『파이돈』(서울: 이제이북스, 2017), 15. "그리고 다음과 같은 것이 죽어 있음이라고, 즉 몸은 영혼으로부터 떨어져 나와 그것 자체로 있게 되고, 영혼은 몸으로부터 떨어져 나와 그것 자체로 있게 되는 것이라고 말이지? 죽음이 이것 외의 다른 것일까?" "아닙니다. 바로 그것입니다"(『파이돈』, 69).
21) 칼 라너/김수복 역,『죽음의 신학』(서울: 카톨릭출판사, 1982), 15-20, 21-25, 36. 이로써 라너는 그리스도인의 죽음을 그리스도의 죽음의 빛에서 이해하며 하나님의 심판과 은총으로 파악한다.

에 매이지 않은 채 물질 세상의 총체적인 단일성에 대해 더욱 내밀하고 심층적인 관계를 맺는다고 죽음의 우주론적인 면모를 밝힌다."22)

이렇게 상당수의 신학자들은 인간은 본질적으로 '육체'와 '영혼'으로 구성되어 있다고 보며 이러한 결합은 생존 시에는 나눌 수 없으나 죽음을 통해서 나눠지는데 물질적인 부분(육체)은 흙으로 썩어 없어지나 비물질적인 부분인 '영, 혼'은 '낙원'에 가서 그리스도와의 영적 교통을 즐기거나 (신자들의 경우) 혹은 '음부'에 가서 미리고 고통을 맛보며 (불신자들의 경우) 마지막 부활 때까지 기다린다고 본다."23) (마 10:28; 눅 23:43; 살전 5:23; 고후 12:4).

라찡거는 "인간의 마음 특히 육체의 죽음 뒤의 개인의 영혼의 비 물질성과 존속을 받아드려야 할 보다 절대적인 이유들이 있다"고 주장하며24) 따라서 몸-영혼 사상은 빼놓을 수 없는 개념이라고 주장한다.25) 그는 영혼이란 인간 존재의 핵심으로 하나님과의 관계를 가능하게 하는 부분이며 이것이 불멸한다고 주장한다.26)

루터는 죽음 이후 영혼은 잠을 자는 것이라는 입장을 내세웠으

---

22) 라너, 『죽음의 신학』, 32-35; 노우재, "칼 라너의 죽음의 신학," 『기독교 신학의 죽음 이해』 (서울: 신학과 지성사, 2018), 191.
23) 성종현, 『신약총론』, 318.
24) J. Ratzinger, *Eschatology Death and Life* 2nd ed. (Washington: The Catholic Univ. of America Press, 1988), 264: "Rather are there more pressing reasons for accepting the immateriality and survival of mind, and especially of the personal soul after the death of the body."
25) Ratzinger, *Eschatology Death and Life*, 265: "That body-soul idea remains unavoidable."
26) Ratzinger, *Eschatology Death and Life*, 144: "The truly spiritual element in man resides in nous, "mind," regarded not as something individual and personal, but as a participation of man in a divine, transcendent principle."

며 이는 사후 영혼에 대한 루터의 입장으로 확립되었다.27) 이러한 점에서 루터의 확신에 찬 주장들에 귀를 기울일 필요가 있다. "영혼이 죽지 않는다는 것을 세상은 믿지 못할 것이다."28) "인간의 영혼은 모두 유한한 것들에 반해서 영원한 것이다."29)

칼뱅도 같은 주장을 한다. 인간의 영혼은 소멸되지 않으며 그가 영혼불멸설을 믿었다는 것은 의심의 여지가 없다.30) 그는 "영혼이 떠나간 뒤의 육체는 소멸되어버리고 만다. 그러나 인간의 영혼은 육체와 함께 소멸되지 않는다"고 주장한다.31) "성경은 영혼(spirit)의 생명이 부활의 소망에 달려 있으며 이것을 육체에서 벗어난 영혼들(souls)이 기대하며 바라보고 있다는 점을 우리에게 가르쳐 주고 있다."32) "부활론을 파괴하는 자는 누구나 또한 영혼의 불멸성을

---

27) M. Luther, *Luther's Works in American Edition*, ed. by J. Pelikan, H.T. Lehmann & C.B. Brown vol. 42 (St. Louis, MO: Concordia Publishing House, 1969), 150; 김선영, "마르틴 루터의 죽음관," 『기독교 신학의 죽음 이해』, 56-57. "루터는 죽음 이후 불멸하는 영혼의 즉각적인 심판과 그 영혼이 천국이나 지옥이나 연옥으로 이동된다는 중세 후기 교리를 거부했다." "몸과 영혼이 영생을 누리기 위해서는 이 죄 많은 현세의 삶이 자연인의 죽음을 통해서 종식되어야만 한다"(같은 책, 58).
28) 성종현, "인간의 본질과 죽음 그리고 영혼과 육체의 분리," 『장신논단』 44/1(2012), 65; K. Aland, *Lutherlexikon* (Goettingen: Vandenhoeck & Ruprecht, 1983), 296; M. Luther, *Martin Luthers Werke* vol. 11 (Weimar Aufgabe) II Band (Weimar: Hermann Bohlaus Nachfolger, 1966), 409.
29) 성종현, "인간의 본질과 죽음 그리고 영혼과 육체의 분리," 65; Luther, *Martin Luthers Werke* vol. 11, 409; Aland, *Lutherlexikon*, 296.
30) 이오갑, "칼뱅의 죽음 사상," 『기독교 신학의 죽음 이해』, 84.
31) 이오갑, "칼뱅의 죽음 사상," 84; J. Calvin, *Institutes of the Christian Religion* vol. I & II ed. by J.T. McNeil trans. F.L. Battles (Philadelphia: The Westminster Press, 1960). chapter 5. 5 (56-57 page) & chapter 25. 6.
32) 존 칼빈/존 칼빈 성경주석출판위원회, 『신약성경주석 공관복음II』 (서울: 신교출판사, 1978), 274. 칼빈의 마태복음 22장 23절 주석에 나온

앗아가는 자다."³³⁾ 개혁교회 전통을 이어받고 있는 장로교신조인 웨스트민스터 신앙고백도 인간의 영혼의 불멸을 인정하고 있다.³⁴⁾

성종현은 신약성서는 죽음을 육체로부터 영혼의 떠남, 즉 육체와 영혼의 분리로 이해하며 육체를 떠나 영혼은 썩어 없어지지 않는 영적 본질성으로 인해 우주적 부활까지의 대기상태로 진입한다고 결론짓는다.³⁵⁾

이상에서 살펴본 바와 같이 죽음 뒤의 영혼에 상태에 대해서는 완적죽음설과 영혼불사설의 두 가지 상반되는 관점이 있음을 확인하였다.

그런데 기독교가 곧 영혼불멸설을 취하고 있지는 않다는 점이 중요하다. 신약성서에 따르면 영혼도 하나님에 의해 멸절될 수 있다고 한다(마 10:28). 기독교는 영혼이 불멸하는 것이 아니라 죽음 뒤에 영혼이 육체와 분리되며 이후에 그 영혼을 기반으로 부활이 있게 된다는 입장을 취할 뿐이다. 굳이 표현하자면 영혼존속설이라고 할 수 있을 것이다. 결국 "신령한 몸"으로의 부활은 완전죽음설의 입장과 같은 무에서의 창조(creatio ex nihilo)가 아니라 죽음이후에도 존재하는 영혼을 기반으로 이루어진다고 보는 것이 보다 설득

다.
33) 존 칼빈, 『신약성경주석 공관복음』, 274. "물론 육신의 부활에 대해서 전혀 깜깜한 철학자들이 영혼의 불멸성에 대해 장광설을 벌려온 온 줄 알고 있지만 이것은 다가오는 생명의 성격에 대한 잡담이요, 일고의 가치도 없는 의견들 뿐이다."
34) 『신앙고백집』 (서울: 대한예수교장로회총회교육부, 1979), 216: "사람의 육체는 죽은 후에 티끌로 돌아가서 썩어 버린다(창 3:19; 행 13:36). 그러나 그들의 영혼은 죽거나 자는 것이 아니라 죽지 않는 생을 가지며 죽은 후에는 그것을 주신 하나님께 돌아간다(눅 23:43)."
35) 성종현, "죽은 자의 중간상태와 부활의 몸," 『신약논단』 19/2(2012), 473.

력이 있다고 판단한다.

2. 현대 역사적 예수 연구자들의 부활에 대한 주장들

그렇다면 역사적 예수 연구자들은 부활에 대해서 어떤 입장을 견지하는가? 먼저 부활을 인정하지 않는 입장에 대해서 살펴보자. 이러한 주장은 라이마루스(Reimarus)에서부터 시작되어 오늘날까지 이어지고 있다. 라이마루스는 마태복음 28장 11-15절을 통해 부인되고 있는 비난, 즉 제자들이 예수의 시체를 훔쳐갔다는 비난을 오히려 사실로 받아들이면서 다음과 같이 설명한다. 본래 제자들은 세속적이고 정치적인 메시아 왕국을 기대했으나 예수의 처형이 이런 희망을 앗아갔으며 그럼에도 불구하고 세상에서의 위치와 이익에 대한 기대를 포기하지 않았기에 그의 시체를 훔쳐냄으로 예수가 부활했다는 새로운 이야기를 만들어냈다고 주장한다.[36] 하나님의 나라에 대한 선포는 영적인 선포로 바뀌었고, 실패한 종교적 가르침은 이 광신자의 제자들에 의해 인도된 공동체에 속한 자들에게 사후의 구원을 약속하는 종교로 변화되었다.[37] 이는 파울루스의 가사가설 즉 예수가 죽은 것 같았으나 잠시 후에 다시 소생했다는 주장, 재매장 가설, 환상가설 즉 제자들의 주관적인 환상이론 다시 말하면 부활한 예수의 현현은 하나님을 통해 제자들의 내면에 형

---

36) H.S. Reimarus, *Fragments from Reimarus: Brief Critical Remark on the Object of Jesus and His Disciples As seen in the New Testament*, trans. by G.E. Lessing, ed. by C. Voysey (London & Edinburgh: William & Norgate, 1879), 28. 타이센, 『역사적 예수』, 679.

37) Reimarus, *Fragments from Reimarus*, 29-30; 마크 포웰/최재덕, 김의성 공역, 『예수에 대한 다양한 이해』 (서울: 대한기독교서회, 2016), 35.

성된 현상이라는 주장으로 이어지게 된다.38)

이런 흐름이 계속되다가 한 중요한 주장이 개진되는데 그것이 바로 불트만의 주장이다. 그는 "공관복음의 예수 전승은 철저하게 부활신앙에 물들어 있다."39)고 주장한다. 나아가 다음과 같은 중요한 선언을 한다. "예수가 케리그마속으로 부활했다." 즉 "예수가 그의 첫 신자들의 신앙속으로 부활했다'고 한다.40) "예수가 여전히 자신들과 함께 있다는 초대교회 교인들의 확신자체가 그의 부활이라는 말이다."41) 그러나 이러한 주장에는 그러한 주관적인 신앙 속에서만 가능하기에 자칫 부활은 객관적인 사건은 아니라고 할 수 있는 위험성이 있다.

불트만은 다음과 같이 주장한다. "예수 부활신앙은 "종말론적 사건 속에 서는 신앙이다."42) 이 종말론적 사건은 끊임없이 "말씀 속에서" 일어나며, 믿는 사람들이 "그리스도 안에서" 고난에 동참하고 부활의 능력을 경험할 때 그 사람들 안에서 일어난다. 그리스도 안에서 하나님의 종말론적 행위의 지속이 말씀이라면 예수는 케리그마 안으로 부활한 것이다."43)

---

38) H.E.G. Paulus, *Kommentar ueber die drei ersten Evangelien III* (1802), 797-806, 839-931; *Das Leben Jesu als Grundlage einer Geschichte des Urchristentums* (Heidelberg: 1828), 277-305.
39) 타이센, 『역사적 예수』, 683.
40) 로버트 펑크/김준우 역, 『예수에게 솔직히』 (서울: 한국기독교연구소, 2006), 80. 성종현, 『신약총론』, 316-17. 불트만계 학자들은 예수의 부활의 역사성은 확인되거나 증명되어 질 수 없고 단지 제자들의 부활신앙만이 역사적으로 확인되어 질 수 있다고 말한다.
41) 로버트 펑크, 『예수에게 솔직히』, 80.
42) 타이센, 『역사적 예수』, 683.
43) 타이센, 『역사적 예수』, 683-84.

그러나 쉬틀마허는 불트만의 이러한 주장의 문제점을 예리하게 지적한다. "예수의 빈 무덤 발견에 관한 신약의 보도들과 복음서들의 부활한 자의 나타남 설화들은 불트만에게 전설적인 상징의 가치가 있을 뿐이다. 예수의 부활은 그에게 단순히 "십자가의 의미성을 표현한 것"에 해당될 뿐이다."44) 즉 이 경우 긴요하게 문제되는 것은 "선포의 근원이 되는 부활하신 자에 대한 신앙의 발생 이외의 다른 것이 아니다"라는 것이다.45) 따라서 불트만의 주장은 예수의 부활에 관한 말씀이 부활하신 자에 대한 신앙을 발생시키는 데는 효과적이지만 예수의 부활의 역사성과 사실성에 대해서는 대답을 회피하는 결과를 가져왔다는 것이다.

부활의 역사성에 대한 이러한 발전적인 논의를 의식하면서 오늘날 역사적 예수 연구를 주도하고 있는 다섯 명의 학자는 예수의 부활을 어떻게 설명하는지 살펴보자.

가. 마이어(J.P. Meier)

필생의 역작으로 심혈을 기울이고 있는 역사적 예수에 관한 저서 *The Marginal Jew*(I, II, III, IV) 시리즈로 유명한 미국의 역사적 예수 연구자요 카톨릭 신부인 마이어는 현대인도 이적을 믿을 수 있다는 입장을 견지한다.46) 그러나 전문적인 역사가들은 이적-주장에

---

44) 피터 쉬틀마허/전경연, 강한표 역, 『신약성서해석학』 (서울: 대한기독교출판사, 1986), 232.
45) 쉬틀마허, 『신약성서해석학』, 232-33.
46) J.P. Meier, *The Marginal Jew: Rethinking the Historical Jesus*, vol. 2 (New York: Doubleday. 1994), 521. 그는 한 통계조사에 따르면 미국인의 6퍼

대해 "역사적인" 판단을 내리지 않는다고 주장한다.47) 기본적으로 부활이라는 주제는 신앙과 신학적인 주제이지, 역사적으로 논의하기에는 적절치 않은 주제라고 하며 이를 논의에서 제외시키려 한다.48) 그러나 마이어는 역사적 예수가 이미 임했고 또한 앞으로도 임할 하나님의 나라를 적극적으로 선포하는 가운데 유대인들에게 심판과 회개의 필요성을 외치면서 공관복음에 나오는 여러 구절에서 일반부활을 전제하고 또한 언급했을 주장한다(막 12:18-27). 이는 마이어가 역사적 예수의 부활을 긍정하고 있음을 추론하게 만든다.49) 왜냐하면 일반적 부활을 인정하게 되면 예수만의 특별한 부활을 인정하는 것은 더욱 용이하기 때문이다.

나. 샌더스(E.P. Sanders)

'언약적 신율주의'라는 주제로 바울신학에 신기원을 이루었다고 평가되는 『바울과 팔레스틴 유대교』(*Paul and Palestine Judaism*, 1976) 및 『예수와 유대교』(*Jesus and Judaism*, 1985)"란 저서로 역사적 예수에 대한 연구를 새롭게 만개시킨 샌더스(E.P. Sanders)는 논증의 초기단계에서는 이러한 부활전승을 이성적으로 설명하는 것이 부적절하다

센트만이 기적은 존재하지 않는다고 믿는다고 했음을 인용하면서 그들만이 기적을 부정하는 불트만의 입장을 따르는 것이 된다고 한다.
47) Meier, *The Marginal Jew*, 513-14.
48) Meier, *The Marginal Jew*, 513-14.
49) J.P. Meier, "The Debate on the Resurrection of the Dead: An Incident from the Ministry of the historical Jesus?" *Journal for the Study of the New Testament* 77(2000), 3-24.

고 하며 거부한다.50) "내가 판단하기로는, 예수의 제자들(그리고 그 이후에는 바울)이 부활경험을 했다는 것은 사실이다. 하지만 그런 경험을 하게 만들었던 실제가 무엇이었는지 나는 알지 못한다."51) 그러나 아주 적극적인 표현은 아니라 하더라도 다음과 같은 문장으로 부활에 관한 그의 입장을 드러낸다. "만약 부활이 없이도 [예수의] 제자들이 세례자 요한의 제자들보다 더 오래 지속될 수 있었을까? 우리는 단지 추측할 수 있을 뿐이지만, 나는 그렇지 않았을 것이라고 추측한다."52) 이는 예수의 제자들이 세례요한의 제자들보다 더 오래 지속될 수 있었던 것은 예수의 부활이 있었기 때문이라는 뜻이다. 또한 이 언급은 원시교회가 형성된 중요한 이유 중의 하나가 예수의 부활이었음을 뜻한다.

나아가 샌더스는 예수가 피안적-지상(차안)적인 왕국을 염두에 두고 있었다는 주장은 예수가 부활이 있을 것을 기대하고 있었다는 것을 부정하지 않는다고 주장한다.53) 샌더스는 그의 주저인 *Jesus and Judaism*의 말미에서 원시 그리스도인의 부활 경험들이 다양하고 모호하다는 점에 주목하면서, 부활한 예수가 유령이었다는 주장에 반대할 뿐 아니라, 부활한 예수는 단지 소생된 시체였을 뿐이었다는 주장에 대해서도 다음과 같이 반대한다.54) "나는 부활에 관한

---

50) E.P. Sanders, *The Historical Figure of Jesus* (London: Penguin, 1993), 280; 파월, 『예수에 대한 다양한 이해』, 262.
51) 파월, 『예수에 대한 다양한 이해』, 262.
52) E.P. Sanders, *Jesus and Judaism* (London: SCM Press, 1985), 240; 파월, 『예수에 대한 다양한 이해』, 262.
53) Sanders, *Jesus and Judaism*, 237. "The proposal that Jesus had in mind an otherworldly-earthly kingdom does not involve the denial that he expected there to be a resurrection."
54) 파월, 『예수에 대한 다양한 이해』, 262.

논쟁의 진정성(막 12:18-27)에 관한 어려운 결정을 어떻게 내려야 할지를 잘 모르지만 우리가 예수가 부활을 믿고 있었다는 것을 받아들여야 한다. 그 당시에 사두개파 사람들을 제외한 모든 유대인들이 이를 믿었다. 그 당시 많은 사람들은 어떻게 이 둘이 연결되는지를 설명을 하지 않으면서도 개인적이고 개별적인 불멸성에 관한 믿음을 일반부활(general resurrection)에 대한 믿음과 함께 연결시켰다."[55] 아마도 예수는 '왕국'을 이렇게 두 가지 방식으로 생각하면서도 이 둘(또는 개인의 불멸성과 일반부활)을 체계적으로 연결시키려 하지는 않았을 것이라고 생각한다고 주장한다.[56]

샌더스는 부활에 대한 자료들에 명확하지 않은 점이 있지만 부활의 초기 목격자들이 의도적으로 거짓을 말했다고 비난할 수 없으며 어떤 부활의 목격자들은 그들의 믿음을 위해 목숨까지도 버리려했다는 사실은 부활이 거짓이 아님을 말해 준다고 주장한다.[57]

이상과 같은 샌더스의 주장을 요약하면 부활현상을 이성적으로 설명하는 것은 쉽지 않지만 예수의 제자들이 객관적으로 인식될 수 있는 어떤 특별한 경험을 한 것은 사실이며, 그 경험 때문에 예수의 제자들은 부활을 확신한 공동체로 존속될 수 있었고 그것이 원시교회로 이어졌다고 것이다. 또한 예수 당시 대다수의 유대인들이 개인부활과의 관계를 명확하게 인식하고 있지는 않았지만 일반부활은 믿고 있었기 때문에 예수의 부활을 인정하는 것이 가능했다고 한다.

---

55) Sanders, *Jesus and Judaism*, 237.
56) Sanders, *Jesus and Judaism*, 237.
57) Sanders, 'Resurrection' in 'Jesus', Encyclopedia Britannica Online, 2007.

다. 톰 라이트(N.T. Wright)

『예수와 하나님의 승리』등 역사적 예수에 대한 다수의 책을 저술하고 있는 영국 성공회 신학자 라이트는 초기기독교인들이 이스라엘의 위대한 희망인 부활이 일어났다고 주장했을 뿐 아니라, 부활이 아무도 상상하지 못했던 방식으로 일어났다고 주장한다.58) 라이트는 무엇보다도 샌더스의 주장 즉 부활이 없었으면 예수의 제자들이 세례자 요한의 제자들보다 더 오래 지속될 수 없었을 것이라는 점을 재인용하면서 부활의 역사성을 인정한다.59) 즉 "역사가 계속되는 한 복판에서 단 하나의 인간이 다시 살아나게 되었다"는 것이다.60) 또한 그는 예수의 삶과 사역의 결과는 '부활과 지속된(endured) 한 운동의 형성'으로 정점에 이르렀다고 한다.61)

더욱이 우리가 알고 있던 초기 기독교인들의 대다수는 나사렛 예수가 죽은 자들로부터 살아났다고 실제로 믿었으며 육체적 죽음 반대편으로부터 새롭게 몸을 입은 존재로 믿었다는 점이 중요하다고 주장한다.62) 동시에 새로운 시대가 이미 밝아왔으며, 예수의 제자들은 그 새로운 시대의 수혜자인 동시에 그 대리인이었다고 믿었던 것이라고 보았다.63) 초기교회가 예수의 부활에 관해 주장했던

---

58) 톰 라이트, 마커스 보그/김준우 역, 『예수의 의미』(서울: 한국기독교연구소, 2014), 188. 여기서 '아무도 상상하지 못했던 방식'이란 대부분의 유대인이 일반부활을 믿고 있었던 상황에서 개인부활이라는 독특한 부활이 일어났음을 가리키는 것으로 보인다.
59) N.T. Wright, *Jesus and the Victory of God* (Minneapolis: Fortress Press, 1997), 110.
60) 라이트, 보그, 『예수의 의미』, 188.
61) 톰 라이트/이진섭, 박대영 역, 『역사적 예수의 도전 Jesus 코드』(서울: 성서유니온선교회, 2006), 151.
62) 라이트, 보그, 『예수의 의미』, 188.

것은 그가 진실로 육체적으로 죽었다가(truly physically dead) 이제는 진실로 육체적으로 다시 살아났다는 것(truly physically alive)이었다." 는 것이 라이트의 핵심적인 주장이다.64)

라이트는 바울이 그 새로운 몸을 '영적인 몸'(σῶμα πνευματικόν)(고전 15:44, '신령한 몸')이라고 묘사할 때, 그는 '비육체적인 몸'(non-physical body)을 뜻한 것이 아니라고 주장한다.65) 즉 '영적인 몸과 대조시킨 것은 육체적인 몸이 아니라 '혼이 있는 몸'(σῶμα ψυχικόν soulish body)이라고 설명한다. 혼에 의해 살아있는 자연적인 몸으로서 동물들의 몸처럼 죽고 썩는 몸과 하나님의 영에 의해 살아있는 몸으로서 현재의 부패하는 존재를 초월하는 특질을 갖고 있는 몸을 대조한 것이라고 주장한다.66)

부활과 관련된 또 다른 라이트의 중요한 주장은 "부활을 예수가 이스라엘의 하나님으로부터 받을 것이라 기대했던 신원과 동일시한다"는 것이다.67) 만일 예수가 부활했다면 예수의 선지자로서 비전과 자기주장은 입증된 것으로 보일 것이며 아니라면, 예수의 비전은 잘못된 것으로 간주되어야 할 것이라는 것이 그의 논리이다.68) 라이트는 이와 관련해 특히 바리새파의 부활개념을 활용한다. 그들에게 부활은 단순히 죽음 이후의 새로운 몸의 삶에 대한 확신만이 아니라, 시공간적 세상 속에 새로운 상태를 창조하여 정의와 평화를 구현하고 억압과 죄악을 뿌리 뽑으며, 모든 먼저 죽은 의로운

---

63) 라이트, 보그, 『예수의 의미』, 188-89.
64) 라이트, 보그, 『예수의 의미』, 185.
65) 라이트, 보그, 『예수의 의미』, 191.
66) 라이트, 보그, 『예수의 의미』, 191.
67) 포웰, 『예수에 대한 다양한 이해』, 346.
68) 포웰, 『예수에 대한 다양한 이해』, 346.

죽음들을 되살려 냄으로서 그 새로운 날을 향유하도록 만드는 더욱 큰 하나님의 계획의 일부였다.69) 라이트에 따르면 부활은 하나님이 죽은 사람들을 어떻게 할 것인지에 대한 여러 해석들 가운데 하나였으며 이를 다양하게 해석할 수 있었다.70) 즉 부활은 '피조된 물리적 세계의 선함에 대한 믿음일 뿐 아니라 하나님의 정의의 궁극적 승리에 대한 믿음의 일부분이었다.71) 그러다가 주전 2세기에 접어들면서 마카비 시대의 순교자들이 생기자 은유로 시작된 것이 문자적인 것이 되었고, 부활이 가리키는 것은 예전에 죽었던 사람이 유형적으로 다시 육체를 입는 것이 되었고 그 후 랍비적 유대교에서 이어졌다고 주장한다.72) 여기서 "은유로 시작된 것이 문자적인 것이 되었다"는 주장은 죽었던 사람이 다시 육체를 입는 것은 그저 상징적인 의미만을 가지며 어떤 실제적이고 구체적인 변화는 없다는 뜻으로 해석되어야 한다는 것인가? 이에 대해서 라이트는 아래와 같이 보완한다. "그렇지만 죽은 몸이 되살아나는 유형적 사건을 문자적으로 가리키는 것임을 상실하지 않았다."73) "부활은 최소한 빼앗겼던 것, 몸을 가진 생명을 되찾는 것을 의미한다." "영적인 생명이 전에 존재했던 것과 끊어지지 않은 채 연속적으로 연속되는 것을 뜻했다."74)

그런데 라이트는 부활의 사실성을 인정하지만 부활이 이스라엘 공동체에게 뜻하는 의미에 집중하고 있어서 부활이 이방세계를 포

---

69) 라이트, 보그, 『예수의 의미』, 179.
70) 라이트, 보그, 『예수의 의미』, 183.
71) 라이트, 보그, 『예수의 의미』, 179.
72) 라이트, 보그, 『예수의 의미』, 181.
73) 라이트, 보그, 『예수의 의미』, 184.
74) 라이트, 보그, 『예수의 의미』, 184.

함한 보편적 세계에 미치는 의미를 등한시 하고 있다는 비판을 받을 수밖에 없다. 그렇기 때문에 부활의 의미의 중요성과 관련한 다음과 같이 주장이 중요하다. "예수 부활의 중요성은 단순히 그것이 기독교인 개인을 위한 죽음 이후의 생명에 대한 희망을 열어놓았다는 것만이 아니라, 새로운 창조가 이미 시작되었다는 것이기도 하다."[75] "세상 전체가 마지막 날들에 접어들었으며, 이제는 예수가 메시아와 주님으로서 다스린다"고 설명한다.[76]

이렇게 라이트는 마이어처럼 부활이라는 주제를 역사적으로 논의하기에 부적절한 주제로 제외시키지도 않았고 앞으로 논할 크로산처럼 부활을 부정하지 않으며 오히려 부활의 사실성을 철저히 인정한다는 점에서 가장 전통적인 입장을 취하고 있다고 할 수 있다.[77]

라. 마커스 보그(Marcus Borg)

크로싼과 함께 예수세미나(Jesus Seminar)를 주도한 학자로서 『예수 새로 보기』 등 역사적 예수 연구에 대한 책들을 지속적으로 저술했던 보그는 "부활절이 정말로 기독교의 핵심"이라고 한다.[78] 먼저 그의 주장을 제시하고 이를 비판적으로 검토하는 방식으로 진

---

75) 라이트, 보그, 『예수의 의미』, 190.
76) 라이트, 보그, 『예수의 의미』, 190.
77) 라이트, 보그, 『예수의 의미』, 201; 포웰, 『예수에 대한 다양한 이해』, 346.
78) 라이트, 보그, 『예수의 의미』, 201. 보그가 여기서 '부활'이 아니라 '부활절'이라 하는 점에 유의할 필요가 있다.

행한다.

첫째로 보그는 부활을 역사적 사건으로 보지 않는 입장을 취한다. 보그는 "하나님이 예수를 죽은 자들로부터 살리셨다"는 말씀이 신약성경의 근본적인 주장이라고 한다.[79] 그러나 예수의 부활을 엄격한 역사적인 관점에서 볼 때, 언급될 수 있는 부분이 많지 않다고 주장한다.[80] "역사적 예수의 이야기는 기원후 30년 어느 금요일에 있었던 그의 죽음으로 종결된다."[81] 즉 부활을 "역사적 근거에 의거해서는 말할 수 없다"고 주장한다.[82] 이렇게 보그가 예수 부활 사건의 역사적 사실성을 강조하는 것을 기피하는 신학적 이유는 부활절 신앙이 현재 속에서 살아가는 것과 관계되는 부활이 아니라 과거 사건의 사실성에 근거하는 믿음이 되기 쉽고 부활한 그리스도를 계속적으로 체험하는 것보다는 "일어난" 과거 사건에 근거하는 신앙이 되기 때문이라고 한다. 그렇지만 예수의 제자들과 기독교인들의 영적인 체험은 그 바로 예수의 부활사건에 기반하고 있다는 점을 무시한다는 비판을 받을 수밖에 없다.

둘째로 보그의 주장의 핵심은 부활절 이후의 예수가 실재한다는 것이다. 보그는 부활절의 의미는 두 가지인데 예수가 살아계시며 또한 예수가 주님이라는 점이라고 주장한다.[83] 여기서 "예수가 살아계시다"는 표현을 부연설명하면서 예수는 그의 죽음 이후에도 "체험되었다"고 한다.[84] 체험될 수 있는 존재라면 인간들에 의해

---

79) 라이트, 보그, 『예수의 의미』, 201. 보그는 톰 라이트와 같이 예수의 부활이 기독교의 시작에 대한 최상의 설명이라는 점에 동의한다.
80) 마커스 보그/김기석 역, 『예수 새로 보기』 (한국신학연구소, 2013), 254.
81) 보그, 『예수 새로 보기』, 253.
82) M. Borg, *Jesus: A New Vision* (San Francisco: Harper & Row, 1987), 185.
83) 라이트, 보그, 『예수의 의미』, 202.

10. 예수의 부활에 대한 연구자들의 주장과 이에 대한 고찰 | 313

인식될 수 있는 실체를 가지고 있다는 것을 뜻한다. 보그는 "신약성서에 나오는 살아있고, 부활한 그리스도는 부활의 날로부터 지금까지(단지 믿음의 항목이 아닌) 하나의 경험적인 실체(experiential reality)였다"고 주장한다.[85] 그래서 "예수의 제자들은 그 당시에나 지금에나 예수가 죽은 후에도 계속해서 그를 살아있는 실재로 체험하고 있다는 사실이다"라고 주장한다.[86] "나는 바울과 그밖에 다른 사람들(요한묵시록의 저자를 포함해서)이 이런 체험을 했다고 생각한다. 그 공동체가 예수 안에서 체험했던 성령의 권능이 계속적으로 활동하는 것을 체험했다는 말이다. 그들이 예수 생전에 그 속에서 체험했던 똑 같은 임재를 그가 죽은 후에도 계속 체험했다는 말이다. 바로 그런 체험 때문에 그들은 "예수께서 여전히 이곳에 계시지만 완전히 다른 방식으로 계신다"고 말했던 것이다"고 주장한다.[87] 이렇게 보그는 기독교인들의 종교적 체험 현상을 매우 진지하게 취급한다. 기독교인들은 오랜 세기 동안 예수를 단순히 과거의 기억으로만이 아니라 현재의 인물, 살아계신 영적인 실재로 계속 체험해왔다 하며 부활절의 진실은 이런 체험들 속에 근거한 것이지, 2000년 전 어느 특별한 주일날 일어났던 일에 근거한 것이 아니다"[88]라고 설명한다. 이러한 보그의 주장에는 일리가 있는데 부활은 소생, 즉 죽었다가 다시 살아나는 것이 아니기 때문이다. 사도 바울에 의하면 부활은 보그의 말대로 새로운 종류의 존재가

---

84) 라이트, 보그, 『예수의 의미』, 202.
85) 마커스 보그와 톰 라이트, 『예수의 의미』, 211.
86) 마커스 보그와 톰 라이트, 『예수의 의미』, 211.
87) 마커스 보그와 톰 라이트, 『예수의 의미』, 211.
88) 마커스 보그와 톰 라이트, 『예수의 의미』, 211.

되는 것 즉 '자연적인 육신의 몸'이 '신령한 몸'이 되는 것이다(고전 15:44). 그렇지만 보그의 주장의 결정적인 문제점은 예수의 부활에 있어 육체적 실재를 제외한 영적 실재만을 붙들려 한다는 것이다. 따라서 보그는 부활이 이 신령한 몸의 육체적인 실재성(corporeality)을 포함하고 있다는 점을 망각하고 있다는 비판을 받을 수밖에 없다.

위에서 보는 바와 같이 보그는 더 이상 육체적인 예수와의 만남은 단절된다는 점에서는 불연속성을 그러나 부활한 예수를 영적으로 경험한다는 점에서는 연속성을 주장하고 있다. 보그가 말하는 부활한 예수를 새로운 방식으로 그의 제자들 곁에서 살아 있고 경험되는 실체로서 존재할 수 있다는 것은 어떻게 존재하는 것인가? 그것은 그가 말한 대로 영적인 실체로서만 존재하는 것이다. 그러나 이는 신령한 몸으로의 부활에 대한 바울의 증언과 반대되는 가현설적인 입장에 빠질 수 있는 위험성이 있다(고전 15:44-46). 또한 이러한 영적 실재의 경험과 관련해 보그는 "하나님이 일차적으로 유일하게 우리(기독교) 전통 속에서만 알려진다고 믿지도 않는다"라고 밝힌다.[89] 이는 여기서 말하는 "영"이 성령이 아니라 다른 종교에서도 전제하는 "영"도 포함해서 말한다는 점에 주의해야 한다.

셋째로 보그는 빈 무덤을 철저히 부정한다. 그는 "나에게 있어서 부활절은 그 무덤이 비었는지 아닌지 하는 것과 상관이 없다"고 주장한다. 왜냐하면 소생(resuscitation)은 죽었거나 혹은 죽었다고 믿어졌다가 다시 살게 된 것이지만, 부활은 예전의 존재를 되찾는 것이 아니라 새로운 종류의 존재(new kind of existence)속으로 들어가는 것

---

89) 라이트, 보그, 『예수의 의미』, 211-12. 각주 14.

이기 때문"이라고 한다.90) 그 새로운 존재는 삶과 죽음의 범주 너머에, 즉 시공간의 범주 너머에 있다고 주장한다.91) 즉 부활 개념이 내포하고 있는 것은 예수가 존재의 다른 양식 안으로 들어갔기에, 더는 공간과 시간의 제약을 받지 않는다는 점을 강조하는 것이다. 보그의 초점은 부활에 대한 개념을 시체의 소생에 대한 개념과 분리시키는 것이다. 부활 개념이 내포하고 있는 것은 예수가 존재의 다른 양식 안으로 들어갔기에, 더는 공간과 시간의 제약을 받지 않지만, 새로운 방식으로 그의 제자들 곁에서 살아 있고 경험되는 실체로서 존재할 수 있다는 것이다. 따라서 이 개념은 빈 무덤을 요구할 필요가 없다는 것이다. 보그는 빈 무덤 이야기들이 상대적으로 후대의 것이며 불명확하다는 점을 인정하기 때문에 부활의 진리를 수용하는 데 있어 이 빈 무덤 이야기가 갖는 중요성을 무시해버린다.92) 빈 무덤 전승과 관련해 라이트는 빈 무덤과 현현 이야기들은 궁극적으로는 여러 목격자들에게까지 거슬러 올라가는 이야기라고 주장하지만 보그는 이 이야기들이 발전하는 전승의 산물이며 또한 강력하게 진실한 은유적 이야기들이라고 주장한다.93) 보그가 라이트와 의견을 달리 하는 것은 부활절의 진실이 빈 무덤에 달려 있는가 하는 점이라고 한다. 만일 예수의 부활 당시에 누가 비디오 카메라를 갖고 있었다면 녹화할 수 있었겠느냐고 질문한다.94) 다시 말해 만일 이 사건에 무관심한 구경꾼들이 있었다면 그

---

90) 라이트, 보그, 『예수의 의미』, 204.
91) 라이트, 보그, 『예수의 의미』, 204.
92) 라이트, 보그, 『예수의 의미』, 207-210.
93) 라이트, 보그, 『예수의 의미』, 203.
94) 라이트, 보그, 『예수의 의미』, 202.

들도 볼 수 있었을 것인지를 질문하면서 빈 무덤과 예수의 시체에 무슨 일이 벌어졌건 간에 그것이 궁극적으로 부활의 진실과는 아무런 상관이 없다고 주장한다.[95]

보그는 바울이 빈 무덤을 언급하지 않는다고 하면서 빈 무덤이 중요하지 않으며 이의 사실성을 부정한다.[96] 오늘날 예수 부활의 근거에 관한 두 가지 학설 즉 현현설과 빈무덤설 중에서 전자가 더 중시되고 있는 것이 사실이다. 그러나 사도 바울의 부활증언에 빈 무덤은 전제되어 있다는 라이트의 설명에 귀를 기울일 필요가 있다.[97] 라이트는 바울이 이를 언급하지 않는 것은 자신이 부활이 후에 자신에게 나타나신 '부활하신 예수'에 집중하려 했기 때문이라고 한다(고후 5:16). 바울에게는 현현이 빈 무덤보다 중요한 관심사였던 것은 사실이나 전제된 관심사였다. 이는 상당히 설득력이 있는 주장이라고 할 수 있다.

이러한 점에서 보그의 주장을 그와 비슷하지만 상당히 다른 입장을 견지하고 있는 크로산의 주장과 비교해 볼 필요가 있다.

마. 존 크로산(John Dominic Crossan)

크로산은 역사적 예수가 십자가에 달려 죽임을 당한 것을 역사적 사실임을 인정하나 그의 제자들은 매장에 대해서는 거의 아는 것이 없다고 주장한다.[98] 이는 마가복음 15장 42-47절과 다른 복음

---

95) 라이트, 보그, 『예수의 의미』, 202.
96) 라이트, 보그, 『예수의 의미』, 203.
97) 라이트, 보그, 『예수의 의미』, 196-97.

서의 병행구절을 부정하는 것이다. 유대인들은 십자가에 처형한 죄인의 시신이라 하더라도 해지기 전에 매장했다.[99] 크로산은 "부활은 기독교신앙을 표현하는 유일한 방법이 아니라 하나의 방법일 뿐이다"라고 주장한다.[100] 크로산은 예수의 생애와 사명은 역사적 중요성에 근거하여 가치가 있다고 한다. 그러면서 사도바울이 그리스도의 죽음, 매장, 부활을 중시했는데 그 중에서 매장과 부활은 일어나지 않았다고 주장한다.[101] 이는 공관복음서의 기록은 물론이요 특히 고린도전서 15장 12-19절에 기록된 예수 부활에 대한 사도바울의 강력한 주장을 정면으로 부정하는 것이다.

예수 말씀의 진정성에 대해 회의적인 입장을 견지하고 있는 예수세미나를 주도적으로 인도하고 있는 크로산은 이 복음서의 부활 이야기들이 실제 역사(factual history)가 아닌, 꾸며진 신화(fictional mythology)로 강하게 각인되었다고 주장한다.[102] 그에 따르면 복음서 부활 이야기의 핵심 사안은 이 이야기들이 예수가 부활했다고 주장한 선언이라기보다는 예수가 나타나 위임하기로 선택했던 자들의 신원확인이라는 점이다.[103] 즉 예수의 부활을 목도한 것으로 기록되는 존재들이 그렇지 않은 존재들보다 우월함을 의도했다는 것이

---

98) J.D. Crossan, *Jesus: A Revolutionary Biography*, 145.
99) Josephus, *The Jewish War*, 4.317.
100) 라이트, 보그, 『예수의 의미』, 257.
101) J.D. Crossan/김기철 역, 『예수』 (서울: 한국기독교연구소, 2007), 256. 크로산은 예수의 측근들이 예수의 시신을 묻었다는 것은 완전한 허구이며 비역사적이라고 단언한다. 그리고 실제로 묻었다고 하더라도, 그의 적대자들에 의해서 묻혔을 것이고 따라서 허술할 수밖에 없어 굶주린 동물들의 먹이가 되었을 것이라고 주장한다.
102) 크로산, 『예수』, 257.
103) 파월, 『예수에 대한 다양한 이해』, 195.

다. "복음서의 부활 이야기는 한 특정한 지도자가 다른 사람들보다 우선권을 가지고 있으며 '지도자 그룹'이 '일반 공동체'보다 우선권을 갖고 있다는 것을 의도적으로 정치적으로 각본화 시킨 것들"이라고 주장한다.104) 그래서 부활 이야기는 "발전하는 교회 내에 존재했던 권력에 대한 주장들을 합법화시키기 위해서 만들어졌다'고 주장한다.105) 또한 복음서의 부활이야기는 의도적으로 정치적으로 각본화시킨 것들로… 그리스도인의 믿음의 기원이 아닌 그리스도교 지도력의 기원을 자세히 기술한다고 주장한다.106) 그 근거로 다음과 같은 예를 들고 있다. "바울은 더 후기의 단계를 보여주는데, 그는 어느 정도 무아지경의 상태에서 부활한 예수의 환영을 경험했다고 주장했다. 바울은 이렇게 주장함으로서 명백히 '사도'로서 그의 위치를 정당화시킨다(고전 15:1-11)."107) 부활에 대한 바울의 중요한 증언은 부활하신 예수를 만난 사람들에 대한 역사적인 진술이 아니라 바울 자신도 부활하신 예수를 만났다는 것을 강조하여 자신의 위치를 공고히 하려는 바울의 의도가 들어있는 진술이라는 것이다.

그러나 이는 설득력이 없는 주장이다. 왜냐하면 사도 바울의 경우 부활에 대한 증언에서 조차도 자신의 위치를 강화하지 않으면 안 될 정도로 교회에서의 그의 입지가 위협받고 있었다고 볼 수 없기 때문이다. 바울이 사도권을 변호한 이유는 자신의 입지가 아니라 자신이 전하는 복음의 권위가 조금이라도 손상되는 것을 막

---

104) 파월, 『예수에 대한 다양한 이해』, 194-95.
105) Crossan, *Jesus: A Revolutionary Biography*, 195.
106) Crossan, *Jesus: A Revolutionary Biography*, 195.
107) 파월, 『예수에 대한 다양한 이해』, 194-95.

기 위해서였다. 그는 죽음 앞에서도 초연한 자세를 보였으며 결코 자신의 생존에 연연하여 사도권을 방어하려고 애쓰는 옹졸한 지도자가 아니었다(고후 11:28; 빌 1:20-22). 예수의 부활은 언제나 바울이 선포하는 복음의 핵심부분을 차지했고 이는 그의 여러 서신들에서도 강조된다.

크로산은 "요점은 수난과 부활 이야기들이 예루살렘에서 있었던 예수에게 실제로 어떤 일이 일어났는지에 대해서 알려 준 것이 거의 아무것도 없다는 것이다"라고 주장한다.108) "어느 누구도 예수가 십자가에 못 박혔다는 것 외에는, 체포당한 이후 어떤 일이 발생했는지 아는 이가 없다. 예수가 십자가 처형을 당했다는 사실은 그리스도교자료뿐 아니라 로마와 유대 자료들에 의해서도 확증될 수 있다. 그러나 복음서들에 나오는 이 처형사건을 구성해 낸 정교한 수난이야기들은 꾸며 낸 이야기이다"라고 주장한다.109)

이는 로마와 유대자료들에는 나오지 않고 복음서에만 나오는 자료를 신뢰할 수 있는가? 하는 문제를 제기하는 것이다. 그러나 기독교에 대해 우호적이지 않았던 로마와 유대 자료들의 저자들이 부활에 대해서 천착했을 리 없다. 더욱이 연구자는 특정자료를 우선시하여 다른 자료를 경시하는 우를 범하지 말아야 한다. 무엇보다도 예수의 부활에 대한 바울의 증언이 있고 십자가에서 처형당한 뒤에 땅 위를 걷고, 사람들이 만져 볼 수 있게 나타난 예수에 대해 기록한 마태복음, 누가복음 그리고 요한복음의 기사들이 엄연히 존재하기 때문이다.

또한 크로산은 복음서에 기록된 예수를 처형하는 과정에 대한

---

108) 파월, 『예수에 대한 다양한 이해』, 195.
109) 파월, 『예수에 대한 다양한 이해』, 195.

기록도 역사성이 없다고 한다. "그러므로 역사적으로 볼 때, 재판은 필요 없고, 더군다나 복음서에 기록되어 있는 일련의 재판들(가야바, 빌라도, 그리고 심지어 헤롯앞에서의 재판)은 더더욱 필요하지 않다"고 주장한다.110) 크로산은 가야바와 빌라도가 예수에 대해 또는 예수와 함께 고위층 수준의 협의를 했다고 생각하지 않는다.111) "의심할 바 없이, 그들은 [유월절] 축제 이전에 빠르고 신속하게 행동을 취하는 것이 어떠한 소동도 미연에 방지하는 일이며, 십자가 처형으로 본보기를 보여 주는 것이 초기에 특이 유용할 것이라는 점에 합의했을 것이라는 점이다. 내가 매우 의심하는 바는 유대 경찰과 로마 군대가 예수와 같은 한 사람의 갈릴리 소작인을 다루는 데 그렇게 많은 명령 체계의 단계를 거칠 필요가 있었을까 하는 것이다."112) 크로산은 권력을 가지고 있었던 빌라도로서는 예수로 인해 야기될 수 있는 소동을 미연에 방지하기 위해서 전권을 행사할 수 있었기 때문에 굳이 다른 고위층 수준의 협의를 할 필요가 없었다는 점을 강조하는데 이는 설득력이 없는 주관적인 추론이다. 빌라도가 아무리 강력한 권세를 가진 로마제국의 총독이었다 하더라도 그의 잘못된 판단으로 인해 유대인 대표단이 로마에 가서 그의 실정을 고발하여 해임될 수 있는 위험한 상황이 되도록 방치하지 않았을 것이라는 점을 간과한 것이다(참고 눅 23:14).113)

---

110) Crossan, *Jesus: A Revolutionary Biography*, 152; 파월, 『예수에 대한 다양한 이해』, 196.
111) Crossan, *Jesus: A Revolutionary Biography*, 152; 파월, 『예수에 대한 다양한 이해』, 196.
112) Crossan, *Jesus: A Revolutionary Biography*, 152; 파월, 『예수에 대한 다양한 이해』, 196.
113) 최재덕, "역사적 예수를 대상으로 한 산헤드린 회집의 역사성에 관한

크로산은 "그리고 매장(burial) 역시 필요하지 않았는데 그 이유는 십자가에 처형된 사람들은 매장하지 않았기 때문이며, 십자가 처형 방법은 국민들을 공포로 몰아넣는 행동이었고 그것을 의도하고 있었다"고 주장하며, 십자가 처형을 당한 희생자들이 맞게 되는 전형적인 운명이 짐승들에게 먹히는 것이었다고 주장한다.114) 이렇게 십자가형은 로마가 내린 최고의 형벌이었기에 복음서의 매장에 관한 기록은 '절망적인 희망'에서 나온 것이라고 주장한다.115) 그래서 다음과 같은 거의 악의적이고 할 수 밖에 없는 주장을 펼친다. "예수는 예루살렘 밖으로 끌려나가 십자가 처형을 당했다. 예수는 죽임을 당했다. 그런 후에 군인들은 예수의 시신을 십자가에 방치해 두든지 땅바닥에 던져 그 위를 흙으로 덮었다."116)

크로산의 이러한 주장은 충분한 근거가 없는 편향적인 주장이라고 밖에 할 수 없다. 이 점에 있어서는 특히 파월의 비판이 예리하며 설득력이 있다. 예수의 수난기사는 크로산이 주장하는 것처럼

연구," 『교회와 신학』 81(2016), 55-84.
114) Jesus, *A Revolutionary Biography*, 124-27. 크로산은 십자가 형에 의해 처형당한 사람들의 시신에 관한 마틴 헹엘의 묘사를 인용하면서 예수의 시신도 그와 같은 운명에 처했을 것이라 추정한다. 그래서 예수의 시신은 장례되지 않고 방치되었으며, 개들이 예수의 시신을 먹어치웠을 것이라고 주장한다. 그러나 헹엘의 묘사는 십자가형의 잔혹함을 설명한 것이지 예수 시신도 그와 같은 운명에 처했다는 주장을 하는 것이 아니다. 파월, 『예수에 대한 다양한 이해』, 196, 372. 신약성서는 예수가 부활하셨다고 선언하기에 예수의 시신을 그와 같은 운명에 처했다고 추정할 수는 없다.
115) 파월, 『예수에 대한 다양한 이해』, 196. 여기서 절망적인 희망은 시신을 매장함으로 짐승들이 이에 접근하는 것을 차단한 것으로 기록했다는 말이다.
116) 파월, 『예수에 대한 다양한 이해』, 192.

처음부터 상당히 고정된 형태를 띠고 있었다. 크로산이 논의에서 배제하고 있는 정경복음서의 수난기사에는 상당히 신뢰할 수 있는 자료들이 포함되어 있다. 더구나 예수의 공생애의 마지막 일주일에 대한 크로산의 재구성은 학문적 비평가들의 세계에서 좋은 대접을 받지 못하고 있다.[117] 예를 들어 예수가 열두 명의 제자를 선택하지 않았고 마지막 만찬은 행한 적이 없다는 주장은 근거가 박약하다. 왜냐하면 이 양쪽 전승 모두가 초기의 것이며 다중의 증거를 가지고 있기 때문이다. 나아가 정경자료들보다 외경자료들이 예수상에 더 어울린다는 주장 또한 독단적이다.[118] 그리고 '브로커 없는 사회'를 꿈꾼 예수가 왜 바리새인이나 종교지도자들로부터 적대시 되었어야만 했는지도 설명하지 않고 있다.[119] 나아가 예수가 크로산의 주장처럼 '중개인 없는 하나님의 나라를 외쳤다면 왜 죽임을 당해야 했으며 왜 교회는 예수의 죽음에 크로산이 생각하지 않은 구원론적인 의미를 부여했는지도 설명하지 못한다.[120] 또한 크로산의 예수상(견유철학자)과 그리스도교의 그것 간에 발생한 차이(구원자)를 설명하지 못한다. 미래에 있을 초월적인 구원이 하나님의 나라에 대한 예수의 선포의 본질이었다면 이 종말론적인 차원을 완전히 무시하고 현재적인 하나님의 나라만 인정하는 크로산의 주장은 치우친 주장이라는 비판을 받을 수밖에 없다.[121] 특히 "예수가

---

117) 파월, 『예수에 대한 다양한 이해』, 201.
118) 파월, 『예수에 대한 다양한 이해』, 203.
119) 파월, 『예수에 대한 다양한 이해』, 205.
120) 파월, 『예수에 대한 다양한 이해』, 208.
121) Meier, *The Marginal Jew*, II, 250. 마이어는 현재적인 하나님의 나라에는 현재적인 차원과 미래적인 차원이 같이 있음이 여러 전승 속에 나타남을 밝힌다.

세상의 종말이나 죽음 이후의 삶에 대해서 무관심했다는 주장은 많은 학자에게는 타당성이 없어 보일 뿐 아니라 불필요한 것처럼 보인다."122)

그러면 크로산이 주장하는 부활이라는 관점에서 볼 때 그리스도인은 무엇을 믿는 사람들인가? 크로산은 "처음부터 예수의 이상(vision)과 그의 모범(example)을 통해 신적인 권세를 경험했던 사람들은 예수의 죽음 뒤에도 그것을 계속적으로 경험한다. 그리고 사실상 부활이후에는 이러한 권세는 시간과 공간의 제한을 받지 않기에 더욱 더 강하게 체험하였다."고 주장한다.123) 또한 "부활은 그리스도인들이 역사적 예수의 구현된(embodied)삶과 죽음을 계속해서 경험한다는 것을 의미하며… 그러한 삶은 이미 그러했듯이 계속해서 동일한 생활방식의 공동체를 형성해 간다."고 주장한다.124) 크로산은 자신에게 있어서 예수의 부활은 다음과 같은 것을 의미한다고 했다. "예수에게 현존했고, 한 때는 예수와 접촉을 가졌던 갈릴리와 유대 사람들에게[만] 제한되었던 바, 인간을 힘 있게 만드시는 하나님의 능력(divine empowerment)은 이제 예수 안에서 하나님을 발견하는 사람이면 이 세상 어느 누구, 어느 곳에서라도 가능하게 되었다는 것입니다."125)

위에서 말하는 인간을 힘있게 만드는 하나님의 능력이 왜 필요한가? 크로산이 뜻하는 바를 그의 저술내용에서 추론할 수 있는데

---

122) 파월, 『예수에 대한 다양한 이해』, 207.
123) Crossan, *Jesus: A Revolutionary Biography*, 197; idem, 『예수』, 257.
124) J.D. Crossan, *Birth of Christianity* (San Francisco: HarperSanFrancisco, 1998), xxxi.
125) 도미닉 크로산/한인철 옮김, 『예수는 누구인가?』 (서울: 한국기독교연구소, 1998), 209.

다음과 같다. 크로산은 예수가 윤리적 종말론을 채택했다고 본다. 윤리적 종말론은 악하고 부정하고 폭력적인 것으로 보이는 체제에 적극적으로 항거하고 비폭력적으로 저항함으로 세상을 부정한다.126) 이는 위에서 언급한 불트만이 강조한 바 "몸의 부활은 역사적 예수의 구현된 삶과 죽음이 계속해서 경험된다는 것을 의미하며… 동일한 생활방식의 공동체들을 형성해 간다"는 주장과 상당부분에서 비슷하다고 할 수 있다.127)

크로산은 "저에게 부활의 핵심은, 하나님의 능력이 이제 시공간적 제약을 받지 않고 예수를 통해 그를 믿고 경험하는 모든 사람들에게 현존 할 수 있게 되었다는 것입니다."라고 주장한다.128) 여기서 질문이 제기된다. 크로산이 말하는 '하나님의 능력'이 '생명을 가진 모든 사람에게 주어지는 일반적인 생명의 능력'이 아니라면 구체적으로 어떤 능력을 말하는 것인가? 더욱이 초자연적인 하나님의 존재를 믿고 초자연적인 하나님의 능력을 믿는데 왜 그런 하나님이 예수를 죽음에서 일으키셨다는 것을 인정하지 못하느냐? 하는 질문에 그는 대답해야 한다.

크로산은 "자신은 개인적으로 내세를 믿지 않는다"고 분명히 밝혔다.129) 따라서 크로산이 말하는 부활사건과 이의 능력은 현세 안에서만 의미를 가지며 설명될 수 있게 된다. 크로산은 다음과 같이 주장한다. "예수의 십자가 처형에도 불구하고, 예수는 그를 따르는 사람들 가운데 살아있었고, 현존했고, 계속 그들에게 힘을 불어넣

---

126) 파월, 『예수에 대한 다양한 이해』, 199.
127) Crossan, *Jesus: A Revolutionary Biography*, 197.
128) Crossan, *Jesus: A Revolutionary Biography*, 197.
129) 크로산, 『예수는 누구인가?』, 214.

어 하나님 나라의 일을 할 수 있도록 했습니다."130) 그렇다면 여기서 예수를 따랐던 사람들에게 힘을 불어넣는 것은 보그가 주장한 영적인 존재라고 추론할 수 있을 것이다. 그런데 크로산의 다음 설명은 그러한 개념과 일치하지 않음을 보여준다.

 예수의 제자들은 어떤 의미에서 예수가 죽은 후에도 여전히 그들과 함께 있으면서 그들이 예수의 임무를 지속하고 예수의 삶의 방식을 본받고 무상 치유와 크로산이 열린 친교(open commensality)라고 부른 열린 식탁 공동체를 실천해 나가는 권한을 주었다고 믿었다.131)

크로산은 "그 존재는 바로 살아있는 예수로서 그는 과거와 현재와 미래에 활동하는 하나님의 지혜(the Wisdom of God)이며, 그의 선교자들은 그들의 삶을 통해 이 하나님의 지혜에 참여하고 있었다고 주장한다."132) 결국 크로산에 의하면 부활한 예수는 바로 하나님의 지혜, 즉 일 종의 신적인 지혜로서 제자들과 함께 하였다. 여기서 '하나님의 지혜'는 영적인 실재가 아닌 진리의 가르침과 같은 관념이나 지식으로 해석할 수 있다. 따라서 보그와 크로산의 주장을 종합해 보면 다음과 같은 주장이 가장 적절하다고 판단된다. 부활이후 예수는 신적인 지혜인 분이며 동시에 영적인 실재라면 이는 다름 아닌 부활하여 제자들과 함께 하시는 신령한 몸을 가진 예수일 수밖에 없다.

---

130) 크로산, 『예수는 누구인가?』, 212.
131) Crossan, *Jesus: A Revolutionary Biography*, 163; Powell, 『예수에 대한 다양한 이해』, 194.
132) Crossan, *Jesus: A Revolutionary Biography*, 163.

III. 결론

본 연구는 인간의 죽음이후의 상태에 대한 사상을 면밀히 검토하여 완전죽음과 영혼불멸이라는 상반된 입장이 지속되고 있는 가운데 기독교는 영혼불멸은 아니지만 사후 영혼의 존속이라는 점에서 후자와 공통되는 부분이 있음을 밝혔다. 그러한 사상적 흐름의 맥락에서 오늘날 역사적 예수를 연구하는 대표적인 다섯 학자의 예수 부활에 대한 주장들을 파악한 뒤 그 주장의 적절성 여부를 비판적으로 고찰하였다. 그런데 이들의 주장은 신학적인 관점으로 볼 때 보수적인 입장에서 매우 진보적인 입장에 이를 정도로 매우 다양하고 달랐다.

우선 부활을 역사적으로 측면에서 연구할 수 있다는 주장과 그렇게 할 수 없기에 신학적인 측면에서만 연구해야 한다는 입장으로 대별할 수 있다. 마이어는 부활의 특이성과 사실성은 인정하지만 이를 역사적으로 입증하는 데는 유보적인 입장을 취한다. 샌더스도 그와 비슷한 입장에서 시작하지만 예수의 부활의 사실성을 인정하면서 이 사건이 예수의 제자들을 변화시켜 예수 운동이 원시교회로 이어지게 되었다는 점을 인정한다. 라이트는 예수의 부활은 역사적으로 객관적으로 증명할 수 있다는 가장 보수적인 입장을 취하지만 부활의 사실성 보다는 부활의 의미를 규명하는데 집중한다. 보그는 부활한 예수가 영적 실재로서 예수의 제자들과 함께 한다는 점을 적극적으로 주장하면서도 육체적 부활의 측면은 부정한다. 크로산은 부활한 예수는 "신적인 지혜"로서 평등한 세상을 추구하는 그의 제자들과 함께 한다는 점을 인정하지만 이러한 지혜가 영적인 존재인지에 대해서는 언급하지 않는다. 또한 예수의 부활에 대한 성서의 기록의 사실성을 부정하면서 이를 원시교회의 지도자들이 교회내에서의 지위를 확립하려는 의도에서 나온 산물로 본다.

학자들 간의 이러한 차이는 이들이 견지하고 있는 세계관에서 오는 것으로 판단된다. 즉 초월적 세계와 초월적인 하나님의 존재와 계시의 인정여부에 따라 현격하게 다른 입장을 취하는 것이다. 복음서와 바울서신 그리고 신약성서의 대부분의 내용이 초월적 존재와 세계를 상정하고 있기에 이를 배제한 설명이나 주장은 제한적일 수밖에 없다. 부활의 역사성의 연구에 있어 결정적으로 중요한 것은 예수의 부활의 사실성을 강력하게 주장하는 사도 바울의 증언을 역사적 진정성이 있는 문헌으로 보는가의 여부이다. 부활은 하나님께서 십자가에 달리신 예수를 일으키신 초월적인 사건이며 전적인 하나님의 행위다.133)

참고문헌

김균진.『죽음의 신학』. 서울: 대한기독교서회, 2003.
_____.『역사의 예수와 하나님의 나라』. 서울: 연대출판부, 1994.
김영선. "영혼불멸 사상과 부활신앙의 대립과 융합에 대한 소고."『한국기독교학회 제47차 정기학술대회 자료집』제1권. 한국기독교학회, 2018년 10월, 225-44.

---

133) 타이센,『역사적 예수』, 719.

_____. 김영선 외 7인. 『기독교 신학의 죽음 이해』. 서울: 신앙과 지성사, 2018.
성종현. 『신약총론』. 서울: 장로회신학대학교출판부, 1991.
_____. "죽은 자의 중간상태와 부활의 몸." 『신약논단』 19/2(2012): 457-92.
_____. "인간의 본질과 죽음 그리고 영혼과 육체의 분리: 신약성서의 개인적 내세적 종말론의 논쟁점을 중심으로." 『장신논단』 44/1(2012): 59-86.
최재덕. "역사적 예수를 대상으로 한 산헤드린 회집의 역사성에 관한 연구." 『교회와 신학』 81(2016): 55-84.
Borg, M. & Wright, N.T./김준우 역. 『예수의 의미』. 서울: 한국기독교연구소, 2001.
Bultmann, R./허혁 역. 『신약성서신학』. 서울: 성광문화사, 1991.
Calvin, J./존 칼빈 성경주석출판위원회 편역. 『신약성경주석 공관복음 II』. 서울: 신교출판사, 1978.
_____. *Institutes of the Christian Religion* vol. I & II ed. J.T. McNeil Tran. F.L. Battles. Philadelphia: The Westminster Press, 1960.
Conzelmann, H./박두환 역. 『신약성서신학』. 천안: 한국신학연구소, 2004.
Crossan, J./김기철 역. 『예수』. 서울: 한국기독교연구소, 2007.
_____./한인철 역. 『예수는 누구인가』. 서울: 한국기독교연구소, 1998,
Cullmann, O. "영혼불멸인가 죽은 자의 부활인가?" in 『영혼불멸과 죽은 자의 부활』. 전경연 편. 오산: 한국신학대학 출판부, 1991.
Dunn, J.D.G./김경민 역. 『부활』. 서울: 비아, 2016.
Funk, R./김준우 역. 『예수에게 솔직히』. 서울: 한국기독교연구소, 2006.
Hahn, F./김문경 역. 『신약성서신학』 I. 서울: 대한기독교서회, 2007.
Powell, M.A./김의성, 최재덕 역. 『예수에 대한 다양한 이해』. 서울: 대한기독교서회, 2016.
Platon/전현상 역. 『파이돈』. 서울: 이제이북스, 2017.

von Rad, G./허혁 역. 『구약성서신학 I』. 서울: 분도출판사, 1976.
Stuhlmacher, P./전경연, 강한표 역. 『신약성서해석학』. 서울: 대한기독교출판사, 1986.
Theissen, G./손현성 역. 『역사적 예수』. 서울: 다산글방, 1989.
Wright, N.T./김준우 역. 『예수의 의미』. 서울: 한국기독교연구소, 2014.
_____. 이진섭, 박대영 역. 『역사적 예수의 도전: Jesus 코드』. 서울: 성서유니온선교회, 2016.
『신앙고백집』. 서울: 대한예수교장로회총회교육부, 1979.
Althaus, P. "Retraktion zur Eschatologie," *Theologische Literatur Zeitung* 75(1950).
Borg, M. *Jesus: A New Vision*. San Francisco: Harper & Row, 1987.
Clark-Soles, Jaime. *Death and Afterlife in the New Testament*. Edinburgh: T. & T. Clark, 2003, 2006.
Crossan, J.D. *Jesus: A Revolutionary Biography*. San Francisco: HarperSanfrancisco, 1995.
_____. *Birth of Christianity*. San Francisco: HarperSanFrancisco, 1998.
Licona, M.R. *The Resurrection of Jesus: A New Historiographical Approach*. Downers Grove: IVP, 2010.
Luther, M. *Martin Luthers Werke* vol. 11 (Weimar Aufgabe) II Band. Weimar: Hermann Bohlaus Nachfolger, 1966.
_____. *Luther's Works in American Edition*, Edited by J. Pelikan, H.T. Lehmann & C.B. Brown vol. 42. St. Louis, MO: Concordia Publishing House.
Meier, J.P. *The Marginal Jew: Rethinking the Historical Jesus*, vol. II. New York: Doubleday, 1994.
_____. "The Debate on the Resurrection of the Dead: An Incident from the Ministry of the historical Jesus?" JSNT 77(2000): 3-24.
Ratzinger, J. *Eschatology Death and Life*, 2nd ed. Washington: The Catholic Univ. of America Press, 1988.
Sanders, E.P. *Jesus and Judaism*. London: SCM Press, 1985.

_____. *The Historical Figure of Jesus*. London: Penguin, 1993.

Wright, N.T. *Jesus and the Victory of God*. Minneapolis: Fortress Press, 1997.

보론

1. 최근 연구 동향
2. 진정성 판단 기준
3. 다양한 판단 기준들

1. 최근 역사적 예수 연구의 동향

I. 서론

　예수 그리스도를 자신의 "주"로 고백하는 사람들은 신앙생활을 하면 할수록 부활이전의 예수님은 어떤 분이셨을까 하는 질문을 하게 된다. 이는 한없이 큰 관심을 갖게 된 존재에 대해 품게 되는 자연스런 호기심 때문이기도 하지만, 신앙생활하면서 여러 가지 경우에 부딪힐 때 역사적 예수라면 이럴 때 어떻게 판단하고 행동했을까 하는 질문이 생기기 때문이다. 그러한 호기심을 쫒아 진행한 연구의 결과로 얻게 되는 예수상(像)이 매우 다양할 것이라는 점은 충분히 예측할 수 있는데, 그런 질문을 던지는 사람들의 신앙적 성향이 다양하기 때문이다. 이렇게 연구자의 신학적 성향이 그들이 연구하는 대상인 예수상을 결정할 가능성이 높다. 이는 "역사적 예수"를 연구하는 학자들에게 있어서도 마찬가지인데 그들의 신학적 성향이 그들이 주장하는 예수의 모습을 결정한다는 느낌을 강하게 받게 되기 때문이다.[1] 이렇게 역사적 예수를 연구하는 연구자의 주

---

1) 부활 이전의 예수의 모습을 합리적이고 과학적인 방법으로 연구하는 학문을 "역사적 예수에 대한 연구"라고 한다. 데이비드 가울러/김병모 역, 『최근 역사적 예수 연구 동향』 (서울: 기독교문서선교회, 2009). 가

관성의 문제는 이미 슈바이쳐에 의해 비판을 받았지만 이를 완전히 배제할 수 없는데, 그 이유는 완벽하게 객관적인 연구란 불가능하며 최선의 길은 학자들 나름대로 주장을 펼치되 이를 최대한 객관적인 증거들로 입증하면 될 것이기 때문이다.

1980년대 이후 역사적 예수에 대한 연구는 가히 르네상스라고 부를 수 있을 정도로 많은 발전을 이룩한 것이 사실이다. 따라서 그 모든 동향을 언급하는 것이 결코 쉽지 않기에 이 글에서는 이러한 움직임을 주도해 온 대표적인 학자들의 중심사상을 논하고 이를 비판하는 방식을 택했다.

II. 80년 이후 역사적 예수 연구에 중요한 학자들의 주요 논지와 이에 대한 비판

1. 로버트 펑크(Robert W. Funk)

"우리는 나사렛으로 돌아가야 한다."고 외치면서 참된 역사적 예

울러는 역사적 예수에 대한 연구가 소강상태에 있기에 이를 돌아보고 검토해 보기에 좋은 시점이라고 말한다(5쪽). 이 글을 쓰기에 앞서 이 책에 대해 알게 된 것은 큰 행운이었다. 이 책은 그 제목처럼 역사적 예수의 최근 동향에 대해 소개하는 아주 좋은 책이다. 그 이유는 저자가 역사적 예수 연구를 자신의 일생의 사명으로 생각하는 가운데 그간에 진행된 연구를 꼼꼼하게 추적하고 비판하고 있기 때문이다. 이 글은 이 책에 크게 의존하여 작성된 것임을 밝힌다. 역사적 예수연구의 최근 동향을 잘 설명하는 다른 책도 있다. M.A. Powell, *Jesus as a Figure in History* (Louisville: Westminster John Knox Press, 1998). 이 책은 우리말로도 번역되었다. M.A. 포웰/김의성, 최재덕 역, 『예수에 대한 다양한 이해』 (서울: 대한기독교서회, 2016).

수를 찾고자 했던 로버트 펑크는 역사적 예수의 말씀과 행위의 진정성을 검토하는 작업을 했던 "예수 세미나"를 주도한 인물이다.2) 그는 『다섯 복음서』(The Five Gospels)"3), 『예수 행전』(The Acts of Jesus) 등의 저서를 통해 예수 말씀의 진정성을 네 가지 색깔로 분류하여 발표한 바 있다. 이러한 작업은 예수 말씀의 진정성을 검토해야 한다는 시대적 당위성에 응답했다는 측면에서는 긍정적인 평가를 받아야 하지만 그 작업을 수행한 수 십 여명에 달하는 학자들 대부분이 진정성에 대해 회의적인 신학적인 성향을 보인 사람들이어서 한 편으로 치우친 결과를 가져올 수밖에 없었다는 점 때문에 부정적인 평가와 비판을 받아왔다.4) 예수 세미나가 자신들의 연구결과가 '가장 확실한 학문적인 결과'인양 대중화시키려 했던 것도 비판받는 또 다른 이유이다.5) 그러나 이들을 비판하는 가장 중요한 이유는 이들이 진리 추구를 목적으로 하지만 전통적인 기독교의 가르침에 타격을 가하고자는 하는 의도를 가지고 연구하고 있다고

---

2) 가울러, 『최근 역사적 예수 연구 동향』, 68.
3) R.W. Funk, Roy W. Hoover and the Jesus Seminar, *The Five Gospels* (New York: HarperSanFrancisco, 1997); R.W. Funk, *The Acts of Jesus* (New York: HarperSanFrancisco, 1998).
4) 보다 본격적인 비판은 다음 부분에 나온다. 가울러, 『최근 역사적 예수 연구 동향』, 73-77. Johnson은 우리가 믿는 참 예수는 역사적 예수가 아닌 부활하신 예수라는 점을 강조한다. 그 점을 인정하더라도 역사적 예수에 대한 탐구는 계속되어야 한다. Johnson과 Wright는 예수 세미나를 주도하는 학자들이 갖고 있던 예수에 대한 이미지가 곧 그들의 연구의 결론이 되었다고 비판한다. 가울러, 『최근 역사적 예수 연구 동향』, 81.
5) 가울러, 『최근 역사적 예수 연구 동향』, 83. 가울러는 마크 알란 포엘을 예수 세미나에 대해서 가장 공정한 평가를 한 학자로 언급한다. Powell, *Jesus as a Figure in History*, 87.

보았기 때문일 것이다.

　예수 세미나(Jesus Seminar)의 작업을 통해 드러난 독특한 점은 첫째로 예수가 비종말적이고 비묵시적인 인물이었다는 주장이다. 많은 학자들이 역사적 예수는 종말이 곧 임할 것이라는 기대 속에서 활동했다고 보는데 반해 이들은 예수는 그런 종말적 기대를 하지 않았으며 오히려 자신의 말씀과 활동 속에 하나님의 나라가 다 완성되었다고 보았다는 것이다.6) 그래서 무엇보다도 이런 비묵시적 비종말론적인 입장에 대해 이의를 제기하는 학자들이 많다는 점에 주목할 필요가 있다.7)

　둘째로 외경인 도마복음서가 정경복음서에 의존하지 않는다고 주장한다. 이는 이후 크로산도 일관되게 주장하는 점인 데 이에 대한 논란은 계속되고 있다.8) 셋째로 예수의 동정녀 탄생, 예수의 이적이나 예수 부활의 역사성과 같은 초월적 계시의 가능성을 부정하는 입장을 취하고 있다는 점이다. 이런 점들은 이들이 역사적 예수를 한 사람의 비범한 인간에 불과한 존재로만 그리는데 그칠 것이라는 점을 예견하게 한다.

---

6) 가울러, 『최근 역사적 예수 연구 동향』, 58, 68. 펑크는 예수의 중심주제가 하나님의 통치였으며 역사적 예수는 이 새로운 시대가 시작되고 있는 것으로 보았다고 주장한다. 이런 주장에는 큰 논란이 없다. R.W. Funk, *Honest to God* (Harper- SanFrancisco, 1996), 166.
7) 가울러, 『최근 역사적 예수 연구 동향』, 88. 포엘도 이점을 지적하고 있다. Powell, *Jesus as a Figure in History*, 97.
8) 가울러, 『최근 역사적 예수 연구 동향』, 61. 도마복음서의 독립성과 Q의 문서전승에 대한 논쟁은 여전히 계속되고 있다. 크로산은 도마복음서와 베드로복음서가 정경복음서에 의존하지 않는다고 주장해서 이를 독립적인 권한을 가진 책들로 보았다. 그러나 대다수의 학자들은 이를 부정하고 있는 것으로 보인다.

2. 존 크로산(John D. Crossan)

지난 삼십년 이상 역사적 예수에 대한 연구의 방법론의 발전과 그에 따른 학문적인 결과에 많은 영향을 끼쳤고 논란을 불러일으킨 학자 중의 한 사람이 크로산이다. 예수 전후 시대의 지중해 지역과 유대지역에 대한 엄청난 지식을 소유한 그는 예수를 "유대인 농부 견유철학자"(a peasant Jewish Cynic)라고 정의한다.9) 그의 대표작이라고 할 수 있는 『역사적 예수』(The historical Jesus: the Life of a Mediterranean Jewish Peasant)의 전반부에서 역사적 예수가 존재했던 일 세기의 유대상황을 집중적으로 설명하는데 그 핵심적인 내용은 유대농부 계급은 최저생존 수준이하로 내몰려서 많은 소농들이 소작, 일일노동, 심지어는 노예생활을 할 수 밖에 없었다는 것이다.10) 이런 억압으로 인해 내 몰린 사람들은 수동적인 저항, 피 폭력적인 저항, 마법/마술, 강도행위, 정치적인 혁명 등의 방식으로 반응했으며 예수는 이런 억압에 대항하여 '브로커 없는 하나님의 나라'를 선포했다고 주장한다.11) 여기서 브로커란 보호자-브로커-수혜자로 이어지는 억압체제의 중간에서 사람들을 구조적으로 착취하는 위치에 있는 세력을 말한다.12) 크로산은 예수의 방랑생활은 브로커 없는 평등주의를 상징적으로 제시한 것이라고 주장한다.13) 또한 예수의

---

9) J.D. Crossan/김준우 역, 『역사적 예수』(서울: 한국기독교연구소, 2000), 666-67; Powell, *Jesus as a Figure in History*, 87.
10) Crossan, 『역사적 예수』, 153-253; J.D. Crossan, *The Historical Jesus* (New York: HarperSanFrancisco, 1992), 222.
11) Crossan, 『역사적 예수』, 429-30; 551-64; idem, *The Historical Jesus*, 225-302.
12) Crossan, 『역사적 예수』, 135.
13) Crossan, 『역사적 예수』, 552.

성전사건은 멸망을 상징하며 예수의 철저한 사회적인 평등주의를 보여준 것이라고 주장한다.14) 그의 전략은 무료 치료와 공동식사 및 종교적 경제적 평등주의였다고 주장한다.15) 이러한 크로산의 주장은 억압받는 자들을 착취하는 계급으로 부터 해방시키는데 매진하는 예수의 모습을 보여준다는 측면에서는 매력적이라고 할 수 있다.16)

그러나 이러한 주장이 객관적인 증거에 근거하고 있는지에 대한 반론이 제기 되고 있다. 첫째로 자료의 연대측정과 그에 따른 자료층의 분류 및 이에서 도출된 결론은 논쟁의 여지가 많은 것으로 판명되었기 때문이다.17) 또한 그의 비유연구가 새로운 것은 사실이지만 진정성을 판단하는 방식에 있어서 논란이 제기되고 있기 때문이다.18) 둘째로 크로산이 예수를 평등주의적인 존재로 전제하고 설명하지만 이를 지지하는 근거가 약하고, 개념적으로는 시대착오적이고 이데올로기적으로 추진되었다는 비판이 제기되고 있기 때문이다.19) 셋째로 예수의 십자가 처형은 인정하지만 예수의 매장과 빈 무덤은 역사적이지 않다는 부활의 사실성에 대한 극단적인 주

---

14) Crossan, 『역사적 예수』, 573; idem, *The Historical Jesus*, 357-60.
15) Crossan, 『역사적 예수』, 427, 489, 550.
16) 아일랜드의 가톨릭 신부였던 크로산은 학자로 활동하다가 결혼과 학문직 이유로 신부직을 떠난 뒤에 오랫동안 미국에서 가르치면서 역사적 예수 연구에 집중한다. 그는 예수를 억압받는 사람들의 해방자라는 관점에서 이해하는 이유 중의 하나는 아일랜드의 역사 때문이라고 술회한 바 있다. 잉글랜드는 아일랜드를 오랫동안 철권으로 억압했고 그로 인해 수많은 사람들이 죽임과 고난을 당했다.
17) 가울러, 『최근 역사적 예수 연구 동향』, 147-48.
18) 가울러, 『최근 역사적 예수 연구 동향』, 121.
19) 가울러, 『최근 역사적 예수 연구 동향』, 132.

장도 강력한 비판을 받고 있다.20)

역사적 예수가 임박한 종말론이 아닌 현재적인 종말론의 입장을 취하고 있다고 설명하는 것이 그의 주장의 또 다른 특징이다. 그러나 전자의 타당성도 상당한 논리적 타당성을 갖고 있기에 이를 부정하기 어렵다는 점에서 비판을 받고 있다.21) 이런 이유로 크로산은 그의 독창적인 저작들로 인해 명성을 얻었지만 예수에 대한 편향된 시각을 제시하고 있다는 비판도 동시에 받고 있다.22)

3. 마커스 보그(Marcus Borg)

초기부터 예수 세미나의 회원인 보그는 상당부분에서는 그들과 같은 입장이지만 몇 가지 점에 있어서는 자신만의 독자적인 주장을 펼친다.23) 그는 우선 임박한 종말론은 예수 전승을 읽는 해석학적 배경이 될 수 없다고 주장한다.24) 『예수: 새로운 시각』(*Jesus: A New Vision*)이란 책에서 보그는 예수가 "성령으로 충만하게 되는 경험을 한 존재(Spirit-filled experience of Jesus)"였다고 하는 독특한 주장

---

20) J.D. Crossan/한인철 역, 『예수는 누구인가』 (서울: 한국기독교연구소,, 2003), 200-15.
21) 가울러, 『최근 역사적 예수 연구 동향』, 141, 149.
22) 가울러, 『최근 역사적 예수 연구 동향』, 150.
23) 가울러, 『최근 역사적 예수 연구 동향』, 69. 가울러는 보그가 초기부터 예수 세미나의 저명한 회원이라고 설명한다.
24) 가울러, 『최근 역사적 예수 연구 동향』, 70. 보그는 역사적 예수가 비종말적인 입장을 취했다고 주장하는 점에 있어서는 예수 세미나의 입장과 같다. 그러나 그 말은 예수가 종말론에 대해서 어떤 말도 하지 않았다는 것을 뜻하지는 않는다고 한다.

을 펼친다.25) 즉 역사적 예수는 성령의 강력한 힘을 힘입어 병을 치료하고 귀신을 쫓아낸 존재였다는 것이다. 이는 예수가 원을 그리면서 이적을 행한 호니(Honi the Circle Drawer)나 하니나 벤 도사(Hanina ben Dosa)와 같은 존재였다고 주장한 게자 버미쉬(Geza Vermes)와 같은 입장에 서 있다는 뜻이 된다.

한 걸음 더 나아가 보그는 예수를 당시 로마의 정치적 경제적 사회적인 압박으로 문화적 위기와 분열을 초래하고 있는 유대문화에 대안적인 지혜를 제시한 현인으로 설명하면서, 그가 또한 이러한 행위들을 통해 이스라엘을 새롭게 갱신하려는 노력 속에 대안적인 공동체를 창시했다고 주장한다.26) 즉 식민지를 억압하는 로마 제국의 통치로부터의 정치적인 독립보다는 정결법에 대한 전통적인 입장을 바꿔 문화적으로 이스라엘사회를 새롭게 하는 움직임을 펼치되 영적인 힘을 받아서 했다는 것이다.27)

최근 보그는 예수와 바울의 영성을 주제로 한 신학적인 연구를 계속하고 있는데 그로 인해 그러한 주제에 깊은 관심을 가지고 있는 오늘의 교회공동체들의 주목을 받고 있다. 그러나 예수의 정체성이나 예수의 부활에 대한 그의 견해는 크로산의 그것과 크게 다르지 않다는 느낌을 준다는 점에 유의할 필요가 있다.

---

25) M.Borg, *Jesus A New Vision* (San Francisco: Harper & Row Publishers, 1987), 39-56. 가울러의 책에는 "유대교의 은사적 흐름 안에 있는 영에 충만한 존재"로 번역되어 있는데 같은 뜻이다(70쪽).
26) 그런 점에서 보그가 주장하는 갱신(Revitalizaton)의 의미는 샌더스가 주장하는 이스라엘의 회복(Restoration)과는 다른 의미를 띈다.
27) Borg, *Jesus A New Vision*, 125-49.

4. 에드 피 샌더스(Ed P. Sanders)

샌더스를 1세기 유대교 연구에 있어 빼어놓을 수 없는 신약학자로 주목받게 만든 책은 1976년에 출판된『바울과 팔레스타인 유대교』(Paul and Palestinian Judaism)이다.[28] 그는 이 책의 핵심사상인 언약적 율법주의(Covenantal Nomism)에 근거해 연구한 결과를 십년 뒤에 출간한『예수와 유대교』(Jesus and Judaism)에서 역사적 예수를 설명하면서 사용하여 주목을 받았다. 샌더스는 하나님이 이스라엘이 맺은 언약에 신실하시다는 것을 전제하면서 이스라엘은 감사와 믿음으로 응답하고 하나님의 율법에 순종함으로서 신실함을 보여주고 그 율법을 어겼을 때 제사를 통해 회개하는 언약적 율법 안에 머무른다는 의지를 보여줄 것이 요청받고 있었다고 설명한다.

샌더스의 연구방식은 거의 논란의 여지가 없는 예수에 대한 사실들(facts), 즉 '사실의 목록'에서 출발하여 예수의 의도를 추적해 간다는 특징이 있다. 그는 예수를 주전 일세기부터 주후 이세기까지 일관되게 지속되었던 유대의 회복종말론의 세계관 속에서 이스라엘의 회복을 의도했던 예언자(Jewish restoration eschatological prophet)로 설명한다.[29] 그래서 예수의 성전사건을 종말이 가까웠으며 성전이 무너질 것이며 곧 새롭게 완벽한 성전이 세워질 것을 상징적으로 보여준 사건이라고 해석한다. 열 두 사도 선택도 예수가 이스라엘의 회복을 의도했음을 보여준다고 주장한다. 이로 인해 로마인들이 예수를 자칭 '유대인의 왕'으로 처형했고 그의 추종자들은 군사적인

---

28) E.P. Sanders, *Paul and Palestinian Judaism* (Minneapolis: Fortress Press, 1977).
29) 가울러는 샌더스가 예수를 종말론적 예언자로 설명하는데 그 종말이 오지 않았다는 점에 대해서 답해야 한다고 주장한다.

승리를 추구하지 않는 메시아 운동을 전개했다고 주장한다.30)

샌더스의 예수관은 역사적 예수가 구체적인 의도를 가지고 움직였다고 설명하는 점에서 독특하다고 할 수 있다. 샌더스는 근본적으로 '새롭고 더 나은 시대'는 하나님에 의해서 도래하기 때문에 예수운동을 유대농부들에게 가해지는 사회적이고 경제적인 억압에 도전하는 인물로 그리지 않고 있다는 점에서 크로산과는 근본적으로 다르다.31) 샌더스는 예수와 추종자들이 부활을 경험했다는 것은 사실이지만 그 경험을 불러일으킨 실재가 무엇이었는지는 모른다고 하여 부활의 역사성은 인정한다는 느낌을 갖게 하지만 그 실체성에 대해서는 모호한 입장을 취하고 있다.32)

샌더스와 같이 예수를 회복의 예언자로 보지만 그와 상당히 다른 주장을 펼치는 학자가 앨리슨(D.C. Allison)이다. 그는 예수를 천년왕국적 금욕주의자(a millenarian ascetic)으로 제시하면서 샌더스의 언약적 율법주의를 거부하며 샌더스와는 반대로 예수가 이스라엘의 민족적인 회개를 요구했다고 주장한다.33)

5. 톰 라이트(N.T. Wright)

라이트는 펑크, 크로산, 보그 등 예수 세미나에 속하거나 속하지

---

30) E.P. Sanders, *Jesus and Judaism* (Minneapolis: Fortress Press, 1985), 194.
31) Sanders, *Jesus and Judaism*, 103. 가울러, 『최근 역사적 예수 연구 동향』, 118, 가울러는 이 점에 대해 상당한 아쉬움을 표명한다.
32) Sanders, *Jesus and Judaism*, 280.
33) D.C. Allison, Jr., "Jesus and the Covenant: A Response to E. P. Sanders," JSNT 29(1987), 57-78.

않은 학자들의 학문적인 공헌을 칭찬하면서도 그들과 분명하게 차별되는 입장을 견지한다. 그는 우선 예수의 묵시적인 메시지를 거부하려는 시도가 잘못된 것임을 지적하는데 당시에는 묵시적인 사상이 도처에 나타나 있었기 때문이라고 주장한다.34)

라이트는 예수 당시 대부분의 유대인들은 로마의 식민지로 일종의 유배상태에 있는 이스라엘을 독립시키기 위해서 하나님께서 행동하실 것을 기대하고 있었다고 설명한다.35) 이런 가운데 역사적 예수는 하나님이 자신에게 그 임무를 부여했다고 생각하고 행동했다고 주장한다.36) 따라서 예수를 종말적이며 묵시적인 메시지를 이스라엘에 선포하는 예언자며 토라의 참된 해석자였고 회복된 성전의 건축자였으며 지혜의 참된 대변자였다고 설명한다. 영국 성공회 신부인 라이트는 예수의 부활과 현현은 실제적인 사건이었음을 주장해 전통적인 입장을 견지하고 있음을 보여준다.37) 라이트는 "예수와 하나님의 승리", "하나님의 아들의 부활", "신약성서와 하나님의 백성" 등 엄청난 분량의 내용이 담긴 일련의 저서들을 통해서 기독교에서 전통적으로 가르쳐 온 예수에 대한 가르침의 정당성을 입증하는 입장을 취하고 있다. 이와 같은 점에서 역사적 예수에 대한 도발적인 해석에 대한 적절한 대응을 했다는 점에서는 그런 신학적인 성향을 선호하는 사람들의 찬사를 받고 있지만, 반면에 그의 주장이 전통적인 주장을 방어하는데 치중되어 있기 때문에 특

---

34) N.T. Wright/박문재 역, 『예수와 하나님의 승리』 (서울: 크리스챤 다이제스트, 2004), 331-46.
35) Wright, 『예수와 하나님의 승리』, 323-26.
36) Wright, 『예수와 하나님의 승리』, 317.
37) N.T. Wright/박문재 역, 『하나님의 아들의 부활』 (서울: 크리스챤 다이제스트, 2005), 151-55, 440-47, 745-48.

별히 새로운 것이 없다는 비판도 받고 있다.

6. 존 마이어(John P. Meier)

1980년 이후 미국에서 진행되고 있는 역사적 예수 연구에 있어서 중요한 다섯 명 중의 한 사람으로 꼽히는 가톨릭 학자 마이어는 역사적 예수가 자신을 의도적으로 가장자리로 내몰았다는 의미에서 그를 '가장자리의 유대인'(A Marginal Jew)으로 정의한다.[38] 마이어는 예수가 종말론적 예언자, 이적을 행한 존재, 랍비적 율법교사라는 복합적인 유형의 인물이었다고 설명한다.[39] 그는 『가장자리(marginal)의 유대인: 역사적 예수를 다시 생각하기』이란 제목으로 일련의 책을 저술하고 있으며 최근 4권이 출판된바 있다. 여기서 '가장자리'라는 단어는 예수가 직업을 버리고 방랑하고, 독특한 행동과 가르침을 제시한 바 있으며, 갈릴리 출신으로 예언자와 선생이 된 가난한 유대교 평신도였으며, 재판을 받고 처형되었다는 의미를 담고 있다.[40] 그럼에도 불구하고 마이어는 예수가 빼앗긴 농부, 도시 거지, 시골 노동자 또는 노예의 가혹한 빈곤은 알지 못한 중간계층의 하한선에 속한 인물이었다고 주장하여 크로산과는 다른

---

[38] John P. Meier, *A Marginal Jew: Rethinking the Historical Jesus*, vol. II (New York: Doubleday, 1991), 454; 가울러, 『최근 역사적 예수 연구 동향』, 157. 마이어는 크로산이 결혼과 학문을 위해서 신부직을 포기하고 교육과 연구에 몰두한 것과 달리 끝까지 신부직을 유지하고 있다는 점에서 그와 다르다. 가울러는 이 표현이 의도적으로 모호하다고 비판한다.
[39] Meier, *A Marginal Jew*, vol. II, 454.
[40] 가울러, 『최근 역사적 예수 연구 동향』, 156.

입장을 견지한다.41) 이런 이유로 마이어는 당시 유대인 서민층의 상황을 보다 면밀히 검토할 필요가 있다는 비판을 받고 있다.42) 예로 1세기 갈릴리의 상황을 타키투스와 같은 로마사회의 엘리트 저자의 기록에 의존하여 지나치게 평온했던 것으로 본다는 점에서 그렇다.43)

역사적 예수의 연구를 위해 꼭 필요한 예수 말씀의 진정성 판단 기준을 재검토하여 이를 보다 간략하고 실제적인 것으로 만든 것도 마이어의 공헌이라고 할 수 있다.44) 마이어도 샌더스가 주장한 것과 같이 예수가 12사도를 임명한 것은 이스라엘의 회복을 상징했다고 본다.45) 또한 예수는 하나님의 나라의 임박한 도래를 선포하는 종말론적 예언자로 행동했고 그의 이적을 통해 하나님의 통치가 현재에 임했다는 것을 보여주었다고 주장한다.46)

예수가 행한 이적의 역사성에 있어서 마이어는 그 모두가 진정성이 있다는 입장은 취하지는 않는다. 그런 면에서 다른 학자들과 독특하게 다른 면이 없으며 따라서 대중의 의견에 맞는 예수를 그린다는 비판을 받고 있다.47)

마이어는 역사적 예수의 추종자들을 '무리들', '제자들', '사도들'의 세 그룹으로 나눌 수 있다고 주장했다.48) 즉 무리들은 예수의 설교

---

41) 가울러,『최근 역사적 예수 연구 동향』, 156.
42) 가울러,『최근 역사적 예수 연구 동향』, 156-57.
43) Meier, A Marginal Jew, vol. III, 622-623.
44) Meier, A Marginal Jew, vol. I. 167-195.
45) Meier, A Marginal Jew, vol. I, 208.
46) 가울러,『최근 역사적 예수 연구 동향』, 163.
47) 가울러,『최근 역사적 예수 연구 동향』, 163.
48) 가울러,『최근 역사적 예수 연구 동향』, 165-66.

와 가르침에 매혹된 무리들을 말한다. 중간그룹은 '제자들'로 이들은 하나님의 나라를 경험하고 선포하기 위해 예수를 따르면서 위험과 적대감을 감내했다. 그러나 가족들을 버리고 그렇게 하지는 않았다고 보며, 물론 사도들은 이스라엘의 회복을 위한 노력을 했다고 본다.

마이어는 역사적 예수와 관련된 여러 주제들을 철저한 연구했고 또한 하고 있다는 점에서 찬사를 받아야 한다. 그러나 다른 학자들의 연구를 무시하는 경향을 보이고 보다 혁신적인 방법을 무시하고 있다는 것과, 일세기 유대상황의 재구성에 있어 너무 제한적이라는 점에서 비판을 받고 있다.49)

7. 게르트 타이센(Gerd Theissen)

역사적 예수에 대한 연구와 1세기 지중해 지역 특히 유대지역의 사회적 배경에 대한 연구에 큰 영향을 끼친 학자가 타이센이다. 그는 특히 예수연구와 예수-전승연구에 사회-역사적인 접근방법을 도입한 뒤 이를 타당성 있는 이론으로 발전시켜 주목을 받았다. 그는 자신이 종합적인 안내서라고 이름 붙인 『역사적 예수』(Der historische Jesu: Ein Lehrbuch)를 통해 예수의 모습을 보다 구체적으로 그린다.50)

타이센은 예수를 "방랑하는 은사자"로 정의하고 따라서 예수가 제자들에게 가정(마 8:21-22), 가족(눅 14:26), 소유(막 10:17-25)를 포기할 것을 요구했으며 이러한 윤리적 과격주의가 역사적 예수의

---

49) 가울러, 『최근 역사적 예수 연구 동향』, 164, 168.
50) G. 타이센/손성현 옮김, 『역사적 예수』 (서울: 다산글방, 1997).

독특한 점이며 이는 초기기독교에서 지속되었다고 설명한다.[51] 역사적 예수의 제자들이 그랬듯이 초기 기독교의 방랑전도자들도 세상의 임박한 종말에 대한 선포에 '화를 내지 않을' 유대사회의 변두리에 있는 다양한 동조자들의 후원을 받았다고 주장한다.[52] 타이센은 이 시기의 팔레스타인은 위기상황에 처해 있었으며 많은 사람들은 "사회적인 기반이 없었고"(엣세네파, 방랑전도자들), 보통사람들은 빚은 늘어나고 재산은 줄어드는 상황에 있었으며, 통치구조안에서도 심각한 갈등이 있었기에, 대부분의 사람들은 하나님의 나라를 갈망하고 있었다고 설명한다.[53] 타이센은 이러한 상황 속에서 예수는 '소외된 자들로 이뤄진 작은 그룹에서 시작해 유대사회를 내부로부터 갱신하려고 했으나, 그의 사랑과 화해의 비전은 실현되지 못하고 갱신운동은 실패했다고 설명한다.[54]

타이센은 역사적 예수가 이스라엘의 회복을 목표로 활동했다는 것을 분명히 한다.[55] 그래서 샌더스가 주장한 바와 같이 예수가 열두 지파를 대표하는 열 두 제자를 부른 것과 성전에서 한 행동을 모두 정치적인 행동으로 해석하며, 예수는 유대교의 한 복판에서 압도적인 그리스 문화의 도전에 직면하여 유대교의 정체성을 지켜내고 새롭게 하려던 유대교의 갱신운동을 시작한 유대인이라고 결론짓는다.[56] 또한 예수의 방랑하는 삶의 형태와 윤리적 과격주의가 그를 '가장자리의 유대인'으로 만들었다고 보며, 성전에 대항하는

---

51) 가울러, 『최근 역사적 예수 연구 동향』, 172.
52) 가울러, 『최근 역사적 예수 연구 동향』, 172.
53) 가울러, 『최근 역사적 예수 연구 동향』, 174.
54) 가울러, 『최근 역사적 예수 연구 동향』, 174.
55) 타이센, 『역사적 예수』, 403.
56) 타이센, 『역사적 예수』, 267, 225.

예수의 말과 행동조차도 그 성전을 개혁하는데 초점을 맞췄다고 해석했다.57)

타이센은 정경 밖의 자료들이 새로운 시각을 제시할 수 있다고 판단해 이를 연구를 위한 자료에 포함시킨다는 면에서는 크로산과 같지만 크로산처럼 그것들을 정경보다 우월한 위치에 두지 않는다는 점에서 다르다.58) 이렇듯 역사적 예수와 관련된 대부분의 주제들을 다룰 뿐 아니라 이를 설득력 있게 종합하고 있어서 호평을 받고 있다.59)

III. 결론

지금까지 살펴본 바와 같이 연구를 해 온 주요 학자들은 십자가 사건 이전에 존재했던 역사적 예수를 정확히 파악하려는 학문적인 노력에 천착했지만 그들의 신학적인 성향에 따라 예수를 다르게 설명하고 있다. 즉 예수는 십자가와 부활사건 이후 인류의 구원자가 되신 존재라는 전통적인 해석에서부터 예수는 유대사회를 갱신하고자 노력한 영성 운동가, 유대나라를 식민지 압제에서 해방시키고자 노력한 종말론적인 회복의 예언자, 방랑하는 은사자, 유대인 농민 견유철학자 등 매우 진보적인 해석에 이르기까지 다양한 해석을 내어놓고 있다.

이들 학자들의 주장을 살펴보면 이들이 종말론적 상황과 이의

---

57) 가울러,『최근 역사적 예수 연구 동향』, 184.
58) Meier, *A Marginal Jew*, vol. I, 112-166.
59) 가울러는 타이센이 현재까지는 최상의 종합적인 그림을 제공한다고 호평하고 있다. 가울러,『최근 역사적 예수 연구 동향』, 180.

의식여부, 일세기 지중해를 중심한 지역의 정치, 경제, 사회 및 종교적 상황, 외경과 위경의 권위에 대한 문제, 예수 말씀의 진정성 판단기준 등 여러 주제에 있어 견해가 다르다는 것을 알게 되며 결국 그 다름이 다른 예수상을 낳고 있음을 알 수 있다.

이런 상황에서는 역사적 예수에 대한 다양한 해석을 무조건적으로 받아들이지 말고 어떤 주장이 참으로 설득력이 있고 권위 있는 증거에 근거하고 있는지를 면밀히 판단할 필요가 있다는 점이다. 왜냐하면 우리 모두는 나름대로의 예수상이 있고 신앙생활은 그것을 보다 분명한 그림으로 그려가는 과정이기 때문이다.

참고문헌

가울러, D./김병모 역. 『최근 역사적 예수 연구 동향』. 서울: 기독교문서선교회, 2009.
라이트, N. T./박문재 역. 『예수와 하나님의 승리』. 서울: 크리스챤 다이제스트, 2004.
_____./_____. 『하나님의 아들의 부활』. 서울: 크리스챤 다이제스트, 2005.
크로산, J. D./김준우 역. 『역사적 예수』. 서울: 한국기독교연구소, 2000.
_____./한인철 역. 『예수는 누구인가』. 서울: 한국기독교연구소, 2003.
타이센, G./손성현 역. 『역사적 예수』. 서울: 다산글방, 1997.
Allison, D.C. Jr. "Jesus and the Covenant: A Response to E. P. Sanders." *JSNT* 29 (1987): 57-78.

Borg, M. *Jesus A New Vision*. San Francisco: Harper & Row Publishers, 1987.

Crossan, J.D. *The Historical Jesus*. N. Y.: Harper San Francisco, 1992

Funk, R.W. *Honest to God*. New York: Harper San Francisco, 1996.

_____. *The Acts of Jesus*. New York: Harper San Francisco, 1998.

Funk, R.W., Roy W. Hoover and the Jesus Seminar. *The Five Gospels*. New York: Harper San Francisco, 1997.

Meier, J.P. *A Marginal Jew: Rethinking the Historical Jesus*, vol. II. New York: Doubleday, 1991.

Powell, M.A. *Jesus as a Figure in History*. Louisville: Westminster John Knox Press, 1998.

Sanders, E. P. *Paul and Palestinian Judaism*. Minneapolis: Fortress Press, 1977.

_____. *Jesus and Judaism*. Minneapolis: Fortress Press, 1985.

2. 예수 말씀의 진정성 판단 기준 I

I. 서론

공관복음에 나오는 말씀 중에서 역사적 예수(the historical Jesus)[1] 가 육성으로 하신 말씀(*ipsissima verba*)은 어느 정도 될까? 오늘날까지 두 가지 주장이 제기되어 왔다. 첫째는 공관복음에 예수가 말씀하신 것으로 나타나있는 것들은 모두 역사적 예수가 하신 말씀이라는 주장이다. 다른 하나는 공관복음서에는 역사적 예수가 하신 말씀이 많지 않다는 주장이다. 그래서 전자를 주장하는 학자들은 예수말씀의 진정성을 대부분 부정하는 학자들이 진정성을 규명하는 부담(The Burden of Proof)을 져야한다고 주장하고[2] 후자를 주장하는 학자들은 그 부담을 진정성을 대부분 긍정하는 학자들이 져야한다고 주장해왔다.[3] 그러나 엄밀하게 본다면 예수 말씀의 진정성을 규명하는 부담은 진정성을 논하는 사람이 져야 하는 것이다.[4] 이런

---

1) 여기서 "역사적 예수"(the historical Jesus)는 부활하기 전 공생애의 삶을 사신 예수를 가리킨다. 즉 "부활 전 예수"(the pre-Easter Jesus)로서 "부활하신 예수"(the post-Easter Jesus, the risen Jesus)와 구별한다.
2) J. Jeremias, *New Testament Theology* (London: SCM Press, 1971), 37; H.K. McArthur, "The Burden of Proof in Historical Jesus Research," *ExpT* 82 (1971), 116-19.
3) N. Perrin, *Rediscovering the Teaching of Jesus* (London: SCM Press, 1967), 39.

문제가 본격적으로 대두되기 전까지 사용된 일반적인 방법 중에 하나는 공관복음 형성보다 앞서서 또는 비슷한 시기에 기록된 문헌들, 예를 들면 외경(Apocrypha), 위경(Pseudepigrapha), 요세푸스(Josephus)나 필로(Philo)의 글에 공관복음에 그 글과 유사한 것이 나오는지를 따지는 것이었다. 유사한 것이 나오면 진정성이 있고 아니면 없다고 본 것이다. 있다가 본 것은 공관복음의 내용이 진정성이 있기에 이런 문헌의 저자들이 재인용했다고 여긴 것이다. 또 없다고 본 것은 오히려 공관복음기자가 그런 문헌을 인용했을 가능성이 있다고 보았기 때문이다.

또 다른 일반적 방법은 복음서 기자가 예수사건의 목격자였다고 보고 그가 기록한 것을 모두 역사적 사실로 신뢰하는 것이다. 물론 그가 목격자였다면 타당성이 있다. 그러나 우리가 아는 대로 주후 30년경에 예수가 외친 말씀들은 최소 40-60년에 걸친 소위 전승통과기간(Tunnel Period)이 지난 뒤에 기록되었기에 원래의 육성 그대로 복음서에 기록했을 가능성은 희박하다. 더욱이 그들이 예수사건의 목격자라 하더라도 복음서 기록 간에 상당한 차이점이 있고 또한 복음서는 역사적 예수와 교회 상황을 동시에 드러내려는 목적으로 개작, 중편, 수정한 기록이기에 그렇다. 그러므로 역사적 예수가 하신 말씀(*ipsissima verba*)을 찾기 위해서는 십자가 사건 후 첫 복음서(Mk)가 기록되기까지 전승전달과정에서 변환된 부분을 제거하는 작업을 해야 하는데, 적절한 비평방법을 사용하면 어느 정도는 가능하다. 자료비평(source criticism), 양식비평(form criticism), 편집비평(redaction criticism)이 그것인데 전승이 변해온 과정을 역으로 추론해 갈 수 있기 때문이다. 그러나 이 작업은 양파껍질을 제거하여 속

---

4) E.P. Sanders, *Jesus and Judaism* (London: SCM Press, 1985), 13.

2. 예수 말씀의 진정성 판단 기준 I

부분을 얻어내는 작업 같은 것이 아니라 원석에서 순수한 특정 금속만을 얻어내는 것과 같은 어려운 작업이기에 심도 있는 연구를 해야 한다는 점을 숙지할 필요가 있다.

물론 이런 작업을 할 때 기본적으로는 예수전승의 신빙성을 인정할 필요가 있다. 이런 입장을 취하는 학자들은 그 근거로 다음과 같은 이유를 들고 있다.

1. 예수사건의 목격자들이 살아있었기에[5] 전승을 가능한 한 충실하게 보존했을 것이고[6] 비역사적인 전승을 함부로 추가할 수는 없었을 것이다.

2. 초기교회에는 사도와 같은 교회지도자들이 있었기 때문에 전승을 조심스럽게 보존, 전달하였을 것이다.[7] 예로 바울은 "주께서 말씀하시되…"(고전 7:10, 12)라는 표현을 쓰면서 전승된 예수의 말씀을 알고 있음을 내비친다. 이렇게 주의 말씀과 자기의 말을 구분하는 태도를 보이는 것은 그들이 주의 말씀을 가능한 한 신실하게 보존하려 했음을 보여 준다. "교훈의 본을 마음으로 순종하여"(롬 6:17 παραδόθητε τύπον διδαχῆς)라는 말은 교회가 전승에 충실했음을 나타낸다.

3. 초기교회가 여러 난해한 말씀들에 특별한 해석을 가하지 않고 후대에 전승시키고(막 9:2; 변화산 체험), 예수의 불완전성을 시사하는 것 같은 인상을 받을 수 있는 말씀들, 즉 "하나님 한 분 외에는 선한 자가 없다"(막 10:18), "그 날과 그 시는 아무도 모른다"(막

---

5) 한 예로 누가복음 1장 2절은 많은 목격자(eye witnesses and ministers of word)를 언급한다.
6) 가죽종이에 쓴 것을 가져오라(딤후 4:13)고 부탁하는데 기록보존에 신경을 썼던 것을 알 수 있다.
7) B. Gerhardsson, *Memory & Manuscript* (Lund: C.W.K. Gleeup, 1961).

13:32) 등을 전승시킨 것은 자의적 변경(arbitrary change)이 여의치 않았음을 나타낸다.

4. 초기 교회가 종교적 문제를 해결하기 위해서 또는 삶의 정황을 나타내기 위해서 복음서의 말씀 중 상당부분을 창작했다는 주장은 쉽게 받아들일 수 없다. 왜냐하면 바울서신이나 사도행전에 나타나는 초기교회가 당면했던 주요문제들이 복음서에는 나타나지 않기 때문이다(이방인의 영입, 할례, 우상제물 문제 등). 예로 진정성을 인정받고 있는 바울서신에 나타나는 문제들(고전, 고후, 갈, 살, 빌)은 복음서가 쓰인 지역과 다른 삶의 정황을 가지고 있었다고 주장할 수 있을지 모르나, 적어도 마태복음의 경우 갈라디아 교회와 같이 유대인들과 대적하고 있었다면 율법과 복음의 갈등문제가 공히 나타나야 할 텐데 실제는 그렇지 않다. 오히려 마태는 친율법적이다. 또한 헬라계 기독교인들과의 문제를 다룬다면 마가, 누가복음과 고린도전서는 유사한 문제를 가지고 있었을 텐데 그런 부분이 나타나지 않는다. 그러므로 복음서 기자들이 복음서에 그들의 "삶의 정황"(*Sitz im Leben*)을 담아냈지만, 그런 가운데 역사적 예수의 말씀도 변경 개작하여 사용하고 때로는 부활한 예수(the risen Jesus)의 말씀도 사용했다고 보는 것이 적절할 것이다.

5. 고대로 갈수록 사람들은 각종 영상매체나 활자매체에 종속되기 보다는 몇 권의 경전을 집중적으로 읽을 수 있었기에 기억력이 더 나았다고 볼 수 있다.[8]

이런 사실에도 불구하고 공관복음서에서 역사적 예수의 말씀을

---

[8] 지금까지 열거한 다섯 가지는 Stein이 정리한 것이다. R. Stein, "The Criteria for Authenticity," in *Gospel Perspectives*, vol. 1, ed. by R.T. France & D. Wenham (Sheffield: JSOT Press, 1963), 226-27.

2. 예수 말씀의 진정성 판단 기준 I

찾는 것이 거의 불가능하다는 과도하게 회의적인 견해를 견지해온 학자들이 이 분야에서 상당한 영향력을 행사해 온 것이 사실이다. 1900년 초 독일을 중심으로 이런 주장이 점차적으로 체계화되었고 불트만과 다른 학자들에 의해 집대성되어 오늘날까지도 학계에 많은 영향을 끼치고 있다(M. Kaehler, J. Wellhausen, W. Wrede). 이들 주장의 핵심은 공관복음서에 기록된 많은 말씀이 "예수자신의 말씀"이 아니라 "예수에 관한 말씀"이요, "공생애에서 하신 말씀이 아닌 부활하신 예수의 말씀"이라는 것이다. 즉 그래서 "선포자가 선포의 내용이 되었다"(The proclaimer became the proclamation)는 명제를 주장한다. "하나님의 나라"를 선포했던 예수가 구원의 내용인 그리스도(Christ)가 되었고, 복음서 기자는 역사적 예수의 말씀과 삶보다는 교회의 주인인 그리스도를 표현하는데 주력했다는 것이다. 따라서 이들은 공관복음서에 나타나는 말씀들은 일단 진정성이 없다고 보고 진정성 검토기준을 통과할 때만 진정성이 있다고 주장한다.

그러나 진정성검토 기준을 통과하지 못한 말씀들이라고 해서 일단 진정성이 없는 것으로 가정하는 것은 너무나 일방적인 판단이다. 반면에 어떤 구절의 진정성이 없다고 증명되지 않는 한 일단 진정성이 있는 것으로 보아야 한다는 주장도 치우친 판단이다. 오히려 진정성이 있는 말씀들이 불트만이나 그의 추종자들이 생각했던 것보다는 훨씬 많이 있다고 보고, 객관성이 있는 검토기준을 설정하여 이를 통과할 경우 진정성이 있다고 판단하는 것이 옳다.[9]

---

9) 최근 학자들도 이 점에 동의하고 있다. 대표적인 예를 들면 Sanders, *Jesus and Judaism*, 13: "I belong to the school which holds that a saying attributed to Jesus can seldom be proved beyond doubt to be entirely authentic or entirely non-authentic. but that each saying must be tested by appropriate criteria and assigned (tentatively) to an author-either to Jesus

그럴 때 극단적으로 회의적인 주장을 불식시키며 진정성을 광범위하게 확보하는 길을 열어 갈 수 있으며 역사적 예수의 삶과 사역에 대한 보다 정확한 지식을 얻을 수 있을 것이다. 이를 반증하듯 1980년대에 들어와서 역사적 예수의 삶에 대한 관심이 새롭게 대두되는 가운데 많은 책들이 영미권을 중심으로 나왔고 지금도 계속되고 있는데, 과거 불트만을 중심으로 한 학자들이 너무나 극단에 치우쳤다고 말 할 수 있을 정도로 회의적이었다고 비판하면서 생각보다는 "역사적 예수"에 대해 많은 것을 알 수 있다고 주장한다.10) 많은 경우 이들은 진정성 문제가 불확실하기에 오히려 예수가 확실히 행했다는 몇 가지 사실들에 근거하여 역사적 예수의 의도를 파악하려는 사람들이다. 그러나 그러한 사실들만으로 역사적 예수에 관한 주장을 펼치는 것은 쉽지 않다. 이들의 저술을 살펴보면 각기 나름대로 많은 말씀들의 진정성에 관한 판단을 내리고 있는 것을 볼 수 있다. 그렇기 때문에 진정성 문제는 계속적으로 추구되어야 할 하나의 독립된 과제다.

II. 본론

그러면 "진정성"(眞正性: authenticity)이란 무슨 말인가? 공관복음에 나타나는 한 말씀이 신정성이 있다는 것은 무슨 뜻인가? 두 가지 부류에 속하는 말씀들을 가리키는 말이다. 첫째는 "예수께서 그의 입을 열어 하신 말씀들"11) 또는 "순전히 예수의 말씀들"로 번역할

---

or to an anonymous representative of some stratum in the early church."
10) Sanders, *Jesus and Judaism*, 2; M.J. Borg, *Jesus: A New Vision* (San Francisco: Harper & Row Publisher, 1987), 14-15.

수 있는 *"ipsissima verba"*가 이에 속한다. 둘째는 음역된 "예수의 음성" 이란 뜻을 가지는 *"ipsissima vox Jesus"*가 이에 속한다. 후자의 경우 어떨 때는 "예수의 의도나 의미(intention or meaning)를 표현한다"는 뜻으로도 사용된다."12)

그러나 여기서 분명히 해둘 것이 있다. 진정성기준이 검증된 말씀이 그것이 검증되지 않은 말씀보다 더 중요하고 더 권위 있다고 볼 필요가 없다는 점이다. 예수가 직접 그의 입으로 하신 말씀이나 그의 의도를 정확히 표현한 말씀 또는 초기교회가 그들의 삶의 상황(Sitz im Leben; Life Setting)에서 처한 문제를 신앙적으로 해결하기 위해 기도하는 가운데, 부활하시고 교회와 함께 계신 성령(the Holy Spirit)의 인도함을 받은 사람들이 기록한 말씀이기에 똑같은 권위를 가지는 것이다(벧후 1:21).13) 예로 *"ipsissima verba"*가 아니라 하더라도 역사적 예수의 의도를 정확히 표현한 말씀이나 진정성이 있는 말씀들을 일부 수정하거나 거기에 다른 말씀을 추가하여 만들 수 있었기에 똑같은 권위를 갖는다.

그렇다면 왜 진정성 있는 말씀들을 구분하고 이를 검증하는 객관적 기준을 만들려고 하는가?

세 가지 이유를 들 수 있다. 첫째로, 가능한 한 부활 전 예수의 말씀을 좀 더 정확하게 알 필요가 있기 때문이다. 사실상 기독교

---

11) D.G.A. Calvert, "An Examination of the Criteria for Distinguishing the Authentic Words of Jesus," *NTS* 18(1972), 209.
12) Stein, "The Criteria for Authenticity," 229.
13) 그런 작업이 실제로 어떻게 일어났는가에 대해서는 여러 가지 추측을 할 수 있는데 다양한 신앙적 문제에 부딪혔을 때 부활 전 예수의 말씀을 회상하거나, 예수께서 이런 신앙적인 문제에 부딪혔다면 이런 말씀을 하셨을 것이라는(Jesus would have said this in this matter) 판단을 통해 기록했을 것이다.

신앙의 대상이신 예수를 정확히 아는 것은 바른 신앙생활에 있어 절대적으로 필요하다. 그 중요한 이유 중의 하나는 예수께서 어떻게 말씀하셨는지를 아는 것이 점점 더 복잡해져가는 삶의 상황에서 바른 신앙적인 판단을 할 수 있도록 돕기 때문이다. 둘째로 그리스도인이 구원자 되신 예수를 자기 나름대로 그려내는 잘못을 방지하는 것이 필요한데, 많은 학자들이 자기 나름의 예수상을 설정해 놓고 그 정당성을 입증하기 위해 복음서의 말씀들을 자의적으로 인용하는 경향이 있기 때문이다. 셋째로 최근 미국을 중심으로 벌어지고 있는 움직임에 적절히 대치하기 위해서이다. 1980년대서부터 로버트 펑크(R. Funk)와 존 크로산(J. Crossan)을 중심으로 한 일군의 학자들은 소위 예수 세미나(Jesus Seminar)를 개최하면서 계속적으로 그 결과를 내놓고 있다. 이들은 예수 말씀의 진정성을 네 가지 색으로 표시하여 발표하고 있는데, 이는 상당한 논쟁을 야기하고 있다. 이 세미나의 최대 약점은 자신들끼리, 즉 서로 인정하는 전문가들만 모여서 투표하여 진정성을 결정하고 있어 그들의 판단이 잘못될 경우를 배제할 수 없다는 것이고 또 다른 결점은 그들이 어떤 원칙에 근거 그러한 결정을 내리게 되었는지가 알려지지 않는다는 점이다. 결정 기준과 과정을 널리 알려야 참여하지 않은 학자들도 납득하며 결정의 권위를 인정할 수 있을 것이다. 분명한 것은 내부적으로는 그들도 진정성 판단의 기준을 사용할 수밖에 없다는 점이다. 그러기에 우리는 그들 판단을 맹종하지 않고 객관적인 판단을 내리고 잘못을 지적하기 위해서 이 기준을 보다 효과적이고 엄밀한 것으로 만들 필요가 있다.

이런 필요에 의해서 진정성 판단기준 및 이에 관한 이론이 계속해서 발전되어 왔는데 많은 두뇌활동이 요구되는 어려운 작업이다.14) 그 점을 분명히 하고 그간 연구되어 온 진정성 검토기준들을 살펴보자. 여러 가지 기준들이 오랜 시간에 걸쳐 발전되어왔기에 중요성의 순위를 결정할 수는 없지만 가장 객관적인 기준이라고 여겨지는 5가지 기준을 먼저 살펴본 뒤에 이를 응용한 나머지 기준들을 논하고자 한다. 이런 기준 중 어느 하나를 통과했다고 곧 진정성이 입증되는 것이 아니지만 어떠한 진정성 검토 기준에도 근접하지 못하는 말씀들보다는 근접하는 말씀들이 진정성이 있을 가능성이 높아지는 것이 사실이다. 제일 이상적인 것은 여러 가지 기준을 복합적으로 적용시켜 진정성을 확인하는 것이다.

1. 비유사성의 기준(The criterion of dissimilarity)15)

비연속성의 기준(The criterion of discontinuity) 또는 비유사성의 기준(the dissimilarity test)이라고도 불리는 이 기준은 지금까지 제시된

---

14) 물론 역사적 예수에 대해 알려면 진정성이 있다고 판단되는 말씀들을 요약하는 것을 넘어 보다 넓은 상황을 생각하면서 다음과 같은 사실들을 고려해야 한다. 분명한 것은 역사적 예수의 가르침과 삶이 초기교회성립에 결정적인 영향을 끼쳤다는 사실이다. W.C. van Unnik, "'Den Geist Loescht nicht aus' (1 Thess 5:19)," *NovT* 10(1968), 255-69.
15) 학자들 나름대로 적절하다고 여기는 여러 가지 명칭을 붙인 것을 발견하였다. 성종현, 『신약총론』 (서울: 장로회신학대학출판부, 1991). 125는 "비유사성의 기준"으로, 그래함 스탠턴/김동건 역, 『복음서와 예수』 (서울: 대한기독교서회, 1996), 196는 "不同의 원칙"으로, 케이스 니클/이형의 역, 『공관복음서 이해』 (서울: 대한기독교서회, 1994), 202는 "차이점에 의한 판단기준"으로 번역하였다. 따라서 앞으로는 독자들이나 학생들이 혼동하지 않도록 신약학회나 적절한 모임을 통해 이런 전문용어들을 통일시키는 것이 바람직하다고 생각한다.

것들 중에서 가장 논리적으로 타당하고 비중 있는 것으로 인정되어 왔다. 최초의 주창자가 누구인지는 불분명하나 불트만이 그의 역작 공관복음전승사(The history of the synoptic tradition)16)에서 처음 제시하였다. 그럼에도 불구하고 지나치게 엄격하고 비현실적이어서 진정성이 있는 역사적 예수의 말씀들을 진정성이 없는 것으로 판단할 위험성을 내포하고 있다.17) 이 규정의 정의는 다음과 같다.

"We can only count on possessing a genuine similitude of Jesus where, on the one hand, expression is given to the contrast between Jewish morality and piety and the distinctive eschatological temper which characterized the preaching of Jesus; and where on the other hand we find no specifically Christian features."18) ("유대적 도덕 및 경건성과는 대조적으로, 예수선포를 특징 지워 주는 **독특한** 종말적 성격이 표현되어 있으면서도 기독교적인 **특성**이 발견되지 않을 때에만 우리는 진정한 예수의 비유를 가지고 있다고 할 수 있다." (사역)

위에서 보는 대로 원래 이 원리는 "비유"(Similitude)라는 문학형식을 띄고 있는 말씀의 진정성과 관련시켜 나온 것인데 일반적으로 학자들은 다른 문학형식에도 똑같이 적용시키고 있다. 이유는 원리가 같기 때문이다. 그런 이유로 오늘날은 일반적인 원리로 받아들여지고 있다.

---

16) R. Bultmann, *The History of the Synoptic Tradition*, trans. by J. March (Oxford: Basil Blackwell, 1972), 205.
17) D. Catchpole, "Tradition History," in *New Testament Interpretation*, ed. by I.H. Marshall (Grand Rapids: Wm. B. Eerdmans Publishing Co. 1977), 174.
18) Bultmann, *The History of the Synoptic Tradition*, 205.

이에 대한 케제만의 정의도 유사하지만 보다 명확히 설명하기에 이해하기기 쉽다.

"In only one case do we have more or less safe ground under our feet [in seeking authentic material]; when there are no grounds either for delivering a tradition from Judaism or for ascribing it to primitive Christianity."[19] (진정성 있는 자료를 찾을 때 우리는 오직 이런 경우에만 어느 정도 신뢰할 수 있는 근거를 확보하게 된다. 즉 유대주의에서 이끌어 내거나 초기 기독교에서 나왔다는 근거가 없을 때만 진정성이 있다고 보는 것이다).

이 정의의 원리를 살펴보자. 초기 교회 그리스도인들은 예수를 신앙의 주(Lord)로 여겼기에 그가 부활 전 공생애에서 하신 말씀에서 교훈을 찾는 동시에, 어떤 때는 그들이 믿는 것들과 도덕적 가르침을 예수가 말한 것으로 소급시켰다. 우선 유대주의에서 유래되지도 않았다는 말은 예수 이후 팔레스틴 지역에 있었거나 다른 지역에 있던 유대성(Jewishness)이 강했던 초기 교회가 당시 존재하던 유대문헌에서 어떤 좋은 말씀을 이끌어 내어 그것을 예수가 말한 것처럼 기록하거나 전승시키지 않았다는 확증이 있을 때만 예수가 직접 그의 입으로 한 말씀으로 여길 수 있다는 주장이다. 불트만이 내린 정의 하반부에 "기독교적 특성"이 발견되지 않는다는 말은 케제만이 말한 바 초기교회가 그 말씀을 만들어내지 않았다는 말이

---

19) E. Kaesemann, *Essays on the New Testament Themes*, trans. by W.J. Montague (Alec R. Allenson, 1964), 37. Robinson도 이 기준에 대해 긍정적인 입장을 취한다. J.M. Robinson, *A New Quest of the Historical Jesus* (London: SCM Pres, 1959), 116-19.

다. 그 정의는 원리적인 면에서는 매우 타당하다. 너무나 많은 것을 요구하는 듯 보이지만 원리적인 면에서 볼 때 이 방법 외에는 역사적 예수의 말씀에 도달할 수 있는 길이 없기 때문이다.[20] 예수의 부활이후 교회가 만들어 낸 예수의 말씀으로 여겼다면 거기에는 기독교적 특성이 나타날 수밖에 없다. 그런 측면에서 이 원리는 합리적이며 실제로 적용시켰을 때 잘 들어맞을 수가 있다. 예로 그 진정성에 대해 별다른 이견이 없던 구절인 누가복음 11장 20절(마 12:28)을 살펴보자.

그러나 내가 하나님의 손 (마태 하나님의 영)을 힘입어 귀신을 쫓아내는 것이면 하나님의 나라가 이미 너희에게 임하였느니라

우선 비유대적인 특징을 살펴보자. 하나님의 나라를 하나님의 종말적인 치유행위와 연관시켜 사용하는 것, "임한다는 표현(come)"을 사용하는 것, 하나님의 나라의 현존을 인간이 현재에 경험할 수 있는 것으로 보는 것은 비유대적인 특징에 속한다.[21] 다시 말하면 유대 사상에서는 하나님의 나라와 종말적인 치유 행위를 연관시켜 사용하지 않았고 "임한다"는 단어 대신 "세워진다"(establish)는 표현을 사용했으며, 하나님의 나라는 미래에 올 것으로 보았다. 다음으로 비초기교회적 특징을 살펴보자. 초기교회가 사용을 회피했을 "하나님의 손"이란 불분명한 의미의 단어를 사용한 점, 초기교회는

---

20) Perrin, *Rediscovering the Teaching of Jesus*, 39: "This seems to many to be too much to ask, but nothing less will do justice to the challenge of the burden of the proof. There is no other way to reasonable certainty that we have reached the historical Jesus."

21) Perrin, *Rediscovering the Teaching of Jesus*, 65.

하나님의 나라가 미래에 올 것으로 보고 있었는데 여기서는 현재에 임하는 것으로 표현하고 있다는 점, 예수가 축사와 같은 특이한 일을 한 것은 예수를 메시아로 받아들이지 않았던 요세푸스도 기록하고 있는 사실22)이기에 본문은 너무나도 확실히 예수의 삶의 자리(Sitz im Leben)에 적합한 말씀이다.

2. 평가

그러나 문제는 이러한 기준에 맞는 말씀이 많지 않다는 것이다. 즉 매우 적은(a critically minimum) 경우만 이 엄격한 기준을 통과하게 된다. 따라서 이 원리를 실제적으로 적용시킬 때 많은 문제가 발생할 수 있다는 사실에 주목할 필요가 있다. 우선 이 기준은 내용이 유대주의나 초기 교회의 가르침과 일치하거나 중복(overlap)되는 예수의 가르침들을 제외시키게 되는 결정적인 문제점을 내포하고 있다.23) 따라서 본 기준을 좀 더 세밀히 분석해서 보다 정교한 것으로 만들 필요가 있다.

가. 첫 번째로 유대주의에서 유래되지 않아야 한다는 부분을 먼저 살펴보자. 이것을 엄격히 적용하기가 무척 어렵다. 왜냐하면 다음과 같은 문제가 있기 때문이다.

1) 1세기 유대인인 예수가 당시 유대주의와 완전히 다른 사상을 가지고 있었고 또 그것을 말할 수 있었다고 보기는 어렵다. 예수는 유대교와 유대사상 하에서 성장했으며 따라서 그의 사상도 거기에

---

22) Josephus, *Jewish Antiquities*, XVIII. 63.
23) Josephus, *Jewish Antiquities*, XVIII. 63.

기초하고 있었을 것이기 때문이다.

2) 또한 어떤 말씀이 예수에게서 나왔는지를 판단하기 위해서는 비교 대상이 되는 예수 당시의 유대사상(Judaism)에 대해서 우리가 완벽하게 알고 있어야 하는데 그것이 가능한가 하는 점이다.

이 문제들 중 1)부터 검토해 보자. 먼저 비유사성의 원리를 너무나 엄격히 적용시키게 되면, 예수의 가르침 중 유대 사상과 일치하는 부분은 진정성이 없는 것으로 여기게 되는 결점을 피할 수 없게 되어 자칫 비유대적인 말씀만이 예수의 말씀이 될 수 있는 위험성이 있다.24)

예수의 관점이 유대교나 유대교 지도자들과 전부 달랐다고 볼 수는 없다. 따라서 이 기준은 예수가 말씀했을 수 있는 특징적인 말씀의 진정성을 보증해 주지 못한다. 예로 유대 문헌에 있는 구절이라도 길이를 현저히 줄여 보다 뜻이 명확한 기도문을 만들 수 있었을 것이다. 당시 유대인들은 일반적으로 18기도문(Shemone Esresh)을 사용하고 있었다.25) 그러나 예수는 그보다 훨씬 간결하면서도 충실한 내용을 가진 독창적인 기도문을 만들었을 가능성이 있고 그런 경우 진정성을 인정할 수 있을 것이다. 페린은 역사적 예수도 당시 회당에서 드려지는 카디시 기도문(Kaddish Prayer)을 알고 있었다고 보는데 그 내용은 다음과 같다.

"Magnified and sacrificed be his great name in the world which

---

24) M.D. Hooker, "Christology and Methodology," *NTS* 17(1970), 481.
25) E. Shuerer, *The history of the Jewish People in the age of Jesus Christ*, rev. & ed. by G. Vermes. F. Millar & M. Black (Edinburgh: T. & T. Clark, 1979), 455-66.

he has created according to this will. May he establish his kingdom in your lifetime and in your days and in the lifetime of all the house of Israel even speedily and at a near time."

이와 같은 내용이지만 놀랄 만큼 짧아진 "이름이 거룩히 여김을 받으시오며 나라가 임하시오며"(hallowed be thy name, they kingdom come)와 비교하면 독창적인 기도라고 할 수 있는 것이다.26) 이 점은 주기도문의 진정성을 긍정하는 또 하나의 증거가 될 수 있다.

두 번째 사항 2)를 살펴보자. 지금까지 이루어진 학자들의 연구와 저술 활동으로 인해 예수 당시의 팔레스틴 유대주의나 초기교회에 대한 지식이 상당부분 축적된 것이 사실이다. 그러나 아직 많은 부분이 알려지지 않은 상태로 남아있고 계속 새로운 사실이 드러나고 있다. 이런 상태에서는 오직 잠정적인 판단을 내릴 수 있을 뿐이며 결과가 번복될 수도 있다. 물체를 객관적으로 파악하기 위해서는 거울에 비쳐야 하는데 거울이 온전하지 않은 것과 같다.

그렇다고 너무 비판적이거나 부정적일 필요는 없다. 미래에 알려질 새로운 지식이 현재의 판단에 수정을 가할 수 있을지 모르나 그럴 경우 새롭게 추가하면 되는 것이다.27) 예로 쿰란 문헌의 발견은 우리가 가진 지식이 확실함을 증명해 주었다. 다만 여기서 중요한 점은 이런 문제점들이 있기에 이 기준을 절대화하고 일방적으로 적용하는 것은 피해야 한다는 것이다.

이런 면에서 이 기준의 원리를 존중하면서도 다소 완화해서 적용하는 길을 모색할 필요가 생긴다. 유대적인 교회가 임의대로 예

---

26) Perrin, *Rediscovering the Teaching of Jesus*, 57.
27) Stein, "The Criteria for Authenticity," 243.

수의 말씀으로 간주할 수 없었을 정도의 "특징적인 성격"을 가진 말씀이라면 예수 말씀이라고 보는 것이 옳다. 원래 불트만이나 케제만이 추구한 것도 그 점이었다고 본다. 즉 당시의 유대주의와 완전히 반대되는 "독특한 예수"(distinctive Jesus)보다는 당시 유대주의와 비교할 때 "특징적인 면", 즉 "특징적 예수"(characteristic Jesus)[28]나 그 기원이 예수[29]에게 있는 말씀을 찾으려고 노력하면서 "예수의 특징"을 지닌 말씀으로 판단하면 진정성이 있다고 보는 것이다. 그러나 이 기준을 통과하는 말씀들이 모든 예수의 특징을 나타낸다고 보는 것은 잘못이다. 왜냐하면 이 기준을 통과할 말씀은 매우 적은 수에 불과(only critically assured minimum)할 뿐이기 때문이다. 그러므로 여러 다른 기준도 함께 적용해야 진정성 여부를 좀 더 확실히 알 수 있게 된다. 그런 면에서 페린의 정의가 가장 합리적이면서 실제적이라고 볼 수 있다.

"We may formulate it as follows: the earliest form of saying we

---

[28] Hooker는 이 점을 잘 지적한다. 그는 비유사성의 기준(the dissimilarity test)이 우리에게 예수 가르침의 독특한(distinctive) 면을 제공한다는 다른 학자들의 주장에 동의하지 않는다. 오히려 distinctive라는 영어단어가 다른 것들과 구별된다는 의미의 unique(독일어 vershieden)와 특징적인 면이 있다는 의미의 characteristic(독일어 bezeichnend)으로 쓰일 수 있음을 설명한 뒤, 비유사성의 기준으로 얻으려는 것은 후자인데 실제로는 전자를 얻게 된다고 밝힌다. Hooker, "Christology and Methodology," 480-87: "우리가 원하는 것은 특징적인 예수인데 나타나는 것은 독특한 예수이다." Sanders는 distinctive라는 단어 대신 "traditional Jewish material"이라는 말을 사용한다.

[29] B. Meyer, *The Aims of Jesus* (London: SCM Press, 1979), 86. Meyer는 아예 초기 교회에서 나왔다는 증거가 없으면 진정성이 있는 것으로 여겨야 한다고 주장한다. 즉 비유대적 요소를 찾는 것을 무리라고 본다.

can reach may be regarded as authentic if it can be shown to be dissimilar to characteristic emphases both of ancient Judaism and of the early Church …" "and this will particularly be the case where Christian tradition oriented towards Judaism can be shown to have modified the saying away from its original emphasis." ("우리가 다음과 같이 말할 수 있을 것이다. 우리가 도달할 수 있는 말씀의 가장 최초 형태에, 고대 유대주의나 초기 교회의 특징적인 강조점들과 다른 점이 나타날 때 진정성이 있다고 여길 수 있을 것이다. … 그리고 유대주의 쪽으로 지향된 기독교전승이 그 본래의 강조점에서 벗어나 말씀을 수정했다는 점이 나타날 때 특히 그렇다).ꞌꞌ

나. 두 번째로 초기교회의 가르침에 나오지 않아야 된다는 측면을 검토해 보자. 물론 예수가 공관복음서에 나타나는 모든 내용을 그의 입으로 말씀한 것은 아니다. 초기교회가 성령의 감동을 받거나 자신들의 삶의 자리에서 필요하기에 만들어 낸 말씀도 있다. 그러나 예수가 하신 말씀과 초대교회의 말씀이 같을 경우 둘 사이에 계속성이 있다는 점을 부정하기 어렵다. 그러므로 다음과 같은 점에 유의할 필요가 있다.

1) 예수의 말씀과 사역위에 세워진 초기 교회는 역사적 예수의 특징적인 면들을 계승할 수밖에 없을 것이다.

2) 초기교회의 특징적 요소의 유무를 어떻게 판단하느냐 하는 것이다. 우리가 대조하기 위해 사용할 대부분의 자료는 신약성서의 내용일 수밖에 없기 때문에 자칫 순환논리에 빠질 수밖에 없다.

먼저 논제 1)을 검토해 보자. 초기교회는 결정적으로 부활사건으로 인해 세워지게 되지만 예수의 말씀과 사상을 이어받은 것은 확실하다. 그래서 어떤 의미에서는 예수의 사상이 초기교회에 그대로 옮겨졌다고 볼 수 있다. 그런 상황에서 어떻게 예수의 특징을 찾아낼 수 있는가? 이 기준을 그대로 적용하게 되면 자칫 초기교회의 핵심과 거리가 먼 것들만을 예수가 가르쳤다고 주장하는 모순을 낳게 된다.30) 그러기에 다음과 같은 점을 제안하고자 한다. 오히려 초기교회가 만들어 냈을 가능성이 없었던 이유를 찾는 것이 합리적일 수 있다는 것이다. 즉 초기교회가 그런 말씀을 만들어 낼 필요가 없었다거나, 만들어내면 곤란한 입장에 처하게 되기 때문에 만들 수 없었다는 점이 인정되면 진정성을 인정할 수 있게 된다.

예로 "원수를 사랑하라"(마 5:43)는 말씀의 진정성을 검토해 보자. "너는 네 이웃을 네 몸과 같이 사랑하라"는 레위기 19장 18절은 이스라엘 동족 간의 사랑을 말하지만 원수 사랑까지 말하지는 않는다. 구약에는 원수를 미워하라는 말씀들이 있다(신 7:2; 20:16; 23:4; 30:7; 시 26:5; 139:19-22). 물론 이방인을 미워하지 말라는 내용의 말씀도 있다(신 23:7). 그러나 원수까지 사랑하라는 표현은 없다. 본문은 보다 포괄적이고 넓은 의미의 사랑을 말하고 있다. 이제 비유사성의 기준을 본문에 적용시켜 보자. 본문은 당시의 유대사상과 다른 독특한 표현이기에 진정성이 있을 가능성이 높다. 그러나 초기교회의 가르침과 달라야 한다면 비유사성의 기준을 통과할 수 없게 된다. 왜냐하면 "원수를 먹이고 마시게 하라"는 원수사랑에 관한 가르침이 로마서 12장 20절을 비롯한 곳곳에 나타나기 때문에 그렇다. 그러나 초기교회가 "원수를 사랑하라"는 말씀을 만들어 예수에게 소급시켰을 가능성이 있었을까? 없다고 본다. 그리스도를

---

30) Hooker, "Christology and Methodology," 482.

구주로 고백한다는 이유 때문에 온갖 핍박을 받고 있던 초기교회로서는 굳이 원수처럼 여겨지는 핍박자를 사랑하자는 말씀을 만들어 냈을 가능성은 매우 희박하기 때문이다. 오히려 그들의 삶의 정황에서 실천하기는 어렵지만 예수께서 말씀하셨기에 원수까지 사랑하려고 노력했을 가능성이 더 많다고 본다. 원래 원수사랑의 정신이 예수에게서 왔고 초기교회는 힘들어도 그것을 삶 전반에 걸쳐 확대시켜나가고 있었기 때문이다. 만일 예수가 이 말을 하지 않았다면 초기교회는 원수로 여기던 이방인들을 위한 선교를 하지 않았을 것이다. 이 말씀이 초기교회의 특징과 구별되기보다는 오히려 일치함에도 불구하고 예수의 말씀으로 만들어내기 어려운 이유가 있었기에 진정성이 있다고 판단할 수 있다.

논제 2)를 검토해 보자. 우리가 초기교회에 대한 정확한 지식을 가지고 있는가 하는 의문이다. 신약성경에 나타나는 초기교회의 상황이 다양하고 일정하지 않기에 어떤 구절의 진정성을 결정하기가 어렵다. 유대적 성격이 강한 교회, 헬라적 성격이 강한 교회, 양쪽 요소가 다 존재하는 교회가 있었을 것이기 때문이다. 예수 당시 유대교에 대한 우리의 지식이 부분적일 수밖에 없듯이, 초기 교회에 대한 우리의 지식도 부분적일 수밖에 없다.31) 게다가 1세기 교회 상황을 엿볼 수 있는 문헌들이 매우 제한되어 있다는 문제가 있다. 가장 중요한 자료는 여러 서신들과 행전이 될 것이다. 그러나 그것만으로 복음서에 나타나는 말씀들의 진정성을 정확히 판단할 수 있다고 볼 수는 없다. 따라서 자의적으로 순환논리를 적용하는 잘못을 범치 않는 맥락에서 판단을 위한 자료로 복음서를 포함시켜

---

31) Hooker, "Christology and Methodology," 482.

야 한다. 복음서만큼 복음서에 나타나는 많은 지식을 담고 있는 문헌도 없기 때문이다. 혹자는 어떤 단화나 로기아의 앞이나 끝 부분에 나타나는 설명 부분으로 어떤 말씀이 구체적 의미를 가지게 되었던 상황(a meaningful context)을 알 수 있지 않느냐는 주장을 할 수 있을지 모르나, 그런 기술도 정확한 역사적 상황을 나타내준다고 보기 어렵다.32) 그래서 오늘날 많은 학자들이 외경, 위경, 쿰란 문서, 요세푸스, 탈무드, 미쉬나 등을 연구하여 복음서와 예수 연구의 자료로 삼고 있는 것은 당연한 추세라고 볼 수 있다.

III. 결론

지금까지 예수 로기아의 진정성 판단기준의 발전과정과 현재 상황, 앞으로 예상되는 측면을 고찰한 뒤 우선 가장 중요한 기준인 '비유사성의 기준'을 중점적으로 살펴보았다. 나타난 바와 같이 비유사성의 기준은 이론적으로 매우 객관적인 기준임을 부정할 수 없다. 특히 이 기준을 통과한 말씀들의 관점에서 보면 너무나 귀중한 기준이다.33) 그러나 이 기준을 통과한 말씀들만으로는 역사적 예수의 가르침을 파악하기가 너무나 어려울 정도로 수적인 면에서 적다는 것이 문제점이다.34) 이 기준을 통과하지 못하는 말씀들은 진정성이 없다고 단언할 수는 더더욱 없다. 그리고 비유사성의 기준을 통과하는 말씀들만을 가지고 역사적 예수의 모습을 그리려고

---

32) Sanders, *Jesus and Judaism*, 17.
33) Sanders, *Jesus and Judaism*, 17.
34) Sanders, *Jesus and Judaism*, 17.

하는 생각도 너무나 좁은 생각이다. 비유사성의 기준은 그 원리는 옳지만 그 적용범위가 너무 제한되어 있다는 문제점이 있다.[35]

결론적으로 초기교회가 만든 것이 아니라는 보장이 있다면 진정성이 충분히 있는 것으로 완화하는 것이 옳다고 본다. 유대사상의 특징을 담고 있는 말씀이나 초기교회의 특징을 담고 있는 것은 결국 유대주의가 강한 교회나 일반교회에서 나올 수밖에 없기 때문이다. 공관복음서에 기록할 말씀을 결정하는 주체는 초기교회밖에 없었을 것이다. 많은 것을 논했지만 그것보다 더 중시할 것이 있다. 자칫 자연과학에서 하는 대로 원칙을 정하고 거기에 따라 진정성을 판정하기 보다는 고유한 상황에서 선포되고 변경된 말씀들을 개별적으로 다룰 필요가 있다. 진정성 판단기준을 어떤 기계나 방정식처럼 일괄 처리해 주는 방정식이나 기계처럼 생각할 수는 없다. 이것들은 다만 진정성이라는 측면에서 그 객관성을 검토하는 기준일 뿐이지 철칙이 될 수는 없기 때문이다.

참고문헌

니클, K./이형의 역.『공관복음서 이해』. 서울: 대한기독교서회, 1994.
성종현.『신약총론』. 서울: 장로회신학대학출판부, 1991.
스탠턴, G./김동건 역.『복음서와 예수』. 서울: 대한기독교서회, 1996.
Borg, M. J. *Jesus A New Vision*. San Francisco: Harper & Row Publisher, 1987.

---

35) Stein, "The Criteria for Authenticity," 243: "It only points that the criterion is limited, perhaps extremely limited, in its application."

Bultmann, R. *The history of the synoptic tradition*. Trans. by J. Marsh. Oxford: Basil Blackwell, 1972.

Catchpole, D. "Tradition History." in *New Testament Interpretation*. Edited by I.H. Marshall. Grand Rapids: Wm. B. Eerdmans' Publishing Co., 1977.

Gerhardsson, B. *Memory & Manuscript*. Lund: C. W. K. Gleeup, 1961.

Hooker, M.D. *Christology and Methodology*.

Jeremias, J. *New Testament Theology*. London: SCM Press, 1971.

Josephus, *Jewish Antiquities*, XVIII.

Kaesemann, E. *Essays on the New Testament Themes*. Trans. by W.J. Montague. Alec R. Allenson, 1964.

McArthur, H.K. "The Burden of Proof in Historical Jesus Research." *ExpT* 82 (1971): 116-19.

Meyer, B. *The Aims of Jesus*. London: SCM Press, 1979.

Perrin, N. *Rediscovering the Teaching of Jesus*. London: SCM Press, 1967.

Robinson, J.M. *A New Quest of the Historial Jesus*. London: SCM Press, 1959.

Sanders, E.P. *Jesus and Judaism*. London: SCM Press, 1985.

Shuerer, E. *The history of the Jewish People in the age of Jesus Christ*, vol. II, Rev. & Edited. by G. Vermes. F. Millar & M. Black. Edinburgh: T. & T. Clark, 1979.

Stein, R. "The Criteria for Authenticity." in *Gospel Perspectives*. vol. 1, Edited. by. R.T. France & D. Wenham. Sheffield: JSOT Press, 1963.

Unnik, W.C. van. "Den Geist Loescht nicht aus (1 Thess 5:19).? *NovT* 10 (1968): 255-69.

3. 예수 말씀의 진정성을 판단하는 다양한 기준들 II

I. 서론

역사적 예수를 연구하기 위해서는 역사적 예수의 말씀과 의도를 정확하게 파악하는 것이 절대적으로 필요하다. 이는 지금까지 그리고 앞으로 진행될 역사적 예수에 대한 연구에서 핵심적인 작업이 될 수밖에 없다. 따라서 불트만 이래 많은 학자들이 역사적 예수의 말씀과 행위의 진정성을 정확하게 판단하는 기준을 연구해 왔다. 불트만, 다드, 예레미야스, 페린 등과 같은 학자들을 예수 말씀의 진정성에 대한 연구의 개척자들이라고 한다면 60년대 들어와 이를 보다 심층적으로 진일보시킨 학자는 스타인이다.[1] 그는 이전에 다섯 가지 정도에 불과했던 판단기준을 열한 가지로 확장시켰다. 이어서 90년대에 들어서서 역사적 예수에 관한 책들을 계속적으로 내어 주목을 받고 있던 마이어는 스타인의 기준들을 중요도에 따라 일차 기준과 이차 기준으로 구분하고 몇 가지 기준을 추가한 바

---

1) R.H. Stein, "The Criteria for Authenticity," in *Gospel Perspectives* vol. 1. ed. by R.T. France & D. Wenham (Sheffield: JSOT Press, 1983).

있다.2) 이런 가운데 한국에서는 80년대 이후로 역사적 예수에 대한 연구가 시작되어 지금까지 진행되어 왔으나 진정성 판단기준에 대한 연구는 이론을 소개하고 확산시키는 단계에 있다고 할 수 있다.3) 이런 점에서 본 장의 목적은 최근까지 발전된 기준들의 원리와 유용성 및 제한점을 논하여 앞으로 역사적 예수 연구에 적절하게 사용하고 나아가 한국의 신약학계가 이 연구에 기여할 수 있는 기초를 마련하는데 있다.

II. 본론

복음서에 나오는 예수 말씀들의 진정성에 대한 학자들의 태도는 크게 둘로 나눠진다. 즉 기본적으로 진정성이 있다고 보는 입장과 없다고 보는 입장이다. 전자에 속하는 학자들은 복음서에 나오는 예수 말씀들은 기본적으로 그 진정성이 없다는 것이 증명되지 않는 한 진정성이 있다고 전제하며, 후자에 속하는 학자들은 기본적으로 복음서 전승들의 진정성이 입증되기 전까지는 진정성이 없다고 전제한다.

그러나 사실상 증명의 부담(burden of proof)은 진정성을 주장하는 사람들과 부정하는 사람들 모두에게 지워지게 된다. 왜냐하면 말씀

---

2) J.P. Meier, *A Marginal Jew*, vol. 1 (New York: Doubleday, 1991),
3) 1980년대 이후 한국에서 나온 진정성 판단기준에 대한 연구 및 전문 서적에는 다음과 같은 것이 있다. 최재덕, "예수 로기아의 진정성 판단 기준에 관한 연구," 『신약논단』 3(1997), 107-24; 신현우, 『역사적 예수 연구의 규칙』 (서울: 웨스트민스터출판부, 2005); F. 한/최재덕 역, 『역사적 예수 연구와 신약성서 신앙』 (서울: 한국장로교출판사, 1996).

의 진정성은 논란이 되기 전에는 근본적으로는 중립적인 상태에 있기 때문이다. 긍정하는 경우 진정성을 입증해야 하기 때문이며, 부정하는 경우에도 그 주장의 근거를 입증해야 하기 때문이다.

연구자는 이 문제에 관한 연구를 이미 부분적으로 시행한 바 있다.4) 그러나 그 연구에서 비유사성의 기준만을 다뤘고 나머지 대부분의 기준에 대해서는 심도 있는 논증을 하지 않은 그대로 남겨둔 바 있기에 이번에 그것들을 종합적으로 다루려고 한다.

1. 예수 말씀의 진정성(The Authenticity of Jesus' Sayings)의 의미

복음서에 나오는 역사적 예수의 말씀은 제1단계(대략 주후 28-30년까지)에는 선포되어 구전이나 기록된 전승으로 존재했으며, 제2단계(대략 주후 30-70년)에서는 원시교회가 이를 구전으로 수집하거나 문서전승으로 편집하는 작업이 진행되었으며, 제3단계(대략 주후 70-100년)에서는 복음서 기자들에 의해 원시교회의 삶의 상황을 반영하는 말씀으로 부분적으로 변경되거나 확장되었다.

그러면 공관복음에 나오는 예수 말씀에 "진정성"(眞正性: authenticity)이 있다는 말의 뜻은 무엇인가? 이는 두 가지 부류에 속하는 말씀들을 가리킨다. 첫째로 "예수께서 그의 입을 열어 하신 말씀들"5) 또는 "순전히 예수의 말씀들"이란 뜻의 *ipsissima verba*"가 이에 해당한다. 둘째로 음역된 "예수의 음성"이란 뜻의 *ipsissima vox Jesus*"

---

4) 최재덕, "진정성판단기준에 관한 연구," 107-24. 거기서 "진정성"이라는 단어의 정의, 진정성 연구의 배경에 대해 설명한 바 있다.
5) D.G.A. Calvert, "An Examination of the Criteria for Distinguishing the Authentic Words of Jesus," NTS 18(1971), 209.

가 이에 속한다. 후자는 "예수의 의도나 의미(intention or meaning)를 표현한다"는 뜻으로도 사용된다."6)

여기서 분명히 해둘 점이 있다. 진정성기준이 검증된 말씀은 검증되지 않은 말씀보다 더 중요하고 더 권위 있다고 볼 필요가 없다는 것이다. 예수가 직접 그의 입으로 하신 말씀처럼 그의 의도를 정확히 표현한 말씀도 원시교회가 그들의 삶의 상황(Sitz im Leben; Life Setting)에서 처한 문제를 신앙적으로 해결하기 위해 기도하면서, 부활하시고 교회와 함께 계신 성령의 인도함을 받은 사람들이 기록한 말씀이기에 똑같은 권위를 가진다는 것이다(벤후 1:21).7) 예로 *ipsissima verba*가 아니라 하더라도 역사적 예수의 의도를 정확히 표현한 말씀 그리고 진정성이 있는 말씀들을 일부 수정하거나 거기에 다른 말씀을 추가한 말씀도 동일한 권위를 갖는다.

2. 진정성 판단 기준(The Criteria for Authenticity)

진정성 판단기준을 새롭게 발전시킨 스타인이 설명해나간 순서대로 나열하면 다음과 같다.8) 진정성 판단의 원리를 제시한 기준으로 제일 먼저 불트만에 의해 제시된 "비유사성의 기준"(The Criterion

---

6) Stein, "The Criteria for Authenticity," 229.
7) 그런 일이 실지로 어떻게 일어났는가에 대해서는 여러 가지 추측을 할 수 있는데 다양한 신앙적 문제에 부딪혔을 때, 부활 전 예수의 말씀을 회상할 때, 예수는 이런 신앙적인 문제에 부딪혔다면 이런 말씀을 했을 것이라는(Jesus would have said this in this matter) 판단하면서 기록했을 것이다.
8) Stein, "The Criteria for Authenticity," 229-51.

3. 예수 말씀의 진정성을 판단하는 다양한 기준들 II

of Dissimilarity or Discontinuity), 다드에 의해 제시된 "다중증거의 기준"(The Criterion of multiple Attestation), "다중 양식의 기준"(The Criterion of Multiple Forms), 예레미야스가 제시한 "아람어적인 언어적 현상에 근거한 판단기준"(The Criterion of Aramaic Linguistic Phenomena)[9], "팔레스타인적인 환경의 여부에 의한 판단기준"(The Criterion of Palestinian Environmental Phenomena), "후대에 발전된 전승의 경향성에 의한 판단기준"(The Criterion of the Tendencies of the Developing Tradition), "유대 기독교에 의한 수정에 근거한 판단 기준"(The Criterion of Modification by Jewish Christianity), "편집과정에서 발생한 다양한 형태로 판단하는 기준"(The Criterion of Divergent Patterns From the Redaction), "환경적인 모순점에 근거해 판단하는 기준"(The Criterion of Environmental Contradiction), "진정성이 확인된 말씀과 상충되는 점에 근거한 판단 기준"(The Criterion of Contradiction of Authentic Sayings), "일관성 혹은 일치성의 여부로 판단하는 기준"(The Criterion of Coherence or Consistency) 이 그것이다.

이후에 마이어는 다음과 같은 기준을 추가한 바 있다.[10] "거북함의 여부로 판단하는 기준"(The Criterion of Embarrassment), "예수가 유대지도자들에 의해 거부되고 처형되었다는 관점에서 판단하는 기준"(Jesus' Rejection and Execution), "서술의 생생함으로 판단하는 기준"(The Criterion of Vividness of Narration)이 그것이다.[11]

---

9) 이 기준은 The Criterion of Aramaism이라고 불리기도 한다.
10) Meier, *A Marginal Jew*, vol. 1, 168-71.
11) 마이어는 이외에도 The Criterion of Historical Presumption을 논하고 있지만 이에 대한 설명이 불명확하고 그 논리성 또한 불확실하기에 논하지 않는다. Meier, *A Marginal Jew*, vol. 1, 183.

주의해야 할 것은 이 기준이 제시되는 순서가 각 기준의 중요성 여부를 보여주는 것이 아니라는 점이다. 그러면 각 기준의 논리와 특징 그리고 유용성과 제한점을 보다 상세히 논해 보자.

가. 다중 증거의 기준 (The Criterion of Multiple Attestation)[12]

다중 증언의 기준 또는 다중 증거의 여부로 판단하는 기준은 복음서 전승의 진정성을 확인하기 위해 제시된 가장 초기의 기준들 중의 하나이다. 즉 복음서에 여러 번 나오는 예수전승의 경우 그렇지 않은 것, 즉 한 번만 나오는 전승에 비해 부가적인 신뢰성을 부여할 수 있어 진정성이 있을 가능성이 높다는 것이다.[13] 본질적으로 이 기준은 공관복음서의 배후에 마가자료(Mk), 마태와 누가 공통자료(Q), 마태특수자료(M), 누가특수자료(L)과 같은 다양한 자료층이 존재한다는 자료 비평(source criticism)의 개념에 근거하고 있다.[14] 물론 이에 요한자료(Jn)가 추가될 수 있다. 이 각각의 자료들은 본질적으로 개별적인 역사적 증언들이기 때문에 만일 예수의 특별한 가르침이나 활동이 마가복음, Q, M, L, 요한복음에 기록된 것이 확인되면 이러한 가르침이나 활동의 진정성은 다섯 증거에 의해 강화되고 증명될 가능성이 높다고 보는 것이다.[15] 예를 들어 주의 만

---

12) 한국신약학계에서는 "중복증거의 기준" "반복적 증언의 기준" 또는 "다중 증언의 기준"으로 불린다. 박수암, 『신약연구개론』(서울: 장신대출판부), 213; 성종현, 『신약총론』(서울: 장신대출판부, 1991), 125; 신현우, 『역사적 예수 연구의 규칙』, 71.
13) Stein, "The Criteria for Authenticity," 229. 이 기준을 제시한 최초의 사람은 다드(C.H. Dodd)이다. 이 기준의 배후에 존재하는 기본적인 개념은 '두 세 증인의 증거에 의해 확인되는' 말씀이라는 것이다(마 18:16).
14) Stein, "The Criteria for Authenticity," 230.
15) Stein, "The Criteria for Authenticity," 230. 참조 롬 14:17.

3. 예수 말씀의 진정성을 판단하는 다양한 기준들 II

찬에서 하신 예수의 말씀(막 14:22-25; 고전 11:23-26; 참조, 요 6:51-58)이나 이혼을 금지하신 말씀(막 10:11-12; 마 19:3-8; 고전 7:10-11) 등은 독립자료에 두 번 이상 나오기에 이 판단기준을 적용하기에 적합하다.

그러나 여기서 조심해야 할 점이 있다. 이 기준에 해당되는 전승들이라 해서 곧 진정성이 확인되는 것이 아니라는 것이다. 예를 들어 예수가 공생애 중에 하나님의 나라가 이미 실현되었음을 전제했다고 하는 말씀들이 마태복음 12장 28절, 누가복음 11장 20절(Q), 누가복음 17장 20절(L), 요한복음 12장 31절(Jn)에 골고루 나오기에 이의 진정성은 곧 증명되는 것이라고 주장할 수 없다는 것이다.[16] 왜냐하면 그와 반대되는 주장 즉 예수는 하나님의 나라가 임박했지만 아직도 미래에 실현될 것으로 보았음을 주장하는 말씀들, 즉 마가복음 9장 1절(Mk), 누가복음 9장 2절[17](Q), 누가복음 10장 11절(L), 요한복음 5장 25절(Jn)도 있다는 것을 같은 방식으로 증명할 수 있기 때문이다. 따라서 이러한 기준들은 특별한 말씀의 진정성을 확정하기 보다는 예수의 가르침에 나타나는 일반적인 동기들(motifs)의 진정성을 결정하는데 보다 유용하다고 할 수 있다.

객관적인 기준이라는 점에도 불구하고 이 기준에 대한 비판이 제기되고 있는 중요한 이유 중의 하나는 이 기준이 두 자료 설(Two Source hypotheses)에 근거하고 있기 때문이다. 워낙 논리적으로 탄탄한 이론이라 현재로서는 결정적인 도전을 받고 있지는 않지만 만일 이 가설의 근간을 이루고 있는 마가자료(Mk), 마태와 누가의 공통자료(Q), 마태특수자료(M) 각 각의 독립성이 부정되면 이 가설은

---

16) Stein, "The Criteria for Authenticity," 230.
17) 마 10:7; 갈 5:21; 고전 6:9, 10.

더 이상 수용할 수 없기 때문이다.

또 다른 비판은 마태, 마가, 누가복음에 있는 동일한 내용의 전승이 사실은 같은 한 목격자의 것일 수 있는 가능성이 있다는 점이다. 즉 한 복음서에 나오는 전승을 다른 두 복음서 기자가 그들의 복음서에 수록했다면 이는 다중증거의 경우로 받아들일 수 없기 때문이다. 오히려 이는 이 전승이 원시교회에 존재했던 가장 초기의 전승에 깊이 뿌리박혀져 있다는 사실, 즉 전승의 원시성(primitiveness)만을 확인시켜줄 수 있을 것이기 때문이다.18)

이 기준의 사용과 관련해 조심할 또 다른 점은 이러한 기준을 원래 의도와는 반대로 사용하는 것, 즉 어떤 전승이 위에서 언급한 다섯 가지 자료에 두 번 또는 세 번 이상 발견되어야만 진정성이 있다고 주장하는 것은 옳지 않다는 것이다. 즉 하나의 자료에서만 발견된다고 해도 그 전승의 진정성을 거부할 정당성이 없다.19) 왜냐하면 그 경우에도 충분히 진정성이 있을 수 있기 때문이며 실제로 그런 경우가 많기 때문이다(예: 눅 10:30-37).20) 따라서 적어도 그런 경우에는 진정성에 대한 판단을 보류하고 보다 면밀히 검토하면서 진정성 판단에 사용하는 여러 다른 기준들을 함께 적용하는 신중함을 보일 필요가 있다.

---

18) Stein, "The Criteria for Authenticity," 231. 맥아더는 이를 가장 객관적인 기준이라고 추켜세운 바 있지만, 동시에 원시교회에 의해 만들어진 하나의 말씀이 당시교회의 필요를 충족시켜주기 때문에 급속히 다양한 전승으로 확산되었을 가능성도 언급하고 있다. H.K. McArthur, "Basic Issues: A Survey of Recent Gospel Research," *Interpretation* 18(1964), 47-48.
19) C.F.D. Moule, *The Phenomenon of the New Testament* (London: SCM Press, 1967), 71.
20) 또한 Meier는 아람어 "아바"(abba)를 그 범주에 포함시킨다(막 14:36). Meier, *A Marginal Jew*. 175.

요약하면 이 기준의 타당성에 대한 다양한 비판이 있지만 다중 증언의 기준은 다른 기준들과 함께 사용할 경우 복음서 전승의 진정성을 확인하는데 있어 매우 유용한 도구라고 할 수 있다.21) 진정성을 판단하는 결정적인 기준은 아니지만 가장 기본적인 기준이며, 어떤 전승의 진정성에 대한 최종판단을 내리기 위한 중간과정에서 필히 적용해야 하는 기준이 되기 때문이다. 특히 이 판단기준으로 어떤 전승의 원시성을 검증한 뒤, 이어서 다른 판단기준을 통해 그 진정성을 확인하게 된다면 유용성이 더해지는 결과를 가져온다.

나. 다중 양식의 기준(The Criterion of Multiple Forms)

다중 증언의 기준과 밀접하게 관련된 것이 다중 양식의 기준 또는 다중양식의 여부로 판단하는 기준이다. 그런 특성 때문에 바로 위에서 논한 다중 증언과 묶어 하나의 기준으로 다루는 학자도 있다.22) 그러나 다중증거의 기준이 문학자료(literary source)만을 판단의 기준으로 삼는데 반해 다중양식(literary form)의 여부로 판단하는 기준은 문학양식을 판단의 기준으로 삼는다는 점에서 분명히 다르다.

이 기준의 기본적인 전제는 다음과 같다. 선포이야기들, 이적이야기들, 예수에 대한 이야기들, 비유들, 말씀등과 같은 복음서 자료들의 다양한 양식들은 원시 교회의 서로 다른 정황과 관심의 영역들에 집중되어 있었기에 서로 다른 경로를 통해서 보존되고 전달되어 왔다.23) 그 결과, 만일 어떤 하나의 모티프가 서로 다른 문학양식들에서 발견된다면, 그 모티프는 초기 교회의 전승의 넓은 영

---

21) Stein, "The Criteria for Authenticity," 231.
22) Meier, *A Marginal Jew*, vol 1, 174-75.
23) Stein, "The Criteria for Authenticity,"233.

역, 즉 광대영역(broad section)에서 나왔으며 따라서 가장 초기의 교회전승에 깊이 각인되었을 것이라고 보는 것이다.[24] 적절한 예를 들어보자. 하나님의 나라가 그의 공생애기간에 이미 실현되었다는 예수의 가르침을 다중양식의 기준으로 설명해 보면 이 가르침이 복음서 전승에 얼마나 광범위하게 자리 잡고 있는지 확인할 수 있다. 즉 그 주제가 선포이야기(막 2:18-20; 눅 11:20), 이적이야기(눅 10:9), 어록자료(마 5:17; 13:16-17)에 나타나기 때문이다.[25]

그러나 이와 같이 어떤 모티브를 가진 전승이 말씀자료의 다양한 문학적인 양식에 나온다 해서 결정적으로 그 모티프가 곧 진정성이 있는 예수의 말씀이라고 주장할 수는 없으며, 다만 보다 오래된 전승을 보다 나중에 형성된 전승에서 구별해 낼 수 있게 하는데 유용하다고 판단할 수 있을 뿐이다.[26] 어떤 전승의 초기의 연대가 그것의 진정성을 확립하는데 긍정적인 요소라고 가정한다면, 다양한 양식에서 나타나는 전승이나 모티프의 출현은 그 진정성에 있어서 결정적은 아니라 할지라도 유효한 증거라고 할 수 있다.

다. 아람어적인 언어적 현상에 근거한 판단기준(The Criterion of Aramaic Linguistic Phenomena)

진정성을 판단하는 또 다른 도구는 복음서 자료에 있어서 아람어적인 표현과 관련되어 있다. 예수의 모국어가 아람어였다는 점에는 신빙성이 있다. 왜냐하면 복음서에는 아람어를 사용한 증거들이

---

24) Stein, "The Criteria for Authenticity," 233.
25) Stein, "The Criteria for Authenticity," 233.
26) Stein, "The Criteria for Authenticity," 233. 신현우, 『역사적 예수연구의 규칙』, 83.

발견되기 때문이다("고르바," "랍오니," "에바다", "달리다 쿰", "엘리 엘리 라마 사박다니"). 헬라어로 된 복음서 자료에 아람어의 언어적 특징들이 발견된다는 것은 그 자료의 원시성(primitiveness)을 증거해 주며, 한 전승이 오래되었다는 것은 그것이 예수로부터 기인했을 가능성이 높다는 것을 시사해 준다.27) 특히 복음서의 어떤 구절이 역사적 예수 당시의 아람어의 양식과 관용어에 근접할수록 진정성의 가능성은 더 커지게 된다.28) 이 기준은 복음서 자료들에 다양한 방법으로 적용되어 왔다. 특히 예레미야스의 연구를 통하여 예수가 그의 가르침에 있어서 자주 사용했던 형식은 반제적 병행구(antithetical parallelism)라는 점이 제시된 바 있다.29)

이러한 도구가 사용될 수 있는 또 다른 방법은 아람어로 언어유희(pun)가 되는 구절을 찾는 것이다. 아람어로만 된 언어유희의 예는 마태복음 23장 23-24절30)이다. 이를 아람어로 번역하면 이러한

---

27) Stein, "The Criteria for Authenticity," 234.
28) 이 분야에서 개척자적인 작업을 했던 학자들은 구스타프 달만(Gustav Dalman), 버니(C.F. Burney), 토레이(C.C. Torrey)이다. G. Dalman, *The Words of Jesus*, trans. by D.M. Kay (Edinburgh: T. & T. Clark, 1902). idem, *Jesus-Joshua*, trans. by P.P. Levertoff (London: Society for Promoting Christian Knowledge, 1929), 7-27; C.C. Torrey, *Our Translated Gospels* (London: Hodder and Stoughton, 1936), 1-53. 그리고 최고의 작업을 했던 두 사람은 블랙(Matthew Black)과 예레미아스(J. Jeremias)이다. M. Black, *An Aramaic Approach to the Gospels and Acts* (Oxford: Clarendon Press, 1967); J. Jeremias/정충하 역, 『신약신학』 (서울: 크리스챤다이제스트, 1971), 23-29.
29) Jeremias, 『신약신학』, 23-29.
30) 마태복음 23장 23-24절 "화 있을진저 외식하는 서기관들과 바리새인들이여 너희가 박하와 회향과 근채의 십일조를 드리되 율법의 더 중한바 의와 인과 신은 버렸도다 그러나 이것도 행하고 저것도 버리지 말아야 할지니라 소경된 인도자여 하루살이는 걸러 내고 약대는 삼키는도다."

언어유희가 분명해진다. 하루살이는 *galma*이고 낙타는 *gamla*이다. 그러므로 이렇게 해석할 수 있다. "너 소경된 인도자여 *galma*(낙타)는 뱉어내고 *gamla*(하루살이)는 삼키는구나." 헬라어환경에서 발생해 아람어로 번역된 것이 극소수에 불과한 상황에서도 하나의 독특한 언어유희로 볼 수 있기에 마태복음 23장 23-24절은 아람어를 말하는 환경에서 나왔다고 추론할 수 있다.31)

또한 예레미야스는 마가복음에 있는 주의 만찬 기사에 대한 아람어적인 언어적 현상을 집중적으로 연구하여 진정성 있는 예수말씀을 찾아내려 했는데, 이 말씀에 스무 가지 이상의 아람어적인 흔적이 나타난다는 점에 근거해 이의 진정성을 주장한 바 있다.32)

그러나 이 기준도 여러 가지 점에서 제한점을 지적받고 있다. 첫째로, 어떤 전승에서 아람어적인 언어현상이 발견된다는 것은 단지 이 전승이 아람어를 말하는 상황에서 왔다는 사실을 증거 할 뿐이며, 그 상황이 역사적 예수의 상황이 아니라 아람어를 말하는 교회라는 점을 증거해 줄 수도 있기 때문이다.33) 또한 헬라어와 아람어 양면 모두에서 언어유희현상이 나타나는 구절들도 있기 때문이다 (마 16:18; 요 3:8).34) 둘째로, 복음서에서 아람어적인 언어현상이 헬

---

31) Stein, "The Criteria for Authenticity," 235.
32) J. Jeremias, *The Eucharistic Words of Jesus*, trans. by N. Perrin (London: SCM Press, 1980), 118-26, 173-203. 참조. 막 5:32(Talitha Cum).
33) Stein, "The Criteria for Authenticity," 235. R.H. Fuller/황성규 역, 『현대신약학의 주류』(서울: 한국신학연구소, 1977), 49. 훌러는 아람어를 말하던 원시교회가 창작했을 수 있음을 언급한다. N. Perrin, *Rediscovering the Teaching of Jesus* (New York: Harper and Row, 1967), 37. Calvert, "An Examination of the Criteria for Distinguishing the Authentic Words of Jesus," 218.
34) 마태복음 16장 18절: "또 내가 네게 이르노니 너는 **베드로**라 내가 이

3. 예수 말씀의 진정성을 판단하는 다양한 기준들 II

라 교회나 복음서기자가 칠십인역을 번역하는 과정에서 받은 영향 때문일 수 있기 때문이다.[35]

따라서 단순히 어떤 전승에 아람어적인 언어현상이 발견된다고 해서 그것이 곧 진정성 있는 예수말씀임을 증명해준다고 주장하는 것은 잘못이며, 그 점은 예레미야스 자신도 인정한다.[36]

그럼에도 불구하고 이 기준은 다음과 같은 점에서 예수말씀의 진정성연구에 유용하다. 즉 만일 어떤 전승에 아람어가 발견되고 그 전승이 아람어를 말하는 교회에서 나왔다고 할 수 있을 때 우리는 이 전승이 역사적 예수 자신에게서 나왔을 수 있다는 증거로 사용할 수 있다.[37] 왜냐하면 그러한 아람어 언어현상이 존재한다는 것은 곧 그 자료가 아람어에서 헬라어로 번역된 뒤, 마가복음이나 Q자료에서 사용되었기에 적어도 전승의 고대성을 입증해 주어, 그 자료가 진정성이 있을 개연성이 높아지기 때문이다.[38] 그러므로 진정성을 판단하는 다른 기준과 함께 사용되면 이 기준은 매우 가치 있는 도구가 될 수 있다.

마이어는 이 기준을 우선순위에 있어 이차적인 범주의 판단기준으로 분류하면서 다음과 같이 비판한다.[39] 당대의 아람어를 사용한 사람들이 예수만이 아니라 수많은 유대인들도 있었기에 예수가 아

반석 위에 내 교회를 세우리니 음부의 권세가 이기지 못하리라." 요한복음 3장 8절: "**바람**이 임의로 불매 네가 그 소리를 들어도 어디서 오며 어디로 가는지 알지 못하나니 **성령**으로 난 사람은 다 이러하니라."

35) Stein, "The Criteria for Authenticity," 235.
36) J. Jeremias, *The Problem of Historical Jesus*, trans. by N. Perrin (Philadelphia: Fortress Press, 1964), 18.
37) Stein, "The Criteria for Authenticity," 236.
38) Stein, "The Criteria for Authenticity," 236.
39) Meier, *A Marginal Jew*, vol 1, 179-80.

람어적인 음률과 대조법을 사용한 유일한 교사라고 가정할 수 없다. 또한 이 기준은 1세기 당시 이러한 언어들에 대한 정확한 정보가 없다는 데 그 한계점이 있다. 마이어는 예루살렘 교회에 아람어를 말하는 사람들과 그리스어를 말하는 사람들이 초기부터 함께 있었으며 예수의 말씀을 그리스어로 번역한 것이 꼭 전승의 후대의 단계는 아닐 수도 있다는 점을 지적한다. 따라서 마이어는 이 기준을 보조적으로만 사용할 것을 권고한다.

라. 팔레스타인적인 환경의 여부에 의한 판단기준 (The Criterion of Palestinian Environmental Phenomena)

앞에서 논한 아람어적인 언어적 현상에 근거한 기준과 밀접하게 관련되어 있는 기준이다. 이 기준에 따르면 한 전승에 역사적 예수 당시의 팔레스타인의 사회적, 정치적, 경제적, 종교적 및 이외의 관습이 반영되어 있을 경우에는 이 전승이 팔레스타인 환경에서 왔다는 것을 입증해 주며 따라서 역사적 예수의 말씀일 가능성이 높아진다.[40]

즉, 이 기준의 논리적 근거는 예수의 시대와 환경에 보다 근접한 전승을 알아낼수록 그 전승이 진정성이 있는 예수의 말씀일 가능성이 더 커진다는 것이다.[41] 이 기준의 논리를 가장 잘 설명해 주고 있는 학자가 예레미야스다.

여러 비유들에 나오는 회화적(繪畵的: pictorial)인 요소는 팔레스타인의

---

40) Stein, "The Criteria for Authenticity," 236. J. Jeremias, *Parables of Jesus*, trans. by S.H. Hooke (London: SCM Press, 1963), 11-12.
41) Stein, "The Criteria for Authenticity," 236.

일상생활에서 뽑아낸 것이다. 이를 위해 한 예를 들어보자. 마가복음 4장 3-8절에서 씨 뿌리는 사람이 너무나 서투르게 씨를 뿌려서 대부분의 씨들이 유실되었다. 그런데 사실 본문에 묘사된 파종방법이 바로 일반적인 방법이다. 이 점은 **팔레스타인에서는 밭을 갈기 전에 파종한다는 사실을 알게 되면 쉽게 이해하게 된다.** 서양 사람들의 눈에는 서툴러 보이는 파종방법이 팔레스타인 상황에서는 아주 일상적인 방법인 것이다.[42]

그러나 여기서 지적해야 할 점은 팔레스타인의 환경적 현상이라는 기준은 원래 기대했던 만큼 유용한 판단도구가 될 수 없을 것이라는 점이다.[43] 왜냐하면 예수의 가르침이나 그의 공생애 동안에 일어난 사건들 모두가 팔레스타인이외의 지역에서는 절대로 말하거나 일어날 수 없을 정도로 너무나 "팔레스타인적인 것들" 뿐이었다고 할 수가 없기 때문이며, 더욱이 예수가 팔레스타인적인 상황 보다는 헬라적인 상황을 무심코 드러내는 말씀을 할 수도 있었기 때문이다.[44]

이를 잘 설명해 주는 좋은 예가 이혼에 대한 예수의 말씀이다.

이르시되 누구든지 그 아내를 버리고 다른 데에 장가드는 자는 본처에게 간음을 행함이요 또 **아내가 남편을 버리고 다른 데로 시집가면 간음을 행함이니라**(막 10:11-12).

이 말씀의 진정성은 이 말씀이 팔레스타인이 아닌 외부세계의 사회적 종교적 상황을 드러내고 있다는 이유로 인해 종종 부정된다.

---

42) Jeremias, *Parables of Jesus*, 11-12.
43) Stein, "The Criteria for Authenticity," 237.
44) Stein, "The Criteria for Authenticity," 237.

이 말씀은 아내가 주도적으로 그의 남편과 이혼할 수 있음을 전제하고 있는데 이는 유대교에서는 허용되지 않았다는 것이다.45) 유대인 아내가 주도하여 그녀의 남편과 이혼하는 것은 확실히 매우 희귀한 일이었고, 반면에 헬라인들인 간에는 흔한 현상이었다고 가정하는 것은 적절한 추론이라고 할 수 있다.

그럼에도 불구하고 이 구절의 진정성을 판단하는데 있어 보다 신중을 기할 필요가 있다. 왜냐하면 예수의 공생애 동안에는 그러한 말씀에 맞아 떨어지는 실제적인 '삶의 자리'(Sitz im Leben)를 찾아볼 수 있기 때문이다. 갈릴리의 통치자였던 헤롯 안티파스는 문자 그대로 자기의 남편과 이혼한 여자와 결혼했고 세례요한은 바로 그녀의 이혼 및 연이은 결혼을 비판했다는 이유로 죽임을 당했기 때문이다(막 6:14-29). 따라서 역사적 예수도 바로 이 경우를 들어 본문에서 온당치 못한 결혼을 비판했을 수 있는 가능성이 여전히 남아있다.

이 기준의 원리와 관련해 인식해야 할 중요한 점은 역사적 예수가 비 팔레스타인적인 환경을 반영한 말씀을 했을 가능성을 상상할 수 있으며 그 가능성이 상당히 높다는 것이다. 또한 주후 36년에 팔레스타인에 거주했던 유대기독교인들은 주후 29년에 존재했던 역사적 예수와 크게 다르지 않은 상황 속에 있었을 것이기에 어떤 말씀 속에 나타난 팔레스타인적인 환경의 여부로 말씀의 진정성을 판단하는 것은 쉽지 않다.46)

따라서 이 판단기준의 객관적인 유용성을 다음과 같이 서술할 수 있을 것이다. 이 판단기준은 문제의 전승 자료가 팔레스타인적

---

45) Stein, "The Criteria for Authenticity," 237.
46) Meier, *A Marginal Jew*, vol 1, 180.

인 기독교에서 온 것인지를 확인하는 기능만을 할 수 있다는 것이며, 그 전승이 역사적 예수에게까지 거슬러 올라가게 되는지의 여부는 증명할 수 없다는 것이다.47) 그러나 그러한 한계에도 불구하고 팔레스타인적인 환경적인 현상들을 내포하고 있는 어떤 전승이 역사적 예수 자신에게서 유래했을 가능성은 여전히 남아있다.

마. 후대에 발전된 전승의 경향성에 의한 판단기준(The Criterion of the Tendencies of the Developing Tradition)

앞에서 논한 기준들은 대체로 어떤 자료의 진정성을 판단할 때 긍정적인 역할을 하는 반면 "후대에 발전된 전승의 경향성에 의한 기준"은 주로 부정적인 역할을 한다.48) 양식 비평 이론에 의하면, 구전 전승 기간에 이뤄지는 전승의 전달은 어떤 "법계(law)"에 의해 진행되며, 이러한 "법칙"을 이해함으로서 우리는 전승의 어떤 부분이 후대의 것이어서 진정성이 없다는 판단할 수 있는지를 결정할 수 있다.49) 그러면 그런 법칙을 어떻게 발견할 수 있는가? 기본적인 원리는 두 자료 설에 근거해서 마가자료와 Q자료를 마태복음과 누가복음의 저자들이나 그 이전의 전승편집자들이 이를 어떻게 변경시켰는지를 살펴 전승이 변화된 것을 후대의 것으로 판단하는 것이다.50)

이 기준은 후대에 가서 초기전승에 추가 된 것과 변경된 것을 제거하는 하나의 내과용 칼과 같은 역할을 하며, 그러한 과정에서

---

47) Stein, "The Criteria for Authenticity," 238.
48) Stein, "The Criteria for Authenticity," 238.
49) Stein, "The Criteria for Authenticity," 238.
50) R. Bultmann/F. C. Grant (tans.), *Form Criticism* (Chicago & New York: Willet, Clark & Company, 1934), 32-34.

전승의 더 초기 형태를 복원하도록 돕는 하나의 긍정적인 역할을 하기도 하는데, 그 형태가 보다 초기에 가까울수록 예수의 생애에서 일어났던 사건이나 진정성이 있는 예수의 말씀일 가능성은 더 커지게 된다.51)

이 판단기준을 복음서 자료들에 어떻게 적용하는 것인지를 잘 보여주는 좋은 예가 마태복음 18장 12-14절52)과 누가복음 15장 4-7절53)에 나오는 잃어버린 양의 비유이다. 둘 중에 역사적 예수가 말씀하신 비유가 있는가? 있다면 어느 본문이 역사적 예수의 말씀일 가능성이 더 높은가? 그렇다면 그렇지 않은 본문은 어떤 청중들을 대상에 주어진 것인가?

누가복음 15장 1-2절54)에서 누가는 예수가 죄인들을 용납하고 그들과 함께 식사했다고 수군거리는 사람들에게 자신을 방어하기 위

---

51) Stein, "The Criteria for Authenticity," 238.
52) 마태복음 18장 12-14절: "너희 생각에는 어떻겠느뇨 만일 어떤 사람이 양 일백 마리가 있는데 그 중에 하나가 길을 잃었으면 그 아흔 아홉 마리를 산에 두고 가서 **길 잃은 양**을 찾지 않겠느냐 진실로 너희에게 이르노니 만일 찾으면 길을 잃지 아니한 아흔 아홉 마리보다 이것을 더 기뻐하리라 이와 같이 이 **소자** 중에 하나라도 잃어지는 것은 하늘에 계신 너희 아버지의 뜻이 아니니라."
53) 누가복음 15장 4-7절: "너희 중에 어느 사람이 양 일백 마리가 있는데 그 중에 하나를 잃으면 아흔 아홉 마리를 들에 두고 그 잃은 것을 찾도록 찾아다니지 아니하느냐 또 찾은즉 즐거워 어깨에 메고 집에 와서 그 벗과 이웃을 불러 모으고 말하되 나와 함께 즐기자 **나의 잃은 양**을 찾았노라 하리라 내가 너희에게 이르노니 이와 같이 **죄인** 하나가 회개하면 하늘에서는 회개할 것 없는 의인 아흔 아홉을 인하여 기뻐하는 것보다 더하리라"
54) 누가복음 15장 1-2절: "모든 세리와 죄인들이 말씀을 들으러 가까이 나아오니 바리새인과 서기관들이 원망하여 가로되 이 사람이 죄인을 영접하고 음식을 같이 먹는다 하더라"

해서 이 비유를 변증적인 목적으로 사용하고 있는 것으로 묘사하고 있으며 따라서 잃어버린 양의 비유는 적어도 누가에 의하면 유대사회에서 버림받은 사람들과 함께 먹는 예수 자신의 행동에 대한 하나의 변증이다.[55] 그것이 비유의 원래적 맥락이었다는 것은 예수를 겨냥한 이러한 비난이 빈번했었던 것 같다는 점에서 명백해진다(막 2:16-17; 마 11:19; 눅 7:39; 19:7). 그러므로 이 비유의 배경묘사에 있어서는 누가의 본문이 보다 진정성이 있는 것으로 보이며. 반면에 마태는 이 비유를 그 자신의 청중들 즉 예수의 적대자들이 아니라 예수의 추종자인 마태교회 교인들 특히 교회지도자들에게 적용하고자 노력한 것으로 판단할 수 있다.[56]

위의 논증에서 보는 바와 같이 우리가 구전전승기간에 전승에 행해진 것을 설명하는 어떤 "법칙"을 파악할 수 있다면, 즉 첫 번째로 청중이 변경되고, 두 번째 혹은 세 번째로 삶의 자리가 변경되는 것을 알게 되면, 우리는 어떤 자료가 진정성이 있는지를 보다 분명히 확인할 수 있을 것이다.[57]

이 기준의 타당성에 대해서도 다음과 비판이 제기된 바 있다. 먼저 지적할 것은 불트만과 양식비평가들은 마가자료가 먼저 존재했고 마태와 누가가 이를 적절히 활용했다고 설명하는 하나의 특별한 관점 즉 두 자료 설(Two Source hypothesis)에 근거해 이러한 법칙들을 주장한다는 점이다. 만일 이러한 전통적 관점이 유지될 수 없다면, 즉 마태와 누가의 자료를 마가가 활용했다고 전제하는 두 복음서 설(Two Gospels hypothesis)이나 이와 유사한 주장들이 보다 타

---

55) Stein, "The Criteria for Authenticity," 239.
56) Stein, "The Criteria for Authenticity," 239.
57) Stein, "The Criteria for Authenticity," 239.

당성이 있다고 판단되면 두 자료 설을 지지하는 주장과 그로 인한 결과의 상당부분이 변경되거나 제외되어야 할 것이다. 물론 현재까지는 두 자료설의 논리성이 두 복음서설의 그것을 압도하기 때문에 그렇게 될 가능성은 매우 희박하다.

이런 상황에서 제기된 주장은 전승의 전달 및 변경과정에서 어떤 일정한 "법칙"을 찾을 수 없다 하더라도 어떤 "경향"이 나타나는지는 알 수 있는 것이 아닌가? 하는 것이었다.

샌더스(E.P. Sanders)는 이러한 전승의 "법칙"들과 관련된 전반적인 문제에 대하여 상당히 심각한 의문을 제기한 바 있다.58) 그에 의하면, 구전 전승 기간에 있었던 복음서 자료들의 전달과정에서 나타난 "경향"들에 대해서 우리가 아무것도 알 수 없다고 결론내리는 것은 지나치게 비관적이라고 할 수 있겠지만, 전승이 전달되는 과정을 강력하게 지배했던 어떤 법칙이 존재하지 않았다는 것은 분명한 것 같다는 것이다.59) 한 마디로 말해서 실제로 이 기간 동안에 어떤 경향은 존재했지만 "법칙"은 존재하지 않았다는 것이다. 즉 전승이 어떤 경우에는 길어지기도 하고 어떤 경우에는 짧아지기도 하고, 사람의 이름이 붙여지기도 하고 삭제되기도 하여 어떤 일관된 법칙을 정립할 수가 없다는 것이다.60) 또한 전승이 변화된 원인이 각 복음서기자에 의한 편집 작업의 결과일 수도 있기 때문이다. 따라서 어떤 것이 일어나고 어떤 것이 일어날 수 없었다는

---

58) E.P. Sanders, *The Tendencies of the Synoptic Tradition* (Cambridge: Cambridge University Press, 1969), 272-275.
59) Stein, "The Criteria for Authenticity," 240.
60) Sanders, *The Tendencies of the Synoptic Tradition*, 272-75. 마이어 역시 샌더스의 의견에 동의하면서 이 기준을 이차적으로 중요한 기준으로 분류하고 있다. Meier, *A Marginal Jew*, vol 1, 182.

것을 추정할 때는 보다 신중할 필요가 있다.61)

그러면 이 기준의 유용성은 무엇인가? 이 경향을 조심스럽게 적용하면 복음서 전승의 어떤 부분이 나중에 추가되거나 변경된 것을 확인할 수 있다는 것이며, 그렇게 되면 진정성을 증명해야 하는 부담은 그 추가되거나 변경된 부분이 진정성이 있다고 주장하는 학자들이 지게 될 것이다.62) 이 기준에 대해 설명할 때 이런 경향이 실제로 무엇인지를 명확히 이해해야 한다는 것과 샌더스의 비판적인 시각이 충분히 고려되어야 한다는 것은 너무나 자명하다.

바. 비유사성의 기준(The Criterion of Dissimilarity or Discontinuity)63)

비유사성의 기준이 이론적으로는 매우 객관적인 기준임을 부정할 수 없다. 특히 이 기준을 통과한 말씀임을 확인한 학자들의 관점에서 보면 너무나 귀중한 기준일 것이다.64) 맹세하지 말 것을 가르친 말씀(마 5:34, 3765); 참고, 약 5:12), 제자들에게 자발적으로 금식하지 말 것을 가르친 말씀(막 2:18-22과 병행구), 이혼을 금지한 말씀(마 19:7-9 병행구; 눅 16:18 병행구)등이 이 기준을 적용해서 진정성을 확인할 수 있는 유용하다.

그러나 이 기준을 통과한 말씀들만으로는 역사적 예수의 가르침을 파악하기가 너무나 어려울 정도로 수적인 면에서 적다는 것이

---

61) Stein, "The Criteria for Authenticity," 240.
62) Stein, "The Criteria for Authenticity," 240.
63) Meier는 비연속성(discontinuity)이란 단어도 같이 사용한다(A Marginal Jew, vol. 1. 172).
64) Meier, A Marginal Jew, vol. 1. 172
65) 당시 유대교에서는 맹세를 했기 때문이다. 이는 원시기독교에서도 마찬가지였다.

그 문제점이며 따라서 비유사성의 기준을 통과하는 말씀들만으로 역사적 예수의 모습을 그리려는 것은 너무나 좁은 생각이다. 이렇게 비유사성의 기준은 그 원리는 옳지만 그 적용범위가 너무 제한되어 있다는 문제점이 있다.66)

이 기준에 대한 보다 심각한 비판은 비유사성의 기준이 우리에게 역사적 예수에 대한 최소한도의 확실한 지식을 제공하기 보다는 그에게 영향을 주었던 일세기 유대교나 그의 영향을 받았던 초기기독교와 완전히 유리된 예수라는 하나의 가공적인 인물상을 그리는 것으로 끝나버리고 말아 그를 역사의 흐름에서 제외시키는 결과를 가져올 수 있다는 것이다.67) 따라서 비유사성의 기준은 유용한 기준이지만 이 기준이 우리에게 예수의 가르침의 중심 되는 것이나 적어도 대표적인 것을 자동적으로 제공한다는 생각은 하지 말아야 한다.68) 왜냐하면 이 기준이 오히려 예수의 가르침에 있어 주변적인 것을 부각시킬 위험성이 있기 때문이다.69) 그러므로 다른 진정성 판단 기준들이 제공하는 보충적이고 균형 잡힌 통찰력을 감안해서 판단하는 것이 절대적으로 필요하다.70)

마이어도 이 기준이 내포한 근본적인 문제를 지적하고 있다. 즉 아무리 독창적인 인물이었다 하더라도 예수가 성공적인 교사와 전달자(communicator)가 되기 위해서는 그가 존재했던 당시의 역사적 상황의 제한점이라는 제한점을 감수해야 했을 것이라는 점이다.71)

---

66) Stein, "The Criteria for Authenticity," 243: "It only points that the criterion is limited, perhaps extremely limited, in its application."
67) Meier, *A Marginal Jew*, vol. 1. 172.
68) Meier, *A Marginal Jew*, vol. 1. 173.
69) Meier, *A Marginal Jew*, vol. 1. 173.
70) Meier, *A Marginal Jew*, vol. 1. 173.

3. 예수 말씀의 진정성을 판단하는 다양한 기준들 II

즉 역사적 예수는 당시의 의사소통의 방식에 익숙했었을 것이며 이는 예수가 당시 유대사상에 정통했으면서도 독특한 말씀을 했을 가능성을 시사한다.

이 기준에 대한 보다 실질적인 비판은 특별한 복음서 전승이 예수 당시의 유대교와 원시 기독교 공동체의 환경으로부터 발생할 수 있는지 없는지를 결정할 만큼 일세기 유대교와 초대교회에 대한 충분한 지식을 우리가 소유하고 있느냐 하는 것이다. 이러한 지식의 부족으로 말미암아 이 판단기준의 사용은 상당부분 침묵의 논증이 될 수밖에 없는 것이 현실이다.[72] 그러나 마이어의 지적처럼 지난 이백년 동안에 일세기의 유대교와 기독교에 이해에 있어 주목할 만한 진척이 있었던 것이 또한 사실이다.[73] 그러므로 만일 일세기 유대교와 초기 교회의 이해를 위해 이용 가능한 자료들을 신중하게 사용한다면 이 판단기준의 정당성은 문제될 것이 없을 것이다.[74]

이 기준을 적용할 때 아주 조심해야 할 점이 있다. 즉 이를 부정적으로 사용하지 말아야 한다는 것이다. 즉 이 판단기준을 통과하

---

71) Meier, *A Marginal Jew*, vol. 1. 173.
72) Stein, "The Criteria for Authenticity," 242.
73) Meier, *A Marginal Jew*, vol 1, 172.
74) Stein, "The Criteria for Authenticity," 243-44. 이 기준을 철저하게 비판한 것은 신현우의 공헌이다. 그러나 그는 이 기준을 다시 "설명 가능한 연속성의 기준"과 결합하여 다음과 같은 "설명 가능한 연속성 속에서의 불연속성의 기준"을 얻어낸다. "초대교회로부터 발생한 것으로 설명될 수 없지만 오히려 초대교회의 발생을 설명할 수 있고, 당시 유대교로부터 설명될 수 있으면서도 당시 유대교 지도자들에 의해 배척된 것을 설명할 수 있는 예수의 말씀(과 사역)은 역사적 진정성을 가질 것이라." 그러나 그 주장은 자가당착적인 결과로 끝난다는 점을 지적하지 않을 수 없다. 신현우, 『역사적 예수연구의 규칙』.

지 못한 말씀들은 진정성이 없다고 단언하는 방식으로 사용해서는 안 된다는 것이다. 왜냐하면 비유사성의 원리에 의하여 배제된 자료들도 다른 판단기준들에 토대한 진정성 심사를 통과할 수 있기 때문이다.75) 결론적으로 어떤 말씀이 원시교회가 만들어 낸 것이 아니며, 또한 거기에는 당시 유대교와 다른 독특한 점이 있다는 것이 확인이 되면 진정성이 있을 가능성으로 보는 것이 타당할 것이다.76)

사. 유대 기독교에 의한 수정에 근거한 판단 기준(The Criterion of Modification by Jewish Christianity)

이 기준은 대개 비유사성의 기준과 함께 사용한다. 그래서 케제만은 심지어 이 기준이 주로 비유사성의 기준의 한 영역에서 그 역할을 한다는 인상을 주기도 했는데, 즉 유대기독교가 수신한 전승이 그 교회의 당시 상황에 걸림이 되기 때문에 그대로 받아들이기 힘들다고 판단한 경우 이를 완화하거나 수정했다는 점에 착안한 바 있다.77)

유대 기독교가 예수의 원래적인 가르침을 그들 자신의 상황에 잘 들어맞도록 수정한 가장 유명한 예는 마태복음 5장 32절78)과 19

---

75) 신현우, 『역사적 예수연구의 규칙』, 112; H. Marshall, *I believe in the historical Jesus* (Grand Rapids: W. Eerdmans Publishing Co., 1977), 202. 마샬은 이를 "목욕물과 함께 애기를 버리는" 우를 범하는 것이라고 예리하게 지적했다.
76) 최재덕, "공관복음에 나타나는 예수 로기아의 진정성 판단기준에 관한 연구," 123-24.
77) E. Kaesemann, *Essays on New Testament Themes*, trans. by W.J. Montague (Philadelphia: Fortress Press, 1964), 37.
78) 마태복음 5장 32절: "나는 너희에게 이르노니 누구든지 음행한 연고

장 9절79)이다. 마태복음에는 이혼에 대한 예외조항이 있다. 그러나 마가복음 10장 11-12절80)과 Q와 고린도전서 7장 10-11절81)에는 이러한 예외조항이 없다. 따라서 이 예외조항은 역사적 예수의 말씀 중에는 없었던 것으로 보는 것이 타당할 것이다.

이렇게 이 기준은 부정적인 기능과 긍정적인 역할을 동시에 하게 된다. 즉 만일 어떤 전승이 원시 교회에 의해 수정되었다는 것을 증명한다면 그것은 곧 이 전승의 진정성을 부정적으로 입증하는 것이 된다. 그러나 동시에 그러한 결과를 통해 수정되지 않은 부분의 진정성을 입증하게 되기 때문이다. 혹 진정성이 입증되지 않는다 하더라도 적어도 원시 교회가 그 전승을 수정했다는 사실은 교회나 혹은 복음서 기자가 이 전승을 무시하지 않았고, 그것을 당시의 정황에 맞추어 수정함으로서 그 문제를 취급할 만큼 권위와 고대적인 어원을 가지고 있었다는 점을 입증하게 된다.

아. 편집과정에서 발생한 다양한 형태로 판단하는 기준(The Criterion of Divergent Patterns From the Redaction)

없이 아내를 버리면 이는 저로 간음하게 함이요 또 누구든지 버린 여자에게 장가드는 자도 간음함이니라"

79) 마태복음 19장 9절: "내가 너희에게 말하노니 누구든지 음행한 연고 외에 아내를 내어버리고 다른데 장가드는 자는 간음함이니라"

80) 마가복음 10장 11-12절: "집에서 제자들이 다시 이 일을 묻자온대 이르시되 누구든지 그 아내를 내어버리고 다른데 장가드는 자는 본처에게 간음을 행함이요 또 아내가 남편을 버리고 다른 데로 시집가면 간음을 행함이니라"

81) 고린도전서 7장 10-11절: "혼인한 자들에게 내가 명하노니 (명하는 자는 내가 아니요 주시라) 여자는 남편에게서 갈리지 말고 (만일 갈릴지라도 그냥 지내든지 다시 그 남편과 화합하든지 하라) 남편도 아내를 버리지 말라"

이 기준은 본질적으로 비유사성의 기준의 두 번째 부분인 세 번째 삶의 자리(Sitz im Leben)에 적용된다. 역사적 예수의 삶의 자리를 첫 번째로 구두전승으로 전해진 삶의 자리를 두 번째로 본다면 세 번째 즉 원시교회의 편집 작업에서 이루어진 사항이라는 뜻이다. 복음서기자가 그의 신학적인 틀에 맞지 않는 어떤 자료를 그의 복음서에 삽입했다는 것은 그 자료가 오래된 것이라는 점과 또한 진정성이 있다는 것을 의도하지 않았음에도 불구하고 드러내는 증거가 된다.[82] 그런 관점에서 다음 사항을 이해할 수 있다.

비유사성의 기준에서는 초기교회의 신학과 복음서 자료들 사이에 차이점이 존재한다는 사실은 문제가 되는 자료가 초기 교회에서 나왔을 수 없으며 따라서 진정성이 있을 가능성이 높다고 판단한 바 있다. 반면에 이 기준 즉 "편집과정에서 발생한 다양한 형태로 판단하는 기준"은 복음서 자료들과 복음서 기자의 편집사이에 나타나는 차이점은 그러한 자료들이 첫째로 복음서 기자에게서 유래될 수 없었다는 사실을 지지하며, 둘째로 복음서 기자가 그것을 자유롭게 생략하고 싶지 않을 만큼 정통성이 있는 자료라는 사실을 보증한다고 주장한다.[83]

복음서 기자에 의한 자료 삽입의 가장 좋은 예는 마태복음 11장 13절[84]이다. 이는 마태가 그의 복음서 곳곳에서 율법의 영원한 유효성을 강조한 것과 상충된다(마 3:15; 5:17-20; 7:12; 12:5; 23:1-3,

---

82) Stein, "The Criteria for Authenticity," 247.
83) Calvert, "An Examination of the Criteria for Distinguishing the Authentic Words of Jesus," 219.
84) 마태복음 11장 13절: "모든 선지자와 및 율법의 예언한 것이 요한까지니 만일 너희가 즐겨 받을진대 오리라 한 엘리야가 곧 이 사람이니라"

23). 따라서 절반의 진정성의 가능성이 있는 것으로 판단할 수 있을지 모른다.

그러나 이 판단기준이 이를 충족시키는 어떤 전승 자료들의 진정성을 입증할 수도 있지만 입증하지 않을 수도 있다는 점을 지적할 필요가 있다.[85] 이 기준이 입증할 수 있는 것은 복음서 기자가 그러한 자료들을 생략하길 원하지 않았고 따라서 이 자료들은 원시교회의 전통에서 굳건한 입지를 가지고 있었다는 사실일 뿐이다. 어떤 전승이 교회에서 보다 확고한 입지를 가질수록 더 오래되고 잘 알려진 전승이었을 가능성은 많아진다. 그리고 더 오래되고 더 잘 알려진 전승일수록, 진정성이 있을 가능성이 많아진다는 것은 논리적으로 타당하다.

자. 환경적인 모순점에 근거해 판단하는 기준(The Criterion of Environmental Contradiction)

이 기준은 부정적인 기능을 한다. 만일 복음서 자료 안에 있는 어떤 말씀이나 모티프가 예수의 생애에서 발생할 수 없는 상황을 전제한다면, 이 말씀과 모티프는 진정성이 없는 것으로 간주된다. 즉 만일 어떤 말씀이나 주제가 예수가 가르칠 수 없는 것이었다면 예수는 그 말씀이나 주제를 가르치지 않았을 것이라고 생각하는 것은 당연하다는 것이다.

그런데 이 기준이 가지고 있는 근본적인 문제는 예수에게서 기인한 것으로 생각할 수 없는 것인지 아닌지를 명확하게 판단하기가 어렵다는 것이다. 칼버트(Calvert)는 주후 70년 후의 상황을 반영

---

85) Stein, "The Criteria for Authenticity," 248. 이 단락에 기술된 것은 모두 스타인의 주장이다.

하고 있는 마태복음 22장 7절86)을 제시하고 있다. 그러나 이 구절이 이스라엘에게 닥칠 심판을 예언한 예수의 말씀일 수도 있기 때문에 판단하기가 쉽지 않다.

결론적으로 이 기준은 비진정성을 판단하는데 유용한 도구이지만 매우 심각한 단점을 포함하고 있다는 점을 지적할 수밖에 없다. 예수가 그의 삶의 자리, 즉 소위 "첫 번째" 삶의 자리(Sitz im Leben)에서 말할 수 없었던 것이 무엇인지를 결정하는 것이 매우 어려우며 개인적인 판단에 따라 달라질 수 있다는 사실이다.87)

차. 진정성이 확인된 말씀과 상충되는 점에 근거한 판단기준(The Criterion of Contradiction of Authentic Sayings)

이 기준은 그 제목이 시사하는 바와 같이 부정적인 기능 즉 진정성을 부정하는 판단기준으로 사용될 수 있다. "만일 어떤 말씀이 이미 진정성이 있다고 인정된 말씀과 모순된다면 그 말씀은 진정성이 없다."고 판단하게 된다.88)

그러나 이 기준의 적용은 매우 제한적일 수밖에 없는데 두 말씀이 모순된다고 확실하게 말할 수 있는 경우가 매우 드물기 때문이다.89) 왜냐하면 예수의 말씀이 역설법과 과장법을 사용하는 특성을 보이기에 외견상으로는 모순되게 보이지만 의미상으로는 그렇지 않

---

86) 마태복음 22장 7절: "임금이 노하여 군대를 보내어 그 살인한 자들을 진멸하고 그 동네를 불사르고…" Calvert, "An Examination of the Criteria for Distinguishing the Authentic Words of Jesus," 212. n. 2.
87) Stein, "The Criteria for Authenticity," 249. Calvert, "An Examination of the Criteria for Distin- guishing the Authentic Words of Jesus," 212.
88) Stein, "The Criteria for Authenticity," 249.
89) Stein, "The Criteria for Authenticity," 249.

을 수 있다는 점을 아주 조심해서 확인해야 하기 때문이다.90) 예로 누구든지 자신의 부모와 부인과 자녀를 미워하지 않으면 예수의 제자가 될 수 없다는 누가복음 14장 26절의 말씀과 자신의 아버지와 어머니를 모욕하는 자는 죽임을 당하리라는 마가복음 7장 9-10절의 말씀은 명백하게 모순되는 것인가 하는 질문이 제기될 수 있기 때문이다.91)

이 기준과 관련해 고려해야 할 또 다른 점은 역사적 예수는 서로 모순되는 진술을 절대로 하지 않는다는 전제를 할 수 있는가 하는 것이다.92) 예로 역사적 예수가 세례요한에게 세례를 받았지만(막 1:9; 마 3:16; 눅 3:21) 다른 사람에게 세례를 베풀었다는 기록이 공관복음서에 나타나지 않는다는 사실은 예수가 세례를 베풀었다고 기록한 본문(요 3:22; 4:1)과 모순되기에 후자는 진정성이 없는 말씀으로 판단할 수 있다. 더욱이 "예수께서 세례를 베푸신 것이 아니라 제자들이 베푼 것이라"는 해명(요 4:2)은 예수께서 물세례를 베풀지 않았음을 확인해 준다. 이 기준은 이런 경우에 아주 유용하게 사용된다.

위와 같은 점이 적절히 고려된다면 이 기준은 어떤 말씀의 진정성이 확실히 증명되었을 때 그와 모순되는 말씀이나 모티브의 진정성이 없다는 가능성을 확인할 수 있다는 원리적인 관점에서만 유용하다고 할 수 있다.

카. 일관성 혹은 일치성의 여부로 판단하는 기준(The Criterion of

---

90) Stein, "The Criteria for Authenticity," 249.
91) Stein, "The Criteria for Authenticity," 250. 이 외에도 스타인은 마태복음 7장 1절과 마태복음 7장 6절이 정확하게 모순되는 말씀인지를 묻는다.
92) Stein, "The Criteria for Authenticity," 250.

Coherence or Consistency)

 이 기준은 이미 다른 판단기준들을 통해 진정성이 있다고 판단된 말씀들과 신학적으로 일치하거나 일관된 말씀들은 진정성이 있다고 판단하는 기준이다. 그렇기 때문에 다른 기준들을 적용한 뒤 맨 마지막으로 적용할 기준이 된다. 그 이유는 이 판단기준은 이미 앞서 논한 여러 기준들을 현명하고 명민하게 사용함으로써 진정성이 있는 전승 자료가 될 수 있다는 논리에 근거하고 있기 때문이다.93) 그래서 예로 페린은 "진정성이 있는 전승의 초기 층에서 나온 자료는 만일 그것이 비유사성의 기준을 통해 진정성이 확인된 말씀과 일관된다고 볼 수 있는 자료와 일관될 경우 진정성이 있다고 볼 수도 있다."고 주장한다.94)

 이 기준이 어떻게 사용되어 왔는지를 보여주는 좋은 예를 제공한 바 있는 칼스톤은 하나님의 종말적인 임재의 관점에서 회개를 선포한 것이 예수의 메시지(막 1:15; 마 4:17)라고 결론내린 뒤에 비유에 관해 설명하면서 "진정성이 있는" 비유는 예수의 메시지의 독특한 점인 종말적인 회개 요구에 상당히 잘 맞아 들어간다고 주장한 바 있다.95)

 단순히 논리적인 관점에서 본다면 일관성의 기준은 하나의 타당하고 유용한 도구라고 할 수 있는데, 만일 어떤 예수의 말씀이 진정성이 있다는 것이 확인된다면, 그 말씀의 개념이나 모티프와 조화를 이루기 때문에 예수가 말씀하신 것이라고 주장되는 다른 말

---

93) Stein, "The Criteria for Authenticity," 251.
94) Perrin, *Rediscovering the Teaching of Jesus*, 39.
95) Stein, "The Criteria for Authenticity," 251; Meier, *A Marginal Jew*, vol 1, 190.

씀들의 경우, 개념이나 모티프와 조화를 이루지 않는 말씀들보다 진정성이 있을 가능성이 보다 높다고 할 수 있기 때문이다.96)

그러나 일관성의 기준이 검토하고 있는 어떤 말씀의 진정성을 절대적으로 확증해 주지 못하는데 그 이유는 초기 교회가 어떤 자료를 예수의 진정성 있는 말씀들과 일치하게 되도록 만들어 냈을 수도 있기 때문이다.97) 따라서 일관성의 기준을 진정성을 판단하는 하나의 절대적 증거로서 사용할 수는 없다.98)

또 다른 문제점은 어떤 말씀의 진정성을 잘못 판단한 경우 거기에 근거한 판단의 오류로 인해 잘못이 확대될 수 있는 위험성이 있다는 것이다.99) 즉 어떤 말씀이 이미 진정성이 있다고 판단된 말씀과 일관되지 않는다고 하여 진정성이 없다고 판단하는 기준으로 사용할 때는 매우 조심해야 한다.100) 이 기준이 역설적 긴장마저 거부하는 기준으로 작용될 수 있다는 점도 유의해야 하는데 그 이유는 역설과 긴장이 예수의 가르침의 특징일 수 있기 때문이다.101)

---

96) Stein, "The Criteria for Authenticity," 251.
97) Stein, "The Criteria for Authenticity," 251. Meier도 그 가능성을 언급한다. *The Marginal Jew*, vol. 1. 176.
98) Stein, "The Criteria for Authenticity," 250-51. Meier는 역사적 예수의 모든 말씀에서 일관성을 기대하는 것은 무리한 생각이라고 주장한다. 즉 예수도 후대사람들의 귀에는 일견 모순되는 것 같은 말씀도 하셨을 수 있다는 것이다. *The Marginal Jew*, 176-77.
99) Stein, "The Criteria for Authenticity," 151.
100) Meier, *The Marginal Jew*, vol. 1. 176.
101) 신현우, 『역사적 예수연구의 규칙』, 141-42. M.D. Hooker, "Christology and Methodology," *NTS* 17(1970), 483: "Moreover, some of Jesus' sayings, if they are genuine, are paradoxical, and that alone should perhaps warn us against looking for what seems to be us to consistent." D.R. Catchpole, "Tradition History," *New Testament Interpretation* (Grand Rapids: Willliam B. Eerdmans Publishing Company, 1977) 176; M.E. Boring, "The Historical-

그러나 오류가 없도록 진정성을 틀림없이 확인할 수 있다면 이 기준 또한 타당한 기준이 될 수 있을 것이다. 그럼에도 불구하고 다음과 같은 점을 분명히 인식하는 것이 필요한데, 실제로 이 기준을 통해서 할 수 있는 것은 진정성이 있는 자료와 일관된 자료 또한 진정성이 있을 가능성이 높아진다는 점을 확인할 수 있다는 점이며, 따라서 이는 문제가 되는 자료에 대한 여러 논증에 추가될 수 있는 하나의 논증이 될 수 있다는 것이다.

타. 거북함의 여부로 판단하는 기준(The Criterion of Embarrassment)

마이어는 독특하게도 "거북함의 여부로 판단하는 기준"을 "비유사성의 기준", "다중증거에 의한 판단기준", "일관성 혹은 일치성에 근거한 판단 기준", "예수가 거부당하고 죽임 당했다는 사실에 근거한 판단기준"에 앞선 가장 중요한 판단기준으로 우선시한다.102)

그가 새롭게 제시한 이 기준은 원시교회의 입장을 거북하게 하거나 당황하게 만들 수 있었을 것으로 생각되는 말씀들이나 행동들에 초점을 맞춘다. 이 기준의 요점은 원시교회로서는 교회의 창시자인 역사적 예수의 권위를 깎아 내리거나, 원시교회가 적대자들과 논쟁할 때 교회의 입장을 약화시키게 할 말씀자료들은 좀처럼 만들어내려고 하지 않았을 것이라는 것이다.103) 대표적인 예가 예수의 수세사건이다. 원시교회로서는 그들이 최고로 숭배하며 또한 놀랍도록 뛰어난 그리고 죄가 없는 예수께서 상대적으로 열등할 뿐 아니라, "죄 용서함을 위한 회개의 세례"를 외친 세례요한에게

Critical Method's 'Criteria of Authenticity,'" *Semeia* 44(1988).
102) Meier, *A Marginal Jew*, vol 1, 166.
103) Meier, *A Marginal Jew*, vol 1. 168.

3. 예수 말씀의 진정성을 판단하는 다양한 기준들 II

세례를 받았다는 것은 매우 거북하게 느낄 수밖에 없었을 것이다. 따라서 실제로 일어난 사실이 아니라면 마치 있었던 것인 양 기록하지는 않았을 것이다. 그런 점에서 예수의 수세사건의 진정성은 확실히 증명된다(막 1:4-11).[104]

이 기준에 적합한 또 다른 예가 마가복음 13장 32절이다. "그러나 그날과 그때는 아무도 모르나니 하늘에 있는 천사들도, 아들도 모르고 아버지만 아시느니라." 원시교회로서는 그들이 숭배하는 예수가 그 날과 그때와 같은 중요한 점에 대해서 모른다는 매우 거북한 구절을 만들어 낼 리가 없었을 것이다.[105] 따라서 이 말씀은 진정성이 있는 역사적 예수의 말씀이라고 판단할 수 있다.

그런데 다른 모든 기준이 그러했듯이 이 기준에도 제한점이 있으며 그렇기 때문에 다른 진정성판단기준들과 연계해서 사용해야 하는데 "거북함의 여부로 판단하는 기준"에 적합한 자료들은 아주 적은 수에 불과할 뿐 아니라 오용될 수 있기 때문이다.[106]

---

104) 이런 결론은 이민 논증한 "진정성이 확인된 말씀과 상충되는 점에 근거한 판단기준"(The Criterion of Contradiction of Authentic Sayings)을 통해서도 도달한 바 있다. 마가복음은 그 점에 대한 신학적 설명보다는 수세사건만을 서술하며(막 1:4-11), 마태복음은 하나님의 구원계획을 성취하기 위해서는 그렇게 해야 한다는 예수의 명령을 포함하며(마 3:13-17), 누가복음에는 누가 예수에게 세례를 베풀었는지에 대한 명확한 언급이 없다(눅 3:21-22). 요한복음에는 요한이 예수에게 세례를 베풀었다는 것이 명확하게 설명되어 있지 않다(1:29-33).

105) 그래서 상당수의 마태복음 사본에는 '아들도 모른다'는 구절이 생략되어 있으며 누가복음에는 이 구절이 아예 언급되지 않는다.

106) Meier, *A Marginal Jew*, vol 1. 170. 마이어는 마가복음 15장 34절과 이의 병행구인 마태복음 27장 46절에 있는 "나의 하나님, 나의 하나님 어찌하여 나를 버리셨나이까 하는 뜻이라"는 말씀은 시편 22편 19절의 인용이기 때문에 이 기준을 적용하지 말 것을 환기시킨다(참고, 눅 23:46; 요 19:30).

여기서 필히 언급할 점이 있다. 이 기준은 앞서 설명한 다른 기준들과 원리적인 측면에서 비슷한 점이 있다는 것이다. 특히 "비유사성에 근거한 판단 기준"의 이론적 틀과 그러한데, 이에 따르면 어떤 말씀이 원시교회에서 유래하지 않았다고 판단될 때 진정성이 있는 말씀일 가능성이 절반이상 확보된다. 원시교회에서 나오지 않았을 것이라고 판단하는 이유 중의 하나가 원시교회로서는 그러한 말씀을 만들어내는 것이 매우 거북했을 것이라고 보기 때문이다. 즉 이 두 개의 판단기준들은 거북함이라는 점에 논리적 근거를 둔다는 점에서 일치한다. 또한 앞서 논한 바 있는 "유대교에 의한 수정에 근거한 판단기준"과도 원리적 측면에서 그러한데 일부 원시유대교회로서는 받아들일 수 없는 거북한 부분을 수정했다고 본다는 점에서 비슷하기 때문이다. 또한 "편집과정에서 발생한 다양한 형태로 판단하는 기준"도 원시교회에서 나올 수 없는 전승을 상정한다는 측면에서는 원리적 측면에서 비슷한데 그 기준도 '거북함 때문에 나올 수 없다고 보기 때문이다. 이렇게 볼 때 마이어는 앞에서 논한 여러 기준들이 '거북함'이라는 측면에 그 논리적인 기초를 두고 있다는 데 착안하여 아예 "거북함의 기준"이라는 보다 실제적인 이론을 정립했다고 추론할 수 있다.

마이어는 비유사성의 기준의 한 형태로 이 기준을 제시하고 있다. 예를 들어 십자가상에서 발설된 유기(遺棄), 즉 버림받는 것 같은 느낌을 주는 외침(cry of dereliction)처럼 느껴지는, "아버지여 왜 나를 버리시나이까!"(막 15:34; 마 27:46)라는 말씀은 언뜻 보기에는 당황스러운 내용을 담고 있다. 하나님 아버지가 누군가를 버린다는 느낌은 기독교인으로서는 당황스럽기 때문이다. 더구나 누가는 이

것을 아버지에게 자신의 영혼을 부탁하는 것으로 바꿨고 요한은 승리의 외침, 즉 "다 이루었다"를 기록하고 있다. 따라서 이것은 진정성이 있는 것으로 보일 수 있다. 그러나 문제는 그렇게 간단하지 않다. 이러한 고통에 찬 하나님을 향한 호소는 시편의 전승에 있으며 구약에 익숙한 당대의 경건한 유대인들에게는 낯설지 않았기 때문이다. 따라서 마이어는 이 기준만으로 진정성을 확립할 수는 없다는 점을 지적하고 있다.107) 그래서 마이어는 이러한 판단기준의 한계를 다음과 같이 지적하였다. 복음 전승들 중 명확하게 이 당황의 기준에 해당하는 경우가 많지 않으며 우리가 오늘날의 관점에서 볼 때 초기 교회를 당황하게 만들었다고 간주되는 것들이 정작 초기 교회의 시각에서는 당황스럽지 않을 수도 있다는 것이다.

파. 예수가 유대지도자들에 의해 거부되고 처형당했다는 사실에 근거한 판단기준(The Criterion of Rejection and Execution)108)

이 기준도 근자에 마이어가 주장한 것으로 위에서 논한 열한 번째까지의 기준들과는 구별되는 기준이다. 역사적 예수는 십자가에 달릴 정도로 당시 통치자들에게 저항한 존재이며, 그의 말과 행위가 사람들 특히 특권자들을 따돌리지 않는 예수의 말씀과 행위는 역사적 예수에게서 온 것이 아니라는 주장이다.109) 마이어는 이를 우선순위에서 일차적인 기준으로 분류한다.110) 마이어는 역사적 예

---

107) Meier, *A Marginal Jew*, vol 1, 168.
108) Meier, *A Marginal Jew*, vol. 1, 177. 마이어는 이 기준을 일차 기준 중에서 다섯 번째로 중요한 것으로 배치하고 있다.
109) Meier, *A Marginal Jew*, vol. 1, 177.
110) Meier, *A Marginal Jew*, vol 1. 177.

수는 사람들 특히 율법해석자들에서부터 예루살렘의 제사장 귀족들과 그를 십자가에 달리게 만든 사람들을 위협하고 불안하게 하고 화나게 만들었다고 주장한다(막 11:15-18; 27-33; 14:53-65; 15:1-32).[111] 예수가 폭력적인 종말을 맞았다는 강조점은 결단코 기독교신학이 인위적으로 겨냥한 초점이 아니었다는 것이다.[112] 이러한 파국적 종말이야말로 역사적 예수에 대한 진정성 있는 묘사라고 본다.[113] 따라서 이러한 사실에 근거를 둔 예수의 말씀들이나 행위들을 역사적 예수의 말씀이나 행위로 해석한다는 기준이 될 수 있다는 것이다. 이 기준은 역사적, 논리적 근거를 담고 있으나 이를 구체적으로 어떻게 사용하는지를 설명하고 있지 않기에 역사적 예수의 행위나 말씀의 진정성을 판단하는 울타리와 같은 역할을 하는 기본적인 기준으로 삼는 것이 적절하다고 판단된다.

하. 서술의 생생함에 근거한 판단기준(The Criterion of Vividness of Narration)[114]

복음서에 나오는 여러 담화(narrative)들에서 생생함(liveliness)과 구체적인 자세한 묘사는-특히 자세한 서술이 그 이야기의 요점에 적합하지 않을 경우-때로 목격자들의 기록이라는 것을 나타내는 증거로 받아들여진다.[115] 빈센트 테일러는 그의 동료들처럼 판단기준에

---

111) Meier, *A Marginal Jew*, vol 1. 177.
112) Meier, *A Marginal Jew*, vol 1. 177.
113) 마이어는 자신은 예수를 폭력적인 혁명가나 정치적인 선동자로 보는 견해에 대해서 동의하지는 않지만 비유나 시를 말하며 아무 부류의 사람도 위협하지 않고 마냥 온유하기만 존재로 예수를 그리는 방식에는 진정성이 없다고 본다. Meier, *A Marginal Jew*, vol 1. 177.
114) Meier, *A Marginal Jew*, vol 1. 180.

대해 비판적이어서 재능이 있는 화자가 사실은 역사적인 것이 아닌 어떤 이야기에 생생함을 더할 수 있다는 가능성을 인정함에도 불구하고 마가복음에 나오는 생생하고 구체적이고 자세한 설명을 역사적 가치가 매우 높은 것으로 받아들이는 경향이 있다.[115] 테일러는 때로 담화에 나오는 자세한 묘사가 그 담화에서 분명하게 어떤 기능을 하지 않음에도 불구하고 포함되어 있으며(막 6:21[117]), 반대로 어떤 경우에는 그런 자세한 묘사가 명확히 필요하다고 생각되는 경우에도 배제되어 있다는 사실(막 3:13-19[118]; 3:21; 4:10-12; 6:6-12; 9:41-45)은 마가복음기자가 전승을 임의로 확대하거나 축소하지 않았다는 증거가 된다고 주장한다.[119]

그러나 서술의 생생함이 마가복음 저자 이전에 존재했던 구두전승이라는 증거가 될 수는 있을지 모르지만 그것을 곧 예수에게로 소급된다는 증거로 삼을 수는 없다.[120] 이는 어떤 전승의 서술이 과도하게 빈약한 경우에도 마찬가지이다. 그래서 마이어는 이 기준을 우선순위에 있어 이차적인 기준으로 분류하고 있다.

요약하면 전승에 나타난 서술의 독특한 생생함에 유의하여 그것이 역사적 예수의 말씀일 수 있을 가능성을 탐색하는 것은 필요하

---

115) Meier, *A Marginal Jew*, vol 1. 180.
116) Meier, *A Marginal Jew*, vol 1. 180-81. V. Taylor, *The Gospel According to St. Mark* (2nd ed.,: London: Macmillan, 1966), 149.
117) 한 예로 테일러는 헤롯이 초대한 사람들이 설명하는 것은 불필요한 언급이라고 본다(*Mark*, 139-40).
118) 테일러는 열두 제자 선택에 대한 기사에 그들을 선택하는 목적이나 그들을 택한 장소가 구체적으로 어떤 산인지에 대해서 충분히 설명되어 있지 않다는 점을 지적하고 있다. Taylor, *Mark*, 140.
119) Taylor, *Mark*, 149; Meier, *A Marginal Jew*, vol 1, 181.
120) Meier, *A Marginal Jew*, vol 1, 181.

지만 생생함의 판단이 매우 주관적일 수 있음을 경계해야 한다.

III. 결론

역사적 예수를 연구함에 있어 꼭 필요한 것이 복음서와 여러 서신들에 나오는 말씀들의 진정성을 확인하는 작업이다. 따라서 이를 위해 진정성을 올바로 판단하는 기준이 필요하며, 지금까지 많은 학자들이 다양한 판단기준을 제시해 왔다. 어떤 의미에서 역사적 예수에 대한 연구는 예수 말씀이나 의도를 판단하는 기준에 대한 연구와 같이 발전되어 왔다고 할 수 있다.

이 모든 기준들은 나름의 논리성과 타당성이 있어서 역사적 예수에 대한 연구를 진일보 시키는데 효과적으로 활용되어왔다. 그런 이유로 이 논문에서는 역사적 예수의 말씀의 진정성을 판단하는 기준의 원리와 실제 그리고 그 유용성과 제한점을 살펴보았으며 그 결과는 다음과 같이 요약할 수 있다.

먼저 언급할 것은 이 기준들을 통과해서 진정성이 있다고 판단되는 말씀들이 그렇지 않은 말씀들보다 더 권위가 있다고 판단해서는 안 된다는 것이다. 그 모두는 성령의 인도함을 받아 기록된 거룩한 말씀이기 때문이다.

또한 언급한 기준들을 통과하지 못한 말씀들은 진정성이 절대적으로 없다고 판단해서도 안 된다. 왜냐하면 지금까지 발전되어온 진정성 판단기준이 절대적인 기준이 아니기 때문이다. 예로 역사적 예수 당시의 상황에 대한 보다 많은 연구가 진행되면서 판단을 변경해야 할 경우가 생길 수 있기 때문이다.[121]

3. 예수 말씀의 진정성을 판단하는 다양한 기준들 II

학자들에 따라서는 특정한 기준을 선호하여 그것을 앞세우는 경향이 있지만122) 엄밀하게 말하면 모든 기준들은 그 중요성의 정도에 있어 동일하다고 보는 것이 옳다. 왜냐하면 말씀에 따라 잘 들어맞는 기준이 각각 다르기 때문이다. 그러므로 어떤 기준이 다른 기준에 비해 더 중요하다고 판단할 수 없다.

확실한 것은 위에서 소개한 여러 다양한 판단기준들을 통해 어떤 말씀의 진정성을 누적적으로 입증할 경우 그 말씀이 진정성이 있는 말씀일 가능성이 상대적으로 커진다는 것이다.123) 즉 예수의 어떤 특별한 말씀이 위에서 논한 긍정적인 여러 기준들을 충족시킨다면 이러한 말씀은 진정성이 있다고 주장할 수 있을 것이다.124) 그러나 어떤 말씀이 위에서 논한 여러 긍정적인 판단기준 중 어떤 하나만을 충족시켜도 진정성이 있다고 권위 있게 판단할 수 있음

---

121) 예로 스타인은 어떤 말씀이나 모티브가 다중 증거의 여부로 판단하는 기준, 다중 양식의 여부로 판단하는 기준, 아람어적인 언어적 현상에 근거한 판단기준, 팔레스타인적인 환경의 여부에 의한 판단기준, 후대에 발전된 전승의 경향성에 의한 판단기준을 통과하지 못한다고 해도 이의 진정성 여부에 대해서는 아무 것도 말해주지 않는다고 주장한다. 이는 단순히 현재의 판단기준이 적합하지 않기 때문에 진정성을 판단하는 것이 불가능하다는 것을 가리켜줄 뿐이라고 본다. Stein, "The Criteria for Authenticity," 253.
122) 스타인은 "비유사성의 기준"이 다른 기준들보다 더욱 가치가 있으며 그 외 기준들은 복음서의 말씀이나 모티브를 역사적 예수에게 연결시킬 수 있다고 절대적으로 판단할 수 있을 정도로 충분히 강력하지 못하다고 한다(Stein, "The Criteria for Authenticity," 252). 비유사성의 기준이 원리적인 측면에서 초기의 것이고 또한 중요한 것은 사실이지만 다른 기준보다 상대적으로 중요한 기준이라는 주장을 절대화시킬 필요는 없다.
123) Stein, "The Criteria for Authenticity," 252.
124) Stein, "The Criteria for Authenticity," 252.

에 유의할 필요가 있다. 중요한 것은 얼마나 많은 기준을 충족시키느냐 보다는 얼마나 탄탄한 논리로 충족시키느냐 하는 것이다.

논리적으로 볼 때 위에서 언급한 기준 중에서 후대에 발전된 전승의 경향성에 의한 판단기준, 유대기독교에 의한 수정에 근거한 판단기준, 환경적인 모순점에 근거해 판단하는 기준, 진정성이 확인된 말씀과 상충되는 점에 근거한 판단기준은 말씀의 비진정성을 주장하는데 사용될 수 있다.125) 왜냐하면 후대에 발전된 전승, 수정된 전승, 팔레스틴 환경에 모순되는 전승, 진정성이 있는 말씀과 상충되는 전승이라고 판명될 경우 그 진정성이 없다는 것이 명확해지기 때문이다. 그럼에도 불구하고 그러한 판단을 내릴 때 사용하는 근거가 항상 분명한 것이 아니기에 여전히 신중하게 사용할 필요가 있다.

이런 기준들을 보다 정교하게 발전시키고 효과적으로 활용하여 진정성이 입증된 말씀들과 신학적인 동기들을 조직적으로 연결하면 역사적 예수의 말씀과 의도에 대한 밑그림을 보다 명확하게 그려낼 수 있을 것이다.

참고문헌

박수암. 『신약연구개론』. 서울: 장로회신학대학교출판부, 1998.

---

125) Stein, "The Criteria for Authenticity," 253.

3. 예수 말씀의 진정성을 판단하는 다양한 기준들 II

성종현.『신약총론』. 서울: 장로회신학대학교출판부, 1991.
신현우.『역사적 예수연구의 규칙』. 서울: 웨스트민스터출판부, 2005.
예레미아스, J./정충하 역.『신약신학』. 서울: 크리스챤다이제스트, 2009.
최재덕. "예수 로기아의 진정성 판단기준에 관한 연구."『신약논단』3 (1997): 107-24.
풀러, R.H./ 황성규 역.『현대신약학의 주류』. 서울: 한국신학연구소, 1977.
한, F./최재덕 역.『역사적 예수 연구와 신약성서 신앙』. 서울: 한국장로교출판사, 1996.
Black, M. *An Aramaic Approach to the Gospels and Acts*. Oxford: Clarendon Press, 1967.
Boring, M.E. "The Historical-Critical Method's 'Criteria of Authenticity.'" *Semeia* 44 (1988): pp-pp.
Bultmann, R. *Form Criticism*. Trans. by F.C. Grant. Chicago & New York: Willet, Clark & Company, 1934.
Calvert, D.G.A. "An Examination of the Criteria for Distinguishing the Authentic Words of Jesus." *NTS* 18 (1971).
Catchpole, D.R. "Tradition History." *New Testament Interpretation*. Grand Rapids: Willliam B. Eerdmans Publishing Company, 1977.
Dalman, G. *The Words of Jesus*. Trans. by D.M. Kay. Edinburgh: T. & T. Clark, 1902.
_____. *Jesus-Joshua*. Trans. by P.P. Levertoff. London: Society for Promoting Christian Knowledge, 1929.
Hooker, M. D. "Christology and Methodology," New Testament Studies, 1970(17), 483.
Jeremias, J. *The Eucharistic Words of Jesus*. Trans. by N. Perrin. London: SCM Press, 1980.
_____. *The Problem of Historical Jesus*. Trans. by N. Perrin. Philadelphia: Fortress

Press, 1964.

_____. *Parables of Jesus*. Trans. by S.H. Hooker. London: SCM Press, 1963.

Kaesemann, E. *Essays on New Testament Themes*. Trans. by W.J. Montague. Philadelphia: Fortress Press, 1964.

Marshall, H. *I believe in the historical Jesus*. Grand Rapids: W. Eerdmans Publishing Co., 1977.

McArthur, H.K. "Basic Issues: A Survey of Recent Gospel Research." *Interpretation* 18 (1964): 47-48.

Meier, J.P. *A Marginal Jew*, vol. 1. New York: Doubleday, 1991.

Moule, C.F.D. *The Phenomenon of the New Testament*. London: SCM Press, 1967.

Perrin, N. *Rediscovering the Teaching of Jesus*. New York: Harper and Row, 1967.

Sanders, E.P. *The Tendencies of the Synoptic Tradition*. Cambridge: Cambridge University Press, 1969.

Stein, R.H. "The Criteria for Authenticity." in *Gospel Perspectives*, vol. 1. France, Edited by R.T. & D. Wenham. Sheffield: JSOT Press, 1983.

Taylor, V. *The Gospel According to St. Mark*, 2nd ed. London: Macmillan, 1966.

Torrey, C.C. *Our Translated Gospels*. London: Hodder and Stoughton, 1936.

참고문헌

김경진. 『제자도와 청지기도』. 서울: 솔로몬, 1996. 김균진. 『죽음의 신학』. 서울: 대한기독교서회, 2003.

_____. 『역사의 예수와 하나님의 나라』. 서울: 연대출판부, 1994.

김영선. "영혼불멸 사상과 부활신앙의 대립과 융합에 대한 소고." 『한국기독교학회 제47차 정기학술대회 자료집』 제1권. 한국기독교학회, 2018년 10월, 225-44.

_____. 김영선 외 7인. 『기독교 신학의 죽음 이해』. 서울: 신앙과 지성사, 2018.

김진호. 『예수역사학』. 서울: 다산글방. 2000.

박수암. 『신약연구개론』. 서울: 장로회신학대학교출판부, 1998.

성종현. 『신약총론』(수정증보판). 서울: 장로회신학대학출판부, 1991.

성종현. "죽은 자의 중간상태와 부활의 몸." 『신약논단』 19/2(2012): 457-92.

_____. "인간의 본질과 죽음 그리고 영혼과 육체의 분리: 신약성서의 개인적 내세적 종말론의 논쟁점을 중심으로." 『장신논단』 44/1(2012): 59-86.

_____. 『신약총론』. 서울: 장로회신학대학교출판부, 1991.

손봉호. 『고통받는 인간: 고통문제에 대한 철학적 성찰』. 서울: 서울대학교출판부, 1995.

신현우. 『역사적 예수연구의 규칙』. 서울: 웨스트민스터출판부, 2005.

안병무. 『갈릴래아의 예수』. 천안: 한국신학연구소, 1990.

왕인성. "마가복음 시험기사(막 1:12-13)의 '들짐승'에 관한 해석적 고찰." 『신약논단』 24/3(2017): 383-413.

이희승. 『국어대사전』, 수정판. 서울: 민중서관, 1998.
_____ 감수. 『민중 엣센스 국어사전』. 제3판. 서울: 민중서림, 1994.
총회교육부. 『신앙고백집』. 서울: 대한예수교장로회총회교육부, 1979.
최재덕. "역사적 예수를 대상으로 한 산헤드린 회집의 역사성에 관한 연구." 『교회와 신학』 81(2016): 55-84.
_____. "예수 로기아의 진정성 판단기준에 관한 연구." 『신약논단』 3 (1997): 107-24.
_____. "A Study on the Authenticity of Matt 19:28//Lk 22:28-30." 『서울여대 인문사회과학논총』 제9집. 서울: 서울여자대학교 인문과학연구소, 1994, 53-59.
_____. "신약에 나타난 하나님의 나라." 『성서마당』 (1994): 7-9.
황성규. "예수의 혁명가적 상에 대한 해석." 『기독교사상』 17(1977). 237-55.
Abrahams, I. *Studies in Pharisaism and the Gospels*, vol. I. & II. Cambridge: Cambridge Univ. Press, 1924.
Allison, D.C. "Behind the Temptations of Jesus Q 4:1-13 and Mark 1:12-13." In *Authenticating the Activities of Jesus*. Edited by B. Chilton and C.A. Evans. 195-213. Leiden: Brill Academic Publishers, Inc., 2002.
_____. "Jesus and the Covenant: A Response to E. P. Sanders." *JSNT* 29 (1987): 57-78.
Althaus, P. "Retraktion zur Eschatologie," *Theologische Literatur Zeitung* 75(1950).
Attridge, H. "예수에게 들려온 음성, 신약성서에 나타난 시편사용." 『장신논단』 20 (2003): 561-75.
Banks, R. *Jesus and the Law in the Synoptic Tradition*. Cambridge: Cambridge University Press, 1975.
Barrett. C.K. *Jesus and the Gospel Tradition*. London: SPCK, 1967.
Bartchy, S.S. "Table Fellowship." In *Dictionary of Jesus and the Gospels*. Edited by J.B. Green, S. Mcknight, I.H. Marshall, Downers Grove: Intervarsity Press, 1992:

796-800.

Bauckham, R. "Jesus and the Wild Animals (Mark 1:13): A Christological Image for an Ecological Age." In *Jesus of Nazareth: Lord and Christ*. Edited by Joel B. Green and Max Turner. Grand Rapids: William B. Eerdmans, 1994, 3-21.

Becker, J.C. *Johannes der Taufer und Jesus von Nazareth*. Neukirchen: Neukirchener Verlag, 1972.

Best, E. *The Temptation and the Passion. The Markan Soteriology*. Cambridge: Cambridge Uni. Press, 1990.

Betz, O./전경역 역. 『역사적 예수의 진실과 바울연구』. 서울: 한국신학대학출판부, 1978.

Billerbeck, P. *Kommentar zum Neuen Testament aus Talmud und Midrash*. Muenchen: C. H. Beck, 1986.

Black, M. *An Aramaic Approach to the Gospels and Acts*. Oxford: Clarendon Press, 1967.

Blinzler, J. *The Trial of Jesus*. Trans. by I. & F. McHugh. Cork: Mercier Press, 1959.

_____. "Das Synedrium von Jerusalem und die Strafprozessordnung der Mischna." *Zeitschrift fuer neutetamentliche Wissenschaft und die Kirche der alten Kirche*. 1961(52): 54-65.

Bock, 데릴./손혜숙 역. 『역사적 예수 논쟁』. 서울: 새물결플러스, 2014.

Booth, R.P. *Jesus and the Laws of Purity*. Cambridge: Cambridge Univ. Press, 1986.

Borg, M./김기석 역. 『예수 새로 보기』. 천안: 한국신학연구소, 1997.

_____./구자명 역. 『미팅 지저스』. 서울: 홍성사, 1995.

_____. *Jesus A New Vision*. San Francisco: Harper and Row Publishers, 1987.

Borg, M. & Wright, N.T./김준우 역. 『예수의 의미』. 서울: 한국기독교연구소, 2001.

Boring, M.E. "The Historical-Critical Method's 'Criteria of Authenticity.'" *Semeia* 44

(1988).

Bornkamm, G./강한표 역.『나사렛 예수』. 서울: 대한기독교서회, 1973.

_____. *Jesus of Nazareth*. Trans. by I.M. McLuskey and J.M. Robinson. Lon- don: Hodder & Stoughton, 1966.

Bousset, W. *Jesus*. Tuebingen: J. C. B. Mohr, 1907.

Bovon F. *The Last Days of Jesus*. Trans. by K. Hennessy. Louisville: Westminster John Knox Press, 2006.

Brandon, S.G.F. *Jesus and the Zealots: A Study of the Political Factor in Primitive Christianity*. New York: Charles Scribner's Sons, 1967.

_____. *The Trial of Jesus*. London: B. T. Batsford, 1968.

Braun, H. *Jesus of Nazareth*. Trans. by E.R. Kalin. Philadelphia: Fortress Press, 1979.

Bright, 존/ 김인환 옮김.『하나님의 나라』. 서울: 크리스챤다이제스트, 1988.

Bromiley, 지오프리. 편/번역위원회 역.『킷텔단권원어사전』. 서울: 요단출판사, 1986.

_____. *Theological Dictionary of the New Testament*, Abridged in One Volume. Grand Rapids: W.B. Eerdmans Publishing Co., 1985.

Brown, D./이창식, 양선아 역.『다빈치 코드』 1권. 서울: 대교베텔스만, 2003.

Brown, R.E. *The Birth of the Messiah: A Commentary on the Infancy Narratives in Matthew and Luke*. Complete and unabridged, Garden City: Image, 1977.

_____. *New Testament Essays*. Garden City: Doubleday, 1968.

_____. *The Death of the Messiah: A Commentary of the Passion Narratives in the Four Gospels*. vol. I. New York: Doubleday, 1944.

Bryan, S.M. *Jesus and Israel's Traditions of Judgment and Restoration*. Cambridge: Cambridge University Press, 2002.

Bultmann, R./허혁 역.『신약성서신학』. 서울: 성광문화사, 1991.

_____./허혁 역.『공관복음전승사』. 서울: 대한기독교서회, 1970.

_____. *The History of the Synoptic Tradition*. Trans. by J. Marsh. Oxford: Basil

참고문헌 | 419

Blackwell, 1963.

_____. *Jesus and the Word*. Trans. by L.P. Smith & E.H. Lantero. New York: Scribner's Sons, 1958.

_____. *New Testament Theology* vol. I. Trans. by K. Grobel, New York: Charles Scribner's Sons, 1951.

_____. *Form Criticism*. Trans. by F.C. Grant. Chicago & New York: Willet, Clark & Company, 1934.

Burger, C. *Jesus als Davidssohn*. Goettingen: Vandenhoeck, 1970.

Cabraja, I. *Die Gedanke der Umkehr bei den Synoptikern. Eine exegetischer religions-geschichtliche Untersuchung*. St. Ottilien: EOS Verlag, 1985.

Cadbury, H.J. *The Peril of Modernizing Jesus*. London: SPCK, 1962.

Caird, G.B. *Jesus and his Jewish Nation*. London: The Athlone Press, 1965.

Calvert, D.G.A. "An Examination of the Criteria for Distinguishing the Authentic Words of Jesus." *NTS* 18 (1971).

Calvin, J./존 칼빈 성경주석출판위원회 편역. 『신약성경주석 공관복음 II』. 서울: 신교출판사, 1978.

_____. *Institutes of the Christian Religion* vol. I & II ed. J.T. McNeil Tran. F.L. Battles. Philadelphia: The Westminster Press, 1960.

Cassidy, R.J. *Jesus, Politics and Society: A Study of Luke's Gospel*. New York: Orbis, 1979.

Catchpole, D.R. "Tradition History." in *New Testament Interpretation*. Edited by I.H. Marshall. Grand Rapids: Wm. B. Eerdmans' Publishing Co., 1977.

_____. "The Problem of the Historicity of the Sanhedrin Trial." in *The Trial of Jesus*. Edited by E. Bammel. London: SCM Press, 1970, 47-65.

Choi, J.D. *Jesus Teaching on Repentance*. Binghamton, State University of New York: Global Publications, 2000.

Clark-Soles, Jaime. *Death and Afterlife in the New Testament*. Edinburgh: T. & T. Clark,

2003, 2006.

Collins, J. "The Kingdom of God in the Apocrypha and Pseudepigrapha." in *The Kingdom of God in 20th-century Interpretation.* Edited by W. Willis. Peabody: Hendrikson, 1987. 81-95.

Conzelmann, H./박두환 역. 『신약성서신학』. 천안: 한국신학연구소, 2004.

Conzelmann, H. *The Theology of Luke.* Trans. by G. Buswell. London: Faber and Faber, 1960.

Cranfield, C.E.B. *Mark.* Cambridge: Cambridge University Press, 1955.

Crossan, J./김기철 역. 『예수』. 서울: 한국기독교연구소, 2007.

_____./김준우 역. 『역사적 예수』. 서울: 한국기독교연구소, 2000.

_____./한인철 역. 『예수는 누구인가』. 서울: 한국기독교연구소, 1998.

_____. *Birth of Christianity.* San Francisco: HarperSanFrancisco, 1998.

_____. *Who killed Jesus?* San Francisco: Harper, 1995.

_____. *Jesus: A Revolutionary Biography.* San Francisco: HarperSanfrancisco, 1995.

_____. *The Historical Jesus.* N. Y.: Harper San Francisco, 1992.

Cullmann, O. "영혼불멸인가 죽은 자의 부활인가?" in 『영혼불멸과 죽은 자의 부활』. 전경연 편. 오산: 한국신학대학 출판부, 1991.

_____./고범서 역. 『예수와 혁명가들』. 서울: 범화사, 1984.

Dahl, N.A. *The Crucified Messiah and Other Essays.* Minneapolis: Augusburg, 1974.

Dalman, G. *Jesus-Joshua.* Trans. by P.P. Levertoff. London: Society for Promoting Christian Knowledge, 1929.

_____. *The Words of Jesus.* Trans. byD.M. Kay. Edinburgh: T. & T. Clark, 1902.

Danby, H. *Mishnah.* London: Humphrey Milford, 1933.

Davies, W.D. *The Gospel According to Saint Matthew,* vol. II. Edinburgh: T. & T. Clark, 1991.

Davies, W.D. and Allison Jr., D.C. *The Gospel According to Saint Matthew* I(I-VII). Edinburgh: T. & T. Clark, 1988.

Dibelius, M. *Jesus*. Trans. by C.B. Hedrick and F.C. Grant. Philadelphia: Westminster Press, 1949.

_____. *From Tradition to Gospel*. Trans by B.T. Woolf. London: I. Nicholson & Watson, 1934.

Dodd, C.H. *The Epistle to the Romans*. London: Hodder and Stoughton, 1954.

_____. *The Parables of Kingdom*. London: Nisbet & Co. Ltd., 1936.

Duling, D. "Kingdom of God, Kingdom of Heaven." *ABD*, vol. 2. 49-69.

Dungan, D. *The Sayings of Jesus in the Churches of Paul: The Use of the Synoptic Tradition in the Regulation of Early Church Life*. Philadelphia & Oxford, 1971.

Dunn, J.D.G./김경민 역. 『부활』. 서울: 비아, 2016.

_____./차정식 역. 『예수와 기독교의 기원(상)』. 서울: 새물결플러스, 2010.

_____./김철, 채천석 옮김. 『로마서 9-16』. WBC 성경주석. 서울: 솔로몬, 2005.

_____. *Jesus and the Spirit*. London: SCM, 1975.

Dupont, J. *Die Versuchung Jesu in der Wueste*. SBS 37. Stuttgart: Katholische Bibelwerk, 1960.

Ehrman, B.D. *The Truth and Fiction in the Vinci Code*. Oxford Univ. Press, 2004.

_____./이병열 역. 『예수는 결혼하지 않았다』. 서울: 안그라픽스, 2005.

_____./강주헌 역. 『예수 왜곡의 역사』. 서울: 청림, 2009.

Epstein, I. ed. *The Babylonian Talmud*. London: Soncino Press, 1961.

Evans, C.A. "Aspects of Exile and Restoration in the Proclamation of Jesus and the Gospels," in *Jesus in Context*. Edited by B. Chilton & C.A. Evans. Leiden: E. J. Brill, 1997.

Farmer, R. "The Kingdom of God in the Gospel of Matthew." in *The Kingdom of God in 20th-century Interpretation*. Edited by W. Willis. Peabody: Hendrikson, 1987, 119-30.

Fiedler, P. *Jesus und Suender*. Frankfurt am Main & Bern: Peter & Herbert Lang,

1976.

Finegan, J. *Handbook of Biblical Chronology: Principles of Time Reckoning in the Ancient World and Problems of Chronology in the Bible*. Princeton: Princeton University Press. 1964.

Fitzmyer, J.A. *The Gospel according to Luke X-XXIV*. AB. Garden City: Doubleday, 1985.

_____. *The Gospel According to Luke I-IX*. AB. Garden City: New York, 1981.

Foerster, W./문희석 역.『신구약중간사』. 서울: 컨콜디아사, 1997.

Freedmann, D.L. ed. *Dictionary of the Bible*. Grand Rapids: Eeerdman, 2000.

_____. *Anchor Bible Dictionary* VI. New York: Doubleday's Publishing Co., 1992.

Fridrichsen, A. *The Problem of Miracle in Primitive Christianity*. Trans. by R.A. Harriville and J.S. Hanson. Minneapolis: Augusburg Publishing House, 1972.

Fuller, R.H./ 황성규 역.『현대신약학의 주류』. 서울: 한국신학연구소, 1977.

Funk, R./김준우 역.『예수에게 솔직히』. 서울: 한국기독교연구소, 2006.

_____. *The Acts of Jesus*. New York: Harper San Francisco, 1998.

_____. *The Five Gospels: What Did Jesus Really Say?* San Francisco: Harper Collins, 1997.

_____. *Honest to God*. New York: Harper San Francisco, 1996.

_____. *The Jesus Seminar*. Sonoma, California: Polebridge Press, 1991.

Funk, R.W., Roy W. Hoover and the Jesus Seminar. *The Five Gospels*. New York: Harper San Francisco, 1997.

Gerhardsson, B. *Memory & Manuscript*. Lund: C. W. K. Gleeup, 1961.

Gibson, J.B. *The Temptations of Jesus in Early Christianity*. Sheffield: Sheffield Academic Press, 1995.

Gnilka, J. *Das Evangelium nach Markus*. Neukirchen-Vluyn: Neukirchener Verlag, 2010.

_____./정한교 역.『나사렛 예수』. 왜관: 분도출판사, 1993.

_____./번역실 역.『마가복음』, vol. I. 국제성서주석. 서울: 한국신학연구

소, 1991.

_____. *Matthaeusevangelium*, vol. I. Freiburg: Herder Verlag, 1986.

Gouler, D./김병모 역. 『최근 역사적 예수 연구 동향』. 서울: 기독교문서선교회, 2009.

Guelich, R./김철 역, 『마가복음(상)』. WBC. 서울: 솔로몬, 2001.

Hagner, D./채천석 역. 『마태복음 I』. WBC. 서울: 솔로몬, 1999.

Hahn, F./김문경 외 역. 『신약성서신학 I』. 서울: 대한기독교서회, 2007.

_____./최재덕 역. 『역사적 예수 연구와 신약성서 신앙』. 서울: 한국장로교출판사, 1996.

Hare, D.R.A. *Matthew*. Louisville: John Knox Press, 1993.

Harvey, A.E. *Jesus and the Constraints of History*. London: Duckworth, 1982.

Hemer, C.J. *The Book of Acts in the Setting of Hellenistic History*. Tuebingen: J.C.B. Mohr, 1989.

Hengel, M. *The Zealots*. Trans. by D. Smith. Edinburgh: T. & T. Clark, 1989.

_____. *Charismatic Leader and His Followers*. Trans. by James C.G. Greig. Edinburgh: T. & T. Clark, 1981.

_____. *Was Jesus A Revolutionist?* Trans. by W. Klassen. Minneapolis: Augsburg Fortress Publishers, 1971.

Hoffmann, P. *Studien zur Theologie der Logienquelle*. Muenster: Aschendorff, 1972.

Holladay, W. 편집/손석태, 이병덕 공역. 『구약성경의 간추린 히브리어, 아람어 사전』. 서울: 솔로몬, 1994.

Hooker, M.D. "Christology and Methodology." *NTS* 17(1970).

Jeremias, J./정충하 역. 『신약신학』. 서울: 크리스챤다이제스트, 2009.

_____./번역실 역. 『예수시대의 예루살렘』. 서울: 한국신학연구소, 1988.

_____. *Die Sprache des Lukasevangelium*. Goettingen: Vandenhoeck & Ruprecht, 1980.

_____. *The Eucharistic Words of Jesus*. Trans. by N. Perrin. London: SCM Press, 1974.

_____. *New Testament Theology I: The Proclamation of Jesus*. Trans. by J. Bowden. London: SCM Press, 1971.

_____. *Jerusalem in the time of Jesus*. Trans. by C.H. Cave. London: SCM Press, 1969.

_____. *The Problem of Historical Jesus*. Trans. by N. Perrin. Philadelphia: Fortress Press, 1964.

_____. *Parables of Jesus*. Trans. by S.H. Hooker. London: SCM Press, 1963.

_____. *Jesus Promise to the Nation*. London: SCM Press, 1956.

_____. "Zur Geschichtlickkeit des Verhoers Jesu vor dem hohen Rat." *Zeitschrift fuer die Neutestamentliche Wissenschaft und die Kirche der alten Kirche*. 43(1951): 145-50.

Josephus. Trans. and Edited by Thackeray, H. St J. [vols. 1-5], Marcus R. [vols. 6-8] and Feldman L [vols. 9-10]. LCL. Cambridge: Cambridge Univ. Press, 1926-1965.

Kaesemann, E. *Essays on the New Testament Themes*. Trans. by W.J. Montague. Alec R. Allenson, 1964.

_____. "The Problem of the Historical Jesus." in *Essays on New Testament Themes*. Trans. by W.J. Montague. London: SCM Press, 1964.

Kennard, J.S. "Was Capernaum the Home of Jesus." *JBL* 65(1946): 131-41.

Kertelge, K. *Markusevangelium*. Wuerzburg: Echter Verlag, 1994.

Klausner J. *Jesus of Nazareth*. Trans. by H. Danby. New York: Macmillan Co., 1959.

Kloppenborg, J. *The Formation of Q*. Philadelphia: Fortress Press, 1987.

Knox, W.L. *The Sources of the Synoptic Gospels*, vol. II. Cambridge: Cambridge University Press, 1957.

Kuemmel, W./김명용 옮김.『약속과 성취』. 서울: 한국장로교출판사, 1993.

_____. "Aussere und innere Reinheit des Menschen bei Jesus." in *Das Wort and die Woerter*. Stuttgart: Kohlhammer, 1973.

_____. *Promise and Fulfillment*. Trans. by D.M. Barton.London: SCM Press, 1957.

Lambrecht, J. "Mark 1.1-15: Markan Redaction of Q?" *NTS* 38(1992): 376-78.

_____. "Jesus and the Law." in *Ephemerides Theologicae Louvanienses* 53 (1977).

Licona, M.R. *The Resurrection of Jesus: A New Historiographical Approach*. Downers Grove: IVP, 2010.

Lietzmann, H. *Der Prozess Jesu* repr. in Kleine Schriften II: *Studien zum Neuen Testament*. Berlin: Akademische Verlag, 1958.

_____. "Bemerkungen zum Prozess Jesu." *Zeitschrift fuer die Neutestamentliche Wissenschaft und die Kirche der alten Kirche*. 1932(31): 78-84.

Loader, W.R.G. *Jesus' Attitude toward the Law*. WUNT 2/97. Tuebingen: Mohr Siebeck, 1997.

Lohse, E. "산헤드린." in 『신약성서 신학사전: 킷텔 단권신약원어신학사전』. G. 브로밀리 편/번역위원회 역. 서울: 요단출판사, 1986, 1237-39.

_____. "synedrion." *TDNT*. vol. VIII. Grand Rapids: Eerdmanns Publication Company, 1974. 860-871.

Luehrmann, D. *Die Redaktion der Logienquelle*. Neukirchen-Vluyn: Neukirchener Verlag, 1969.

Luther, M. *Martin Luthers Werke* vol. 11 (Weimar Aufgabe) II Band. Weimar: Hermann Bohlaus Nachfolger, 1966.

_____. *Luther's Works in American Edition*, Edited by J. Pelikan, H.T. Lehmann & C.B. Brown vol. 42. St. Louis, MO: Concordia Publishing House.

Luz. U. *Matthew 8-20*. Trans. by J.R. Crouch. Minneapolis: Fortress Press, 2001.

_____. "βασιλεία," *EDNT*. vol. 1. W.B. Eerdmans Publishing Company, 1990, 201-208.

_____. *Matthew 1-7*. Trans. by W.C. Linss. Minneapolis: Augusburg Fortress, 1989.

Lyke, L. "Haggadah." in *Dictionary of the Bible*. Edited by Freedman, D.N. Grand Rapids: Wm. Eeerdmann Publishing Co., 2000.

Maccoby, H. *Judaism in the First Century*. London: Sheldon Press, 1989.

Manser M.H. et. *Zondervan Dictionary of Biblical Themes*. Grand Rapids: Zondervan Publishing House, 1999,

Manson, T.W. *The Sayings of Jesus*. London: SCM Press, 1948.

Marcus, J. "Jesus' Baptismal Vision." *NTS* 41 (1995): 512-21.

Marshall, I.H./박문재 역. 『신약신학』. 서울: 크리스챤 다이제스트, 2006.

_____/번역실 역. 『누가복음(II)』. 천안: 한국신학연구소, 1984.

Marshall, H. *I Believe in the Historical Jesus*. Grand Rapids: W. Eerdmans Publishing Co., 1977.

_____. *The Gospel of Luke*, vol. II. Exeter: Paternoster Press, 1978.

Mauser, U.W. *Christ in the Wilderness*. London: SCM Press, 1963.

McArthur, H.K. "The Burden of Proof in Historical Jesus Research." *ExpT* 82 (1971): 116-19.

_____. "Basic Issues: A Survey of Recent Gospel Research." *Interpretation* 18 (1964): 47-48.

McNeile, A.H. *The Gospel According to Matthew*. London: Mcmillan & Co., 1949.

Meeks, W. "The Man from Heaven in Johannine Sectarianism." *JBL* 91(1972): 44-72.

Meier, J.P. *A Marginal Jew: Law and Love*. vol. 4. New Haven & London: Yale University Press, 2009.

_____. *The Marginal Jew*, vol.2. New York: Doubleday, 2001.

_____. "The Debate on the Resurrection of the Dead: An Incident from the Ministry of the historical Jesus?" *JSNT* 77(2000): 3-24.

_____. *A Marginal Jew: Rethinking the Historical Jesus*, vol. II. New York: Doubleday, 1991.

Merriam Webster's Collegiate Dictionary, 11th ed. Springfield, Massachusettes: Merriam Webster Inc., 2003.

Meyer, B. *The Aims of Jesus*. London: SCM Press, 1979.

Michaels, J.R. *Servant and Son*. Atlanta: John Knox, 1981.

Moule, C.F.D. *The Phenomenon of the New Testament*. London: SCM Press, 1967.

_____. *The Birth of the New Testament*. London: Adam & Charles Black, 1962.

Munck, J. *The Acts of the Apostles*. Green City, New York: Doubleday & Company Inc., 1981.

Mussner, F. "Wege zum Selbstbewusstsein Jesu." *Biblische Zeit* 12 (1969), 161-72.

_____. "The Circle of the Twelve: Did It Exist during Jesus' Public Ministry?" *JBL* 116(1997): 625-72.

Nickle, K./이형의 역. 『공관복음서 이해』. 서울: 대한기독교서회, 1994.

Nolan, A./정한교 옮김, 『그리스도교 이전의 예수』. 칠곡: 분도출판사, 2010.

_____. *Jesus before Christianity*. London: Darton, Longman Todd, 1980.

Nolland, J./김경진 역. 『누가복음 I』. WBC. 서울: 솔로몬, 2003.

Oepke, A. "ἀποκαθίσττημι." *TDNT*, vol. I, 387-393.

O'Neill, J.C. *Messiah: Six Lectures on the Ministry of Jesus*. Cambridge: Cochrane Press, 1980.

Patrick, D. "The Kingdom of God in the Old Testament." in *The Kingdom of God in 20th-century Interpretation*. Edited by W. Willis. Peabody: Hendrikson, 1987, 67-79.

Perrin, N. *Jesus and the Language of the Kingdom: Symbol and Metaphor in New Testament Interpretation*. Philadelphia: Fortress: 1980.

_____. *Rediscovering the Teaching of Jesus*. London: SCM Press, 1967.

Philo. *Philo*. Trans. by F.H. Colson. Loeb Classical Library. Cambridge: Harvard University Press, 1989.

Pitre, B.T. *The Historical Jesus, the Great Tribulation and the End of the Exile: Restoration Eschatology and the Origin of the Atonement*. Ann Arbor, Michigan: UMI, 2004.

Platon/전현상 역.『파이돈』. 서울: 이제이북스, 2017.

Pokorny, P. "The Temptation Stories and Their Intention." *NTS* 20(1974): 115-27.

Porter, S. "Jesus and the Use of Greek in Galilee." in B. Chilton & C. Evans, ed. *Studying the Historical Jesus*. Leiden: E. J. Brill, 1994, 126-27.

Powell, M.A./김의성, 최재덕 역.『예수에 대한 다양한 이해』. 서울: 대한기독교서회, 2016.

_____. *Jesus as a Figure in History*. Louisville: Westminster John Knox Press, 1998.

Ratzinger, J. *Eschatology Death and Life*, 2nd ed. Washington: The Catholic Univ. of America Press, 1988.

Reiser, M. *Jesus and Judgment*. Trans. by L.M. Maloney. Minneapolis: Fortress Press, 1997.

Rengstorf, K.H. "σημεῖον." *TDNT*, vol. VII, 200-69.

_____. "ἁμαρτωλός." *TDNT* vol. I. Grand Rapids, Michigan: William B. Eerdmans Publishing Co., 1964: 333-35.

Robinson, J.M. *A New Quest of the Historical Jesus*. London: SCM Press, 1959.

Roloff, J. *Jesus*. Noerdlingen: C. H. Beck, 2000.

Sanders, E.P./이정희 역.『예수 운동과 하나님 나라』. 천안: 한국신학연구소, 1997.

_____. *The Historical Figure of Jesus*. London: Penguin, 1993.

_____. *Jewish Law from Jesus to the Mishnah: Five Studies*. Philadelphia: Trinity Press International, 1990.

_____. *Jesus and Judaism*. London: SCM, 1985.

_____. *The Tendencies of the Synoptic Tradition*. Cambridge: Cambridge University Press, 1969.

Schlatter, A. *Das Evangelium Nach Matthaeus*. Stuttgart: Calwer Verlag, 1961.

Schrage, W. *The Ethics of the New Testament*. Trans. by D. Green. Edinburgh: T. & T. Clark, 1988.

Schuerer, E. *The History of the Jewish People in the Age of Jesus Christ(175 B.C.-A.D. 135)*, Vol. II, rev. and ed, by G. Vermes, F. Millar, M. Black. Edinburgh: T. & T. Clark Ltd. 1979.

_____. "Sanhedrin." in *The History of Jewish People in the age of Jesus Christ (175 B.C.-A.D. 135)* vol. II. rev. & ed. by Vermes, G., Millar F., Black M. Edinburgh: T. & T. Clark, 1979, 199-226.

Schulz, S. *Die Spruchquelle der Evangelisten.* Zuerich: Theologischer Verlag, 1972.

Schweizer, E./번역실 역. 『마태복음』. 서울: 대한기독교서회, 1986.

_____. *The Gospel according to Mark.* Trans. by D.H. Madvig. Atlanta: John Knox Press, 1970.

Sherwin-White, A.N. *Roman Society and Roman Law in the New Testament.* Grand Rapids: Baker Book House, 1963.

Sloyan G.S. *Jesus on Trial.* Philadelphia: Fortress, 1973.

Soelle, D./채수일, 채미영 공역. 『고난(Leiden)』. 서울: 한국신학연구소, 1993.

Stanton, G./김동건 역. 『복음서와 예수』. 서울: 대한기독교서회, 1996.

Stauffer, E. "Die Dauer des Census Augusti-Neuen Beitraege zum lukankischen Schat-zungsbericht." in *Studien zum Neuen Testament und zur Patristik: Festschrift E. Klostermann.* Berlin: Akademie, 1961.

_____. *Jerusalem und Rom.* Bern: Francke, 1957.

_____. *Die Botschaft Jesu: Damals und Heute.* Bern: Francke Verlag, 1959.

Stein, R. "The Criteria for Authenticity." in *Gospel Perspectives.* vol. 1, Edited. by. R.T. France & D. Wenham. Sheffield: JSOT Press, 1983.

Strack H. & Billerbeck P. *Kommentar zum Neuen Testament aus Talmud und Midrasch.* vol. I. Muenchen: C.H. Beck, 1926.

Streeter, B.H. *The Four Gospels: A Study of Origins; Treating of the Manuscript Tradition, Sources, Aauthorship & Dates.* London: Macmillan, 1950.

Stein, R.H./황영철 역. 『메시아 예수: 예수의 생애연구』. 서울: 한국기독학생회출판부, 2001.

Stuhlmacher, P./전경연, 강한표 역.『신약성서해석학』. 서울: 대한기독교출판사, 1986.

Swanston, H. "The Temptation of Jesus, in the light of Deuteronomy." *Interpretation* 14(1960): 300-309.

Taylor, V. *The Gospel According to St. Mark*, 2nd ed. London: Macmillan, 1966.

Theissen. G./이달 역. "예수활동의 정치적 차원."『신약논단』 12/3(2005): 705-46.

_____./손성현 역.『역사적 예수』. 서울: 다산글방, 1997.

Trautmann, M. *Zeichenhafte Handlungen Jesu*. Wuerzburg: Echter Verlag, 1980.

Torrey, C.C. *Our Translated Gospels*. London: Hodder and Stoughton, 1936.

Trocme, E. *Jesus and His Contemporaries*. Trans. by R.A. Wilson. London: SCM Press, 1973.

Twelvetree, G.H. "예수시험,"『복음서 사전』. Edited by J. Green, S. Mcknight, H. Marshall, 서울: 요단출판사, 2009.

_____. "Sanhedrin." *Dictionary of Jesus and the Gospels*. Edited by Green J. B. & Brown J.K. & Perrin. N. Downers Grove, Illinois: IVP Academic Press, 2013, 728-32.

Unnik, W.C. van. "Den Geist Loescht nicht aus (1 Thess 5:19).? *NovT* 10 (1968): 255-69.

Tyson, J.B. "Jesus and Herod Antipas." *JBL* 79(1960): 239-46.

Vermes, G. *Jesus the Jew*. London: Collins Press, 1973.

Vielhauer, P. "Gottesreich und Menschensohn in der Verkuendigung Jesu." in *Aufsaetze zum Neuen Testament*. Muenchen: Chr. Kaiser Verlag, 1965, 68-71.

Viviano B.T. "The Kingdom of God in the Qumran Literature." in *The Kingdom of God in 20th-century Interpretation*. Edited by W. Willis. Peabody: Hendrikson, 1987, 97-107.

von Rad, G./허혁 역.『구약성서신학 I』. 서울: 분도출판사, 1976.

Walker, W.O. "The Quest for the Historical Jesus: A Discussion of Methodology." *ATR* 51(1969): 38-50.

Wellhausen, J. *Einleitung in die drei ersten Evangelien*. Berlin: Druck und Verlag von Georg Reimer, 1911.

_____. *Das Evangelium Marci*. Berlin: Druck & Verlag von Georg Reimer, 1909.

_____. *Das Evangelium Lucae*. Berlin: Druck und Verlag von G. Reimer, 1904.

Wilkens, W. "Die Versuchung Jesu nach Matthaeus." *NTS* 28 (1982): 479-89.

Winter, P. *On the Trial of Jesus*. Berlin New York: Walter de Gruyter, 1974.

Wink, 월터/김준우 역.『예수와 비폭력 저항』. 서울: 한국기독교연구소, 2003.

Wright, N.T./이진섭, 박대영 역.『역사적 예수의 도전: Jesus 코드』. 서울: 성서유니온선교회, 2016.

_____./김준우 역.『예수의 의미』. 서울: 한국기독교연구소, 2014.

_____./박문재 역.『예수와 하나님의 승리』. 서울: 크리스챤다이제스트, 2004.

_____. *Jesus and the Victory of God*. Minneapolis: Fortress Press, 1997.

Zeitlin, S. *Who Crucified Jesus?* New York & London: Harper & Brothers, 1942.

성구색인

□ 구약성경

창세기
1:27 (206)
2:24 (204, 206)
3:13-19 (228)
3:19 (301[각주34])
7:12 (44)
14:3 (45)
14:10-15 (45)
23:3-4 (199)
41:46 (19)
45:8 (135[각주39])

출애굽기
15:18 (91)
16:13-21 (50)
19:4-5 (51)
19:6 (95)
20:12 (199)
21:23-25 (228)
24:12-18 (35)
30:19-21 (131)
34:28 (44)

레위기
19:18 (368)
20:10 (262)
25:35-38 (124)

민수기
11:16 (257)

신명기
2:7 (51)
7:2 (368)
8:1-6 (228)
8:2 (51, 55)
8:2-5 (50)
9:18 (44)
13:13-19 (273)
17:8-13 (273)
17:12-13 (273)
18:20 (273)
19:18-20 (273)
20:16 (368)
21:18-21 (273)
22:22 (262)
23:4 (368)
23:7 (368)
24:1 (204)
24:1-4 (202, 203, 222)
28:1-14 (51)
30:7 (368)
32:10-11 (51)

사사기
13:1 (44)

사무엘하
5:4 (19)
12:16 (178)

열왕기상
17:17-24 (36[각주21])
19:4-8 (35)
19:5-8 (39[각주32])
19:8 (44)
19:19-21 (59)

열왕기하
2:11-12 (43)
2:16 (43)
24:10-17 (128)

역대상
17:14 (89)
28:5 (88)
29:11 (89)

역대하
13:8 (88)

느헤미야
2:6 (258)
5:7 (258)
9:19-20 (50)
9:21 (51)

시편
8:4-8 (245)

22:19 (405[각주106])
22:28 (89)
23:1 (51)
26:5 (368)
27:12 (279[각주81])
36:7-9 (51)
41:9 (74)
78:18-22 (51)
84:3 (245)
91 (51)
91:11-12 (51, 54[각주73], 55)
95:10 (44)
103:19 (89)
110:1 (279[각주81])
139:19-22 (368)
145:11 (89)
145:12 (89)
145:13 (89)

이사야
3:14 (180)
5:8-25 (178)
11:10-16 (70)
14:6-22 (90)
24:18-23 (90)
24:21-23 (167[각주47])
25:6-8 (167[각주47])
33:17-22 (167[각주47])
42:1 (31[각주6], 98)
43:9-11 (228)
44:22 (175, 175[각주67])

50:6 (279[각주81])
51:4 (98)
52:7 (167[각주47])
53:4 (228)
53:7 (279[각주81])
55:3 (175, 175[각주67])
55:7 (175, 175[각주67])
63:7-10 (50)

예레미야
6:26 (178)
16:15 (163)
16:16-17 (79, 80)
31:1 (70)
31:31 (98)

에스겔
1:1 (19)
8:3 (43)
11:1-2 (43)
20:27-44 (70)
34 (70)
34:22-24 (98)
47:8 (79, 80)
47:10 (79, 80)

다니엘
7:10 (180)
7:13 (279[각주81])
7:22 (180)
9:3 (178)
10:3 (40[각주36])

11:35 (93)

호세아
11:11 (163)

오바댜
1:21 (89, 167[각주47])

미가
2:12 (70)
4:10 (165)
5:2 (6)

스바냐
3:15 (167[각주47])

학개
1:1 (258)

스가랴
4:14 (258)

말라기
4:5-6 (164, 165)

□ **신약성경**

마태복음
1:16 (6)
2:1 (2, 6)
2:5-6 (6)
2:8 (6)
2:16 (6)
3:2 (102, 105, 176)
3:7 (103)
3:8 (176)
3:8-12 (102)
3:11 (176)
3:13-17 (405[각주104])
3:15 (398)
3:16 (401)
4:1 (31[각주3])
4:1-11 (29[×2], 41, 54)
4:2 (33, 34)
4:2-4 (29)
4:3 (42[각주44])
4:5 (44)
4:5-7 (29, 51)
4:6 (42[각주44])
4:6-7 (33, 51)
4:7 (42[각주44])
4:8 (44)
4:8-11 (29)
4:10 (52)
4:15 (18)
4:17 (97, 105, 176, 183, 402)
4:18-20 (62)
4:21-22 (62)
5:3 (235, 252)
5:6 (235, 252)
5:13 (252)
5:17 (220, 382)

5:17-18 (218)
5:17-20 (106, 220, 398)
5:21-26 (218)
5:21-48 (218[×2], 223)
5:22 (17, 257[각주4])
5:23-24 (194)
5:25-26 (103)
5:27-32 (218)
5:28 (220)
5:31-32 (207)
5:32 (396, 396[각주78])
5:33-37 (218)
5:34 (393)
5:38-48 (155)
5:39-41 (155[각주17])
5:43 (368)
5:43-48 (155[각주17])
6:9-13 (220)
6:10 (87, 99, 100, 101)
6:10-12 (103)
6:18 (220)
6:22-23 (247[×2])
6:22-28 (246, 248)
6:24 (247)
6:25 (247[×2], 247[각주28][×3])
6:25-26 (247)
6:25-30 (247)
6:25-31 (246)
6:25-33 (239, 243, 245[×2], 252)

6:25-34 (246[각주26])
6:26 (247[각주28])
6:27 (246[각주26], 247)
6:28 (246)
6:28-30 (247[각주28])
6:29-31 (246)
6:31 (247[×3])
6:31-33 (246[각주25])
6:32 (248)
6:32-34 (246, 247)
6:33 (248)
6:34 (13, 246, 246[각주26])
7:12 (398)
8:5-13 (18)
8:11 (98, 99, 100)
8:11-12 (142)
8:11-13 (122)
8:18-22 (198, 222)
8:19-22 (59, 61)
8:20 (66[각주17], 140)
8:20-21 (200)
8:20-22 (242, 252)
8:21-22 (199)
8:22 (60, 200)
8:28-34 (18)
9:9 (65)
9:9-13 (122, 137)
9:13 (137)
9:35-36 (132)
9:36 (10, 22, 152[각주8])

10:1 (63, 80, 81, 170[각주54])
10:1-4 (64, 168, 184)
10:1-10 (269)
10:1-12 (61)
10:2 (170[각주54])
10:3 (160)
10:4 (158[×2])
10:5 (170[각주54])
10:5-7 (78)
10:7 (106, 379)
10:9-13 (248)
10:17 (257[각주4])
10:20 (135[각주39])
10:24 (72[각주31], 81)
10:28 (299)
10:29-31 (239, 243, 244, 252)
10:30-31 (244[각주24])
10:34 (154, 155[×2], 156[각주20])
10:34-35 (156[각주20])
10:34-36 (154, 155[각주16], 155[각주17])
10:35-36 (155[×2], 155[각주16])
10:37 (248[×2], 252)
11:1 (63, 165[각주42], 170[각주54])
11:2-3 (72[각주31])
11:3 (70)
11:6 (103)

11:7-8 (236, 237, 252)
11:7-11 (238[각주16])
11:10 (238[각주16])
11:11 (100, 165, 236, 237, 238[×2], 238[각주16][×2], 252)
11:13 (398[각주84])
11:16 (240[각주19])
11:16-19 (122, 135, 183, 239, 252)
11:18 (240[각주19])
11:19 (140, 241, 391)
11:21-24 (177, 185)
11:22 (103)
11:24 (103)
12:1-8 (220)
12:5 (398)
12:9-14 (207, 223)
12:11 (221)
12:22-32 (34[각주15])
12:28 (99, 379)
12:36 (103)
12:41-42 (179, 185)
12:46-50 (14)
13:16-17 (382)
13:41 (180)
13:55 (11, 12)
13:57 (231, 232, 252)
14:1-12 (153)
14:13 (41)
15:1-9 (209[×2])
15:1-20 (210)

15:2-20 (209, 223)
15:10-20 (209, 211)
16:1 (31, 31[각주3])
16:18 (384[각주34])
16:19 (106)
17:10-12 (163, 184)
18:3 (114)
18:3-4 (106)
18:12-14 (144, 390, 390[각주52])
18:15-20 (106)
18:23-35 (145)
19:1-12 (202, 223)
19:3 (31, 31[각주3])
19:3-8 (379)
19:6 (135[각주39])
19:7-9 (393)
19:9 (203[각주49], 207, 396, 397[각주79])
19:11-12 (19)
19:16-22 (61)
19:19 (202)
19:27-29 (61)
19:28 (69, 70, 70[각주29], 71, 72[각주31][×2], 168, 169, 171, 184)
19:30 (138)
20:1-15 (145)
20:16 (138)
20:17 (170[각주54])
20:22-27 (22)

성구색인 | 435

20:25-27 (153)
20:27-28 (10)
21:12-13 (171, 184, 215, 223)
21:23 (106)
21:28-32 (145)
21:31 (132[각주33])
21:32 (106)
21:43 (106)
22:1-13 (122)
22:1-14 (106)
22:7 (400)
22:18 (31[각주3])
22:23 (300[각주32])
22:33 (184)
22:34-35 (31)
23:1-3 (398)
23:23 (399)
23:23-24 (383, 383[각주30]), 384)
23:37-39 (153, 183)
25:40 (106)
26:14 (170[각주54])
26:20 (170[각주54])
26:26-29 (233, 252)
26:29 (100, 143)
26:47 (170[각주54], 288[×2])
26:59-68 (259)
26:62 (278)
26:64 (278)
27:1 (280)

27:1-2 (287)
27:11-14 (18)
27:15 (24)
27:46 (17, 405[각주106], 406)
27:55 (77)
27:56 (77)
27:62 (24)
28:11-15 (302)
28:16 (67, 68)
28:20 (106)

마가복음
1:1-15 (33[각주12])
1:4-5 (237)
1:4-11 (405, 405[각주104])
1:6 (241)
1:9 (401)
1:12-13 (29, 32[각주8], 32[각주11], 33, 34, 37, 37[각주25], 38[각주27], 54)
1:13 (32[각주11], 33, 39[각주32])
1:15 (97, 99[×2], 104[×2], 105, 176, 183, 402)
1:16 (59)
1:16-18 (59, 62)
1:17-20 (61)
1:19-20 (59, 62)
1:21-22 (16[×2])

1:21-25 (207)
1:24 (7, 8, 52[각주72])
1:27 (205)
1:29-30 (202)
1:31 (39[각주32])
1:35 (41)
1:45 (41)
2:13-14 (59)
2:13-15 (63)
2:14 (59, 60, 65)
2:14-17 (137)
2:15 (140)
2:15-17 (122)
2:16-17 (391)
2:17 (134, 134[각주38], 137)
2:18 (121)
2:18-20 (382)
2:18-22 (393)
2:23-26 (221)
2:23-28 (220)
3:1-5 (207)
3:1-6 (207, 223)
3:13-15 (80)
3:13-19 (64, 168, 184, 409)
3:14 (60, 168, 170[각주54])
3:14-15 (82)
3:18 (158[×2])
3:21 (409)
3:22-30 (285)

3:22-32 (34[각주15])
3:27 (36, 53)
3:31-35 (14, 233)
4:10 (170[각주54])
4:10-12 (409)
4:11 (104)
4:26 (104)
4:27 (161)
4:30 (104)
5:1-20 (18)
5:7 (52[각주72])
5:41 (17)
6:1 (8)
6:2 (16[×2])
6:3 (11, 11[각주27], 13)
6:4 (8, 231[×2], 252)
6:6-12 (409)
6:7 (60, 69, 81, 170[각주54])
6:7-13 (61, 285[각주101])
6:14-29 (153, 285)
6:15 (36[각주21])
6:21 (409)
6:30 (63[각주10])
6:30-31 (285[각주101])
6:32 (41)
7:1 (214)
7:1-13 (209)
7:1-23 (209, 210, 213, 223)
7:2-4 (131)
7:3-5 (210)

7:9-13 (196)	9:40 (76[각주37])	11:20-26 (284)	14:60 (279, 279[각주81], 280)
7:10-12 (210)	9:41-45 (409)	11:27-33 (408)	
7:11 (17)	9:47 (104)	12:13-17 (153[각주12])	14:61 (278, 280[×2], 282)
7:13 (209)	10:2-12 (202, 203[×2], 223)	12:18-27 (305, 307)	
7:14 (214)		12:28-34 (194)	14:62 (278, 279[각주81], 280, 281[×2])
7:14-23 (196[각주21], 209, 211)	10:4-9 (20)	12:34 (104)	
	10:5 (204)	13:2 (285)	14:63 (280)
7:15 (201, 211[×2], 212, 214, 215, 223)	10:8 (135[각주39])	13:9 (257[각주4])	14:65 (279[각주81])
	10:11-12 (379, 387, 397, 397[각주80])	13:27 (284)	14:66-71 (283[각주95])
7:15-16 (211, 212, 213)		13:32 (100, 405)	14:67 (8)
7:15-19 (214)	10:14 (104)	14:1-2 (282)	15:1 (258, 280[×2], 280[각주84], 287)
7:16 (212)	10:15 (104, 105[×2], 114)	14:3-9 (285)	
7:26 (18)	10:17-22 (61)	14:10 (73, 170[각주54])	15:1-32 (408)
7:34 (17)	10:18 (353)	14:17 (69, 170[각주54])	15:2-5 (18)
8:11-13 (167)	10:21 (61)	14:20 (73, 170[각주54])	15:6 (24)
8:12 (183)	10:23 (104, 108)	14:22-25 (233[×2], 252, 379)	15:34 (17, 405[각주106])
8:28 (36[각주21])	10:24 (104)		15:41 (77)
8:31 (286)	10:25 (104)	14:24 (234)	15:42 (24)
8:33 (36, 53)	10:28 (61)	14:25 (100, 104, 105, 143)	15:42-47 (316)
9:1 (100, 104, 105[×2], 164, 379)	10:31 (103, 138)		15:43 (98, 104, 105, 406)
	10:32 (170[각주54])	14:36 (17, 380[각주20])	16:6 (7, 8)
9:2 (353)	10:33-34 (286)	14:43 (73, 170[각주54], 288[×2])	
9:1-10 (163)	10:35-45 (171)		**누가복음**
9:11 (164)	10:42-44 (153)	14:53 (258, 280)	1:1-3 (4, 182)
9:11-12 (164)	10:47 (8)	14:53-65 (408)	1:2 (353)
9:11-13 (163[×2], 164[×2], 184)	11:10 (98)	14:55-59 (279[각주81])	1:32-33 (6)
	11:11 (170[각주54])	14:55-60 (280)	1:33 (107)
9:12 (164)	11:11-17 (215, 223)	14:55-64 (280)	2:1 (2, 4[×2])
9:12-13 (164)	11:12-14 (284)	14:55-65 (259, 279, 283)	2:2 (2, 3[각주4])
9:13 (164)	11:15-18 (171, 184, 408)	14:56-59 (278)	2:4 (6[×2])
9:35 (170[각주54])	11:15-19 (284)	14:57-59 (282)	2:15 (6)
9:37 (212[각주86])	11:18 (282)	14:58 (282, 285)	2:41-42 (14[각주33])

성구색인 | 437

2:42-51 (16)
3:1 (23)
3:3 (102)
3:7-14 (102[×2])
3:21 (401)
3:21-22 (405[각주104])
3:23 (23)
4:1-2 (34)
4:1-13 (29[×2], 41, 54)
4:2 (33, 34[각주16])
4:3 (34[각주16])
4:4 (34[각주16])
4:5 (107)
4:7 (34[각주16])
4:8 (52)
4:9-12 (33, 51)
4:16 (8)
4:23 (8, 232[각주9])
4:24 (231, 232, 232[각주9], 252)
4:25-26 (36[각주21])
4:42 (41)
5:1 (59)
5:1-11 (62)
5:16 (41)
5:27-32 (137)
5:29-32 (122)
5:32 (138[각주46])
6:1-5 (220)
6:6-11 (207, 223)
6:12 (41)
6:12-16 (64, 168, 184)

6:13 (63, 170[각주54])
6:15 (158[×2], 160)
6:20-21 (235[×2], 252)
6:27 (155[각주17])
6:35 (155[각주17])
6:40 (72[각주31])
7:2-10 (18)
7:11-17 (36[각주21])
7:19 (70, 72[각주31])
7:23 (103)
7:24-25 (236[×2], 237, 238, 252)
7:28 (165, 165[각주42])
7:31-33 (240[각주19])
7:31-34 (135)
7:31-35 (122, 239[×2], 252)
7:33-35 (240)
7:34-35 (240[각주19])
7:35 (241[×2])
7:39 (391)
8:1 (107, 170[각주54])
8:19-21 (14)
8:26-39 (18)
9:1 (60, 170[각주54])
9:1-2 (80, 81)
9:1-6 (61, 248)
9:2 (107[×2], 379)
9:2-3 (78)
9:7-9 (153)
9:12 (170[각주54])

9:17 (209, 223)
9:32 (66[각주17])
9:53 (157[각주23])
9:57-58 (243)
9:57-60 (242)
9:57-61 (242, 252)
9:57-62 (198, 222)
9:58-62 (61)
9:59-60 (199, 244)
9:59-62 (59)
9:60 (60, 107, 200, 243)
10:2-12 (61)
10:9 (382)
10:11 (379)
10:13-15 (177, 183, 185)
10:17 (77)
10:18 (37, 37[각주24], 39, 40[각주33])
10:30-37 (380)
11:2 (100, 101)
11:2-4 (103)
11:14-23 (34[각주15])
11:20 (99, 379, 382)
11:31-32 (179, 185)
12:6-7 (239, 243, 244 [×2], 252)
12:7 (244[각주24], 245)
12:16 (103)
12:22-24 (252)
12:22-31 (245)
12:22-34 (239, 243, 245 [×2])

12:27 (246)
12:29-31 (246)
12:31 (246)
12:37 (39[각주32])
12:51 (154, 156[각주20])
12:51-53 (155[각주16])
12:52-53 (154, 155, 155[각주16])
12:58-59 (103)
13:1-2 (181[×2])
13:1-5 (180, 185)
13:4 (181, 182)
13:5 (103)
13:15 (221)
13:28-29 (98, 100, 107, 142)
13:29-30 (103)
13:30 (138)
13:32 (153)
13:33 (273)
13:34-35 (153, 183)
14:5 (207, 221, 223)
14:15-24 (122, 145)
14:25-33 (61)
14:26 (233, 248[×2], 249[각주29], 252)
14:26-27 (61)
15:1-2 (122, 390[각주54])
15:1-4 (145)
15:2 (140)

15:3-7 (145)
15:4-7 (144, 390, 390[각주53])
15:8-10 (145)
15:11-32 (144, 145)
16:16 (107)
16:18 (393)
17:20 (99, 108, 379)
17:20-21 (100)
18:17 (114)
18:24-25 (108)
18:31 (170[각주54])
18:32-33 (286)
19:1-10 (122, 137)
19:7 (391)
19:11 (107)
19:45-46 (171, 185, 215, 223)
19:47-48 (184)
22:3 (170[각주54])
22:14 (72[각주32])
22:15 (234)
22:16 (100)
22:18 (143)
22:18-20 (233, 252)
22:28-30 (70[각주29], 184)
22:29-30 (108, 168, 169, 171)
22:30 (69, 70, 71, 72[각주31])
22:35-38 (156[×2], 157

[각주21])
22:36 (157[각주22])
22:47 (170[각주54], 288)
22:47-51 (157)
22:63-71 (259)
22:66 (276, 283)
22:66-23:1 (287)
22:68-70 (278)
23:2-3 (18)
23:6-7 (270)
23:15 (270)
23:42 (108)
23:43 (299, 301[각주34])
23:46 (405[각주106])
23:49 (77)
23:54 (24)
24:9 (67, 68)
24:19 (7)
24:21 (165, 184)
24:33 (67, 68)

요한복음
1:27 (165[각주42])
1:29-33 (405[각주104])
1:33 (165[각주42])
1:43-51 (62[각주7])
1:45 (7)
1:46 (7)
2:13 (19)
2:13-17 (23)
2:20 (23)
3:3 (111, 112)

3:5 (111, 112[×2], 114)
3:8 (385)
3:10-21 (112)
3:15 (112)
3:16 (112)
3:22 (401)
3:30 (165[각주42])
3:31 (112)
4:1 (401)
4:1-2 (165[각주42])
4:2 (401)
5:1 (19)
5:25 (379)
6:15 (41)
6:51-58 (379)
6:71 (69[각주26])
7:27 (8)
8:5 (262)
9:49 (126[각주12])
11:47 (282)
11:54 (41)
12:2 (39[각주32])
12:12-13 (19)
12:31 (379)
18:16 (112)
18:19 (283)
18:31 (265, 266, 267, 290)
18:36 (111)
18:38 (270)
19:6 (270)
19:19 (7)

19:30 (405[각주106])
19:31 (24[×2])

사도행전
1:3 (107)
1:6 (70, 70[각주27], 98, 162, 163, 165, 184)
1:13 (64, 158[×2], 160)
1:22-26 (73)
1:26 (67, 68)
2:22 (7)
4:29-30 (178)
5:33-39 (242[각주21])
5:36 (3[각주6])
5:37 (5)
5:40-41 (178)
8:12 (107)
8:39-40 (43)
9:36 (76[각주40])
10:1-16 (194)
10:38 (7)
12:1-2 (73, 265, 270[각주46], 281)
13:26-28 (284)
13:36 (301[각주34])
13:51 (178)
15:20-21 (194)
20:25 (107)
20:28 (271)
22:3 (15[각주36])
22:8 (7)
22:30 (271)

23:15 (271)
26:9 (7)
28:23 (107)
28:31 (107[×2])

로마서
3:23 (121)
4:18 (31[각주6])
6:1-11 (109)
8:15 (17)
8:17 (250)
12:20 (368)
14:1-6 (194)
14:13-23 (194)
14:17 (108, 109, 378[각주15])

고린도전서
1:26 (146)
4:20 (108, 109)
6:2-3 (170[각주54])
6:3 (71)
6:9 (108, 379)
6:9-10 (108[×2])
6:10 (108, 379)
6:11 (108)
6:17 (353)
7:5 (31[각주3][×2])
7:10 (353)
7:10-11 (203, 379, 397, 397[각주81])
7:12 (353)

9:5 (202)
11:23-26 (379)
15:1-11 (318)
15:3 (75)
15:3-5 (69)
15:5 (67, 68, 75)
15:12-19 (317)
15:24 (108, 109)
15:44 (309, 314)
15:44-46 (314)
15:50 (108[×3])
16:22 (17)

고린도후서
1:5 (250)
5:16 (316)
11:28 (319)
12:4 (299)

갈라디아서
2:6 (75)
2:9-14 (75)
2:11-14 (194)
3:28 (204[각주57])
4:6 (17)
5:21 (108[×3], 379)
5:22-23 (108)

에베소서
5:5 (111, 114)

빌립보서

1:20-22 (319)
1:29 (250)

골로새서
1:12-13 (109)
1:13-14 (110)
3:1-3 (109)
4:11 (111)

데살로니가전서
2:1-12 (108)
2:12 (109)
5:23 (299)

데살로니가후서
1:5 (250)
2:3 (164)

디모데전서
6:9 (30[각주2])

디모데후서
1:12 (250)
4:13 (353)

히브리서
1:8 (113)
2:5 (113)
2:18 (37, 53)
4:15 (37, 53)
5:7-9 (47)
6:5 (113)

9:11 (113)
10:1 (113)
11:27 (113)
11:33 (114)
12:28 (113)
12:29 (114)
13:14 (113)
13:16 (114)

야고보서
1:9-11 (113)
2:5 (113)
2:5-12 (113)
5:1-6 (113)
5:12 (393)

베드로전서
3:13 (251[각주30])
3:14 (251)
4:16 (250)

베드로후서
1:10-11 (114)
1:21 (357)
3:13 (114)
3:18 (114)

요한계시록
1:5 (115)
1:5-6 (115)
1:9 (115)
2:10 (31[각주3][×2])

3:21 (115, 116)
10:7 (115)
11:15 (114, 115)
12:10 (114, 115)
15:3 (115)
15:3-4 (115)
16:10 (115)
17:12 (115)
17:14 (115[×2])
17:17-18 (115)
19:16 (115)
21:1-22:5 (114)
21:7 (115)
22:3 (115)
22:3-5 (116)
22:16 (115)

□ 외경

토비트
13:5-16 (175[각주67])
13:16 (175)
13:16-18 (173, 216[각주100])
14:5 (173, 216[각주100])
18:4-7 (175, 175[각주67])

집회서
36:11 (170)
38:24-39 (12)
38:33-34 (12[각주30])

48:10 (170)

바룩
2:7-10 (167)
2:32-34 (175, 175[각주67])
4:36-37 (166)

마카베오2서
1:24-29 (70)
1:27-29 (166)
2:7 (170)
2:17 (166)
2:17-18 (70, 170)

에스라4서
5:20 (40[각주36])

벤시라
33:10 (70)

솔로몬의 시편
2:30 (90)
3:12 (91)
8:8-11 (172[각주60])
8:28 (170)
11:1-4 (166)
13:11 (91)
14:3 (91)
15:13 (91)
17:1 (90)
17:3 (91[×2])

17:7 (91)
17:22-25 (91)
17:33-38 (91)
17:50 (170)
22:21 (150[각주2])
22:30 (150[각주2])

희년서
1:15 (175, 175[각주67])
1:16-17 (174)
1:23 (175, 175[각주67])
1:28 (91, 170)
23:18-31 (175)
23:26 (175[각주67])

에녹서
9:4 (92)
12:3 (92)
25:3-5 (92)
25:7 (92)
27:3 (92)
46:4-6 (92)
63:4 (92)
69:29 (92)
84:2 (92)

에녹1서
90:28-29 (174)
90:33 (166)

모세의 언약
10:1 (93)

10:9 (93)

12족장의 언약
<벤야민의 언약>
9:1 (93)
9:2 (170)
10:7 (93)
<단의 언약>
5:10-13 (94)
5:13 (94)
<유다의 언약>
23:5 (175)

쿰란문헌
1QH 10:8 (94)
1QH 6:6 (175, 175[각주67])
1QM 1:3 (167)
1QM 2:1-3 (70)
1QM 2:2-3 (170)
1QM 3:13-14 (70)
1QM 5:1-2 (70)
1QM 6:6 (95)
1QM 12:3 (94, 95)
1QM 12:7 (95)
1QM 12:7-8 (94)
1QM 12:7-15 (95)
1QM 12:12 (95)
1QM 12:16 (95)
1QM 14:6 (95)
1QM 19:1 (95)
1QM 19:8 (95)

4QM 17-18 (175)
1QS 1:18 (94)
1QS 1:23-24 (94)
1QS 2:19-21 (94)
1QS 9:24 (94)
4QFlor. 1:3 (94)
11QTemple 18 (170)
1QpHab 12:8 (172[각주60])
11QT 29:8-10 (174)

한국성서학연구소는
종교개혁의 신학전통을 이어받아
다양한 성서해석 때문에 갈등을 겪는 한국교회를
하나님의 말씀 위에 바로 세우기 위하여 일하고 있습니다.
한국교회가 안고 있는 현실 문제에 대한 성서적이고
올바른 신학적 해석을 제시함으로써 이 땅의 문화가
그리스도의 이름 아래 세워질 때까지
이 일을 계속해 나가겠습니다.

예수 - 역사적 예수의 생애와 비전

초판 1쇄 인쇄 2019년 2월 21일
초판 1쇄 발행 2019년 2월 28일
지은이 최재덕
펴낸이 이연옥
펴낸곳 도서출판 한국성서학
서울 종로구 율곡로 190 여전도회관 1106호
TEL. 02-766-5220, FAX. 02-744-7046
출판등록 제1-1286호(1991.12.21)
총 판 도서출판 두란노(TEL. 749-1059 / FAX. 749-3705)
ISBN 89-86015-78-2 93230

※ 잘못된 책은 바꿔 드립니다.

책값 20,000원